CHILD WELFARE

아동복지론

김현호 김지현 김희진 송운용 안경애
유승창 이학곤 조미경 한신애 공저

양 성 원

머리말

인간은 서로 다른 유전인자를 가지고 태어나 서로 다른 환경 속에서 다양한 경험을 통해 발달해 간다. 이러한 유전과 환경을 토대로 인간은 사회에서 다양한 인간관계를 맺고 적응하면서 발달하고 있다. 세상에 태어난 아동은 가족, 학교, 직장, 그리고 사회 등 여러 환경 속에서 다양한 사람들과 사회화 과정을 통해서 발달해 간다. 이렇게 발달하는 아동은 다양한 사회 환경에서 위험에 노출되어 아동학대나 소년비행, 중독 등으로 빠지는 경우가 있는데 이러한 위험에 빠지지 않도록 예방하고 그들을 보호 및 치료하는 것이 아동복지이다. 부모 · 가정 · 사회와 국가는 아동이 우리 사회를 이끌어 갈 꿈나무이며 미래의 중요한 인적자원이라는 것을 인식하고 그들이 행복하고 안전하며 바람직한 성장 · 발달을 하기 위해 좋은 조건과 환경을 만들어 주어야 한다. 또한 그들이 지닌 잠재력을 최대한 발휘할 수 있도록 실천적 태도를 가지고 아낌없는 지원을 해 주는 것이 중요하다. 이러한 관점에 따라 본 교재는 2020년 11월에 한국사회복지교육협의회에서 제시하는 아동복지론 교과목지침서를 준용하여 구성하려고 노력하였으며, 다양하게 변화하는 현대사회의 환경변화에 따라 아동복지 실천 현장에서 직접 활용할 수 있는 이론과 기술들을 중심으로 구성하려고 노력하였다.

본 교재의 구성은 대학의 15주 강의를 기준으로 총 12장으로 구성되어 있다. 제1장은 아동복지의 이해 및 역사로 아동의 개념, 아동복지의 개념, 필요성, 의의, 기본전제 조건 등에 대해서 다루었고, 아동의 시대별 발달과정, 외국 및 한국 아동복지의 발달과정 등에 대해서 다루었다. 제2장은 아동의 욕구와 환경에 따른 아동발달 이론으로 아동발달의 이해를 돕기 위하여 정신분석 이론, 행동주의(학습) 이론, 인지발달 이론, 동물행동학적 이론, 그리고 인본주의 이론 등 학문적 관점을 다루었다. 제3장은 아동의 욕구와 환경에 따른 아동발달의 이해 및 특성으로 아동발달의 개념, 단계와 내용, 영역, 원리 등을 다뤘으며, 또한 아동발달 특성에 따른 신체, 인지, 정서, 자아 및 사회성, 도덕성, 성역할 등의 발달에 대해서 다루었다. 제4장은 아동권리의 이해 및 역사로 아동권리의 개념, 특성, 필요성, 기본요소와 원칙에 대해서 다루었으며 역사로는 UN 아동권리사상과 한국 아동권리사상의 발전과정을 다루었다. 제5장은 아동복지실천의 이해로 아동복지실천의 개념과 윤리적 원칙, 대상, 아동복지서비스의 유형 등에 대해서 다루었다.

제6장은 아동복지실천의 과정과 기술 I로 초기단계에 따른 접수와 자료수집, 사정단계, 계획단계로 목표설정과 계약체결 등의 내용을 다루었다. 또한 제7장은 아동복지실천의 과정과 기술 II로 실천단계에 따른 개인의 내적 변화, 대인 관계적 변화, 개인의 환경적 변화, 언어 · 인지발달이 미숙한 어린 아동의 변화를 위한 실천기술 등의 내용을 다루었으며 마지막으로 종결단계에 대해서 다루었다. 제8장은 아동정책과 법률 및 전달체계로 아동권리정책과 아동복지정책의 개념, 아동복지정책의 내용, 한국의 아동복지정책 등을 다루었으며 아동복지 관련 법과 아동복지의 전달체계를 다루었다. 제9장은 영유아보육 및 장애아동 통합보육으로 보육의 개념, 의의, 목적 및 목표, 내용 및 운영, 보육기관의 유형, 어린이집의 환경, 보육교사의 역할 등에 대해서 다루었고 장애아동의 개념, 유형, 복지서비스 등을 다루었다. 또한 장애아동 통합보육의 개념, 필요성, 의의 등도 다루었다. 제10장은 위기 및 다양성에 따른 지역사회보호로 빈곤가정, 한부모가정, 조손가정 및 소년소녀가정, 다문화가정 등에 대한 내용을 다루었다. 제11장은 아동학대 및 시설보호로 아동학대의 개념, 유형, 원인, 징후, 학대아동보호의 추진체계, 관련기관을 다루었으며 아동학대의 예방 대책에 대해서 다루었다. 그리고 시설아

동보호의 개념, 목적 및 원칙, 시설아동의 복지 및 자립지원, 아동복지시설의 종류 및 입소와 퇴소 절차 등에 대해서 다루었다. 제12장은 가정위탁과 가정입양 및 소년사법으로 가정위탁보호의 개념, 종류, 구성요소, 절차, 복지 등에 대해서 다루었으며 가정입양 보호의 개념, 종류, 구성요소, 절차, 복지 등을 다루었다. 또한 비행소년에 대한 개념, 비행 관련 요인 및 소년범죄 유형별 현황, 보호처분과 보호관찰, 교정시설, 소년비행의 예방 대책 등에 대해서도 다루었다. 마지막 제13장은 아동복지의 과제와 발전방향으로 아동복지의 과제와 발전방향에 대해서 기술하였다.

본 교재가 초판이기에 내용상의 편협함과 미비점이나 오류도 많을 것으로 생각되며, 앞으로 계속 수정 · 보완할 예정이므로 이에 대해서 솔직하고도 진지한 지도와 편달을 부탁드리는 바이다.

마지막으로 이 책을 출판할 수 있도록 배려해 주신 양성원 사장님과 직원 여러분께 감사를 전한다.

2025년 1월

저자 일동

차 례

Chapter 01

아동복지의 이해 및 역사

아동은 성인이란 말에 대응해서 사용되고 있으며 인간으로서는 심신의 성장·발달 시기에 있는 자, 즉 한 사람이 성인이 될 때까지의 미성숙한 상태에 있는 나이가 적은 아이를 의미한다. 이러한 의미에서 아동복지는 18세 미만의 모든 아동에게 그들의 행복을 위해 신체적·심리적·사회적 발달을 보호하고 촉진하기 위해 그들과 그 가족을 대상으로 지역사회와 국가에서 이루어지는 포괄적이고 체계적인 활동을 의미한다. 또한 아동복지의 발달과정은 아동복지와 관련된 정책이나 제도가 특정한 시대나 그 사회의 아동관이 반영되어 수립되면서 발전하는 과정을 의미한다. 이 장에서는 아동복지의 이해로 아동의 개념, 아동복지의 개념, 필요성, 의의, 기본전제 조건 등을 살펴보고, 아동복지의 발달과정으로 시대별, 외국, 한국 등의 아동복지 발달과정에 대해서 살펴본다.

1.1 아동복지의 이해

1) 아동의 개념

아동의 개념은 법률상 또는 보는 관점에 따라 다양하게 정의된다. 그러나 일반적으로 아동은 발달의 영역(신체적, 인지적, 사회적) 측면이 서로 통합되어 전인(全人, 조화된 원만한 인격자)으로서 발달해 가는 존재로 독립된 인격의 주체이자 개별성을 지닌 독립된 존재라는 것이다(임경옥 외, 2018). 또한 일반적으로 아동은 성인이란 말에 대응해서 사용되고 있으며 인간으로서는 심신의 성장발달 시기에 있는 자, 즉 한 사람이 성인이 될 때까지의 미성숙한 상태에 있는 나이가 적은 아이를 의미한다(주수길 외, 2020).

아동은 발달적 측면(6~12세)이나 교육적 측면(초등교육과정 시기, 2~12세)에서 정의할 수 있으나 일반적으로 관련 법령이나 나라에 따라 지칭하는 대상에 차이가 있다. 아동의 연령 구분의 기준은 법률의 규정에 따르는 것이 일반적이다. 그러나 법률에 따라 다소 차이가 있다. 「아동복지법」에는 "아동이라 함은 18세 미만의 자를 말한다."라고 규정하고 있으며, 「청소년기본법」에서 청소년의 연령은 "9세 이상 24세 이하"로 규정하고 있고, 「입양 촉진 및 절차에 관한 특별법」에서 아동은 "18세 미만의 자"로 규정하고,

「민법」에는 "만 20세 미만의 자"를 미성년으로 정의하고 있다. 또한 'UN 아동권리협약'에서 아동의 정의는 "조기에 성년에 달하지 아니하는 한, 18세 미만의 모든 사람"으로 정의하고 있다. 이렇듯이 아동 관련 법률에서 대상 아동에 대한 연령과 호칭은 서로 다르므로 아동복지 정책이나 서비스가 효율적이지 못하다는 우려가 있을 수 있다. 아동 관련 법률의 명칭 및 연령기준은 〈표 1-1〉과 같다.

〈표 1-1〉 아동관련 법률의 명칭 및 연령 기준

법률 명	명칭	연령 기준
UN 아동권리협약	아동	18세 미만의 모든 사람
아동복지법 입양특례법 한부모가족지원법	아동	18세 미만
민법	미성년자	만 19세 미만
영유아보육법	영유아	6세 미만 미취학
유아교육법	유아	만 3세부터 초등하교 취학 전까지의 아동
실종아동 등의 보호 및 지원에 관한 법률	실종아동	실종 당시 18세 미만
청소년기본법	청소년	9세 이상 24세 이하
청소년보호법	청소년	만 19세 미만
아동 · 청소년의 성보호에 관한 법률	아동 · 청소년	19세 미만
성매매알선 등 행위의 처벌에 관한 벌률 성매매방지 및 피해자 보호 등에 관한 법률	청소년	만 19세 미만
음반, 비디오물 및 게임물에 관한 법률 영화 및 비디오물의 진흥에 관한 법률	청소년	18세 미만
소년법	소년	19세 미만
형법	형사미성년자	14세 미만
근로기준법	소년	18세 미만

2) 아동복지의 개념

아동복지(child welfare)는 아동(child)을 위한 복지(welfare)라는 의미는 갖는 합성어이다. 아동복지는 아동을 위한, 아동에 대한 복지라는 의미가 있으나 구체적으로 어떤 아동이

복지의 대상이 되며, 또한 어떠한 주체에 의해서 복지활동이 수행되느냐에 따라 좁은(협의) 의미의 개념과 넓은(광의) 의미의 개념으로 구분할 수 있다. 일반적으로 과거에 적용했던 좁은 의미의 아동복지는 특별한 문제나 욕구가 있는 아동(요보호아동)과 가족을 대상으로 사회복지기관을 비롯한 특정기관에서 제공하는 서비스를 의미한다. 현대사회에 적용하는 넓은 의미의 아동복지는 모든 아동의 행복을 위해 신체적 · 심리적 · 사회적 발달을 보호하고 촉진하기 위해 그들과 그 가족을 대상으로 지역사회와 국가에서 이루어지는 포괄적이고 체계적인 활동을 의미한다.

장인협은 아동복지란 “특수한 장애를 가진 아동은 물론 모든 아동이 가족 및 사회의 일원으로 육체적으로나 정신적으로 건전하게 성장 · 발달할 수 있도록 지역사회나 사회복지서비스 분야에 있는 공 · 사단체와 기관들이 협력하여 아동의 복지에 필요한 사업을 계획하여 실행에 옮기는 조직적 활동이다”라고 정의하고 있다(장인협, 1971). 또한 카두신(Kadushin)은 아동복지를 “부모가 자녀양육의 책임을 완수하지 못하거나 지역사회가 아동과 가족이 필요로 하는 보호와 자원을 제공하지 못하는 경우 아동에게 제공하는 서비스다”라고 정의하고 있다(Kadushin, 1974). 즉, 가정과 부모의 양육기능을 지지적 · 보충적 · 대리적으로 수행하며 학대 · 방임의 경우에는 강제보호를 통해서라도 “모든 아동의 행복과 사회적응을 위해 심리적 · 사회적 및 타고난 잠재능력을 길러 주는 각종의 활동”이 아동복지라고 정의하였다(주수길 외, 2020).

우리나라에서는 「아동복리법」이 1961년 제정될 당시 아동복지의 개념을 6 · 25동란으로 인한 요보호아동을 구제하기 위한 생존권 보장을 우선으로 시행하는 좁은 의미로 적용하였으나, 이후 1981년 「아동복지법」으로 개정되면서 제3조(정의)에 아동복지의 개념을 “아동이 행복한 삶을 누릴 수 있는 기본적인 여건을 조성하고 조화롭게 성장 · 발달할 수 있도록 하기 위한 경제적 · 사회적 · 정서적 지원을 말한다”라고 정의하는 넓은 의미로 적용하고 있다.

따라서 아동복지란 「아동복지법」에 준해서 18세 미만의 모든 아동에게 신체적 · 정신적 · 사회적으로 행복하고 만족스러운 삶을 보장해 주기 위해 시행하는 정책이나 행정, 아동복지 서비스 등을 국가나 지방정부, 전문가 등에 의해 제공되는 모든 것을 총칭하는 개념이라고 할 수 있다. 또한 「아동복지법」 제2조(기본 이념)에는 아동복지를 실현하기 위한 기본 이념을 다음과 같이 명시하고 있다.

① 아동은 자신 또는 부모의 성별, 연령, 종교, 사회적 신분, 재산, 장애유·무, 출생지역, 인종 등에 따른 어떠한 종류의 차별도 받지 아니하고 자라나야 한다.

② 아동은 완전하고 조화로운 인격발달을 위하여 안정된 가정환경에서 행복하게 자라나야 한다.

③ 아동에 관한 모든 활동에 있어서 아동의 이익을 최우선으로 고려되어야 한다.

④ 아동은 아동의 권리보장과 복지증진을 위하여 이 법에 따른 보호와 지원을 받을 권리를 가진다.

3) 아동복지의 필요성

과거 우리나라의 아동복지는 빈곤이나 6·25(1950.06.25.~1953.07.27., 3년간)동란으로 인한 고아(부모를 여의거나 부모에게 버림받아 몸 붙일 곳이 없는 아이)나 기아(길러야 할 의무가 있는 사람이 몰래 아이를 내다 버림, 또는 그렇게 버려진 아이), 미아(길을 잃고 헤매는 아이)와 같은 요보호아동을 구제하기 위한 물질적 구호로 이루어졌다. 그러나 현대사회는 아동 삶의 질에 많은 관심을 가지면서 다양한 형태의 아동복지 필요성이 증가하고 있다. 즉, 가족구조와 기능의 변화, 아동발달의 환경적 변화, 아동권리에 대한 인식의 변화 등의 요인으로 아동복지가 필요하다. 각각에 대해서 살펴보면 다음과 같다.

(1) 가족구조와 기능의 변화에 따른 필요성

현대사회의 우리나라는 과거에 비해 급속한 가족의 구조적 변화와 기능적 변화를 경험하고 있다. 이러한 변화과정에서 가족에 대한 지원체계는 가족의 구조(한부모가족, 미혼모가족, 무자녀가족, 노인가족), 가족구성원의 특성(재혼가족, 입양가족, 위탁가정, 국제결혼가족), 가족의 생활양식(맞벌이가족, 주말가족, 기러기가족), 그리고 탈근대 특성(미혼모독신가족, 공동체가족, 동성애가족) 등의 네 가지 현상으로 이해할 수 있다. 이러한 현상에 따른 사회적 문제는 가족자원에 관한 경제적 문제, 가족생활에서의 정서적 문제, 삶의 질 관련 위기적 문제 등이 있을 수 있다. 이러한 문제는 가족의 다양한 형태와 상황에 따라 가족은 여러 가지 문제가 나타날 수 있지만 대표적인 가족의 문제는 한부모가족과 조손가족 등의 지원부족에 따른 경제적 부양능력 문제, 맞벌이 가정의 가사분담과 자녀양육 등을 둘러싼 부부간 역할 갈등 및 역할 과중문제, 핵가족과 확대가족의 갈등관계 문제, 아동학대나 노인학대 등 가족 내 폭력문제, 가족구성원의 알코올중독이나 인터넷중독의 문제, 다문화가족 내 문화충돌 및 역할에 대한 갈등문제, 치매노인 · 장애인 · 만성질환자 등을 돌보는 과정에서 사회적 · 심리적 · 경제적 고통 등이 있을 수 있다. 다양한 사회지원 측면에서 가족의 소득지원, 법적 · 제도적 지원, 사회지원, 가족관계 및 기능유지 지원 등의 지원방안들이 필요하다(김성철 외, 2020). 이러한 필요 사항에 있어서 아동복지에 대한 필요 사항은 다문화가정의 아동, 빈곤가정의 아동, 알코올 의존 가정의 아동, 학대가정의 아동, 장애가정의 아동, 장애아동, 입양가정의 아동, 위탁가정의 아동, 조손가정의 아동, 한부모가정의 아동, 북한이탈 가정의 아동 등이 있을 수 있다.

특히 높은 이혼율은 가족의 해체로 가정의 불안정성이 증가하고, 이는 가족의 기능 변화로 이어져 전통적인 대가족구조에서 가족 내에서 자녀양육 방법을 자연스럽게 전수받을 기회가 없어져, 부모역할에 대한 준비가 부족하여 자녀양육의 기능 약화를 초래하고 있다. 현대 산업사회에서는 가족과 직장이 원거리로 인하여 분리되고, 이혼과 재혼, 별거, 한부모, 조손, 다문화가정 등 가족형태의 다양성이 증가하고 있다. 또한 여성의 경제활동으로 인한 여성 취업률 증가로 인한 맞벌이가족이 늘어나고, 근로형태의 다양화 등으로 인해 부모의 직접 양육 참여 및 기회가 축소되어 상당 부분이 지방정부나 국가로 이전되고 있다. 따라서 가족구조와 기능의 변화에 따라 적절히 대응하여 아동이 가정에서 이탈되지 않고 그들이 행복한 삶을 영위할 수 있도록 아동복지와 가정복지서비스가 필요하다(황해익 외, 2017).

(2) 아동발달의 환경적 변화에 따른 필요성

현대사회가 복잡해지고 다원화되면서 아동을 둘러싼 환경에도 많은 변화가 있다. 최근 우리나라의 아동발달 환경을 보면 학교폭력, 아동 성폭력, 소년범죄, 인터넷 중독, 스마트폰 중독, 게임 중독 등의 위험이 저연령화 추세를 보이고 있고 청소년 유해업소가 증가하는 등 아동발달의 환경이 위험한 상황이다. 특히 아동들은 정보통신기기의 발달로 인해 어려서부터 게임과 인터넷을 경험하며 다양한 매체에 노출되어 아동의 인터넷과 게임 중독률이 증가하고 있다. 또한 인터넷 발달과 더불어 등장한 디지털매체인 스마트폰의 사용 확대는 빠른 속도로 아동의 생활양식에 깊숙이 확대되고 있다. 이러한 정보통신기기들은 우리의 생활상의 편리함을 가져오는 이면에 디지털매체의 확대로 인한 인터넷 중독, 스마트폰 중독, 게임 중독 등의 우려를 낳고 있다. 우리나라 사람들이 인터넷, 스마트폰, 게임 등을 얼마나 이용하고 있는지 이용 현황을 살펴보면 다음과 같다.

• 인터넷의 이용 현황

우리나라 사람들이 인터넷을 얼마나 이용하고 있는지를 살펴보면 다음과 같다(한국진흥정보사회진흥원 2020년 인터넷이용실태조사, 2020).

① 우리나라 인구 1,984만 가구 중 1,980만 가구(99.7%)가 인터넷 접속이 가능하다.

② 우리나라 인터넷 이용자 수(단위: 천명) 및 이용률(단위: %)은 만 3세 이상 국민 5,097만 명 중 이용자 수는 약 46,815,750명(91.9%)이 인터넷을 이용하고 있다. 연령별로 살펴보면, 3~9세 2,959천명(91.2%), 10대 4,730천명(100%), 20대 6,968천명(99.9%), 30대 7,199천명(99.9%), 40대 8,274천명(99.8%), 50대 8,567천명(99.8%), 60대 5,920천명(91.5%), 70대 이상 2,201천명(40.3%)으로 10대에서 50대까지 많이 이용하고 있어 전 연령대에서 이용하고 있는 것으로 나타났다. 특히 10대 20대 청소년들의 인터넷 이용률은 100%에 가깝다.

③ 성별로 살펴보면 남성이 94%, 여성이 89.7%로 남성이 여성보다 4.3% 정도 더 많이 이용하는 것으로 나타났다.

④ 인터넷 이용빈도 및 시간에 있어서는 만 3세 이상 인터넷 이용자의 94.9%는 하루에 1회 이상 이용하고 주 평균 시간은 20.1시간으로 조사되었다. 또한 63.2%가 주 평균 14시간 이상 이용하고 있으며 16~21시간 미만 17.6%, 21~35시간 미만 27.0%, 35시간 이상 이용도 18.6%에 해당된다.

⑤ 인터넷 이용의 목적에 있어서 만 3세 이상 인터넷 이용자는 주로 커뮤니케이션(96.2%), 여가활동(95.5%), 자료 및 정보 획득(94.8%), 홈페이지 등 운영(60.7%), 교육 · 학습(51.0%), 직업 · 직장(27.9%) 순으로 조사되었다(복수응답).

• 스마트폰의 이용 현황

우리나라 사람들이 스마트폰을 얼마나 이용하고 있는지를 살펴보면 다음과 같다(한국진흥정보사회진흥원 2020년 인터넷이용실태조사, 2020).

① 만 6세 이상 인구의 93.1%가 스마트폰을 보유하고 있는 것으로 조사되었다. 보유율은 남자(94.8%), 여자(91.3%)로 남자가 3.5% 정도 높게 나타났다. 연령별로 살펴보면, 6~19세 94.7%, 20대 99.6%, 30대 99.5%, 40대 99.5%, 50대 99.9%, 60대 93.1%, 70세 이상 53.8%로 조사되었다.

② 만 3세 이상 인구 중 스마트폰 이용자(스마트폰을 통한 무선인터넷 이용자)의 비율은 91.1%, 남자가 93.2%, 여자가 89.0%로 조사되었다. 남자가 4.2% 더 많이 사용하는 것으로 조사되었는데 연령별로 살펴보면, 3~9세 88.2%, 10대 99.3%, 20대 99.6%, 30대 99.7%, 40대 99.2%, 50대 99.0%, 60대 90.8%, 70대 이상 39.4%로 조사되었다. 조사에서 알 수 있듯이 10대부터 60대까지 전 국민이 스마트폰을 이용하고 있다는 것을 알 수 있다.

③ 만 3세 이상 스마트폰 이용자 중 93.2%가 하루에 1회 이상 스마트폰을 이용하고 있으며 주 평균 스마트폰 인터넷 이용시간은 11.9시간(하루 평균 1.7시간)으로 조사되었다. 이용자 가운데 주 평균 7~14시간을 이용하는 비율은 35.2%로 가장 높고, 다음으로 14~21시간 미만(21.2%), 3~7시간 미만(14.3%), 21~35시간 미만(13.5%), 35시간 이상(4.3%) 등의 순으로 나타났다. 또한 남자(12.3시간), 여자(11.5시간) 중 남자가 여자보다 0.8시간 더 많이 이용하고 있다. 연령대별로 살펴보면, 3~9세 7.1시간(2019년 5.8시간), 10대 13.6시간(2019년 11.7시간), 20대 16.2시간(2019년 14.9시간), 30대 14.2시간(2019년 13.1시간), 40대 13.1시간(2019년 12.2시간), 50대 10.8시간(2019년 10.2시간), 60대 7.9시간(2019년 7.2시간), 70대 이상 4.5시간(2019년 5.6시간)으로 조사되었다. 이는 해마다 70대 이상을 제외하고 전 연령대에서 이용시간이 증가하고 있음을 알 수 있다.

④ 만 12세 이상 스마트폰 이용자가 주로 이용하는 애플리케이션은 채팅 · SNS 등 커뮤니케이션(70.5%), 사진 및 동영상(53.2%), 뉴스 · 날씨 · 미세먼지 등 기상정보 포함(49.0%), 음악 · 미디어 · 전자책 · 독서 · 웹툰(43.9%), 게임(17.4%), 내비게이션 및

지도(14.4%), 금융(12.6%), 쇼핑 및 예약(9.0%), 건강 · 스포츠(5.4%), 버스 · 철도 · 항공 등 공공 교통수단(4.6%), 사전 · 백과사전 등 지식(4.4%), 메모 · 달력 · 문서관리 등 생산성(4.2%) 순으로 나타났다(중복응답).

• **게임의 이용 현황**

우리나라 사람들이 인터넷을 사용하는 주된 목적은 커뮤니케이션하기 위해 96.2%, 여가활동하기 위해 95.5%, 자료 및 정보 획득을 위해 94.8%, 홈페이지 등을 운영하기 위해 60.7%, 교육 및 학습하기 위해 51.0%, 직업 및 직장 관련 업무를 위해 27.9%로 조사되었는데, 여가활동으로 오락 · 휴식 · 스트레스 완화 등을 위해 게임을 하게 된다. 게임 이용에 대한 전반적인 내용을 살펴보면 다음과 같다(한국지능정보사회진흥원 인터넷이용실태조사, 2020; 한국콘텐츠진흥원 게임이용자 실태조사, 2021).

① 전체 응답자(n=3,000명, 남자 1,533명, 여자 1,467명)에게 게임 이용 여부를 조사한 결과 71.3%가 게임을 이용한 것으로 나타났다. 2017년 70.3%, 2018년 67.2%, 2019년 65.7%, 2020년 70.5%, 2021년 71.3%로 조사되었는데, 2019년까지 줄어들다 2020년과 2021년은 증가현상이 나타났다. 이는 코로나19 팬더믹 상황으로 야외활동을 하지 못하면서 증가된 요인으로 판단된다. 응답자 특성별 게임 이용률은 남자가 74.0%, 여자가 68.5%로 남자가 여자보다 5.5% 더 많이 게임을 하는 것으로 조사됐다. 연령대별로 살펴보면, 10대 93.7%, 20대 85.9%, 30대 71.6%, 40대 80.4%, 50대 57.1%, 60~65세 37.5% 조사되었는데 10대 청소년이 게임을 가장 많이 하는 것으로 나타났다.

② 게임 이용시간에 대해서는 평균 주 1회 이상 PC방을 이용한다고 응답하였는데 응답한 게임 이용자(n=232명)는 PC방 1회 평균 이용시간은 155분이며, 이용시간은 2~3시간 미만(39.7%)이 가장 많고, 다음으로 3~4시간 미만(23.7%), 2시간 미만(22.4%), 5시간 이상(10.9%), 4~5시간 미만(3.3%) 순으로 조사되었다.

③ 게임을 하는 이유는 주로 재미있어서가 76.5%로 가장 높게 나타났으며 스트레스 해소 58.8%, 시간을 매우기 위해서와 할 일이 없어서 18.0%, 사람들과 교류할 수 있어서 15.4%, 습관적으로 15.2%, 목표치(고레벨) 달성을 위해서 8.7% 순으로 나타났다.

이러한 정보통신기기의 발달로 인한 사회환경에 대처하여 아동의 인터넷, 스마트폰, 게임 등의 중독을 예방하고 보호하기 위한 아동복지가 필요하다. 또한 가정의 경제적 요인도 아동복지가 필요한 중요한 사항인데, 가정생활의 경제적 안정 여부는 아동의 건강한 생활에 큰 영향을 미치는 요인이다. 아동은 가정의 경제적 · 물질적 어려움으로 인한 스트레스에 직 · 간접적 영향을 많이 받는다. 저소득층 아동의 경우 자아존중감이 낮고, 심리적으로 불안감이 높으며 학업성취도가 낮고, 대인관계의 어려움이 있으며 학교생활에 적응하지 못하는 등 여러 정서 · 인지 · 행동적 어려움을 겪고 있어 이를 해결하기 위한 아동복지가 필요하다(황해익 외, 2017).

(3) 아동권리에 대한 인식의 변화에 따른 필요성

우리나라에서 아동권리에 대한 인식은 'UN 아동권리협약'에 비준하면서 높아지게 되었다. 기존의 아동복지는 요보호아동을 대상으로 물질적 구호에 치중했었다면 'UN 아동권리협약'을 통하여 아동의 권리까지 보장하는 아동복지 정책으로 확대되었다. 우리나라의 경우 더 이상 자녀가 부모의 소유물이 아니라는 사회적 인식은 일반화되고 있다. 그렇지만 아직도 알코올 중독가정이나 일부 가정에서는 부모자녀관계를 상하관계로 인식하는 권위주의적인 양육태도로 인하여 자녀를 훈육한다는 명분 아래 학대나 폭력을 행사하여 부모자녀관계에 긴장이 유발되기도 한다(정옥분 외, 2021). 'UN 아동권리협약'의 내용에는 아동학대 예방이나 처벌 · 방지를 위한 구체적인 조항을 명시하고 당사국들이 그 이행사항을 권리위원회에 보고하도록 성문화하고 있다. 이러한 과정에서 우리나라도 「아동복지법」에 아동학대를 예방하고 보호할 수 있는 근거를 명확히 하고 처벌할 수 있도록 성문화함으로써 아동복지에 대한 인식이 증가되고 있다.

4) 아동복지의 의의

현대적 아동복지의 의의는 아동이 가정 안에서 건강한 삶과 행복한 생활을 하기 위하여 기본적으로 권리를 보장받으며, 지역사회에서 생활을 영위하며 사회의 구성원으로서 전인적인 성장 · 발달을 하는 것이다. 이러한 차원에서 아동의 개인적 관점, 가족이나 사회적 관점에 따라 아동복지의 의의는 다음과 같다(임경옥 외, 2018; 정옥분 외, 2021).

① 아동의 개인적 관점에서 아동복지의 1차적 의의는 한 인간으로서 아동 개개인의 생존을 보장하고 나아가 아동의 신체적 · 인지적 · 사회정서적 발달을 촉진시킨다는 점이다. 다른 동물에 비해 유난히 의존 기간이 긴 인간의 경우 양육자인 부모의 도움 없이는 생존 자체가 불가능하며 생존한다 하더라도 성장 · 발달의 여러 영역에서 장애를 유발하는 등 여러 어려움을 겪는다. 현대사회에서 아동복지는 단순한 아동의 생존을 넘어 권리의 문제를 보다 강조하는 방향으로 나아가고 있다. 따라서 부모나 가족으로부터 적절한 양육을 받지 못하는 아동의 경우는 그들의 건전한 발달을 보장해 주기 위해 지방정부나 국가 차원에서 제공되는 물질적 지원은 물론 정서적 지원도 아동복지의 중요한 의의라고 할 수 있다.

② 가족적 관점에서 가족은 아동의 사회화 기능을 담당하고 부모는 누구보다도 자녀의 신체적 · 인지적 · 사회정서적 발달에 큰 영향을 미친다. 현대사회에서 자녀양육의 상당부분이 지방정부나 국가로 이전되고 있으나 아직까지 부모는 자녀의 성장 · 발달에 가장 큰 영향을 미치고 있다. 그러나 부모의 역할은 많은 시간과 에너지를 요구하는 역할이고 항상 즐거울 수만은 없다. 많은 부모들은 자녀양육 및 교육에 대한 문제로 고통받고 있는데 한부모가족이나 빈곤가족의 경우는 더 심각하다. 최근 취업여성의 비율이 증가함에 따라 많은 여성들은 직업과 자녀양육이라는 이중 역할의 문제에 직면하고 있다. 이러한 관점에서 볼 때 부모나 가족구성원을 지원함으로써 아동을 간접적으로 지원하는 것은 아동복지의 효과적인 방법이라고 할 수 있다. 실제로 많은 나라에서는 영유아보육이나 부모상담 등을 통하여 부모나 가족을 지원하고 있는데, 이러한 것은 아동복지 차원에서 큰 의의가 있다고 할 수 있다.

또한 현대사회는 가족의 기능 변화에 따라 자녀양육 및 교육의 문제를 가정의 문제로 인식하기보다는 더 나아가 지방정부나 국가적 책임으로 보아야 한다는 관점이 확산되고 있다. 따라서 아동이 건강하고 행복한 전인적 발달을 이루어 갈 수 있도록 하기 위해서는 기본적 생활을 보장하는 사회적 체계를 갖추고 이를 지지하는 방안을 강구하는 것이 아동복지의 기본적인 의의라고 할 수 있다(임경옥 외, 2018).

③ 사회적 관점에서 아동복지는 아동을 대상으로 한 복지활동으로 사회문제를 사전에 예방하는 의의가 있다. 아동은 성인과 마찬가지로 다양한 욕구를 가지고 있기 때문에 가족이나 사회에서 이들의 욕구에 관심을 갖고 충족시킬 수 있도록 제도를 마련해야 한다. 아동은 성장 · 발달하는 데 있어서 욕구결핍이 발생하면 사회의 유능한 구성원이 되는 데 어려움을 갖게 되며 이에 따라 여러 가지 사회적인 문제를 야기할 수 있다. 따라서 아동복지는 사회의 여러 가지 문제를 예방하여 아동이 신체적 · 인지적 · 사회정서적 발달에 건강하고 자신의 잠재적인 능력을 최대한 실현할 수 있도록 환경을 만들어 줌으로써 아동이 행복하게 성장 · 발달할 수 있도록 하는 데 그 의의가 있다.

5) 아동복지의 기본전제 조건

아동복지의 궁극적인 목적은 아동이 안전한 가정에서 부모로부터 적절한 양육과 보호를 받으며 건전하게 성장 · 발달하는 것이다. 아동이 성장 · 발달하는 과정에서 욕구결핍은 그들에게 개인적 · 사회적으로 문제가 유발될 수 있기 때문에 지방정부나 국가차원에서 아동복지를 위한 기본전제 조건이 필수적인데 학자들에 따른 차이가 있을 수 있다. 학자들에 따른 아동복지의 기본전제 조건은 〈표 1-2〉와 같다(서보준 외, 2015; 임경옥 외, 2018).

〈표 1-2〉 학자들에 따른 아동복지의 기본전제 조건

학자	기본전제 조건의 내용	비교
Elien Key(1909)	튼튼하게 태어날 권리, 건전하게 양육받을 권리, 정상적인 가정생활을 누릴 권리, 도덕적 · 전인적 훈련을 받을 권리, 유희나 오락을 즐길 권리	5개 요소
Frederickson & Mulligan(1972)	부모 역할의 준비, 경제적 안정, 보건, 교육, 종교, 놀이 및 오락, 유쾌한 노동에서의 보호, 특수욕구 아동에 대한 서비스	8개 요소
UN아동권리협약(1989)	시민권과 자유권, 가정환경 및 대리보호에 대한 권리, 교육 · 역사 · 문화 활동에 대한 권리, 특별보호 조치에 대한 권리	5개 요소

미국 사회복지 백과사전(1995)	안정된 가족생활, 부모의 보호, 안정된 가정경제와 주거, 건강과 의료보호, 교육, 놀이, 윤리적 표준, 이념과 가치, 교육적 · 직업적 지도, 법적 보호	10개 요소
장인협 · 오정수 (2001)	안정된 가정생활, 경제적 안정, 보건 및 의료보호, 교육, 노동, 오락, 특수보호	7개 요소
이은화 외(2011)	바람직한 부모-자녀관계, 경제적 안정, 보건, 교육, 노동 착취로부터의 보호, 놀이, 특수보호	7개 요소

여기서는 아동복지의 기본전제 조건이 되는 안정된 가정환경의 조성, 경제적 안정보장, 교육권 보장, 놀이와 여가 제공, 노동으로부터 보호, 아동보호를 위한 안전체계 구축 등에 대해서 살펴보면 다음과 같다(임경옥 외, 2018; 김미영, 2020; 주수길 외, 2020).

(1) 안정된 가정환경의 조성

모든 아동은 좋은 부모와 좋은 가정에서 성장 · 발달하는 것이 가장 바람직하다. 부모와 가정은 인간의 일차적 환경으로 아동의 성장 · 발달에 가장 기본이 되는 요소이며, 가정은 아동의 양육과 보호, 사회화, 정서발달 등 인격형성에 중요한 역할을 한다. 따라서 가족구성원들의 역할에 충실하며 순기능적 가정에 될 수 있도록 안정된 가정환경을 조성하는 것이 중요하다. 이러한 차원에서 아동복지가 이루어지기 위해서는 아동이 거주하고 있는 가족생활을 보호하고 가족구성원의 사회적 기능 수행을 위한 가족복지서비스도 같이 제공되어야 할 것이다.

현대사회는 경제적 활동으로 인한 가족체계가 구조적인 변화(한부모가족, 미혼모가족, 무자녀가족, 노인가족), 가족구성원의 특성(재혼가족, 입양가족, 위탁가정, 국제결혼가족), 가족의 생활양식(맞벌이가족, 주말가족, 기러기가족), 그리고 탈근대 특성(미혼모독신가족, 공동체가족, 동성애가족) 등의 이유로 많이 변하고 있다. 특히 높은 이혼율로 인해 발생하는 가족해체는 아동보호와 양육, 사회화 등을 위한 기능이 약화되고 사회적 지원망이 부족하여 결과적으로 아동의 성장 · 발달을 저해하는 요인으로 등장하고 있다. 따라서 아동복지가 잘 실천될 수 있도록 가족의 구조, 특성, 생활양식 등에 따라 안정된 가정환경을 조성하고 올바른 부모역할을 수행해야 한다. 또한 가정과 부모가 없는 아동에게 가정과 유사한 그룹홈(공동생활가정)이나 가정위탁서비스가 필요하다.

(2) 경제적 안정보장

경제적 안정보장은 아동의 성장 · 발달과 삶의 질 향상에 많은 영향을 주고 있다. 아동은 안정된 생활을 영위하기 위해서 그가 살아갈 수 있는 의식주에 대한 생리적 요구가 기본적으로 보장되어야 한다. 즉, 아동이 필요로 하는 의식주 외에 의료 및 보건서비스, 양질의 교육, 여가 및 문화활동 등을 제공하기 위하여 경제적 안정보장이 이루어져야 한다. 가정의 경제적 안정은 부모뿐만 아니라 아동의 삶에 직접적인 영향을 미침으로 아동복지의 전제조건이 된다.

경제적 안정보장이 이루어지지 못한 한부모가정의 자녀나 빈곤가정의 자녀들은 경제적 불안정으로 그들의 욕구에 충족하지 못함으로 인해 심리사회적 발달단계와 관련된 문제나 우울, 또는 비행 등의 위험에 노출될 수 있기 때문에 사회적 서비스 연결이 중요하다. 빈곤가정, 한부모가정, 소년소녀가정 등 가정의 유형에 따라 취업훈련 및 취업알선을 통해 고용의 기회를 확대하고, 최저생활을 보장하며, 공공부조, 사회보험, 아동수당 등을 활용하여 아동의 가정에 경제적 혜택과 안정을 보장해 주는 것이 필요하다.

(3) 건강과 의료서비스 제공

아동의 신체적 건강은 그의 인지 · 정서 발달에 영향을 미치며 더 나아가 사회성 발달에 서로 밀접한 관계가 있으므로 중요하다. 아동의 건강은 모체(어머니)의 신체적 · 정신적 건강관리와 밀접한 관계가 있음으로 임신이나 출산 시 임산부의 건강관리에 관심을 기울여 의료서비스 혜택을 주는 것이 필요하다. 또한 아동에게 건강상의 문제가 발생하면 의료서비스를 받을 권리를 보장하여 아동의 질병이나 영양실조에 조치를 취하고, 사망률을 감소시키는 의료서비스를 제공해야 한다. 건강과 의료서비스 제공의 일환으로 어린이 필수예방접종이나 조기 건강검진 등은 바람직한 제도로 정부는 아동의 발달적 특성과 욕구를 고려한 건강 및 의료서비스 정책을 수립하여 실행하는 것이 필요하다.

(4) 교육권 보장

교육권은 국민의 4대 의무(국방, 납세, 교육, 근로) 중 하나로 누구나 학습할 고유의 권리를 의미한다. 교육권 보장은 모든 아동에게 공평하게 교육의 기회가 제공되고 그 아동의 개인적 능력, 필요, 흥미 등에 따라 적절한 교육여건을 제공하여 학습하게 보장하는 것이다. 대한민국 「헌법」 제31조에 의하면 '① 모든 국민은 능력에 따라 균등하게 교육을 받을 권리를 가진다. ② 모든 국민은 그 보호하는 자녀에게 적어도 초등교육과 법률이 정하는 교육을 받게 할 의무를 진다. ③ 의무교육은 무상으로 한다. ④ 교육의 자주성 · 전문성 · 정치적 중립성 및 대학의 자율성은 법률이 정하는 바에 의하여 보장된다. ⑤ 국가는 평생교육을 진흥하여야 한다. ⑥ 학교교육 및 평생교육을 포함한 교육제도와 그 운영, 교육재정 및 교원의 지위에 관한 기본적인 사항은 법률로 정한다.'와 같이 규정하고 있으며, 「교육기본법」 제4조(교육의 기회균등 등)에 의하면 '① 모든 국민은 성별, 종교, 신념, 인종, 사회적 신분, 경제적 지위 또는 신체적 조건 등을 이유로 교육에서 차별을 받지 아니한다. ② 국가와 지방자치단체는 학습자가 평등하게 교육을 받을 수 있도록 지역 간의 교원 수급 등 교육 여건 격차를 최소화하는 시책을 마련하여 시행하여야 한다. ③ 국가는 교육여건 개선을 위한 학급당 적정 학생 수를 정하고 지방자치단체와 이를 실현하기 위한 시책을 수립 · 실시하여야 한다. 또한 제8조(의무교육)에 의하면 ① 의무교육은 6년의 초등교육과 3년의 중등교육으로 한다. ② 모든 국민은 제1항에 따른 의무교육을 받을 권리를 가진다.'와 같이 규정하고 있다.

이렇듯이 아동에게 교육권 보장을 통해 학교에 적응하고 지식과 기술을 습득하는 과정을 통해 자신감과 효능감, 사회성 등을 습득하고 학교규율과 법의 준수 등과 같은 사회생활의 기초를 마련하게 교육권이 보장되어야 한다.

(5) 놀이와 여가 제공

아동은 놀이를 통해 즐거움을 추구하고 집단활동에 필요한 사회화 과정을 학습한다. 이렇듯이 'UN 아동권리협약' 제31조에 의하면 '① 당사국은 휴식과 여가를 즐기고 자신의 연령에 적합한 놀이와 오락활동에 참여하며 문화생활과 예술에 자유롭게 참여할 수 있는 권리를 인정한다. ② 당사국은 문화적, 예술적 생활에 완전하게 참여할 수 있는 아동의 권리를 존중하고, 촉진하며, 문화, 예술, 오락 및 여가활동을 위한 적절하고 균등한 기회를 제공하도록 권장해야 한다.'라고 규정하면서 아동의 놀이와 여가생활의 중요성을 강조하고 있다.

따라서 아동에게 적절한 놀이와 여가를 즐기고 자신의 연령에 적합한 놀이와 여가활동에 참여할 수 있는 권리가 보장된다면 아동은 건강하게 성장 · 발달할 수 있을 것이다. 또한 놀이와 여가활동을 통해 경험하는 긍정적인 정서적 경험이나 집단생활의 규칙을 학습하는 방법 등은 사회화 과정을 학습하고 아동을 행복하게 하는 원동력이 될 수 있으므로 놀이와 여가활동을 할 수 있도록 환경을 조성하는 것이 중요하다.

(6) 노동으로부터 보호

아동은 미성숙한 대상이므로 성장 · 발달에 유해가 되는 노동이나 기타 착취로부터 보호되어야 한다. 아동의 노동은 교육원 보장이나 놀이와 여가 제공의 기회 활동, 건강과 의료서비스 제공의 기회 등에 권리를 침해 당할 수 있으며, 발달적 관점에서는 신체적 발달과 인지적 · 정서적 발달을 저해하는 요인이 될 수 있다. 그러나 산업혁명 이후 기계발명으로 단순한 직업에 적당한 사람(아동, 부녀자 등)이 필요해졌고 연소자 임금은 성인보다 낮아 생산비 절감으로 아동의 노동력을 선호하였다. 이러한 아동노동의 문제는 아동권리나 아동복지와 관련된 문제로 직결될 수 있으므로 이를 예방하기 위한 방안으로 아동노동 금지의 필요성에 대한 계몽운동, 아동노동 근절 캠페인, 지역주민 소득증대 활동 등 포괄적인 사업, 법률적으로 금지하는 내용 등을 실행하는 것이 필요하다.

이에 「근로기준법」을 제정하여 '15세 미만의 자는 근로자로 사용할 수 없으며, 임신 중이거나 산후 1년이 지나지 아니한 여성과 18세 미만의 자는 보건상 유해하거나 위험자 사업에 근로할 수 없으며, 15~18세 미만의 자는 근로시간을 1일 7시간, 일주일 40시간을 초과하지 못한다.'라는 규정을 명확히 하여 아동의 노동으로부터 보호를 하고 있다.

(7) 아동보호를 위한 안전체계 구축

아동보호를 위한 안전체계 구축은 아동권리가 강화되면서 그들이 건강하게 성장 · 발달할 수 있도록 학대, 폭력, 유기 · 방임, 빈곤, 가정해체 등의 상황에 노출되어 있을 때 그들을 보호하기 위한 일련의 공적체계를 의미한다(김미영, 2020). 현대사회에 각종 범죄가 증가하고 있는 상황에서 아동 대상 강력범죄에 대한 적극적인 대처방안이 중요하다. 아동은 어떠한 위험상황에 대한 신체적 · 심리적 · 정신적 대응체계가 미흡하고 취약하기 때문에 성인에 비해 사고발생 가능성이 높다.

따라서 장애아동, 빈곤가정 및 한부모가정의 아동, 취업모의 아동, 미혼모의 아동, 맞벌이 가정의 아동, 비행 아동, 위탁 및 입양 아동, 사망 · 별거 · 이혼 등으로 해체된 가족의 아동, 법적 보호자가 없는 아동 등 여러 가지 이유로 인해 사회적 차원에서 보호가 필요한 아동을 위한 공적 보호체계를 구축하는 것이 필요하다. 또한 아동의 유기와 방임, 학대와 폭력, 빈곤 등의 발달적 위기 환경에 처해 있는 아동을 보호하기 위한 공적 보호체계를 구축하는 것이 필요하다.

1.2 아동복지의 역사

1) 아동복지의 시대별 발달과정

아동복지와 관련된 정책이나 제도는 특정한 시대, 그 사회의 아동관이 반영되어 수립되고 있다. 여기서는 시대의 흐름에 따라 고대사회, 중세사회, 근대사회, 현대사회 등으로 분류하여 살펴보면 다음과 같다.

(1) 고대사회

고대사회(고대부터 기원 후 4세기)는 아동의 존재가 부부의 성관계로 인한 소산으로 여기거나 병약자, 노인과 같이 무가치한 존재로 간주되었다(임경옥 외, 2018). 이 시대의 특성은 가족이나 씨족 중심에 의해 형성된 원시 공동체로 자연과 타 부족과의 생존을 위한 투쟁 속에서 의식주를 해결해야 했던 시대이다. 따라서 아동은 생산과 투쟁에 도움이 되지 않기 때문에 종족보존의 수단 가치로만 인정받았다. 또한 아동은 사회의 풍속이나 미신에 의해 생명의 위협을 받아야 하는 무력한 존재이었다. 즉, 신에 제물로 이용되거나 부족에 부담을 줄 수 있는 약한 아동이나 장애를 가진 아동은 살해하거나 유기하는 등의 일이 있었다.

이와 같은 일이 일어날 수 있었던 것은 당시 사람들이 아이에겐 영혼이 없다고 생각했으며, 아이를 하나의 인격체로 보는 것이 아니라 어른들의 단순한 성관계에 의해 생겨난 귀찮은 존재라고 생각하였기 때문이다. 그러므로 이 시기에는 아동복지를 위한 이념이나 실천은 거의 없었다고 할 수 있다.

(2) 중세사회

중세사회(4~17세기)는 영주와 영민, 국왕과 신하의 주종관계가 엄격한 신분적 계급을 중시하는 봉건사회로 종교가 사회적으로 중요했던 시대였다(임경옥 외, 2018). 중세 초기의 아동관은 아동 자체에 대한 관심은 없고 장원제도에 따라 장원을 하기 위한 군사력 보강이나 경제력을 확보하기 위한 수단으로서의 가치만 부여되었다. 또한 아동의 지위는 엄격한 계급사회로 신분이 높은 계급의 아동은 신분상의 혈통 계승자로 존중받았고, 신분이 낮은 계급의 아동은 농노로서 무가치한 소유물로 취급당하는 등 신분에 따라 차이가 있었다(황해익 외, 2017).

그렇지만 종교단체에서는 생명을 빼앗는 행위를 죄악으로 금지하고 아동도 인격체임을 강조하면서 가난하거나 의지할 곳이 없는 하층의 아동을 보호해 주기 위한 시설(고아원)을 활용하는 노력을 보였다. 중세사회에서 아동보호는 종교단체가 동정에 근거한 자선행위였으며 개인의 욕구나 권리를 존중하는 근대적 의미의 아동복지는 아직 전개되지 못하였다. 이후 17세기 말에는 종교단체를 중심으로 아동을 하나의 인격체로 보는 아동존중 사상이 싹트기 시작하였으며 코메니우스(Comenius)는 '아동은 성인의 축소판'이라는 중세사회의 아동관을 거부하고 아동을 하나의 인격체로 보고 존중할 것을 강조하였다. 코메니우스의 이러한 사상은 이후 18세기 루소(Rousseau)와 페스탈로치(Pestalozzi)에게 전달되어 현대 아동관의 뿌리가 되었다(임경옥 외, 2018). 이 시기에는 신분에 따라 아동의 권리가 일부 인정되었고, 종교단체의 활동을 통해서 가난하거나 의지할 곳이 없는 아동에 대해서 아동보호가 시작되었다는 점에서 의의를 찾을 수 있지만 아동 개인의 욕구나 권리를 중심으로 하는 근대적 아동복지사업은 전개되지 못하였다.

(3) 근대사회

근대사회(18~19세기)는 상공업의 발달과 산업혁명을 계기로 봉건제도가 붕괴되고 자본주의제도가 등장하게 되었다. 이 시대는 산업혁명으로 인해 자본가와 노동자라는 사회계층이 구분되고 급격한 인구의 도시 집중으로 인한 빈곤, 실업, 노사문제, 주택문제 등 다양한 사회문제가 등장하면서 아동의 문제도 개인적인 문제가 아닌 국가적인 책임이라는 관점이 부각되었다. 이러한 관점에 따라 영국은 1601년 「엘리자베스 구빈법(The Elizabethan Poor Low)」을 제정하게 되어 빈곤자와 요보호아동에 대한 관심이 증가하였다. 당시에는 아동에 대한 이해부족으로 집단 수용시설에서 아동, 노인, 장애인 등이 함께 수용보호되어 아동에 대한 적절한 보호와 수용이 이루어지지 못하였기 때문에 아동사망률이 높았으며 그들에 대한 건강과 복지에 많은 문제점이 발견되어 수용보호에 대해서 문제를 제기하기도 하였다(임경옥 외, 2018).

19세기 후반에는 시설보호 대신 위탁가정이 등장하였다. 이 시대의 위탁가정은 「엘리자베스 구빈법」과 결합한 도제(徒弟, 중세의 수공업에서 직업에 필요한 지식 · 기능을 습득하기 위하여 전문적 지식을 가진 스승의 밑에서 일하던 어린 직공)형식의 가정위탁으로 아동을 노동력 제공자로 간주하면서 아동의 노동력 착취문제와 교육기회 박탈의 문제가 발생하게 되었다. 이에 영국에서는 사회에 미치는 부정적인 영향을 방지하기 위해 1802년에 「공장법」을 제정하여 최저 근로연령과 근로시간을 법적으로 명시하여 아동을 보호하는 입법조치가 시행되었다. 이후 「공장법」은 프랑스(1841), 스웨덴(1881), 미국(1895) 등에서 근로아동을 위한 관계법 제정에 영향을 미쳤다(황해익 외, 2017). 또한 산업혁명으로 인해 맞벌이부부가 증가하면서 아동보호를 위한 탁아시설이 설립되었으며, 1861년에는 오웬(Owen)이 공장 내에 아동의 보호와 교육을 할 수 있도록 유아학교를 설립하였다(임경옥 외, 2018).

(4) 현대사회

현대사회(20세기 이후)는 20세기로 접어들면서 많은 학자들(프로이드, 에릭슨, 피아제 등)이 아동에 관한 연구를 활발하게 전개하면서 아동의 권리와 복지에 대한 사상도 강조되어 아동복지에서도 사후관리가 아니라 예방 차원의 적극적 개입을 중요시하게 되었다.

특히 스웨덴의 여성이면서 아동학자인 엘렌 케이(Ellen Karolina Sofia Key)는 그의 저서 「아동의 세기」에서 "20세기는 아동의 세기"라고 규명하고 "아동을 살리자"라고 호소하였다. 또한 "모든 아동은 생명, 보건, 적절한 주거, 교육, 노동으로부터의 자유, 건전한 여가활동, 필요한 경우 공백부족에 대한 권리까지도 보장해 주어야 한다"라고 역설하였다(노명희 외, 2014). 또한 미국의 루즈벨트(Roosevelt) 대통령은 1909년에 '요보호아동의 보호'를 주제로 제1차 백악관 회의(White House conference)를 개최하였다. 이 회의를 통해 아동복지에 대한 정부의 책임을 공식화하는 계기가 되었으며, 아동문제와 사회사업에 대해 미국은 물론 세계적으로 관심을 불러일으켰다. 이로 인해 1924년에 국제연맹은 '아동권리에 관한 제네바 선언'을 채택했고, 1930년에는 제3차 백악관 회의에서 19개 조항에 이르는 미국 아동헌장을 채택하여 아동복지 전문화의 계기를 마련하였다.

이후 국제연맹은 1959년에 '아동권리 선언'을 채택하고, 1971년에 정신지체인의 복지와 재활을 위한 '정신지체인의 권리 선언(Declaration of the Rights of Mentally Retarded Persons)'을 채택하였다. 그리고 1989년에 '아동권리협약'을 채택함으로써 아동의 권리를 보장하기 위해 법적으로 성문화하였다. 위와 같이 20세기의 현대사회는 아동복지에 있어서 아동의 문제를 해결하려는 접근방법의 전문화가 이루어졌으며, 아동의 욕구를 고려한 수용시설과 위탁가정보호, 장애아동을 위한 특별수용시설과 특별위탁가정보호 등의 제도가 등장하였다. 또한 아동복지 서비스는 재가형태의 지지적 서비스(개별지도, 집단프로그램 및 가족치료 등), 부모의 역할을 대신해 주는 보충적 서비스(영유아보육 서비스, 학대아동을 위한 강제보호 서비스 등)와 대리적 서비스(입양, 가정위탁 등) 등으로 세분화되었으며, 아동복지를 담당하는 전문가도 양성되어 현장에서 아동복지를 실천하고 있다(정익중 외, 2021).

2) 외국 아동복지의 발달과정

아동복지에 대한 사회적 관심과 개입의 형태는 시대의 변천에 따라 다양하게 변화·발전해 왔다. 여기서는 대표적인 영국과 미국 등의 일부 국가에 대한 아동복지의 발달과정에 대해서 살펴본다.

(1) 영국 아동복지의 발달과정

영국은 산업혁명을 분기점으로 자본주의제도가 등장하면서 세계에서 가장 먼저 아동복지와 사회복지를 위한 기틀을 마련한 나라이다. 봉건제도의 몰락으로 인해 경제적 무질서와 사회적 혼란이 야기되고 그 혼란을 종교단체(교회)의 도움으로 해결하기가 어렵게 되었다. 그로 인해 영국은 1601년에 「엘리자베스 구빈법(The Elizabethan Poor Low)」을 제정하여 빈곤의 문제를 해결하고자 복지에 대한 책임을 규정하였다. 「엘리자베스 구빈법」은 하나의 법률이라기보다는 종전의 여러 구빈법을 집대성한 것으로 봉건제도와 중세사회가 붕괴되면서 발생한 빈민을 구제하기 위해 제정된 것이다(정옥분 외, 2016). 주요 내용은 근로 가능한 빈민, 근로 불가능한 빈민, 요부양아동 등으로 분류하여 근로 가능한 빈민은 작업장(workhouse)에서 노동을 통해 빈곤을 해결하려고 하였다. 또한 노인이나 장애인, 아동 등은 근로 불가능한 빈민으로 분류하여 사설(私設) 구빈원(almshouse)에서 구제를 받았다. 「엘리자베스 구빈법」은 아동의 복지에 대한 국가적 책임을 규정한 것과 위탁보호제도와 도제를 통해 빈곤가정의 아동을 구제하였다는 의의가 있다. 그러나 도제(徒弟, 중세의 수공업에서 직업에 필요한 지식 · 기능을 습득하기 위하여 전문적 지식을 가진 스승의 밑에서 일하던 어린 직공)를 통하여 빈곤아동을 위해서 단지 의 · 식 · 주 등의 생활상에 어려움을 해결해 주는 것에 그치지 않고 직업적 능력을 길러 줌으로써 사회적으로 자립할 수 있는 기반을 조성하는 데는 기여를 하였지만 아동의 인권을 무시하고 그들의 노동력을 착취하는 등의 문제점도 있었다(노명희 외, 2014).

영국은 산업혁명 이후 많은 노동력을 필요로 하는 상황에서 아동의 값싼 노동력을 활용하게 되었다. 빈곤가정의 아동을 대상으로 도제를 활용하여 노동력을 착취하는 과정에서 열악한 노동조건 속에서 혹사당하는 경우가 많았고 교육의 기회마저 박탈하는 경우가 많았다. 이러한 사회에 미치는 부정적인 영향을 방지하기 위해 1802년에 「공장법(Factory Art)」을 제정하였다. 이 법의 내용은 아동의 근로시간을 9~13세는 하루 최대 8시간, 14~18세는 하루 최대 12시간 이상을 초과할 수 없게 하였으며, 9세 미만의 아동은 일을 할 수 없도록 제한하였다. 이후 1889년에 「아동학대방지법」, 1906년에 「학교급식법(Meals Art)」, 1946년에 커티스위원회(The Curtis Committee) 보고서, 1945년에 「가족수당법(Family Allowance Are)」, 1948년에 「아동법(Children Art)」, 1974년에 「아동수당법(Child Benefit ART)」이 제정되었다. 1989년에는 아동보호와 지원에 관련된 법을 통합한 「아동법(Children Art)」이 입법화되어 1991년 10월 14일에 효력이 발생하게 되었다. 이 법의 내용은 양친이 없는 아동, 유기아동, 부모와 떨어져 사는 아동, 아동부양 능력이 없는 부모 등의 자녀들에 대해여 국가가 부모의 역할을 담당해야 한다는 1948년 제정된 「아동법」을 포함하여 'UN아동권리협약'을 근거로 하고 있다. 즉, 부모의 이혼에 따른 아동의 보호, 요보호아동과 가정에 대한 지원 등을 포함한 제반 관련 법들을 한곳에 모아 놓은 것이다. 또한 1997년에는 저소득층 아동과 부모를 대상으로 아동에게는 보육과 교육서비스를 부모에게는 일과 자녀양육을 동시에 할 수 있도록 지원하는 슈어 스타트(Sure Start) 정책을 시행하고 있다.

영국은 2000년대에 아동 · 청소년의 교육과 복지에 집중적인 지원정책이 이루어졌다. 2004년에는 1989년에 통합된 「아동법(Children Art)」을 개정하여 모든 아동은 어떠한 배경이나 상황에서도 건강하고 안전하며 즐겁게 배울 수 있고, 사회에 기여하며, 경제적 역량을 획득할 수 있도록 필요한 서비스가 제공되어야 한다고 규정하고 있다. 또한 UN 아동권리위원회의 권고 사항을 수용하여 아동권리 보호활동과 옹호활동을 모니터링할 수 있는 기구인 아동커미셔너(Children's Commissioner)를 임명하였다(정옥분 외, 2016). 영국 「엘리자베스 구빈법」의 내용과 영국 아동복지의 발달과정은 각각 〈표 1-3〉과 〈표 1-4〉와 같다(노명희 외, 2014; 김석준 외, 2018).

〈표 1-3〉 영국 「엘리자베스 구빈법」의 내용(1601)

(The Elizabethan Poor Low)
feed the hungry (배고픈 자에게 음식을) give drink to thirsty (목마른 자에게 마실 것을) welcome the stranger (나그네 접대) clothe the naked (헐벗은 자에게 입을 것을) visit the sick (아픈 사람 돕기) visit the prisoner (교도소에 있는 사람 돕기) bury the dead (죽은 자 묻어 주기)

〈표 1-4〉 영국 아동복지의 발달과정

연도	법률 제정의 내용
1601	• 「엘리자베스 구빈법」 제정으로 아동보호의 원칙 마련
1802	• 「공장법」 제정으로 아동의 노동시간을 9~13세는 하루 최대 8시간으로 14~18세는 최대 12시간을 초과할 수 있음. 9세 미만은 노동을 금지하도록 명시
1834	• 「엘리자베스 구빈법」 개정으로 도움이 필요한 아동을 위한 지역학교와 육아원 · 특수학교 설립
1870	• 세계 최초로 5세부터 초등의무교육 실시
1872	• 「유아생명보호법」 제정으로 유아 · 사생아 매매의 비인도적 행위 견제
1874	• 출생신고 의무화
1884	• 리버풀에 아동학대방지협회(NSPCC, National society for the prevention of children) 설립
1889	• 「아동학대방지법」 제정
1906	• 「학교급식법」 제정
1945	• 「가족수당법」 제정으로 사회 · 경제적 지위 등에 관계없이 2자녀 이상 가정의 16세 미만 아동에게 1인당 수당 지급
1946	• 커티스위원회 보고서: 제2차 세계대전으로 가정을 빼앗긴 아동을 보호하기 위한 목적으로 위원회 구성 내용: 집단양육시설에서 성장한 아동들이 여러 가지 발달상의 문제가 있을 가능성이 높고, 성인이 되어서도 대인관계 문제나 알코올 의존증, 범죄에 노출될 위험이 높다고 인식하며 가정위탁보호가 시설보호보다 우월하다고 봄
1948	• 「아동법」 제정으로 아동에 대한 공적 책임의 명확화를 위해 통일적 행정을 하도록 했음 - 제2차 세계대전과 산업혁명 이후 저하된 가족의 가치를 재인식시키면서 개별적 욕구를 중시함 - 시설보다는 위탁이나 양자 결연의 새로운 가정위탁보호 형태를 많이 취함 - 아동국이 설립됨
1974	• 「아동수당법」 제정으로 요보호아동이나 빈곤아동뿐만 아니라 모든 아동을 대상으로 지급
1989	• 통합된 「아동법」 입법화, 1991년 10월 14일 효력 발생 - 부모는 자녀양육의 책임을 지며 법원이나 지방정부에서 아동보호를 담당하게 될 경우 아동 최선의 이익을 우선적으로 고려 - 아동의 의견이 존중되고 미래에 대한 의사결정에 참여 - 아동이 가정을 떠날 경우 지방정부는 시설이 아닌 대리가정에서 보호될 수 있어야 한다는 'UN아동권리협약'의 원칙을 근거로 함
1997	• 슈어 스타트(Sure start) 정책 시행으로 저소득층 아동과 부모를 대상으로 서비스 지원

(2) 미국 아동복지의 발달과정

미국의 아동복지제도는 영국의 「엘리자베스 구빈법」의 영향을 많이 받아 원칙적으로 아동을 주택에서 보호하는 것을 강조하였다. 주택보호가 불가능할 경우 국가책임에 의해 수용보호를 하도록 하였다. 이러한 관점에서 미국의 아동복지는 종교단체를 중심으로 시설보호가 시발점이 되어 1727년에 인디언에게 부모를 잃은 아동을 위한 보호시설인 우슬린(Ursuline) 수도원이 뉴올리언스(New Orleans)에 최초로 설립되었다. 또한 영국의 신학자이자 설교자인 조지 휫필드(George Whitefield)는 1740년에 최초로 보호시설인 베데스다 고아원(Bethesda Orphanage)을 조지아(Georgia) 주에 설립하였다(정옥분 외, 2021).

19세기 후반에는 빈곤으로부터 아동을 보호하는 데 있어서 시설에서 보호하는 것보다 가정이 적절하다는 취지에서 가정위탁운동이 전개되면서, 부레이스(Brace) 목사는 1853년에 뉴욕아동구호협회(New York Children's Aid Society)를 설립하여 최초로 가정위탁 서비스를 실시하게 되었다. 부레이스 목사는 뉴욕에서 집 없이 거리를 방황하는 아동을 대상으로 가정위탁운동을 전개하면서 여러 가지 아동 프로그램을 운영하였다. 이러한 과정에서 서부지역의 기독교 농가에 위탁양육하게 함으로써 도시의 범죄문제와 서부지역의 노동력 문제를 동시에 해결하고, 일을 통해 아동 자신의 자립능력을 키워 주려는 의도가 있었다. 그러나 초기의 가정위탁운동은 위탁아동의 특성이나 욕구보다 위탁가정의 노동력 필요와 서부지역의 무료 노동력 제공이라는 목적이 우선시되고 아동학대의 문제점이 있다는 것에 비판을 받았다. 그러나 아동학대의 문제가 있어도 아동보호가 종전의 시설수용보호 방식에서 가정위탁보호 방식으로 전환되었다는 시사점이 있다. 이후 아동의 노동력에 관한 사항을 규제하기 위하여 1895년에 「아동노동법」을 제정하여 14세 이하의 아동은 취업시킬 수 없다는 금지조항과 야간작업 금지 및 노동시간의 제한 규정, 학교에 출석하도록 하는 내용을 포함하고 있다.

미국에서 아동문제에 대한 전 국민의 관심을 유발한 동기는 루즈벨트 대통령이 1909년에 개최한 '요보호아동의 보호'를 주제로 제1차 백악관 회의(White House conference)이다. 이 회의는 대규모의 아동수용시설에서 아동과 양육자 간의 애정결핍으로 인해 유발되는 문제점이 심각하다고 제기되면서 200명의 전문가를 백악관에 초청하여 진행되었다(정옥분 외, 2016). 회의 결과를 토대로 루즈벨트 대통령은 아동을 위한 부모의 역할에 대한 중요성과 가정생활의 중요성을 언급하면서 다음과 같은 세 가지 원칙을 제시하였다. ① 가난하다는 이유만으로 아동이 가정으로부터 분리되어서는 안 된다. ② 불가피하게 어쩔 수 없이 가정으로부터 분리될 경우 차선책으로 엄선된 위탁가정을 고려해야 한다. ③ 필요에 의해 시설을 이용할 경우 작은 집 형태(cottage system)가 바람직하다는 것이다. 즉, 가정위탁보호를 하면서 아동의 정서적 · 전인적 발달을 위해 가족이나 이웃, 지역사회의 지원을 통한 구제가 보다 바람직하다고 생각하게 되었다. 이 회의를 계기로 1912년에 아동국(Children's Bureau)이 설립되어 아동복지에 대한 정부의 책임을 공식화하는 계기가 되었으며, 아동문제와 사회사업에 대해 미국은 물론 세계적으로 관심을 불러일으켰다.

미국의 아동복지는 경제 대공황(1929.10.24.~1933.12., 4년간)으로 인해 실업자가 폭발적으로 증가하고, 중산층이 무너지고, 일하고 싶어 하는 건강한 가장이 거리로 내몰리면서 정부는 급증하는 실업자와 요보호아동을 구호하기 위해 1935년 「사회보장법(Social Security Art)」을 제정하여 요부양아동가족부조(Aid to families with dependent children, AFDC), 노령부조(Old age assistance) 등의 공공부조를 시행하면서 아동복지사업에 국가개입의 기틀을 형성하는 계기가 되었다. 이 법은 가난이 개인의 나태함이나 무능함의 문제라고 여겼던 기존의 인식에서 벗어났음을 의미하는데, 즉 가난은 육체적 · 정신적으로 건강한 개인이 사회의 구조적인 다양한 문제와 맞물려 어쩔 수 없이 발생할 수 있으며, 정부가 이러한 문제를 적극적으로 해결하고자 노력해야 한다는 것을 인식했다는 것이다. 60년간 지속되어 오던 요부양아동가족부조는 1996년 빈곤가족한시부조(Temporary assistance for the needy families, TANF)로 명칭을 바꾸어 현재 미국 아동복지의 근간이 되고 있다(김석준 외, 2018).

1960년대 이후 미국은 급격한 경제성장을 배경으로 사회보장의 확대기를 맞게 되면서 1964년에는 도시빈민층 아동을 지원하기 위한 헤드 스타트(Head start) 프로그램과 푸드 스탬프(Food stamp) 프로그램을 실시하였다. 여기서 헤드 스타트 프로그램은 존슨(Johnson) 대통령 당시 '위대한 사회건설과 빈곤퇴치'라는 슬로건 아래 교육, 건강, 영양, 부모참여, 사회봉사, 교사와 부모를 위한 진로지도 등의 영역으로 시행되었는데, 이 프로그램이 아동복지에 크게 영향을 미쳤다(김석준 외, 2018). 이후 1974년에는 「아동학대 예방 조치법(Child Prevention and Treatment Act)」이 제정되었으며 2003년에 「아동가족안전법(Keeping Children and Families Safe ACT)」으로 명칭이 바뀌었다. 1975년에는 「장애아동교육법(Education of the Handicapped Children Act)」, 1980년에는 「입양지원 및 아동복지법(Adoption Assistance and Child Welfare Act)」, 1990년에는 「가족지원법(Family Support Act)」, 1993년에는 「가족 유지 및 지원서비스법(Family Preservation and Supporting Service Act)」, 1997년에는 「입양 및 안전가족법(Adoption and Safe Families Act)」, 1999년에는 「위탁양육 독립법(Foster Care Independence Law)」 등이 각각 제정되어 아동복지에 대한 사항을 명확히 하였다.

2000년대 들어서 미국의 아동복지정책은 카두신(Kadushin)의 3S 모델을 근간으로 하고 있다. 여기서 3S 모델은 ① 부모-아동관계의 긴장 해소를 위한 지지적 서비스(supportive service)인 상담을 통해 이루어지고, ② 부모의 역할을 보충해 주는 보충적 서비스(supplementary service)인 보육정책을 실시하고, ③ 부모의 역할을 대리해 주는 대리적 서비스(substitutive service)인 입양위탁 등을 실시하고 있다. 이러한 차원에서 2003년에는 「아동 및 가족 안전법(Keeping Children and Families Safe Act)」이 제정되어 가족 지지와 강화를 위한 지역사회기반 프로그램 등 아동학대와 방임 예방과 치료를 다양한 서비스를 통해 지원하고 있다. 또한 2011년에는 「어린이 및 가족 서비스 개선 및 혁신법(Child and Family Services Improvement and Innovation Act)」을 제정하여 아동 및 가족 서비스 프로그램을 확장하여 시행하고 있다(정옥분 외, 2016). 이러한 서비스 프로그램을 아동에 대해서 시행하고 있는 기관으로는 아동복지기관(Child welfare agency)과 가정봉사기관(Family service agency) 등이 있는데, 이 기관은 아동상담소, 정신건강센터, 청소년복지관 등은 중간 규모의 기관들이며 심리검사, 가족치료, 개별상담, 학교 및 소년법원과의 자문 서비스 등을 시행하고 있다(김석준 외, 2018).

3) 한국 아동복지의 발달과정

전통적으로 아동을 양육하는 것은 그 아동의 부모였다. 그러나 시대의 흐름에 따라 아동복지의 발달과정은 많은 변화가 있었는데 한국의 경우 전통사회와 근대사회, 해방(1945.08.15.) 이후 현대사회로 구분하여 각각의 아동복지에 대해서 살펴본다.

(1) 전통사회의 아동복지

전통사회의 아동문제에 대한 개입은 삼국시대부터 고아와 자연재해로 인한 기아(길러야 할 의무가 있는 사람이 몰래 아이를 내다 버림), 부모의 보호를 받지 못하고 떠돌아다니거나 길을 잃고 헤매는 걸식아동(미아) 등을 대상으로 이루어졌다. 삼국사기에는 신라 제3대 유리왕 5년(서기 28년)에 늙고 아내가 없는 사람(홀아비), 늙고 남편이 없는 사람(홀어미), 부모가 없는 어린아이(고아), 늙고 자식이 없는 사람(무자식 자), 늙은 사람(늙은이), 병든 사람(병자) 등을 대상으로 무료 급식과 보살핌을 제공하였다고 기록되어 있다. 또한 백제 온조왕 33년(서기 15년), 고구려 태조왕 56년(서기 108년)에는 아동을 포함하여 재해를 당한 사람에게 관곡을 배급한 것으로 기록되어 있다. 고려 성종 13년(서기 994년)에는 나이 어린 고아를 10세까지 관가에 수용하고 이후 본인의 의사에 따라 거주하도록 하였는데, 이는 수용보호사업의 시초로 볼 수 있다. 또한 충목왕 3년(서기 1347년)에는 관립영아원이라고 할 수 있는 해아도감을 설치하여 유아를 보호하였다(표갑수, 2000; 정옥분 외, 2021).

조선시대의 현종 2년(서기 1661년)에는 한성부 허가에 의해서 유기나 기아된 아동을 대상으로 민가수양을 실시하여 아동이 10세에 이르면 그 아이를 양육한 사람이 사역할 권리를 갖게 하였고, 숙종 22년(서기 1696년)에는 수양임시사목(修養臨時事目)을 제정하여 수양을 원하는 아동 가운데 부모나 보호자가 없는 아동을 대상으로 관청에서 사목의 규정에 따라 수양관계를 결정하여 흉년에 한해 민가수양을 하도록 하였다. 또한 정조 7년(서기 1783년)에는 수양임시사복을 확고히 하기 위하여 자휼전칙(字恤典則)이라는 법령을 제정하여 유기 아동이나 부랑걸식 아동을 대상으로 친족부양, 수양관계 보호, 집단수용 보호 등의 원칙을 규정하여 민가나 관가에서 수양하는 것을 제도화하였다(구자헌, 1972; 김미영, 2020). 자휼전칙의 내용을 보면, 서울과 지방에서 흉년이 들어 기근(흉년으로 먹을 양식이 없어 굶주림)이 심한 해에 유기를 당하여 사방에 호소할 곳이 없는 불쌍한 어린이, 특히 몸을 가리고 입에 풀칠하는 것을 자력으로는 도저히 할 수 없는 가긍한 어린이, 사방을 떠돌아다니면서 문전걸식을 일삼는 부랑아 등을 관가에서 보호하며 키우(유양, 留養)거나 민가에 수양하도록 허락하는 법령이다(주수길 외, 2020).

(2) 근대사회의 아동복지

근대사회는 개혁운동인 갑오개혁(갑오경장, 고종 31년(1894)) 이후 조선 말부터 일제 강점기(1910.08~1945.08, 35년간) 시대를 거쳐 해방(1945.08.15.) 이전까지의 기간을 의미한다(임경옥 외, 2018). 이 시기에는 개혁운동을 통한 외국 종교단체의 선교사들이 입국하여 포교를 겸한 육아 및 구호사업을 실시하였는데, 1854년 프랑스 파리외방전교회(外邦傳敎會)의 메스트르(Maistre) 신부는 조선 영해회(瓔孩會)를 설립하여 버려진 아이들을 교육의 집에 위탁·양육하는 아동복지사업을 시작하였고, 이듬해 1885년 프랑스 신부 장 블랑(Jean Blanc)은 조선 영해회(瓔孩會) 소속 영해원(瓔孩院)이라는 고아원을 설립하여 운영하였는데 이는 최초의 근대적 의미의 아동복지시설이라고 할 수 있다(정옥분 외, 2016). 1886년에 미국 선교사 언더우드(Underwood)는 고아들을 모아 예수학당과 구세학당을 시작하여 선교사들이 고아들에게 교육사업을 하기 시작하였으며, 1892년에 영국 선교사 랜디스(Randis)는 인천에 고아원을 설립하여 고아들을 대상으로 양육사업을 하였다.

이후 1921년에는 미국 선교사들에 의해 태화사회관이 설립되었으며 태화진료소를 중심으로 아동건강진단, 가정방문을 통한 위생교육, 육아법 보급, 빈곤아동을 위한 탁아사업, 무료목욕사업, 우유급식사업 등을 진행하였다. 또한 같은 해 1921년에 총독부가 장애인의 교육과 복지를 담당하는 특수학교인 재생원이라는 수용시설을 설립하여 운영하면서 각종 구호사업을 지휘·감독하였다. 재성원은 시각장애인과 청각장애인을 대상으로 침과 안마교육을 실시하였으며 광복 후 1945년에 국립맹아학교로 바뀌었다. 1930년대에 들어서면서부터 각 지방에 보육원을 비롯한 사회복지시설을 설립하기 시작하여 1939년에는 60개 정도의 시설이 전국적으로 설치되었다(노명희 외, 2014). 1944년에는 우리나라 최초의 공적부조 관련법이라 할 수 있는 「조선구호령」이 조선총독부 주관으로 제정되었다. 이 법에는 생활이 빈곤한 임산부와 13세 이하의 아동, 65세 이상의 노쇠자, 불구·폐질·질병·상이·기타 정신 또는 신체로 인하여 노동을 하기에 지장이 있는 자 등을 대상으로 거택구호를 원칙으로 한다고 규정하고 있으며, 거택구호가 불가능하다고 인정되는 경우에는 구호시설에 수용하거나 위탁수용 또는 개인의 가정이나 적당한 시설에 위탁수용 할 수 있도록 조치하였다. 그러나 이 법령은 일제 강점기 식민지 정책의 일환으로 사회통제의 목적으로 제정되어 복지적 관점의 법령이라고 보기는 어렵고 이후 1961년에 「생활보호법」이 제정되면서 폐지되었다(정옥분 외, 2021).

(3) 현대사회의 아동복지

현대사회의 아동복지는 광복(1945.08.15.) 이후부터 현재까지의 기간을 의미하며 전통사회나 근대사회에 비해 아동의 권리나 복지권이 보장되고 아동복지에 대한 사회 및 국가의 책임이 강화되고 조직적 · 체계적으로 발전하였다. 또한 과거의 요보호아동에 대한 보호와 양육이라는 잔여적(정부의 공적부조나 사회적서비스가 가정과 사회구조 및 시장을 통해 제공받을 능력이 없는 사람에게만 제공되어야 한다는 관점의 복지제도) 수준인 구호적 차원의 선별적 복지였다면 2000년대 이후의 아동복지는 모든 아동을 대상으로 하는 보편적 복지 수준에서 아동권리의 개념이 강조되고 있다. 시대에 따라 사회구조적, 선별적, 보편적, 권리 지향적, 포용 국가적 등으로 구분하여 아동복지를 살펴보면 다음과 같다(노명희 외, 2014; 임경옥 외, 2018; 정옥분 외, 2021).

① 사회구조적 아동복지

사회구조적 아동복지는 광복(1945.08.15.) 후 1960년까지로 이 시기의 아동복지는 아동의 기본적 생존을 보호하는 데에 초점이 맞추어졌다. 미군정기(1945~1948, 3년간)를 거쳐 1948년 이승만 대통령의 제1공화국을 출범하였으나 6 · 25(1950.06.25.~1953.07.27., 3년간) 동란으로 격화되어 사회적 불안이 1960년대까지 지속되었다. 따라서 전쟁으로 인한 절대적 빈곤과 요보호아동이 증가하면서 자연스럽게 이에 대한 응급구호의 필요성이 대두되어 시설에 수용하여 보호하는 방식으로 이루어졌다. 따라서 아동수용 시설은 1945년 42개소이었으나 1959년에는 475개소로 증가하게 되었다(정옥분 외, 2021). 그러나 당시의 국내 상황은 국가 주도적인 아동복지가 이루어지지 못했고 민간자원도 한계가 있어 수많은 요보호아동문제 해결을 위해 외국 민간 원조에 의존하였다. 이 시기에는 전쟁고아의 보호, 수용, 입양 등을 위해 설립된 수용시설 중심의 아동보호사업의 시초가 되어 이재민, 피난민, 고아 등에 관한 응급처리와 임시구호 측면에서 아동보호가 이루어졌는데, 주로 기독교 아동복리회(어린이재단으로 명칭 변경), 선명회(월드비전으로 명칭 변경) 등의 외국 민간기관들의 요보호아동을 위한 구호사업이 중심이었다. 또한 전쟁의 산물로 남겨진 혼혈아동은 유교적 전통이 강한 한국사회에서 차별과 멸시의 대상이 되었는데, 이에 따라 혼혈아동의 해외입양사업이 시작되면서 1961년에 「고아입양특례법」이 제정되어 이후 일반고아들에 대한 해외입양이 홀트아동복지회, 국제사회봉사회 등을 통하여 확대되었다.

한편 시설수용 아동이나 일반아동의 노동을 규제하기 위하여 1946년에 「아동노동법규」, 1947년에 「미성년자 노동보호법」 등을 제정하여 12세 미만 아동의 노동 금지와 18세 미만 아동이 위험한 직종에서 노동을 할 수 없도록 하였는데, 이는 아동보호에 대한 국가의 입법적 보호가 이루어진 것이라고 할 수 있다(김미영, 2020).

② 선별적 아동복지

선택적 아동복지는 「아동복리법」이 제정되는 1961년부터 1980년까지로 이 시기의 아동복지는 요보호아동을 대상으로 하는 선별적 복지에 초점이 맞추어졌다. 1961년에는 「아동복리법」, 「생활보호법」, 「미성년자보호법」, 「고아의 후견업무에 관한 법률」, 「고아입양특례법」 등이 제정되어 가족이 붕괴되거나 부양능력이 없는 가정 및 아동에 대해서만 국가가 개입하여 지원하는 선별적 복지를 지원하게 되어 아동복지를 증진시키기 위한 제도적 기반이 마련되었다. 따라서 아동복지시설의 수와 수용아동인구는 1960년대에도 계속 증가하여 1967년에 568개 시설, 수용아동 65,212명을 고비로 1970년대 이후에는 점차 감소하는 추세를 보였다(정익중 외, 2021). 1965년 1월에는 아동상담사업을 시작하여 상담과 지도를 통해 요보호아동의 발생을 사전에 예방하고 입양이나 위탁, 상담 등 아동복지와 관련된 업무를 정부차원에서 시작하였다. 또한 1967년에는 미인가 탁아시설에 대한 임시조치령을 공포하여 탁아소는 명칭이 어린이집으로 변경되었다(정옥분 외, 2021). 그러다가 1982년 「유아교육진흥법」이 제정되어 어린이집은 유아 교육기관인 새마을 유아원으로 흡수되고 관장 부서도 보건사회부에서 내무부로 이관되었다(주수길 외, 2020).

1970년대 들어 외국 민간기관들이 철수하면서 아동복지시설의 운영은 국가개입이 불가피하게 되어 아동복지도 새로운 정책전환을 가져오는 계기가 되었다. 이에 정부는 국가 재정증가로 인해 1976년에 국내입양사업과 불우아동건전육성대책을 발표하여 탈시설정책의 일환으로 입양과 가정위탁보호, 보육서비스의 확대를 정책적으로 장려하였다. 또한 1979년 세계 아동의 해를 기념하여 여러 아동복지단체에서는 아동복지 증진을 위해 여러 사업을 진행하였다. 1970년대에는 아동복지 증진을 위해 1976년에 「입양특례법」, 1977년에 「소년원법」, 「특수교육진흥법」 등이 제정되었다(노명희 외, 2014).

③ 보편적 아동복지

보편적 아동복지는 「아동복리법」이 「아동복지법」으로 개정되는 1981년부터 2000년 「아동복지법」이 전면 개정되기 전 1999년까지로 이 시기의 아동복지는 요보호아동이 선별적 대상에서 18세 미만의 전체 아동으로 확대되면서 보편적 복지에 초점이 맞추어졌다. 즉, 「아동복지법」 제1조에 의하면 아동이 건강하게 출생하여 행복하고 건전하게 육성되도록 그 복지를 보장하는 것을 목적으로 한다고 명시하여 보편적 아동복지를 추구한 것이다. 이 시기에는 산업화과정에서 나타나는 가족해체에 따른 자녀의 양육문제나 맞벌이 가족 자녀의 양육문제가 사회의 주요 이슈로 부각되면서 어린이집의 확충과 같은 일반아동을 대상으로 한 보편적 아동복지의 필요성이 강조되는 시기였다. 이 시기에 아동복지와 관련된 법들이 제정되었는데, 1981년에 「심신장애자복지법」, 1982년에 「유아교육진흥법」, 1986년에 「모자복지법」, 1987년에 「청소년육성법」, 1991년에 「영유아보육법」, 1999년에 「청소년육성법」 등이 제정되었다.

특히 1991년에 제정된 「영유아보육법」은 자녀의 양육문제가 사회의 주요 이슈로 부각되면서 보육서비스가 전체 일반아동에게 확대됨으로써 보편적 복지를 추구하게 되었고, 요보호아동을 대상으로 한 수용보호, 입양사업 위주의 선별적 단계의 보호에서 벗어나 지역사회 중심의 가정위탁사업, 아동결연사업, 국내 입양, 영유아보육사업, 재가복지서비스 확대 등 다양한 아동복지서비스를 지향하게 되었다. 또한 우리나라는 1990년 9월 25일에 'UN 아동권리협약' 협약서에 서명하고, 1991년 11월 20일에 비준서를 UN에 기탁하고 1991년 12월 20일부터 'UN 아동권리협약'의 당사국이 되면서 국제적 수준의 아동복지를 시행하는 나라가 되었다.

④ 권리 지향적 아동복지

권리 지향적 아동복지는 「아동복지법」이 전면 개정된 2000년부터 제6공화국 여섯 번째 제18대 대통령 박근혜 정부(2013.02.25.~2017.03.10., 4년 1개월간)인 2017년까지로 이 시기의 아동복지는 복지대상의 선별과 보편성에 대한 문제, 아동학대나 안전 등과 같은 아동의 권리에 대한 사항이 중요한 이슈로 등장하면서 아동권리 향상에 초점이 맞추어졌다. 2000년에 전면 개정된 「아동복지법」은 학대를 당한 피해아동에 대한 복지서비스 제공, 아동안전에 대한 제도적 지원, 아동복지시설의 종류와 기능의 다양화 등을 주요 골자로 하고 있다(정옥분 외, 2021). 개정 이전에는 아동을 책임지고 있는 부모의 권리를 침해하지 않는 범위 내에서만 최소한의 보장을 받을 수 있어 실제로 개입이 어려웠었다. 그러나 「아동복지법」을 시대의 흐름에 반영하여 여러 번 개정하면서 2014년에 제정된 「아동학대범죄의 처벌 등에 관한 특례법」을 통하여 부모도 자녀를 학대할 수 없도록 학대한 부모까지도 처벌할 수 있도록 하면서 아동의 권리가 강화되었다. 이러한 과정에서 아동학대를 예방하고 피해아동을 보호하기 위해 전국적으로 아동보호전문기관이 설립되었다.

이러한 변화과정에서 아동 관련 복지정책으로 입양지원, 가정위탁 보호, 소년소녀가정 지원, 결연사업, 공동생활가정 운영, 아동복지시설 운영, 보호아동 자립 지원, 디딤씨앗통장(CDA), 드림스타트 사업, 지역아동센터 운영, 아동급식지원사업, 아동학대 예방 및 피해아동 보호, 실종아동 및 장애인 보호 등의 사업이 이루어지고 있다.

⑤ 포용국가적 아동복지

포용국가적 아동복지는 제6공화국 일곱 번째 제19대 대통령 문재인 정부(2017.05.10.~2022.05.09., 4년간)가 들어선 후 2018년부터 현재까지로 이 시기의 아동복지는 아동이 행복을 누려야 할 권리의 주체로 인식하고 국가의 책임을 강조하는 포용 정책에 초점이 맞추어졌다. 2017년 6월에 정부는 '아동권리 스스로 지킴이'의 활동 내용을 바탕으로 제5·6차 통합국가보고서를 UN아동권리위원회에 제출했다. UN아동권리위원회는 통합국가보고서를 검토한 최종견해를 2019년 10월에 우리 정부에 보내왔는데, 우리나라는 'UN아동권리협약'을 1991년에 비준하고 1996년, 2003년, 2011년에 이어 2019년 네 번째로 심의를 받았다. UN아동권리위원회는 「난민법」 제정(2012), 「아동학대처벌법」 제정(2014), 학대방지 예산확대 및 입양허가제 도입 등에 따른 관련 유보 조항 철회(2017), 아동수동 도입(2018), 아동정책영향평가 체계 수립(2019), 아동 성범죄의 처벌 강화, 남성 육아휴직과 한부모 가정 지원 확대 등에 대한 우리나라의 정책적 노력에 긍정적으로 평가했다. 그러나 GDP에 비해 낮은 아동관련 예산 규모, 높은 아동 자살률, 경쟁을 부추기는 교육환경 등에 대한 우려를 표하면서 대안으로 형사 미성년자 연령의 만 14세 유지, 보편적 아동등록제의 도입, 베이비박스 금지와 그 대안으로 익명 출산제 검토, 성매매 연관 아동에 대한 보호처분 폐지와 피해자 대우, 아동의 이민자 수용소 구금 금지 등을 권고했다. 또한 2018년 아동 삶의 만족도는 6.57점으로 2013년 6.10에 비해 소폭 상승했으나 여전히 경제협력개발기구(OECD) 국가 중 최하위 수준인 것으로 나타났다. 스페인(8.1), 스웨덴(7.7), OECD 평균(7.6), 미국(7.5), 영국(7.5), 한국(6.6) 순이다.

정부는 UN아동권리위원회의 권고 사항과 아동 삶의 만족도를 개선하기 위하여 2019년에 "아동이 행복한 나라(내일만큼 오늘이 빛나는 우리)"라는 비전을 제시하면서 국가적 책임을 강조하는 4대 분야 10대 핵심과제를 설정하여 포용국가 아동정책을 발표하였다. 포용국가 아동정책은 아이를 양육의 대상이 아니라 행복을 누려야 할 권리의 주체로 인식하고 아이가 행복한 삶을 살아가는 나라로 만들기 위해 국가의 책임을 담은 정책을 의미한다(보건복지부, 2021). 'UN아동권리협약'은 제1조에 '아동을 18세 미만의 모든 사람을 의미한다.'라고 명시하고 그 권리를 생존권, 발달권, 참여권, 보호권 등 네 가지 권리를 국가가 보장해야 한다고 규정하고 있다. 우리 정부는 상황에 맞추어 아동의 권리를 4개 영역으로 나눠 보호권, 인권과 참여권, 건강권, 놀이권으로 규정하고 10대 핵심과제를 제시하였다. 포용국가 아동정책의 4대 분야 10대 핵심과제는 [그림 1-1]과 같다.

비전	아동이 행복한 나라 "내일만큼 오늘이 빛나는 우리"
4대 분야	**10대 핵심 과제**
보호권	① 보호가 필요한 아동은 국가가 확실히 책임지도록 시스템 혁신
	② 아동학대 대응체계 전면 개편
	③ 보호종료 후 안정적으로 자립할 수 있도록 지원 강화
인권 · 참여권	④ 누락 없는 출생등록
	⑤ 아동에 대한 체벌 금지 노력 등 아동 권리 강화
	⑥ 아동의 목소리에 귀 기울이는 정부
건강권	⑦ 아동발달 단계에 맞는 건강지원 강화
	⑧ 마음건강 돌봄 지원 강화 대책
놀이권	⑨ 아동이 맘껏 뛰어놀 수 있는 지역사회
	⑩ 놀이를 통해 잠재력을 키우는 학교

[그림 1-1] 포용국가 아동정책의 4대 분야 10대 핵심과제

정부는 포용국가 아동정책을 효율적으로 수행하고 아동보호 체계의 발전과 아동권리를 높이기 위해 「아동복지법」 제10조의2(아동권리보장원의 설립 및 운영)에 근거하여 2019년 7월에 아동정책에 대한 종합적인 수행과 아동복지 관련 사업의 효과적 추진을 위하여 필요한 정책의 수립을 지원하고 사업평가 등의 업무를 수행하는 목적으로 아동권리보장원을 설립하여 분산되었던 아동관련 전달체계를 통합하였다. 즉, 중앙입양원, 아동자립지원단, 드림스타트사업지원단, 실종아동전문기관 등은 2019년 7월에 통합하고, 중앙아동보호전문기관, 지역아동센터중앙지원단, 중앙가정위탁지원센터, 디딤씨앗지원사업단 등은 2020년 1월에 통합을 완료하였다(아동권리보장원, 2024).

Chapter

02

아동의 욕구와 환경에 따른 아동발달 이론

인간발달에서 학문적 이론이란 발달에 대하여 설명과 예측이 가능한 지식들을 조직화하여 체계화시킨 것이다. 발달의 학문적 이론은 다양한데 주의할 것은 발달의 학문적 이론들은 매우 복잡한 것으로 어떠한 단일 이론으로는 모든 것을 다 설명할 수 없다는 것이다. 그러나 현재까지 널리 알려진 발달의 학문적 이론들을 보면 인간의 여러 발달 측면, 즉 신체 · 운동, 인지 · 언어, 사회 · 정서발달 등 어느 한 면에 초점을 두고 있다는 것인데, 대표적인 정신분석 이론, 행동주의(학습) 이론, 인지발달 이론, 동물행동학적 이론, 인본주의 이론 등에 대해서 살펴본다.

2.1 정신분석 이론

정신분석 이론의 기본적인 개념은 다윈(Darwin)의 진화론과 프로이드(Freud)의 임상경험을 바탕으로 이루어져 있다. 정신분석 이론에 의하면, 인간발달은 무의식적인 것이며 행동은 단지 표현상 나타나는 특성일 뿐이라는 것이다. 특히, 프로이드는 부모와의 초기 경험은 아동발달에 많은 영향을 미친다고 하였다. 대표적인 정신분석 이론인 프로이드의 심리성적 이론과 에릭슨(Erikson)의 심리사회적 이론 등에 대해서 살펴본다.

1) 프로이드의 심리성적 이론

정신분석의 선구자로 불리는 프로이드(1856~1938)는 1856년 체코슬로바키아의 모라비아(Moravia)에서 태어났으며, 일생의 대부분은 비엔나에서 보냈고, 제2차 세계대전 때 나치를 피해 영국의 런던으로 옮겨 말년을 보내다 1938년 83세로 생을 마쳤다. 가난한 가정의 8남매 중 장남으로 태어났으며, 행복한 어린 시절을 보내지 못했지만 매우 영리하였다. 프로이드는 신경계통을 전공한 의사로서 신체적 이상은 정신적 갈등에서 비롯될 수 있다고 믿었다. 그래서 히스테리아(hysteria: 병적흥분) 분야에 관심을 가져 정신분석에 대한 연구를 하면서 최면요법을 사용하였고, 무의식 속에 억압된 감정을 찾아서 풀어 주는 것이 히스테리 환자를 치료하는 것이라 믿게 되었다. 그러던 중 최면요법이 일부 환자들에게만 적용될 수 있다는 것을 알고 자유연상(free association)과 꿈의 해석, 영유아기 때의 경험, 그리고 가족관계 분석 등의 기법을 개발하여 치료하였다. 여기서 자유연상이란 마음에 떠오르는 모든 생각을 어떠한 방해도 받지 않은 채 자유롭게 표현하도록 하는 방법을 의미한다.

다윈(1809~1882)의 진화론은 인류가 신과의 관계에서 가지고 있던 지위를 박탈하고 자연 진화의 연속선상에서 인류를 동물계의 일부로 보았다. 그는 1859년 '종의 기원'을 저술하였으며, 이 세상에 살아남은 생물은 가장 힘센 것도, 가장 지능이 높은 것도 아니라 변화에 가장 잘 적응한 생물만이 살아남는다는 적자생존(適者生存)의 원리를 주장하였다. 즉, 인간은 독특한 생존 기제를 가지고 있지만 단지 또 다른 하나의 동물에 지나지 않는다는 것이다. 이러한 관점에서 프로이드는 인간이 믿고 있는 것처럼 인간은 이성적이고 논리적이며 지적인 존재가 아니고, 비이성적이고 때로는 자신도 알지 못하는 숨겨진 무의식적 동기에 의해 영향을 받는 존재라고 하였다. 이러한 이론들은 『꿈의 해석(The Interpretation of Dreams, 1900)』이라는 책에서 처음으로 발표하였다.

(1) 성격의 구조

프로이드의 정신분석 이론은 인간의 성격형성 과정에 대한 심층적인 연구이다. 그는 인간의 정서적, 감정적 측면을 강조하여 인간의 모든 행동에는 원인이 있다고 보고 인간의 무의식에서 그 원인을 찾으려 하였다. 그는 [그림 2-1]에 나타낸 성격의 구조처럼 인간의 정신구조를 빙산에 비유하여 물위에 떠 있는 작은 빙산은 의식이고, 물속에 잠겨 있는 큰 빙산은 무의식이고, 그리고 파도에 의해서 물 표면으로 나타났다 잠겼다 하는 빙산을 전의식이라고 하였다. 프로이드의 성격구조 및 정신세계는 [그림 2-1]과 같다.

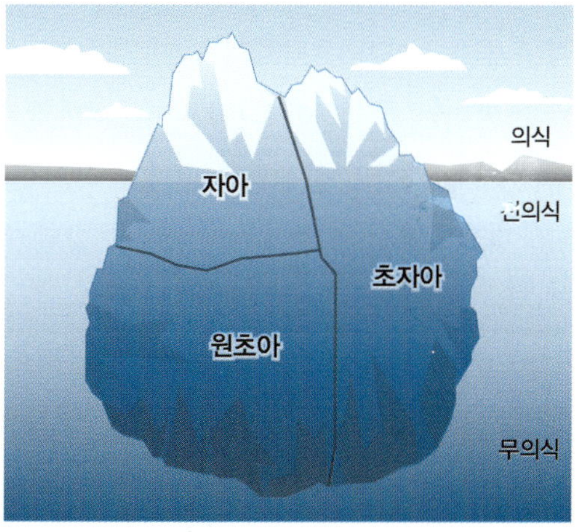

[그림 2-1] 프로이드의 성격 구조 및 정신세계

의식(consciousness)은 자신이 주의를 기

울이는 순간 바로 알아차릴 수 있는 정신작용의 부분이고, 전의식(preconsciousness)은 자신이 주의를 집중하고 노력하면 의식이 될 수 있는 정신작용의 부분이고, 그리고 정신구조의 대부분을 차지하는 무의식(unconsciousness)은 자신이 전혀 의식하지 못하는 정신작용의 부분이다. 이러한 정신구조에서 인간의 성격은 대부분 의식수준 아래인 전의식과 무의식에 존재한다고 믿었다. 또한 프로이드는 인간의 성격 구조가 원초아(id), 자아(ego), 초자아(superego)로 구성되어 있다고 보았다. 이러한 성격 구조는 〈표 2-1〉과 같다.

〈표 2-1〉 성격 구조

성격 구조	내용	추구사항
초자아(superego)	가치관이나 사회적 규범 등이 내면화된 것으로 옳고 그름과 선악을 판단하는 양심	도덕성의 원리
자아(ego)	원초아로부터 분화된 것으로 내부의 본능적 욕구(원초아)와 외부의 현실세계(초자아)를 중재하는 역할을 함	현실 검증
원초아(id)	유전적인 것으로 쾌락이나 본능을 포함한 에너지원으로 무의식적임	쾌락의 원리

프로이드는 가장 이상적인 성격을 원초아, 자아, 초자아가 조화를 이루는 상태로 보았다. 즉, 초자아가 자아를 승인하는 합법적이고 도덕적인 방법으로 원초아의 욕구를 만족시켜 주는 상태를 말한다. 그러나 원초아와 초자아는 서로 상반된 목적을 추구하기 때문에 원초아가 우세하게 되면 자기 자신과 사회에 부정적인 영향을 주게 되고, 반대로 초자아가 우세하게 되면 지나친 규제로 정상적인 생활을 할 수 없게 된다. 이렇게 상반될 때 자아의 중재역할이 제대로 발휘되지 못하면 갈등을 느끼는데 이것이 불안이다. 이러한 불안을 방어하는 기술을 발달시키게 되는데 이것이 방어기제이다. 방어기제에 대한 정의는 〈표 2-2〉와 같다(정옥분, 2007).

〈표 2-2〉 방어기제에 대한 정의

용어	내용
합리화 (Rationalization)	자신의 행위나 생각을 합리화하기 위해 진정한 이유나 동기는 감추고 그럴듯한 그 밖의 이유를 제시하는 것을 의미한다. 즉, 합리적인 설명으로 진실같이 들리지만 실제로는 틀리는 것이다.
억압 (Repression)	충격적인 경험 또는 스트레스를 유발하는 사건이나 용납할 수 없는 충동을 무의식적으로 거부하는 것을 의미한다. 합리화에 비해 비현실적이다. 예를 들어, 기억상실증이 해당된다.
전이 (Displacement)	어떤 대상에 대한 성적 에너지가 다른 대상으로 전이되는 것을 설명할 때 사용되는 것을 의미한다. 논리적으로는 부적합하지만 무의식적 사고에는 적합하다. 예를 들어, 자신보다 강한 사람에게 억눌린 감정을 자신보다 약한 사람에게 푸는 것이다.
동일시 (Identification)	다른 사람의 태도, 신념, 그리고 가치 등을 자신의 것으로 채택함으로써 다른 사람의 특성이 자신의 성격에 흡수되는 것을 의미한다.
반동형성 (Reaction Formation)	용납하기 어려운 충동이 의식적으로 억압되어 완전히 반대의 것으로 나타나는 것을 의미한다. 즉, 불안을 야기하는 충동이나 욕구가 의식 차원에서 반대로 대치되는 것이다. 예를 들어, 실제로 자기를 학대하는 대상인데도 그 대상을 좋아하는 것처럼 행동하는 것이다.
투사 (Projection)	자기 내부의 용납하기 어려운 충동을 다른 사람 탓으로 돌리는 것을 의미한다. 즉, 수용할 수 없는 충동을 억제하고 불안의 원인을 다른 사람 탓으로 돌리는 것이다.
부정(Denial)	가장 원초적인 방어기제로 현실을 왜곡할 뿐만 아니라 그 현실자체를 부정한다.
퇴행 (Regression)	어느 발달단계에 도달하였음에도 전 발달단계로 후퇴하는 행동을 하는 것이다. 성인인데도 책임을 회피하기 위하여 어린아이와 같은 행동을 하는 것을 의미한다.
보상 (Compensation)	실제든 상상이든 자신의 성격, 지능, 외모 등의 이미지 결함을 메우거나 체면을 유지하려는 무의식적인 노력을 의미한다.
대치 (Substitution)	자신이 원하는 대로 이루어지지 않았을 때 그 좌절감과 긴장을 줄이기 위해 그 비슷한 것을 취하여 만족을 얻으려는 것이다.
내면화 (Internalization)	다른 사람이나 부모의 태도, 규범, 가치관 등을 자신의 성격으로 흡수하는 것이다. 투사의 반대 개념이다.
승화 (Sublimation)	사회적으로 수용할 수 없는 충동을 사회적으로 수용할 수 있는 방식으로 표현하는 것을 의미한다.

(2) 성격의 발달단계

프로이드는 인간의 발달이 원초아, 자아, 초자아의 발달로 인해 일련의 단계를 거쳐 성장한다고 보았다. 이 일련의 단계를 심리성적 단계(psychosexual stage)라 하고 구강기, 항문기, 남근기, 잠복기, 생식기로 구분하였다. 인간의 성격발달은 삶의 본능(eros)과 죽음의 본능(thanatos)에 의해서 발달한다. 삶의 본능은 주로 성적인 욕구로 구성되어 있고, 죽음의 본능은 공격적인 욕구로 구성되어 있다. 삶 본능의 심리적 에너지인 리비도(libido)가 집중되는 성감대(erogenous zone)는 연령에 따라 달라지는데 이렇게 연령에 따른 성감대의 변화가 성격의 발달을 결정한다. 각 단계별로 성격이 형성되는 과정에서 리비도가 정상적으로 만족되면 정상적인 성격이, 리비도가 불만족되거나 비정상적으로 만족되면 성격이 비정상적으로 되거나 다음 단계로 발달하지 못하는 고착이 나타난다고 하였다. 프로이드는 성격이 5세까지 거의 형성되고 그 후 성장은 기본적인 구조로 마무리되는 과정으로 보았다. 성격은 생리적 성장과정(physiological growth process), 좌절(frustration), 갈등(conflict), 위협(threats)이라는 네 가지 긴장의 원천에 의해서 발달된다. 긴장이 증가하면 긴장 해소가 필요한데 주로 동일시(identification)나 대치(displacement) 등의 방어기제로 반응하여 해결하게 된다. 이러한 과정이 반복적으로 일어나면서 성격발달이 이루어지는데 발달단계에 따른 특징은 〈표 2-3〉과 같다.

〈표 2-3〉 발달단계에 따른 특징

단계(연령)	특징
구강기 (출생~1세)	• 입을 통해 생리적 쾌감을 만족(젖 빨기, 음식 씹는 행동 등) • 수유경험은 다음 단계 발달에 중요한 역할을 함 • 이 시기에 고착되면 후에 손가락 빨기, 과식, 손톱 깨물기 등의 구강기적 성격을 보임. 또한 성인이 되어서도 타인에 의존하는 성격을 형성하게 됨
항문기 (1세~3세)	• 쾌감의 근원(리비도)이 입에서 항문으로 옮겨 가는 시기로써 배설에서 쾌감을 느낌 • 부모가 배변훈련에 너무 엄격하고 억압적인 경우에 아이는 망설이거나 억제하는 것을 학습하게 되고, 인색하게 되며 욕심 많은 아이로 성장할 수 있음
남근기 (3세~6세)	• 자신의 성기에 대해 관심을 갖고 자위행위를 하기도 하며 출산이나 성에 관한 질문을 많이 하기도 함 • 성기와 관련된 성적 공격감이 표출됨 • 이성의 부모에 대한 성적 추구 감정과 동성의 부모에 대한 적대적 감정이 형성됨(남아에게는 오이디푸스 콤플렉스, 여아에게는 엘렉트라 콤플렉스가 나타남) • 남근기의 고착으로 인한 성격은 과시적이고, 거만하고, 공격적이며, 방종스러운 것이 특징임
잠복기 (6세~12세)	• 성적 욕구가 억압되어 전에 가졌던 충동이 잠재되어 있어서 겉으로 보기에는 평온한 시기처럼 보임 • 지적인 탐구가 활발해지고 친구와 어울리면서 운동이나 놀이 등 사회적으로 받아들여질 수 있는 일에 자신의 욕구를 집중시킴

생식기 (12세 이후)	• 사춘기가 시작되면서 타인에 대한 성적 흥미를 느낄 뿐만 아니라 이성에 대한 사랑이 시작됨 • 이 시기에 순조롭게 발달하면 이타적이고 성숙한 생식기적 성격을 보이지만 그렇지 못하면 권위에 반항하고 비행행동을 나타내거나 이성에 대한 적응곤란 등이 나타날 수 있음

2) 에릭슨의 심리사회적 이론

에릭슨(1902~1994)은 1902년 독일의 프랑크푸르트에서 태어났으며, 25세 때 프로이드의 딸인 안나 프로이드(Anna Freud)와 같은 학교에 근무하게 되면서 그녀와 함께 아이들을 대상으로 정신분석을 연구하였다. 히틀러(Hitler)의 출현으로 미국으로 이주한 에릭슨은 프로이드의 정신분석 이론에 바탕을 두면서 인간의 성격발달을 사회와의 관계 속에서 심리사회적 연구를 하였다. 프로이드는 성격발달의 기초로 성적인 에너지를 강조하였지만 에릭슨은 사회적인 에너지를 강조하였다. 또한 프로이드는 부모의 중요성만을 강조한 반면 에릭슨은 부모뿐만 아니라 가족, 친구, 사회, 문화 등의 사회문화적 환경의 영향에 관심을 보였다. 이러한 에릭슨은 점성적원리를 바탕으로 연구하였는데, 점성적원리란 한 인간의 발달이 공통적으로 일련의 단계를 따라 이루어진다고 보는 견해이다. 즉, 태아가 자라면서 신체의 각 기관이 각각 특수한 시기에 나타나 모두 어우러져 한 인간이 형성되듯 성격도 이렇게 발달해 간다는 것이다.

성격발달에 있어서 프로이드는 청년기에서 중단한 반면 에릭슨은 전 생애에 걸쳐 이어지는 과정으로 보고 성격발달을 자아발달 단계에 따라 8단계로 나누었다. 에릭슨은 각각의 단계마다 발달의 개념과 대칭적인 개념인 발달의 위기를 제시했으며 대칭적인 두 개념이 균형을 이루면서 발달해야 다음 단계로의 진행이 원만하다고 설명하였다. 즉, 긍정적 의미의 발달과업 성취만 중요한 것이 아니라 부정적인 의미의 발달 위기도 어느 정도 경험하는 것이 개인의 충실한 성장에 도움이 된다고 주장하였다. 따라서 이 모든 단계가 계획에 따라 성숙될 때 완전한 기능을 발휘하는 성격이 이루어진다고 보았다. 심리사회적 발달 8단계는 〈표 2-4〉와 같다.

〈표 2-4〉 심리사회적 발달 8단계

단계(연령)	특징
신뢰감 대 불신감 (출생~1세)	• 주된 발달위기는 '영아가 세상을 신뢰할 수 있는가? 없는가?'에 관한 것으로 자신을 잘 돌봐 주는 양육자(어머니)와 신뢰감을 형성 • 어머니가 영아의 신체적, 심리적인 기본 욕구에 잘 반응해 주면 신뢰감이 형성됨 • 어머니가 영아의 필요와 욕구에 잘 응해 주지 않고 일관성 있는 관계를 지속하지 못할 경우에는 어머니에 대한 불신감을 형성함
자율성 대 수치심과 회의감 (1세~3세)	• 발달의 쟁점은 '자율적이고 창의적인 사람이 되느냐? 아니면 의존적이고 수치심이 많은 인간이 되느냐?' 하는 것임 • 배변훈련을 통해 지지와 격려를 받고 칭찬을 받는다면 잠재적으로 확신에 차고 독립적인 인간으로 성장하여 자율성이 극대화됨 • 배변을 실수하거나 신체적인 통제가 잘 안 되고 자기기능이 미숙해지는 등 사회적 기대에 대해 적절한 행동을 수행하지 못하면 수치심과 회의감이 발달함
주도성 대 죄책감 (3세~6세)	• 발달의 과업은 주도성 대 죄책감의 발달임 • 놀이에서 주도권을 갖고자 노력하며 언어능력도 향상되어 스스로 행동에 대한 목표나 계획을 세워 그 일을 성공적으로 완수하려고 하면서 주도성이 발달됨 • 부모의 반응이 일관적이지 않을 때는 주도적 행동에 대해 자신감을 잃고 죄책감을 갖게 됨
근면성 대 열등감 (6세~12세)	• 발달의 과업은 근면성 대 열등감의 발달임 • 역동적이고 활동적인 시기로 자아성장의 결정적 시기임 • 학교교육이 시작되면서 읽기, 쓰기, 셈하기 등의 인지적 기능과 또래와의 관계를 통한 사회적 기능을 습득하며 근면성과 성취감을 얻게 됨 • 읽기, 쓰기, 셈하기 등의 학교교육이나 또래와의 놀이에서 실수나 실패를 하게 되면 열등감을 갖게 되거나 무기력하게 됨
정체감 대 정체감 혼미 (12세~20세)	• 발달과업은 '나의 존재는 무엇인가? 무엇을 할 것인가?' 등의 의문을 통해서 자신에 대한 통찰과 자아상을 찾기 위한 노력을 하게 되고 성역할 정체성도 발달함 • 정체감 형성에 있어서 결정적인 시기로 자신의 개성에 대한 강한 인식을 갖고 사회로부터 인정을 획득하고 자신에 대한 확고한 정체감을 형성하면서 건전한 성인으로 성장함 • 정체감 형성에 실패하게 되면 정체감 혼미나 역할혼란 등에 빠지게 됨 • 정체감 혼미에 빠지게 되면 약물이나 알코올 남용에 빠질 수 있어 만성적 비행이나 병리적 성격장애를 가져올 수 있음
친밀감 대 고립감 (20세~24세)	• 중요한 발달 과업은 자신에 대한 관심에서 벗어나 직업을 선택하고, 배우자를 찾는 등 타인과의 관계에서 친밀감을 형성하는 일임 • 친밀감은 자아정체감과 다른 사람의 정체감을 융합시킬 수 있는 우정이나 다른 사람을 사랑할 수 있는 사랑에서 형성됨 • 친밀감이 발달하지 못하면 대인관계가 형성되는 사회적 관계에서 고립감을 느끼게 됨
생산성 대 침체성 (24세~65세)	• 발달의 과업은 생산성 대 침체성임 • 이 시기에는 결혼하여 자녀를 낳고, 기르고, 자녀를 결혼시키는 과정에서 자신에게 몰두하기보다 생산적인 일에 몰두함 • 생산성 확립에 실패하면 자기도취에 빠지며 타인에 대한 배려가 없어지고 이로 인

	해 인간관계가 원만하지 못하고 사회경제적 정체라는 중년의 위기를 맞게 되고, 인생에 대한 허무감을 갖게 되어 침체성에 빠지게 됨
자아통합감 대 절망감 (65세 이후)	• 발달의 과업은 자아통합감과 절망감의 위기를 극복하는 것임 • 신체적 쇠약, 퇴직, 수입의 감소, 배우자나 가까운 사람들의 죽음 등에 직면하면서 자신이 살아온 삶을 되돌아보게 되는데 이때 자신의 삶을 그대로 인정하고 받아들이며 인생에 대한 통찰과 관조로 자신의 유한성을 인정하고 죽음까지도 수용하는 자아통합감을 형성함 • 자신의 삶이 무의미하고 후회하면서 이제는 시간이 흘러 다른 삶을 다시 살 수 없다는 느낌에 직면하면서 절망감에 빠지게 됨

2.2 행동주의(학습) 이론

행동주의(학습) 이론은 발달의 주요 원인이 유기체 내부가 아닌 환경에 있다고 봄으로써 인간발달에 있어서 생물학적 요인보다는 환경적 요인을 더 강조했다. 행동주의 이론가들은 개개인의 삶에서 얻게 되는 학습경험이 인간발달에서 변화의 근원이라고 믿었다. 따라서 환경을 재구성함으로써 새로운 학습경험을 하게 되면 발달에 변화를 가져올 수 있다고 주장한다. 행동주의 이론가들은 인간발달을 이해함에 있어서 정신분석 이론에서처럼 내면의 감정을 연구하거나, 인지발달 이론처럼 인지적 사고를 연구하는 것보다 우리가 직접 관찰하고 측정할 수 있는 행동을 연구하는 것이 더 중요하다고 믿는다. 이러한 의미에서 행동주의 이론을 학습이론이라고도 한다(정옥분, 2007). 행동주의 이론의 기본 개념은 자극과 반응 간의 관계를 연구하는 것으로 우리의 삶이 학습과정의 연속이라고 주장한다. 즉, 새로운 자극(사건)이 새로운 반응패턴을 유발하고, 낡고 비생산적인 반응은 소멸되는 것으로 유기체는 주변 환경과의 끊임없는 상호작용 과정에서 나타나는 경험을 통해 행동의 변화를 일으키는 것이다. 파블로프(Pavlov)의 고전적 조건형성 이론과 스키너(Skinner)의 조작적 조건형성 이론, 반두라(Bandura)의 인지적 사회학습 이론 등에 대해서 살펴본다.

1) 파블로프의 고전적 조건형성 이론

행동주의(학습) 이론의 모태인 고전적 조건형성(classical conditioning) 이론은 소화생리학자인 파블로프(1849~1936)에 의해서 정립되었다. 파블로프는 러시아의 작은 농촌에서 가난한 신부의 아들로 태어났다. 그는 자극과 반응 간의 관계를 최초로 연구하였으며, 포유류의 소화과정을 연구하여 1904년 노벨 의학상을 수상하였다. 이후 개를 대상으로 음식이 분해되어 혈액에 흡수되는 소화과정에 관한 실험을 하던 중 먹이를 먹기도 전에 개의 입에서 타액이 분비되는 것을 발견함으로써 새로운 문제에 도전하게 되었다. 파블로프의 주요개념은 자극(사건)과 반응이며 고전적 조건형성이다.

(1) 자극(사건)과 반응

행동주의(학습) 이론은 자극(사건)과 반응이 중요한데, 즉 환경 자극에 대한 반응패턴으로서 행동이 학습된다고 보았다. 학습은 경험에서 비롯되는 행동의 변화로 정의되고, 또한 변화하는 환경에 대처하는 하나의 적응기제라고 할 수 있다. 유기체는 주변 환경과의 끊임없는 상호작용 과정에서 나타나는 경험을 통해 행동의 변화를 일으킨다는 것이다. 행동주의(학습) 이론은 환경의 자극과 이에 대한 유기체의 반응에 초점을 맞추어 연구하게 된다.

자극(stimulus)은 신체에 중요한 영향을 미치는 직접적인 사건들을 의미한다. 자극의 여러 가지 속성 중 다음과 같은 속성이 행동에 영향을 미친다. ① 자극의 강도이다. 강도는 자극을 야기하는 데 필요한 에너지로서 힘을 의미하는데, 자극의 강도가 클수록 반응이 더 잘 일어난다. ② 지속시간이다. 섬광처럼 매우 짧은 자극은 행동의 변화를 일으키지 않는다. 또한 기계회전 소리와 같이 지속되는 자극은 처음에는 행동의 변화가 일어나도 지속되면 변화가 일어나지 않는다.

유기체는 보편적으로 반복해서 일어나는 자극 패턴에 반응한다. 따라서 학습에 대한 연구는 주로 자극 패턴의 특성과 그것이 행동에 미치는 영향을 다루게 된다. 자극 패턴의 중요한 특성 중 하나는 접근성(contiguity)으로서 이는 시간적 접근성과 공간적 접근성을 뜻한다. 시간적 접근성의 예는 개에게 음식을 주기 위해 오는 주인의 발자국 소리와 곧이어 제공되는 음식을 들을 수 있다. 공간적 접근성의 예는 앞에 나무가 있는데 뒤에서 새소리가 들려온다면 공간적으로 붙어 있지 않아서 학습하기 어려운 경우를 들 수 있다(조성연 외, 2006). 또 다른 하나의 특성은 수반성(contingency)이다. 수반성은 '만약 내 말을 잘 들으면 칭찬해 줄 것이다'처럼 '만일 ~하면 ~하다'의 관계를 의미한다. 이것은 어떤 사건이 자극에 수반된다면 그 사건은 그 자극이 제공될 때만 일어난다는 것을 의미한다. 예를 들어, 종소리를 들려준 뒤 먹이를 주게 되면 종소리만 듣고도 반응하는 경우가 이에 해당된다.

반응(response)은 근육 또는 분비선에 의해 야기되는 특정한 행동을 의미한다. 행동유형에는 응답행동과 작동행동이 있다. 응답행동은 무릎반사나 눈깜박임과 같이 반사적으로 일어나는 행동이며, 작동행동은 지렛대를 누르는 것처럼 자발적으로 통제하에서 환경에 영향을 미치는 행동이다. 이러한 반응행동에 대해 과학적으로 연구하고자 할 때는 행동을 구체적으로 정의해야 한다. 예를 들어, 공포에 대한 연구를 할 때 공포를 '90dB 이상의 큰 소리를 지르는 것'과 같이 구체적으로 정의해야 한다.

(2) 고전적 조건형성

파블로프는 『조건반사(Conditioned reflexes)』(1927)'라는 책에서 반사에는 2가지 종류가 있다고 하였다. ① 무조건 반사는 학습을 요하지 않는 선천적이고 영구적인 반사로 개인차가 없는 반사이다. 예를 들어, 개의 타액분비 반사가 이에 해당되며, 사람의 무릎반사나 눈에 이물질이 들어오면 순간적으로 눈을 감는 것 등이다. 여기서 무조건이란 특정 자극에 대해 절대적으로 반응이 일어나는 것을 뜻한다. ② 조건반사는 경험을 통해 후천적으로 습득되는 반사로, 종간에 큰 차이를 보이며 같은 종 내에서도 그 성원 간에 차이가 있다. 예를 들어, 먹이를 주러 가는 주인의 발자국 소리를 듣고 미리 타액을 분비하는 개의 반응이 이에 해당되는데 파블로프는 이런 유형의 심적 반사를 조건반사라고 하였다(조성연 외, 2006).

무조건 반사는 무조건 자극과 무조건 반응으로 구성되며, 조건반사는 조건자극과 조건반응으로 구성된다. 무조건 자극은 자극이 주어지면 자연스럽게 반응이 유발되는 것으로 이때의 반응을 무조건 반응이라 한다. 파블로프는 개의 타액분비 실험을 통하여 아무런 반응을 유발하는 않는 중립 자극이 무조건 자극과 연합되어 조건반응을 유발시키게 되는 고전적 조건형성 과정을 설명하였다. 이러한 고전적 조건형성 실험 장치는 [그림 2-2]와 같다.

[그림 2-2] 고전적 조건형성 실험장치

[그림 2-2]에서 개는 음식을 주기 전에 음식을 보거나 냄새를 맡으면 자연스럽게 침을 분비하는데, 이때 음식은 무조건 자극이 되고 침의 분비는 무조건 반응이 된다. 그러나 개에게 먹이를 주기 전에 종소리를 들려주면 아무런 반응을 나타내지 않는데 이를 중립 자극이라 한다. 개에게 음식을 줄 때 종을 울려도 처음에는 아무런 반응이 나타나지 않았지만, 이 과정을 몇 번 계속했더니 드디어 종소리만 듣고서도 개는 침을 분비하게 된다. 즉, 종소리가 음식과 연합되어 침을 분비하게끔 조건화되었는데, 파블로프는 이러한 학습과정이 고전적 조건형성이라 하였다. 조건화 과정을 통해 종소리는 침을 분비시키는 조건자극이 되고 침을 흘리는 반응은 조건반응이 된다. 이와 같이 중립자극이 무조건 자극과 연합되어 무조건 반응을 유발하게 될 때 이를 조건자극과 조건반응이라고 하였다. 이러한 고전적 조건형성 과정은 [그림 2-3]과 같다.

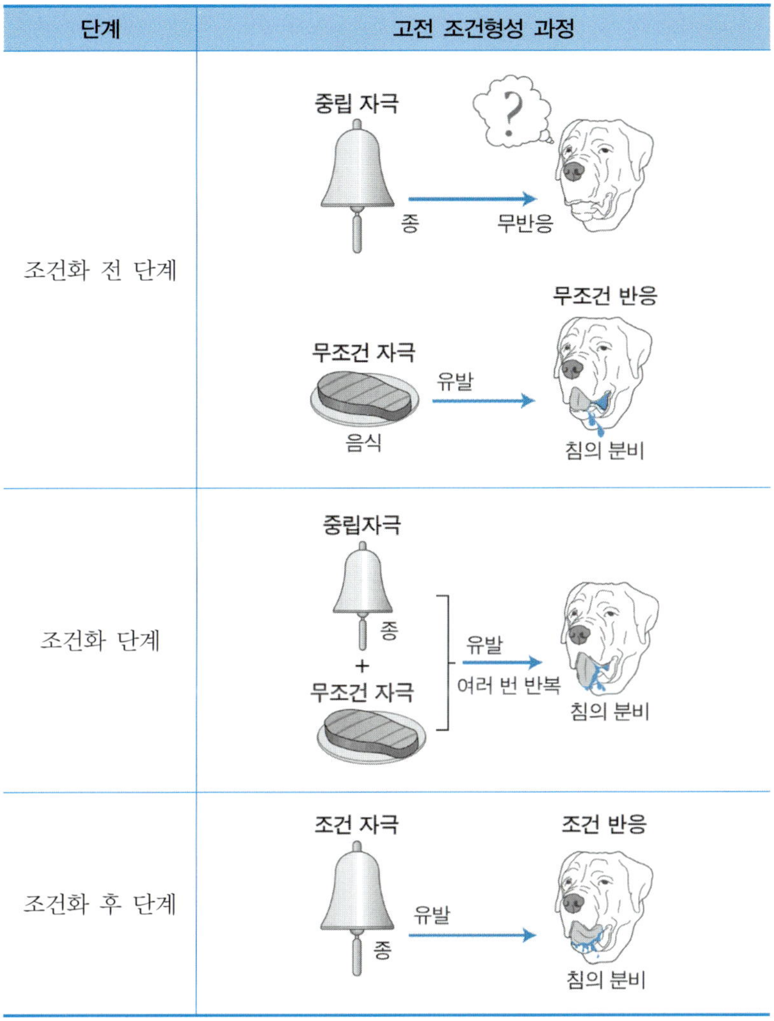

[그림 2-3] 고전적 조건형성 과정

사람이 학습하는 행동 중에는 이러한 고전적 조건형성 원리에 의해 설명될 수 있는 예가 많다. 예를 들어, 개에게 물려 놀란 경험이 있는 아이는 강아지만 보아도 공포반응을 보인다. 또한 뜨거운 난로에 손을 데인 적이 있는 아이는 뜨거운 물체를 만지려고 할 때 엄마가 '앗 뜨거워'라고 하면 뻗던 손을 멈춘다(조성연 외, 2006).

2) 스키너의 조작적 조건형성 이론

스키너(1905~1990)는 미국 펜실베이니아 주의 작은 마을에서 법률가의 아들로 태어났다. 뉴욕 해밀턴 대학교에서 영문학을 전공하였고, 다시 하버드 대학교에서 심리학을 공부하여 심리학 박사학위를 받았다. 스키너는 사람의 행동이 고전적 조건형성에서처럼 자극과 반응이 연합하는 수동적인 것만 있다고 생각하지 않았고, 또 다른 방법은 유기체가 스스로 행동을 일으키고 환경을 통제하는 자발적인 조작행동이 더 많다고 보았다. 이러한 자발적 조작행동은 조작적 조건형성(operant conditioning)을 통해서 이루어진다고 보았다. 예를 들면, 개에게 공을 던지면 물어 오도록 훈련시킬 때 주인은 개가 공을 물어 오면 먹이를 준다. 즉, 개 스스로 공을 물어 오는 행위를 하도록 조작시킨 뒤에 먹이라는 자극을 준다. 이처럼 반응이 자극을 유도하는 것을 조작적 조건형성이라고 한다. 그러므로 조작적 조건형성은 자극이 반응을 유도하는 고전적 조건형성과는 달리 자극이 주어지기 전에 먼저 반응이 일어나야 하다는 점을 강조하였다.

청소년의 어떤 행동이 강화(칭찬)를 받게 되면 그 행동이 다시 발생할 확률이 높아지고, 어떤 행동이 처벌을 받게 되면 그 행동이 발생할 확률이 낮아진다. 초등학생이 책을 읽거나 노래를 부르거나 놀이를 하는 것은 특정 자극에 의해 자동적으로 유발되는 행동이 아니라 그런 행동을 했을 때 어떤 결과가 뒤따르는가에 따라 다시 그런 행동을 할 수도 있고 그렇지 않을 수도 있다. 따라서 조작적 조건형성에는 강화와 처벌의 역할이 중요하다. 예들 들면, 초등학생이 책을 읽었을 때 부모가 관심을 보이고 칭찬을 했다면 그 학생은 다시 책을 읽을 확률이 많아진다. 이는 행동의 결과에 따라 사람의 행동이 변화될 수 있다는 것을 의미한다.

스키너는 행동이 조작되어 가는 조건형성 과정을 설명하기 위해 '스키너 실험상자'를 만들어 실험하였다. 스키너 상자는 먹이통과 연결된 지렛대, 먹이접시로 구성되었다. 스키너 실험상자 속에 굶주린 쥐를 넣어 두면 쥐가 상자 안을 이리저리 돌아다니면서 우연히 지렛대를 누르게 되고, 그 결과 먹이 접시에 먹이가 나오게 된다. 지렛대를 누르면 먹이가 나오는 긍정적인 결과가 여러 번 반복되면 쥐는 점차 지렛대 누르기와 먹이와의 관계를 학습하게 된다. 그 결과 다른 행동은 사라지고 지렛대를 누르는 속도가 점점 빨라진다. 이러한 과정을 통해 지렛대를 누르는 행동을 학습하게 된다. 이렇게 보상이 주어지거나 긍정적인 강화를 받게 되는 행위는 반복되고, 강화되지 않거나 처벌된 행위는 다시 발생할 확률이 줄어든다는 것이다.

스키너는 이러한 실험을 통해 파블로프의 고전적 조건형성에서는 자극이 반응을 유발하지만 조작적 조건형성에서는 반응이 자극을 유도한다고 하였다. 여기서 조작적(operant)의 의미는 라틴어의 어원으로 바라는 결과를 얻기 위해 행해지는 노력을 의미한다. 예를 들어, 초등학생이 인사를 했을 때 칭찬을 받으면 계속 인사를 잘하게 되고, 칼에 찔려 아프고 나면 다시 찔리지 않도록 조심하는 행위이다. 스키너가 실험한 스키너 실험상자는 [그림 2-4]와 같다.

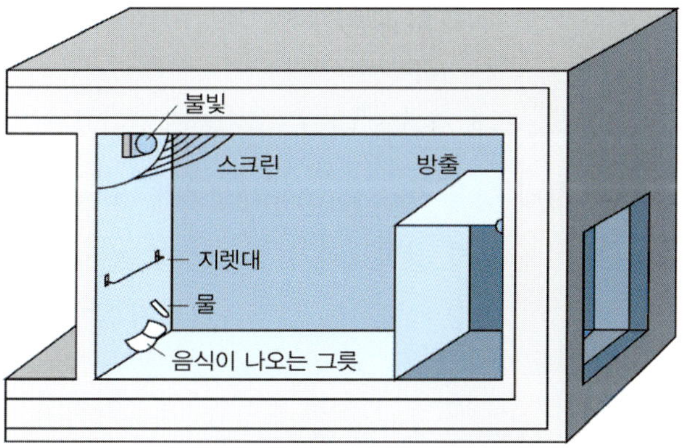

[그림 2-4] 스키너 실험상자

(1) 강화

조작적 조건형성 과정에서 강화는 중요한 요인이다. 강화는 행동의 발생 빈도를 증가시키는 것으로, 긍정적 강화와 부정적 강화가 있다. 긍정적 강화는 반응에 따르는 결과가 좋은 것으로 행동이 다시 발생할 확률을 증가시키는 자극이다. 예를 들어, 자기 방 청소를 한 초등학생에게 용돈을 주거나 칭찬을 하는 것으로 그 행동을 유지하도록 하는 효과가 있다.

부정적 강화는 불쾌하거나 혐오스러운 자극의 철회를 통해 행동이 다시 발생할 확률을 증가시키는 자극이다. 예를 들어, 다리에 파편이 있어 걷는 데 불편하다고 하자. 다리에 파면을 제거하는 것은 불쾌한 것이 제거되므로 강화된다는 것이다. 이러한 경우 파편을 제거하는 행위는 부정적 강화로 작용한다. 부정적 강화는 처벌과는 다르다. 처벌은 어떤 행동이 발생할 확률을 감소시키는 반면, 부정적 강화는 긍정적 강화와 마찬가지로 어떤 행동이 발생할 확률을 증가시킨다.

(2) 처벌 및 소멸

조작적 조건형성 과정에서 다른 중요한 요인으로 처벌과 소멸이 있다. 처벌(punishment)은 혐오스럽거나 불쾌한 자극을 제시함으로써 반응이 감소하는 것을 의미한다. 예를 들면, 초등학생이 다른 초등학생의 돈을 훔쳐 부모에게 회초리로 종아리를 맞아서 아프다고 하자. 여기서 돈을 훔친 행위에 대해서 종아리를 맞은 처벌을 가한 것으로 초등학생의 훔치는 반응은 감소할 것이다.

소멸(extinction)은 조작적 행동에 영향을 미쳐 빈도를 줄이거나 중지하도록 하는 요인을 의미한다. 예를 들면, 자기 방을 청소한 초등학생에게 용돈을 주거나 칭찬을 하면 그 행동을 유지하도록 하는 긍정적 강화효과가 있었으나, 용돈을 주지 않거나 칭찬을 하지 않을 경우 오랜 기간이 지나면 청소를 하지 않는 경우가 소멸에 해당한다.

3) 반두라의 인지적 사회학습 이론

반두라(1925~)는 동물과 달리 사람은 인지적인 면을 강조하면서 인지적 사회학습 이론을 주장한 학자로 캐나다의 작은 마을에서 태어나 컬럼비아대학교에서 심리학을 전공하였다. 졸업 후 미국 오이오아대학교에서 박사학위를 받았으며 그 후 스탠퍼드대학교 교수로 재직하였다. 전통적 행동주의 이론에는 동물실험을 기초로 해서 파블로프의 자극과 반응, 스키너의 강화와 처벌 등의 개념들이 언급되었다. 그러나 사람은 자극을 주면 반응하는 단순한 로봇이 아니라 능동적이고 사고할 수 있는 인지적 능력이 있는 사회적 존재라는 것이다. 사람은 동물과 달리 행동과 결과 간의 관계를 생각하며 앞으로 일어날 일을 예측할 줄 안다. 따라서 반두라의 인지적 사회학습 이론은 행동과 환경뿐만 아니라 인지능력도 발달에 중요한 요인이 된다.

인지적 사회학습 이론에 의하면 초등학생의 갑작스런 행동변화는 고전적 조건형성 또는 조작적 조건형성을 통해서도 나타날 수 있으나, 다른 사람의 행동을 관찰함으로써 더 많이 학습되어 나타난다고 주장한다(Bandura, 1977). 예를 들어, 인사를 잘하는 형을 보고 동생이 따라서 인사를 잘하는 것이다. 이처럼 다른 사람의 행동을 관찰함으로써 학습하는 것을 관찰학습(observational learning) 또는 대리적 조건형성(vicarious conditioning)이라 한다. 관찰학습에는 다른 사람의 행동을 관찰함으로써 발생하는 학습에 주안점이 있는데, 이러한 것을 모방(imitation) 또는 모델링(modeling)이라 한다. 관찰학습의 구성요소와 상호결정론에 대해서 살펴본다.

(1) 관찰학습의 구성요소

반두라는 관찰학습에서 주의집중, 기억, 운동재생, 동기유발 등의 인지과정이 필요하다고 하였다. 이러한 과정 중 하나의 과정이라도 빠지면 사회학습 이론의 모형이 불완전한 것이 되며 성공적인 관찰이 이루어지지 않는다고 하였다. 관찰학습의 구성요소 간의 관계는 [그림 2-5]와 같다. [그림 2-5]의 관찰학습 요소 중에 한두 과정이 때로는 다른 과정보다 중요하기 때문에 모든 요소가 동등하게 진행되지 않는다. 또한 관찰학습의 구성요소와 특징은 〈표 2-5〉와 같다.

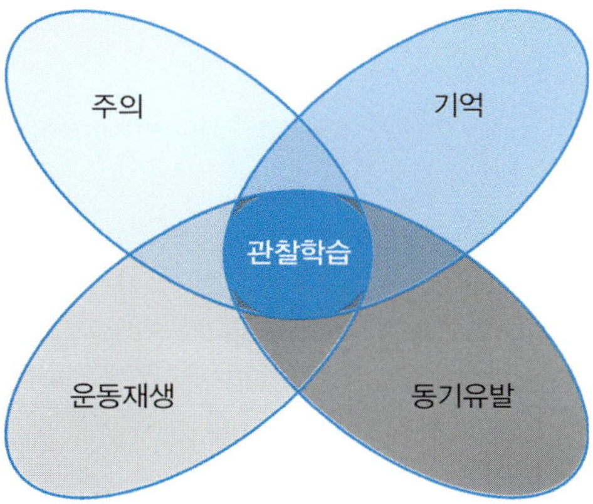

[그림 2-5] 관찰학습의 구성요소 간의 관계

〈표 2-5〉 관찰학습의 구성요소와 특징

구성요소	특징
주의집중 과정	• 관찰을 통해 학습이 이루어지기 위해서는 모델의 행동에 주의를 기울이고 집중해야 됨 • 주의가 산만한 아이의 경우, 자극에 주의를 집중시키기에 필요한 시간 동안 가만히 앉아 있지 못함
기억 과정	• 대부분 모델을 관찰한 후 어느 정도 시간이 지난 다음에 그 모델의 행동을 모방함 • 모델의 행동에 주의를 집중해서 기억한 정보를 상징적인 형태로 기억해 두어야 함
운동재생 과정	• 관찰을 통해 모방될 새로운 반응패턴 등은 운동재생을 통해 획득됨 • 아이는 자신이 수행하고 있는 운동기술을 이전에 관찰했던 것과 비교하여 차이가 나는 부분에 대해 스스로 교정하면서 학습함
동기유발 과정	• 어떠한 관찰학습을 하던 동기가 유발되어야 한다는 것임 • 아이는 모델의 행동을 모방할 때 직접적으로 동기가 유발되면 그 행동에 보다 주의를 기울이고 기억하려고 노력함

(2) 상호결정론

반두라에 의하면 사람은 동물과 달리 인지적 존재이며 발달은 사람과 환경 간의 상호작용을 통해서 이루어진다고 주장하였다. 이러한 견해가 상호결정론이다. 상호결정론에 따르면 청소년발달은 능동적으로 개입하는 개인(P), 개인의 행동(B), 환경(E) 등 3요소 간의 양방성인 상호작용에 의해서 이루어진다. 이러한 상호결정론의 모형은 [그림 2-6]과 같다.

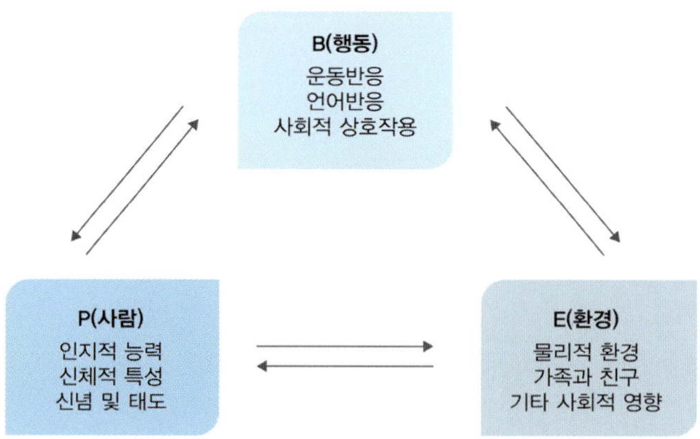

[그림 2-6] 상호결정론의 모형

상호결정론의 모형은 [그림 2-6]처럼 삼각형 모양의 상호작용으로 이루어졌다. 사람(P)은 그 개인의 인지능력, 신체적 특성, 성격, 신념, 태도 등을 포함한다. 이러한 것들은 다른 사람의 행동이나 환경에 영향을 미친다. 사람은 자신이 원하는 행동을 할 뿐만 아니라(P⟹B) 그 행동은 자신에 대한 느낌, 태도, 신념 등에 따라 영향을 미친다(B⟹P). 또한 사람의 지식은 대부분 방송매체, 부모, 교과서, 그 외 다른 환경으로부터 얻은 정보에 의한 것이다(E⟹P). 이러한 지식은 환경을 개선하거나 파손하기도 한다(P⟹E). 그리고 다른 사람의 행동 결과나 관찰하는 모델은 자신의 행동에 영향을 미친다(E⟹B). 사람의 행동 또한 환경에 영향을 미친다(B⟹E). 따라서 사회학습 이론은 사람들이 그들의 행동과 환경 간의 지속적인 상호작용에 의해서 발달이 이루어진다는 것이다(정옥분, 2007).

2.3 인지발달 이론

인지(cognition)발달은 어린아이가 언어적인 기술을 획득하는 것처럼 인간이 연령에 따라 살아가는 과정에서 일어나는 사고와 추론 기술을 발달시키는 과정이다. 즉, 인지발달은 사람이 어떻게 생각하는지 또는 발달해 가면서 그 생각이 어떻게 변화하는지에 초점을 맞춘다. 정신분석 이론에서는 사람의 무의식적인 사고의 중요성을 강조했다면, 인지발달 이론에서는 사람의 의식적인 사고를 강조한 이론이다. 피아제(Piaget)의 인지발달 이론, 비고츠키(Vygotsky)의 사회문화적 인지이론 등에 대해서 살펴본다.

1) 피아제의 인지발달 이론

피아제(1896~1980)는 1896년 스위스에서 태어났다. 그는 1920년에 파리 비네(Binet) 실험실에서 일하면서 아동용 지능검사 방법을 개발하던 중, 아동의 반응에 대한 오답에 관심을 갖고 오류가 일관성 있는 유형이 있다는 것을 발견하였다. 이러한 오류의 유형들은 피아제로 하여금 사람의 사고에 나름대로 독득한 특성이 있을 수 있다는 생각을 하게 된다. 이에 피아제는 표준화된 검사 방식을 탈피하고 좀 더 개방적인 임상적 면접을 고안했으며 아동의 자연스런 활동을 관찰함으로써 아동으로부터 직접 많은 것을 배우고자 하였다. 초기 연구는 꿈, 도덕성, 일상생활에서 아동의 흥미를 갖는 주제를 다루었으나, 1940년대 초부터는 수학적 · 과학적 개념에 대한 아동의 이해에 초점을 두고 연구하였다(Ginsburg & Opper, 1988).

이론적 배경으로는 큰 호수에 살던 연체동물을 작은 연못으로 옮겨 키울 때 환경의 변화로 유기체에 구조적인 변화가 일어나는 것을 관찰하였다. 이것은 어떤 유기체든 유기체 특유의 발달을 위한 유전인자를 가지고 태어남과 동시에 환경의 변화에 적응할 수 있는 유기체 구조상의 유연성도 가지고 태어난다는 것을 의미한다. 이러한 관찰 결과는 피아제가 주장하는 유기체와 환경 간의 상호작용 이론의 기초가 된다. 즉, 사람의 경우도 이와 유사하게 나이가 듦에 따라 인지구조를 변화시킴으로써 환경에 적응해 나가는 사고과정의 유연성이 있다고 보았다. 따라서 인지발달과정은 사람이 성숙해 감에 따라 자신의 환경에 더 잘 적응하도록 도와주는 인지구조(cognitive structure)인 도식(schema)을 끊임없이 재구성해 나가는 과정이다(조연성 외, 2006). 인지발달의 기본 개념과 발달단계에 대해서 살펴본다.

(1) 인지발달의 기본 개념

피아제는 다른 유기체가 반사기능을 바탕으로 자신의 신체구조를 바꾸면서 환경에 순응하듯이, 인간도 몇 가지 반사기능만 가지고 태어나지만 자신의 인지구조를 바꾸면서 외부환경에 맞추어 적응해 나간다고 보았다. 피아제는 이러한 생리적 능력과 환경 간의 상호작용 관계에서 인간발달은 신체적 성숙, 물리적 환경의 경험, 사회적 경험 모두를 포함해서 발달한다고 보았다(Miller, 1993). 이러한 피아제 인지발달 이론에는 인지구조인 도식(schema)과 인지기능인 조직화(organization)와 적응(adaptation) 또한 적응을 하기 위한 인지과정인 동화(assimilation)와 조절(accommodation), 그리고 동화와 조절의 균형인 평형화(equilibration) 등의 개념이 중요한 의미를 갖는다. 각각의 주요 개념에 대한 설명은 〈표 2-6〉과 같다.

〈표 2-6〉 주요 개념

주요 개념		설명
인지구조	도식	• 지식의 기본단위로써 유기체가 외부의 사물을 인지하기 위해 사용하는 이해의 틀로 사물이나 사건 또는 사실에 대한 전체적인 윤곽이나 개념을 의미하는 것임
인지기능	조직화	• 인식하고 있는 현재의 도식들을 새롭고 더 복잡한 지적 구조로 결합하는 과정임 • 두 가지 이상의 도식을 병합하거나 통합하고 조정하는 인지기능으로, 조직화 과정을 통해 자연스럽게 기능을 발휘할 수 있게 됨
	적응	• 환경과의 직접적인 상호작용을 통해 도식이 변화하는 인지기능임
인지과정	동화	• 자신이 가지고 있는 도식 또는 도식 속에 외부의 대상들을 받아들이는 인지과정임
	조절	• 기존의 도식으로 새로운 사물을 이해할 수 없을 때, 기존의 도식을 바꾸어 가는 인지과정으로 조절을 통해 자신의 생각과 행동의 범위를 넓혀 나감
	평형화	• 동화와 조절의 균형을 의미함 • 새로운 대상이나 사건을 접했을 때 처음에는 현재의 인지구조(도식)로 이해하려고 하다가(동화), 현재의 도식으로 해결이 부적절하다고 판단되면(조절을 통해 이해), 도식을 수정하거나 현실과 더 잘 조화될 수 있도록 도식을 다른 도식과 통합하려 함(조직화) • 사물을 인식할 수 있는 사고 대상이 이해되면 인지구조와 환경 간에 조화를 이룰 수 있는 평형화 상태를 이루게 됨

(2) 인지발달 단계

피아제는 사람이 기존의 도식에 새로운 도식으로 동화하거나, 동화가 가능하지 않을 경우, 기존 도식을 수정하여 조절하려고 노력하는 과정을 통해 인지발달이 이루어진다고 보았다. 이러한 인지발달은 일련의 단계를 거쳐 순서대로 진행되고, 단계가 높아질수록 복잡성이 증가한다고 하였다. 피아제의 인지발달 이론은 단계적 인지발달에 관해 다음과 같은 특징이 있다. ① 모든 사람은 동일한 순서로 제시된 단계를 거쳐 발달하지만 단계를 거치는 속도는 사람에 따라 다를 수 있다. ② 각 단계는 그 이전 단계의 인지구조들이 통합되어 나타나기 때문에 다음 단계는 질적으로 다르며 수준도 더 높다. 그러므로 단계를 뛰어넘을 수 없다.

피아제의 인지발달 단계는 감각운동기(sensorimotor stage), 전조작기(preoperational stage), 구체적 조작기(concrete operational stage), 형식적 조작기(formal operational stage) 4단계로 발달하는데, 각각의 단계에 대해서 살펴보면 다음과 같다.

① 감각운동기

감각운동기는 출생 후부터 2세까지 영아기에 해당되는 시기이다. 감각운동기 영아들의 행동은 자극에 대한 반응을 함으로써 발달되는데, 이때 자극은 감각이고 반응은 운동이다. 따라서 이 단계를 감각운동기라 한다. 감각운동기의 초기에는 영아가 원초적 반사행동을 하다가 손가락 빨기와 같은 스스로 시작하는 행동을 거쳐 사물을 조작할 수 있게 되며, 마침내 목표 지향적 행동을 하게 된다. 피아제에 의하면 감각운동기는 6개의 하위 단계를 거치면서 발달한다고 하였는데, 하위 6단계의 적응 행동은 〈표 2-7〉과 같다.

〈표 2-7〉 하위 6단계의 적응 행동

하위 6단계 (연령)	적응 행동
반사운동기 (0~1개월)	• 이 시기에 해당되는 신생아의 행동은 빨기반사, 근원반사 등의 생존반사 행동임 • 신생아는 빠는 행동을 통해 사물에 대한 정보를 획득함
1차 순환반응기 (1~4개월)	• 이 시기에 영아는 도식을 결합하여 협응행동으로 나타남 • 잡기도식과 빨기도식 등 개개의 도식을 결합하여 잡기-빨기 도식과 같은 협응된 도식을 발달시킴
2차 순환반응기 (4~8개월)	• 이 시기에 영아는 자신에 국한되었던 반사행동 도식을 넓혀 나감 • 자신의 신체에 국한되었던 반사행동을 외부환경에 적응하는 행동으로 발달하기 시작함
2차 순환반응의 협응기 (8~12개월)	• 단일행동을 협응하고 조정하는 목표 지향적 행동을 하게 됨 • 예를 들어, 이 시기의 영아는 베개 밑에 있는 장난감을 잡기 위해 베개를 치우고 장난감을 가지고 놀이를 함
3차 순환반응기 (12~18개월)	• 이 시기의 영아는 단지 목표를 획득하는 것에만 관심을 갖지 않고 어떻게, 왜 그러한 일이 일어났는지 알려고 함 • 영아는 결과가 어떻게 변하는지를 알기 위해 활동을 반복해 보고, 행동을 변화시켜 결과가 달라지는지를 알아보려고 함
정신적 표상기 (18~24개월)	• 이 시기의 영아는 실제 사물을 이용하거나 사물을 마음속으로 그려 볼 수 있는 표상능력에 의해 문제를 해결하려고 함 • 여러 가지 현상을 내적으로 표상하여 사고할 수 있는 능력이 있기 때문에 행동하기 전에 미리 생각을 해서 행동하여 시행착오를 덜 하게 됨

• 대상영속성의 개념 및 발달

피아제는 출생 후 2세까지에 해당하는 감각운동기의 중요한 발달의 하나로 대상영속성(object permanence)의 개념을 언급하였다. 여기서 대상영속성은 하나의 사물이 눈앞에 보이지 않거나 만질 수 없을 때에도 여전히 존재한다는 것을 의미한다. 이러한 대상영속성은 영아가 감각운동기의 마지막 단계인 18~24개월 되는 정신적 표상기 때 완전히 획득된다. 감각운동기의 1단계인 1개월 이전의 영아는 대상영속성 개념이 전혀 없어 가지고 있던 장난감이 눈앞에서 사라져도 찾으려고 애쓰지 않고 다른 곳만을 응시한다. 이 시기의 영아는 눈에 보이지 않는 것은 영원히 사라진 것으로 생각하고 물건을 찾기 위한 어떠한 행동도 하지 않는다. 2단계인 1~4개월에 접어든 영아는 장난감을 천천히 움직이면 눈을 움직여 장난감을 주시하나, 장남감이 사라지면 사라진 자리만 응시한다. 눈을 주시하는 것으로 보아 대상영속성의 개념이 미세하게 나타난다. 3단계인 4~8개월에 접어든 영아는 대상영속성 개념이 약간 획득된다. 이 시기의 영아는 외부환경에 관심을 갖기 시작하여 장난감이 없어지면 찾기 시작하고, 장난감을 보자기로 감춰 두고 일부분만 보이도록 해 놓으면 장난감을 찾아낼 수 있다. 그러나 장난감을 보자기로 완전히 덮어놓고 보이지 않게 하면 장난감을 찾으려 하지 않는다.

4단계인 8~12개월에 접어든 영아는 장난감을 다른 사람이 숨기는 것을 보면, 그 장난감이 완전히 덮여 있다고 할지라도 찾아낼 수 있다. 그러나 그 장난감이 다시 영아가 보는 앞에서 다른 장소에 옮겨도 여전히 처음 숨긴 장소에서 장난감을 찾으려고 한다. 5단계인 12~18개월에 접어든 영아는 한 장소에서 다른 장소로 장난감이 이동되는 것을 관찰한 후, 그 장난감을 정확하게 찾아낼 수 있다. 그러나 장난감의 이동과정을 보지 못하면 찾지 못한다. 이 시기의 영아는 장난감의 이동을 시각적으로 추적하는 것이 가능하나 정신적으로 추적하지는 못하다. 마지막 단계로 6단계인 18~24개월에 접어든 영아는 장난감의 이동을 보지 않아도 장난감이 숨겨져 있는 장소를 예측하여 찾을 수 있다. 장난감을 쉽게 찾을 수 없다고 할지라도 영아는 어딘가에 있다는 확신을 가지고 계속해서 찾는다. 비로소 대상영속성 개념이 완전히 획득되었다고 할 수 있다. 이러한 대상영속성 개념은 표상적 사고가 필요한 것이므로 대상영속성이 획득되었다는 것은 인지발달이 이루어졌다는 것을 의미한다.

감각운동기의 인지발달 양상 및 대상영속성 개념의 발달 양상은 〈표 2-8〉과 같다(조성연 외, 2006).

〈표 2-8〉 감각운동기의 인지발달 양상 및 대상영속성 개념의 발달 양상

감각운동 단계		개월	인지발달 양상	대상영속성 개념의 발달 양상
1단계	반사행동기	0~1	반사행동을 적용	대상물이 사라져도 무반응
2단계	1차 순환 반응기	1~4	단순 반복하는 순환반응	대상물이 사라져도 반응이 없으며, 사라진 자리만 응시
3단계	2차 순환 반응기	4~8	의도가 담긴 것보다 복잡한 순환반응	부분적으로 가려진 대상물을 탐색함
4단계	2차 순환반응의 협응기	8~12	이미 알고 있는 과정을 새로운 상황에 적용	완전히 가려진 대상물을 탐색함
5단계	3차 순환 반응기	12~18	적극적 실험을 통한 새로운 과정 발견	보고 있는 동안 숨겨진 대상물을 탐색함
6단계	정신적 표상기	18~24	정신적 표상을 통한 사고	보지 않아도 숨겨진 대상물을 탐색함

② 전조작기

전조작기는 2세부터 7세까지 유아기에 해당되는 시기이다. 전조작기 유아들은 언어가 급격히 발달하고 상징적으로 사고하는 능력은 발달하지만, 개념적 조작능력이 충분히 발달하지 못해 논리적인 조작은 불가능하기 때문에 전조작기라 부른다. 여기서 조작이란 과거에 일어났던 사건을 내면화시켜 서로 관련되게 논리적으로 표현하는 것을 의미한다. 이 시기에 나타나는 사고의 특징은 감각운동기와 비교할 때 감각운동적 행위에 덜 의존적이고, 언어의 급격한 발달과 사물이나 사건을 내면화할 수 있는 능력이 생기고, 보이지 않는 것을 예측할 수도 있다. 이러한 사고의 특징으로는 상징적 사고, 직관적 사고, 자기중심적 사고, 물활론적 사고 등이 있다.

- **상징적 사고**: 어떤 사물이나 개념을 나타내는 징표를 상징할 수 있는 사고를 의미한다. 예를 들어, 국기는 국가를 상징하고, 악수는 친밀감을 상징한다. 또한 '고양이'라는 단어는 털이 있고, 4개의 다리와 꼬리가 있고, 귀여운 동물이라고 생각하는 것이다.

- **직관적 사고**: 어떤 사건이나 사물을 볼 때 그 속에 내재된 규칙이나 특성을 이해하지 못하고 겉으로 드러난 속성을 바탕으로 사고하는 것을 의미한다.
- **자기중심적 사고**: 자신의 입장에서만 보고, 다른 사람의 생각, 관점, 감정 등을 자신과 동일하다고 생각하는 것이다. 유아는 사물이나 현상을 자신의 입장에서만 보기 때문에 상대방도 자신과 똑같은 생각을 하고 행동한다고 믿으며 상대방의 관점을 이해하지 못한다.
- **물활론적 사고**: 모든 사물이 살아 있다고 생각하는 것이다. 예를 들면, 나무에서 걸려 넘어졌을 때 나무가 자신을 밀었기 때문이라고 생각하고, 태양을 가렸던 구름이 걷혔을 때는 태양이 화가 나서 구름을 쫓아 버린 것이고 생각하는 것이다. 물활론적 사고는 유아의 연령이 증가함에 따라 일련의 단계를 거쳐 4~5세가 되면 감소하기 시작하여 8세가 되면 생물학적 근거로 무생물과 생물을 구별할 수 있다(Bullock, 1985). 물활론적 사고의 진행 단계는 〈표 2-9〉와 같다.

〈표 2-9〉 물활론적 사고의 진행 단계

단계	진행 내용
1단계(4세 이전)	• 사람에게 영향을 주는 모든 사물은 살아 있다고 생각함
2단계(4~6세)	• 움직이는 것은 살아 있고, 움직이지 않는 것은 죽었다고 생각함. 예를 들면, 자전거나 구름은 움직이므로 살아 있는 것이고, 나무나 꽃은 움직이지 않으므로 죽은 것이라고 생각함
3단계(6~8)	• 움직이는 것 가운데도 스스로 움직이는 것만 살아 있다고 생각함. 예를 들면, 동물이나 해, 달 등은 스스로 움직이므로 살아 있다고 생각하고, 자동차나 자전거는 사람이 움직여야 하므로 죽은 것이라고 생각함
4단계(8세 이후)	• 생물학적 근거로 무생물과 생물의 개념을 파악하게 됨

③ 구체적 조작기

구체적 조작기는 7세부터 12세까지 아동기에 해당되는 시기이다. 구체적 조작기 아동들은 사고가 전조작기 때보다 급격한 발달을 보여, 사고를 논리적이며 구체적으로 조작할 수 있다. 또한 추리력은 정확성, 복잡성, 융통성 면에서 계속 향상된다. 그러나 구체적 사고와 논리적인 문제는 아동 자신이 주위에서 관찰 가능한 구체적인 사건이나 사물에 한정되기 때문에 구체적 조작기라 한다. 또한 이 시기에는 가상적인 상황을 만들어 추론할 수가 없기 때문에 추상적이고 복잡한 가설의 정신적 사고는 아직 가능하지 않다. 구체적 조작기에 나타나는 아동들의 사고특징은 보존개념, 분류, 서열화, 탈중심화 등이 있다.

- **보존개념(conservation)**: 어떤 사물의 외향이 바뀌어도 그 속성이 바뀌지 않는다는 것을 의미한다. 구체적 조작기 아동들은 길이, 액체, 질량(양), 면적, 무게, 부피 등의 보존개념을 획득한다. 7~8세경의 학령기 아동들은 찰흙의 모양이 둥근 형태에서 길고 넓적하게 변하다라도 그 양은 같다는 것을 알게 된다. 또한 폭과 넓이가 다른 두 잔의 물의 양이 동일하다는 것도 알게 된다.
- **분류(classification)**: 같은 속성을 가진 것끼리 범주화하여 분류하는 것을 의미한다. 구체적 조작기 아동들은 논리적 사고가 획득되어 사건이나 사물의 모양, 색, 형태, 그리고 크기와 같은 범주로 일관성 있게 분류할 수 있다. 유목화(classification)는 단순유목화, 다중 유목화, 그리고 유목포함 등이 있다. 단순유목화(simple classification)는 물체를 한 가지 속성에 따라 분류하는 능력이고, 다중 유목화(multiple classification)는 물체를 두 개 이상의 속성에 따라 분류하는 능력이고, 유목포함(class inclusion)은 상위유목과 하위유목 간의 관계로 전체와 부분의 관계를 이해하는 능력을 의미한다.
- **서열화(seriation)**: 일정한 특성에 따라 사물을 증가하거나 감소하는 순서대로 나열하는 것을 의미한다. 구체적 조작기 아동들은 서열화 능력이 발달한다.
- **탈중심화(decentration)**: 어떤 상황에서 여러 가지 다른 요소의 차원을 고려하지 않고 한 차원에만 주의를 집중하는 중심화(centration) 조작능력을 탈피하는 것을 의미한다(Santrock, 2001). 전조작기 유아들은 중심화 경향을 나타내지만 구체적 조작기 아동들은 한 가지 이상의 측면을 동시에 고려할 수 있는 탈중심화(decentration)의 조작능력이 발달한다.

④ 형식적 조작기

형식적 조작기는 청소년기에 해당하는 12세 이후부터 해당되는 시기이다. 형식적 조작기 청소년들은 추상적 개념을 이용한 논리적 사고가 가능하다. 구체적 조작기의 아동들은 시간적 · 공간적으로 바로 현재에 진행되는 사실에 대해서 사고하지만, 형식적 조작기의 청소년들은 현실의 세계를 넘어 추상적으로 사고할 수 있게 된다. 즉, 현재의 상황뿐만 아니라 미래의 가능한 상황까지도 논리적으로 생각할 수 있다. 이러한 사고는 12세 이후부터 지속적으로 발달하는데 형식적 조작기의 사고특징은 다음과 같다.

- **추상적인 사고를 할 수 있다는 것이다.** 구체적 조작기 아동들은 눈에 보이는 구체적 사실에 대해서만 사고가 가능하지만, 형식적 조작기의 청소년들은 추상적인 개념도 이해할 수 있다. 예를 들어, 구체적 조작기 아동들에게 "사람에게 날개를 달아 주면 어디에 달아 주는 것이 좋을까?"라고 질문한다면 구체적 조작기 아동들은 구체적으로 현실적인 사실에 준해서 "그런 일은 있을 수 없다."고 답하지만, 형식적 조작기 청소년들은 "겨드랑이에 달아서 온 세상을 자유롭게 날아다니고 싶어요."라고 사실과 다른 가상적인 추상을 하면서 답을 한다.
- **이상적인 사고를 한다는 것이다.** 형식적 조작기의 청소년들은 자신과 다른 사람들에게 이상적이었으면 하는 기대감을 가지고 사고한다. 예를 들어, 청소년들은 이상적인 부모상에 대한 기준을 가지고 자신의 부모와 비교하거나 자신이 생각하는 이상적인 기준에 맞추어 자신과 다른 사람을 비교하기도 한다.
- **과학적인 사고가 가능하다는 것이다.** 형식적 조작기의 청소년들은 과학자처럼 가설을 세우고 자신의 상황을 체계적으로 해결책을 찾는다. 예를 들어, 청소년들은 어떤 복잡한 문제가 있으면 먼저 어떻게 해결할지 가정을 하고 어떠한 해결에서 결과가 나올지를 과학적으로 해결한다.
- **조합적인 사고를 한다는 것이다.** 형식적 조작기의 청소년들은 성숙과 경험을 통해 발달된 추리능력으로 문제해결에 필요한 모든 요인들을 찾아내고, 그 요인들로 구성된 가능한 모든 조합을 체계적으로 생각해 낼 수 있다. 여기서 조합적인 사고란 하나의 문제에 직면했을 때 모든 가능한 해결책을 논리적으로 생각해 봄으로써 결국에는 문제를 해결하는 사고를 의미한다.

피아제와 인헬더(Inhelder)는 조합적인 사고를 액체 보존실험을 통해 보여 주었다

(Piaget & Inhelder, 1956). 연령대에 따른 아이들에게 무색투명한 액체를 1에서 4번까지 번호가 붙은 컵에 넣고, 1번부터 4번까지의 컵을 섞어서 비어 있는 g라고 표기된 컵에 파란색이 나오도록 시켰다. 이 실험의 파란색이 나오는 정답은 g컵의 액체에 1번과 3번의 액체를 섞으면 나오게 되어 있었다. 이러한 액체 보존실험은 [그림 2-7]과 같다.

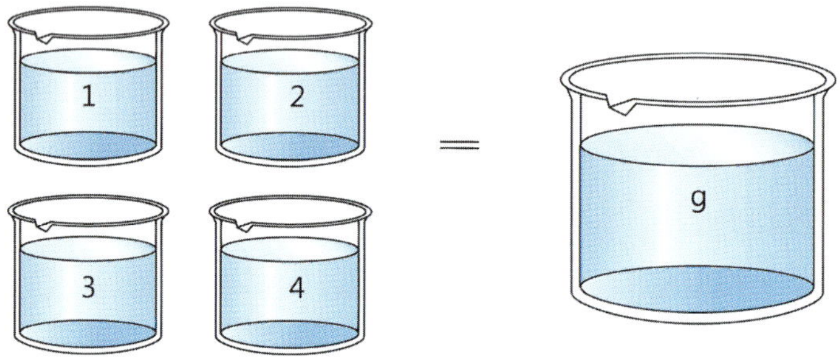

[그림 2-7] 피아제의 액체 보존실험

지시를 받은 전조작기의 영아(2~7세)는 아무런 체계 없이 마구 섞어 보는 데 반해서 구체적 조작기의 유아(7~12세)는 상당한 체계성을 보였다. g컵에 1, 2, 3, 4번의 액체를 차례로 섞어 보다가 파란색이 나오지 않자 포기해 버렸다. 1~4번 중에서 2가지를 섞으면 된다는 힌트를 주어도 체계적으로 조합을 하지 못하고 이것저것 섞어 보는데 그쳤다. 그러나 형식적 조작기의 청소년은 체계적으로 g컵에 1, 2, 3, 4번의 물을 섞을 수 있는 조합을 다 생각해 본 뒤에 이를 하나하나 다 실험해 보아 결국 1번과 3번을 찾아내어 문제를 해결하였다.

2) 비고츠키의 사회문화적 인지발달 이론

비고츠키(1896~1934)는 1896년 러시아에서 태어났다. 그는 모스크바대학에서 법학을 전공하였고, 그 후 문학과 언어학을 공부하였으며 심리학으로 박사학위를 받았다. 그는 38세의 젊은 나이에 세상을 떠났다. 비고츠키에 의하면, 사람들은 사회적 맥락에 존재하기 때문에 행동도 사회적 맥락을 떠나 이해할 수 없으며, 사람들에게 중요한 인지적 기술은 자신이 혼자 환경과의 상호작용을 통해 습득한 것이 아니라 부모, 교사, 또는 자신보다 약간 앞선 또래 · 친구와의 상호작용을 통해 발달한다고 주장하였다. 즉, 개개인의 인지적 성장은 사회문화적 맥락 내에서 일어나고 사회적 상호작용을 통해 발달한다는 것이다(장휘숙, 2001). 비고츠키의 사회문화적 인지이론은 특정 문화의 가치, 신념, 관습, 기술이 어떻게 다음 세대로 전수되는지에 초점이 맞추어졌다. 비고츠키는 사람들이 사회적 상호작용의 초점은 대화(언어)가 중요하다고 하였다. 즉, 아이들과 성인 간의 대화가 아이들의 특정 문화에 적절하게 사고하고 행동하는 법을 습득하는 데 필수적이라고 하였다(Wertsch & Tulviste, 1992). 비고츠키의 사회문화적 인지이론에서 언급되는 근접발달 영역, 발판, 언어와 사고 등에 대해서 살펴본다.

(1) 근접발달 영역

비고츠키는 사람의 지적 능력을 근접발달 영역(zone of proximal development)의 개념으로 설명하였다. 근접발달 영역은 아이들이 과제를 스스로 해결할 수 있는 실제적인 발달 수준과 성인 또는 유능한 또래 · 친구의 도움을 받아 해결할 수 있는 잠재적 발달 수준 사이의 중간에 위치하는 영역을 의미한다. 근접발달 영역의 모형은 [그림 2-8]과 같다.

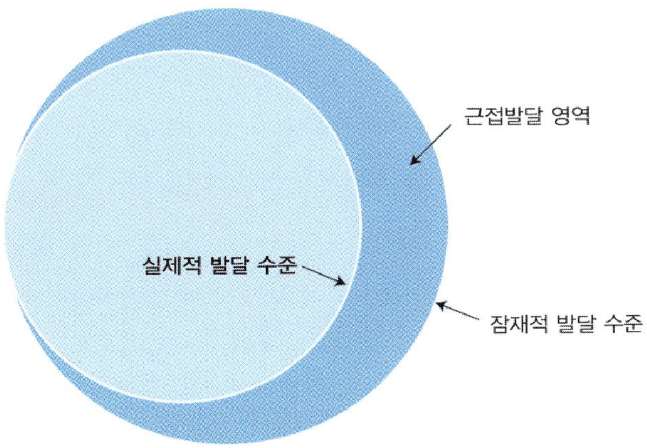

[그림 2-8] 근접발달 영역의 모형

[그림 2-8]에서 근접발달 영역이 좁다는 것은 지금보다 더 높은 수준의 학습을 할 준비가 조금밖에 없다는 것을 나타내고, 반대로 넓다면 더 높은 수준의 학습을 할 준비가 되어 있다고 볼 수 있다. 잠재적 발달 수준은 아직 성숙되지 않았지만 성숙될 미발달상태에 있는 기능들을 의미한다.

(2) 발판

발판(scaffolding)은 아이들이 스스로 문제를 해결할 수 있도록 성인이나 유능한 또래 · 친구가 도움을 주는 것을 의미한다. 발판은 건축학에서 사용되는 용어로 건물을 지을 때 발판을 사용하다가 건물이 완성되면 철거하는 것을 의미한다. 이러한 의미로 발판은 아이들이 과제를 수행하는 데 도움을 주다가 아이 혼자서 문제를 해결할 수 있게 되면 더 이상 필요 없다. 비고츠키는 아이들의 인지발달은 자신이 속한 문화보다 성숙한 구성원들과의 상호작용을 통해서 이루어진다고 하였다. 구성원들은 아이들의 인지발달을 위해 발판을 설정하여 아이들이 성장할 수 있도록 도와주고, 아이들을 도와줄 때 아이들의 수준에 맞도록 도와주는 양을 조절해야 한다. 아이들이 학습하는 내용이 새로운 것이면 직접적으로 지시를 하고, 아이들이 따라오게 되면 직접적인 지시 대신 힌트를 주면서 발달시켜야 한다.

(3) 언어와 사고

비고츠키는 아이들의 사고발달에 언어가 필수적이라고 하였다. 그에 의하면, 아이들은 문제를 해결하거나 중요한 목표를 달성하고자 할 때 혼잣말을 하는 경향이 있다는 것이다. 성인의 경우, 혼잣말은 주로 마음속으로 하지만 아이들은 혼잣말을 밖으로 소리 내어 한다. 아이들의 혼잣말은 시간이 지나면서 소리로 내던 것을 속삭임으로 변하고 다시 내부언어(inner speech)로 변한다. 비고츠키는 내부언어를 개인의 생각(사고)이라고 표현했다. 비고츠키는 언어가 근본적으로 사회적 현상이며, 아이들은 부모를 포함한 성인과의 상호작용에 의해 언어능력이 발달한다고 보았다. 처음에는 독립적으로 발생하기 시작한 사고와 언어가 일정시간이 지난 후에 서로 연합되어 발달이 된다고 보았다 (김정섭 외, 2004).

아이들은 쉬운 과제보다 어려운 과제에서 혼잣말을 더 많이 한다. 이것은 어려운 과제에서 더 많은 도움이 필요하기 때문이다. 또한 문제를 제대로 풀었을 때보다 실수를 한 후에 혼잣말을 더 많이 사용하는 것으로 나타났다. 결과적으로 아이들은 자신의 행동과 사고를 통제하는 데 언어가 중요한 역할을 하는 것으로 보인다.

2.4 동물행동학적 이론

동물행동학적 이론은 동물의 행동에 대한 연구로 대표적인 연구는 로렌츠(Lorenz)의 각인이론이다. 로렌츠의 각인이론을 인간발달에 적용한 연구는 보울비(Bowlby)의 애착이론이다. 보울비는 인간이 갖고 있는 종 특유의 내적 기제에 의하여 주 양육자와 아이 간에 애착이 형성되는 과정에 대하여 이론을 수립하였다. 로렌츠의 각인이론과 보울비의 애착이론에 대해서 살펴본다.

1) 로렌츠의 각인이론

로렌츠(1854~1946)는 오스트리아에서 의사의 아들로 태어났다. 그는 어려서부터 동물에 관심을 보였으며, 빈대학교에서 동물학을 연구하여 동물학 박사학위를 받았으며, 1973년 틴베르헌(Tinbergen), 프리츠(Fritz)와 함께 노벨생물학상을 공동 수상하였다. 로렌츠는 자연계의 서식지에서 여러 종의 동물들에 대한 행동을 관찰하고 동물들의 생존 가능성을 증진시키는 행동 패턴을 발견해서 각인이론을 정립하였다.

각인(imprinting)은 어떤 동물이 출생한 후 특정한 시기 동안 어떤 대상에 노출되어 그 대상에 애착되어 따르는 행동을 의미한다(Crain, 1980). 로렌츠는 한 실험을 통하여 각인을 정의하였다. 실험은 어미 오리가 낳은 알을 두 경우로 분류하여, 첫 번째 경우는 알을 어미 오리가 부화하게 하고 다른 한 경우는 알을 인공부화기로 부화시켰다. 첫 번째 경우의 새끼 오리는 부화 직후부터 어미 오리를 따라다녔다. 그러나 다른 한 경우는 부화하자마자 새끼 오리는 알을 낳은 오리를 따르지 않고 로렌츠를 어미처럼 졸졸 따라

다녔다. 인공부화기로 부화한 새끼 오리가 로렌츠를 반복적으로 따르는지 확인하기 위하여, 새끼 오리에게 표시를 하고 상자를 덮어씌운 후 어미 오리와 로렌츠가 나란히 서 있는 상태에서 상자를 들어 올렸다. 그랬더니 두 경우의 새끼 오리들은 각각 자기 '엄마' 뒤를 따랐다. 로렌츠는 새끼 오리가 로렌츠를 엄마로 인식하고 따르는 것을 각인이라고 하였다. 새끼 오리가 로렌츠의 뒤를 따르는 모습은 [그림 2-9]와 같다.

[그림 2-9] 새끼 오리가 로렌츠를 따르는 모습

각인은 각인되는 결정적 시기(critical period)가 있다. 오리는 부화 후 13~16시간 사이가 결정적 시기인데, 이 시기에 자신이 본 움직이는 물체를 어미로 인식한다. 알에서 깨어난 새끼 오리가 엄마로 인식하고 따라가는 행동은 움직이는 대상을 따르려는 생득적 경향성과 알에서 깨어난 후 일정시간 내에 실제로 움직이는 대상이 있는 환경을 만날 때 각인되는 종 특유의 행동인 것이다. 로렌츠는 각인 현상이 출생 후 일정기간 내의 결정적 시기에만 일어나며 각인된 행동은 생애 동안 지속된다는 것을 밝혀냈다. 만약 이 기간 동안에 각인이 되지 않으면 이후에는 그 행동을 습득할 수 없다(조성연 외, 2008). 후에 인간발달에 동물행동학적 이론을 적용한 학자들은 발달의 모든 행동에는 결정적 시기가 있다고 주장한다(김정희 외, 2003). 결정적 시기는 제한된 시간 내에 영아가 특정한 적응행동을 습득하도록 생물학적으로 준비되어 있으며, 그러기 위해서는 적절한 자극인 환경의 지원이 있어야 한다는 것을 의미한다(Berk, 2000).

2) 보울비의 애착이론

보울비(1907~1990)는 1907년 런던에서 출생하여 캠브리지대학교에서 의학을 공부하였다. 그는 제2차 세계대전(1939.9.1~1945.8.15, 6년간) 후 고아원에서 성장한 아이들은 타인과 친밀하면서 지속적인 관계를 형성하지 못하고 여러 가지 정서적인 문제가 있다는 것을 발견하였다. 이러한 현상은 아이들이 생의 초기에 어머니와 애착을 형성할 기회가 없었기 때문이라고 보았다. 또한 정상적인 가정에서 성장했지만 어머니와 장기간 분리된 아이도 유사한 징후를 보인다는 것도 알았다.

애착(attachment)은 아이와 양육자 간에 형성되는 친밀한 정서적 유대감으로 부모-영아 간의 상호의존적인 관계를 바탕으로 이루어지며, 주 양육자와 아이 사이에 형성해야 할 가장 중요한 심리적 유대관계이다. 보울비는 동물의 종 특유 행동이 외부 자극에 의해 유발되는 것과 마찬가지로, 아이도 선천적으로 다른 사람에게 접근하고자 하는 성향이 있다고 하였다. 즉, 애착욕구를 가지고 태어나며 이러한 욕구를 충족시켜 줄 수 있는 사람이 필요하다고 보았다. 보울비는 아이가 선천적으로 양육자에게 신호를 보내는 성향을 가지고 태어나고, 양육자는 생물학적으로 그 신호에 반응하는 것이 애착발달이라고 하였다. 예를 들면, 아이가 어머니를 보고 미소를 짓게 되면 어머니는 아기를 보살펴 주면서 아이와 어머니 간에 애착이 형성된다. 그러나 아이의 애착행동이 모든 사람에게 같은 정도로 나타나는 것은 아니다. 동물의 경우는 각인 시기가 대체로 생후 몇 시간 이내이지만 사람의 경우는 보다 기간이 길고, 또한 아이는 자신을 잘 돌봐 주고 같이 놀아 주며 모성행동을 보이는 사람에게 애착행동을 더 강하게 나타내고 더 자주 나타낸다. 애착행동은 아이에게만 나타나는 것이 아니며 어머니의 행동에도 나타난다. 즉, 아이 껴안기, 뽀뽀하기, 귀여워하며 소리내기 등은 부모-영아 간의 접촉을 유도하고 애정을 표시하는 어머니의 애착행동이다.

동물에게는 각인되는 경우 결정적 시기가 있듯이 인간발달에서의 애착에도 민감한 시기가 있다. 민감한 시기는 특정 능력이나 행동이 출현하는 데에 최적의 시기로서, 아이들은 이 시기에 특정한 환경의 자극에 민감한 반응을 보인다. 민감한 시기가 지난 후에도 발달이 이루어질 수는 있지만, 그때는 시간이 더 오래 소요될 뿐만 아니라 어렵다. 보울비는 삶에서 첫 3년이 사회 · 정서발달의 민감한 시기라고 하였다. 즉, 생후 3년간이 친밀한 정서적 유대를 형성하는 데 민감한 시기로, 만약 이 기간 동안 친밀한 정서적 유대를 갖지 못한다면 나중에 친밀한 대인관계를 형성하는 것이 어렵다고 하였다(정옥분, 2007).

2.5 인본주의 이론

인본주의 이론은 각각의 개인이 세계를 경험하는 방식을 강조한다. 즉, 개인이 자기 자신과 세계를 어떻게 지각하고 해석하는가에 따라 행동이 다르게 나타난다고 보았다. 인간은 내면적으로 자신의 삶을 책임지고 자신의 발달을 촉진시킬 수 있는 능력을 갖고 있다고 본다. 이러한 인본주의 이론은 인간본성이 중립이나 선한 것이며 나쁜 속성은 자아발달에 상처를 입힌 손상의 결과라고 보고, 삶 전체의 단계별 특징을 명확히 구분 짓지 않는다. 인간이 자기 자신과의 세계를 어떻게 지각하는가를 연구함으로써 인간의 본질에 대하여 많은 지식을 얻을 수 있고 심리현상의 설명이 가능하다고 본다. 또한 인본주의 이론은 인간과 동물이 구별되는 질적인 문제, 즉 인간의 자유의지와 자아실현을 추구하려는 인간의 기본적인 욕구를 강조한다. 인본주의 대표적인 학자인 매슬로우(Maslow)와 로저스(Rogers)의 이론에 대해서 살펴본다.

1) 매슬로우의 이론

매슬로우(1908~1970)에 의하면, 인간은 개인적 발달을 위한 많은 잠재력을 지니고 있으며, 기본적으로 선하고, 자아실현을 위해 노력하는 존재라고 믿었다(김수희 외, 2007). 그의 많은 연구에서는 사람들이 동기화되는 요인과 가장 높은 수준의 욕구인 자아실현 욕구에 매우 많은 관심을 보이고 있다. 여기서 자아실현은 자신의 잠재된 능력이나 재능 등의 실현을 의미한다. 매슬로우는 자아실현을 연구하기 위해 가장 건전하고 창조적인 사람들의 생애와 경험을 면밀히 조사하였다. 연구결과, 일반적인 사람들에 비해 자아실현을 하는 사람들은 그들이 속한 사회로부터 어떤 독립성을 유지해 왔다는 점이다. 대부분의 사람들은 소속, 사랑, 존경 등의 욕구에 강하게 동기화된 나머지 다른 사람들로부터 용인받지 못할 것이라는 생각을 갖는 것에 두려워했다. 이와 반대로 자아실현을 하는 사람들은 용인받지 못하는 것에 두려워하지 않고 동조하는 것이 약했다. 이렇게 자아실현을 하는 사람들은 사회적 환경의 영향을 덜 받으며, 판에 박힌 듯 단조롭게 살아가는 경향이 적고, 보다 자발적이며 자유롭고 자연스럽게 살아간다는 것이다.

자아실현 동기는 그 사람들의 삶을 지배하기까지 5단계의 욕구단계를 거치는데 하위 단계에 고착되면 다음 상위 단계로 진행하지 못한다고 하였다. 즉, 하위 단계의 욕구가 만족되어야만 다음 상위 단계로 진행되면서 동기화된다고 하였다. 단계별 욕구에 대해서 살펴보면 다음과 같다.

① **생리적 욕구**: 신체 내 균형을 획득하기 위한 배고픔, 목마름, 배설, 수면, 성 등과 같은 기본적인 생리적 욕구이다.

② **안전의 욕구**: 법칙과 한계를 갖는 구조의 도움으로 공포 · 위험 · 고통으로부터 안정성을 추구하고, 무질서로부터 자유를 추구하는 욕구이다.

③ **사랑과 소속의 욕구**: 타인과 어울리고, 어떤 집단 안에 소속되어 사랑을 주고받고 싶어 하고, 타인에 의해 제공되는 애정과 친밀감 등을 추구하는 욕구이다.

④ **자아존중의 욕구**: 타인에 대하여 관심을 갖고 존중하며, 또한 타인으로부터 자신도 가치 있는 사람이라고 존중받고 싶어 하는 욕구이다.

⑤ **자아실현의 욕구**: 자신의 잠재력을 발휘시키기 위하여 자신의 강점과 제한점을 수용하며 독립적이고 자발적이 되고자 하는 욕구이다. 이러한 기본욕구 5단계 과정은 [그림 2-10]과 같다.

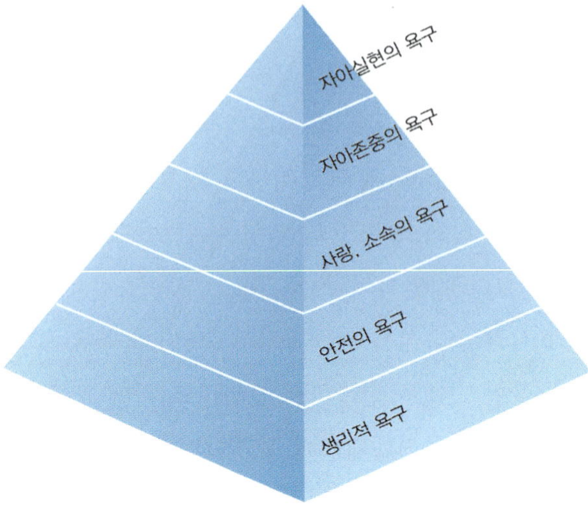

[그림 2-10] 매슬로우의 기본욕구 5단계

매슬로우의 기본욕구 5단계의 각 단계들은 기본적인 생리적 욕구를 충족시키고 난 후 다음 수준의 욕구를 만족시킨다. 즉, 각각의 단계에서 만족되어야 다음 단계의 욕구가 생기며 가장 높은 단계인 자아실현 욕구 단계에 도달할 때까지 계속된다. 건전하게 발달하는 사람들은 항상 보다 더 자기 충족적인 단계로 나아가려고 하는 욕구가 있다는 것이다.

2) 로저스의 이론

로저스(1902~1987)는 인간의 내적 경험과 자아실현을 강조하면서 '모든 유기체는 그 수준에 차이가 있지만 내적 가능성을 성취하기 위하여 부단히 노력하고 있다.'라고 가정하고, 자아실현을 위해 노력하는 과정에서 개인의 성장이 이루어진다고 주장하였다. 로저스의 이론에서 중심이 되는 개념은 자아이다. 로저스는 자아를 행위자로서의 나, 대상물로서의 나, 나와 다른 사람, 나와 다른 세계와의 관계에 대해 일관성 있고 조직된 지각, 태도, 가치의 실체로 정의하였다. 이론적 관점에서 인간은 본래 자유로우며, 선한 존재이고, 낙관적이고, 긍정적이고, 자신의 행동에 책임을 지고, 합리적인 방향으로 지속적으로 성장해 나가는 미래 지향적인 존재라고 보았다. 또한 인간은 무한한 잠재 가능성이 있는 존재로 가정하므로 인간 연구에 관찰 가능한 행동에 제한하지 않고 느낌, 가치, 희망과 같은 인간의 본질도 고려하였다.

로저스는 인간에게 많은 욕구와 동기가 있지만 그런 욕구들은 기본 욕구의 일부분에 지나지 않는다고 하면서, 기본 욕구는 바로 자기를 유지하고 증진하며 실현하려는 욕구라고 하였다. 이러한 기본 욕구는 하나의 용어로 규정할 수 없지만 자기유지(self-maintenance), 자기향상(self-enhancement), 자기실현(self-actualization) 등이 모두 포함되는 것으로 이해해야 한다는 것이다. 따라서 로저스는 모든 인간이 자신을 유지하려는 경향과 성장잠재력을 선천적으로 지니고 태어난다고 보았으며, 성장과 자기 향상을 위하여 끊임없이 노력하며 그 노력의 와중에서 부딪히게 되는 고통이나 성장 방해요인에 직면해 극복할 수 있는 성장 지향적 존재라고 하였다.

그래서 로저스의 인간중심 상담은 내담자 중심의 상담, 학생 중심의 학교, 환자 중심의 병원, 직원 중심의 회사 등 도움을 요청하는 내담자의 욕구 및 문제를 있는 그대로 인정하면서 완전한 기능을 하는 사람으로 다시 태어날 수 있도록 진실성과 무조건적인 긍정적 관심을 갖고 공감하며 인간중심의 상담이 이루어져야 한다. 따라서 진실성 · 성실성, 무조건적인 긍정적 관심, 정확한 공감적 이해를 통해 인간이 되어 가는 존재로 인식하고 '완전한 기능을 하는 사람'으로 이끌어 가야 한다는 것이다.

Chapter

03

아동의 욕구와 환경에 따른 아동발달의 이해 및 특성

아동발달은 아동기에 나타나는 양적 · 질적인 변화과정으로 영아기나 유아기에 비해 체력과 운동기능이 강화되고 자아정체성이 형성되며 친구가 생활의 중심이 되면서 성장 · 발달하는 것이다. 이 장에서는 아동발달의 이해로 아동발달의 개념, 단계와 내용, 영역, 원리 등을 살펴보고, 아동발달의 특성으로 신체발달, 인지발달, 정서발달, 정서지능, 사회성발달, 도덕성발달, 성역할발달 등에 대해서 살펴본다.

3.1 아동발달의 이해

1) 아동발달의 개념

인간의 발달은 삶이 시작되는 순간, 즉 정자와 난자가 수정되는 순간부터 전 생애 동안에 일어나는 하나의 연속적인 양적 · 질적인 변화과정이다. 이러한 과정에서 발달과정은 시간이 경과함에 따라 인간이 양적 또는 질적으로 변화하는 과정이다. 여기서 양적인 변화는 신장, 체중, 어휘력에서 보이는 변화와 같이 크기 또는 양에서의 변화를 의미한다. 질적인 변화는 지능의 본질이나 심리작용에서의 변화와 같이 본질, 구조 또는 조직상의 변화를 의미한다. 이러한 양적 · 질적인 변화는 신체적, 운동적, 정신적, 정서 및 사회적 측면 등 인간의 모든 발달 측면에서 일어나며 서로 영향을 미친다.

원초적으로 발달의 개념은 출생에서부터 영아기, 유아기, 아동기, 청소년기에 이르는 상승적인 변화에 초점을 맞추어 좁은 의미로 사용되어 왔으나 근래에는 전 생애적인 관점에서 수정의 순간부터 죽음에 이르기까지의 전 생애 동안 일어나는 연속적인 변화과정으로 인식하고 있다. 따라서 근래에는 보다 넓은 의미로 사용되며 이후 노년기에 이르기까지의 하강적 변화까지도 포함하고 있다. 오늘날 대부분의 발달심리학자들은 발달이 일생을 통하여 발생한다는 견해를 받아들이고 있다. 즉, 발달은 전 생애에 걸쳐 생명의 시작에서 죽음까지 사고와 행동이 재조직화를 통해 더 새롭고 복잡한 행동양식을 나타내게 되는 연속적인 과정이다.

2) 아동발달의 단계와 내용

발달은 일련의 순서에 의해 이루어지는데 이전 시기의 발달이 이후의 발달에 영향을 미친다. 발달순서는 발달의 단계와 시기로 설명할 수 있다. 발달단계를 나누는 방법은 학자마다 많은 차이가 있으며 상반된 견해를 보인다. 연령에 따라 발달특징을 분류하는 것은 개인의 발달과정도 다르고 각 사회의 구조가 독특하기 때문에 단순하지 않다.

헐록(Hurlock)은 성장과 발달을 크기의 변화, 비율의 변화, 낡은 특징의 소실, 새로운 특징의 습득 등으로 보았으며 이들의 상호작용에서 일어나는 과정을 발달이라고 하였다. 여기서 ① 크기의 변화는 신체적으로 키가 크고, 체중이 증가하는 변화나 신체 내부 기관의 증대 및 언어 · 사고 · 기억 등의 변화를 의미한다. ② 비율의 변화는 태어날 때 체중(약 3.4Kg)이 성장함에 따라 1년 후(약 9.9Kg)에는 3배 정도로 변화하는 비율이다. ③ 낡은 특징의 소실은 신체적 · 정신적으로 발달하면서 필요 없는 기능적 특징이 일부 소실된다는 것이다. ④ 새로운 특징의 습득은 발달함에 따라 일부 기능적 특징은 소실되지만 새로운 신체적 · 정신적 특징을 습득하게 된다는 것이다. 특히, 학습적 요인은 새로운 신체적 · 정신적 발달에 많은 자극요인이 된다. 헐록은 전 생애의 발달을 발달심리학적으로 분류하면서 태아기, 유아기, 아동 전기, 아동 후기, 청년기, 성인기, 중년기, 노년기의 8단계로 구분하였다(Hurlock, 1981). 이러한 발달단계는 개인마다 발달의 양상이 다르고 개인이 도달하는 발달단계의 연령에 따라 차이가 있어 학자들에 따라 다양하게 분류될 수 있으나 일반적으로 많이 사용되는 파팔리아와 올드(Papalia & Olds)가 제안한 발달단계로 따른다. 파발리아와 올드의 발단단계와 주요 내용은 〈표 3-1〉과 같다(Papalia & Olds, 1995; 김현호 외, 2019).

〈표 3-1〉 파팔리아와 올드의 발달단계와 주요 내용

단계 및 시기	주요 발달내용
태내기 (수정~출생)	• 기본적인 신체구조와 기관이 형성됨 • 신체의 성장이 일생 중 가장 빠른 속도로 이루어짐 • 태내 환경의 영향을 크게 받음 • 신생아 키 50cm, 체중 3.4Kg
영아기 (0~2세)	• 신생아는 의존적이기는 하지만 나름대로 다양한 능력을 가지고 있음 • 출생 시에 모든 감각기관이 작용함 • 신체의 성장과 발달의 속도가 매우 빠름 • 학습능력과 기억력이 신생아기(출생~4주)에도 형성됨 • 생후 2년이 되면 자아에 눈뜨기 시작함 • 첫돌 무렵에 부모에 대한 애착이 증가함 • 다른 영아에 대한 관심이 증가함
유아기 (2~6세)	• 운동기능과 체력이 신장됨 • 자기중심적 사고가 형성됨 • 인지적 미성숙으로 인해 세상을 보는 눈이 비논리적임 • 놀이, 창의력, 상상력이 풍부함 • 자율성, 자기 통제력이 증가함 • 친구의 중요성이 증가하지만 가족이 여전히 생활의 중심이 됨
아동기 (6~12세)	• 신체의 성장이 느려짐 • 체력과 운동기능이 더욱더 신장됨 • 유아기의 자기중심적 사고가 사라짐 • 기억력과 언어기능이 증가함 • 자아개념이 발달됨 • 친구가 생활의 중심이 됨
청년기 (12~20세)	• 신장과 체중이 급격히 성장하고 체형이 변화됨 • 성적 성숙이 이루어짐 • '나는 누구인가?' 등 추상적 사고가 가능해짐 • 청년기의 자기중심성이 나타남 • 자아 정체감의 확립이 심각한 문제로 대두됨 • 또래 집단이 형성되고 그 영향이 커짐
성년기 (20~40세)	• 신체적 건강이 최고조에 달하다가 서서히 감퇴하기 시작함 • 지적 능력이 더 복잡해짐 • 친밀한 관계가 이루어짐 • 대부분의 사람들이 결혼하여 부모가 됨 • 직업을 갖게 되고 자아정체감이 계속해서 발달함
중년기 (40~60세)	• 신체적 건강과 정력이 감퇴하기 시작함 • 여성들은 폐경을 경험하게 됨 • 지혜와 실제적 문제해결 능력은 증가하지만 새로운 것에 대한 문제해결 능력은 저하됨

	• 자녀를 돌보고 부모를 봉양하는 이중의 책임감으로 인해 스트레스가 발생함 • 자녀들이 집을 떠나고 빈둥지 증후군이 나타남 • 삶의 의미를 찾는 것이 매우 중요한 일로 생각됨 • 중년기의 위기가 닥쳐올 수 있음
노년기 (60 이후)	• 신체적 능력이 다소 감퇴하지만 대부분의 노인들은 건강하고 여전히 활동적임 • 반응시간이 더디어져 여러 가지 기능에 영향을 미침 • 지적 능력과 기억력이 감퇴됨 • 은퇴로 인해 수입은 감소하지만 여가시간은 많아짐 • 다가오는 죽음에 대비하여 삶의 목적을 찾을 필요가 있음

출처: Papalia & Olds(1995); 김현호 외(2017).

3) 아동발달의 영역

발달은 크게 신체적 발달, 언어 · 인지적 발달, 사회 · 정서적 발달 세 영역으로 나누어 살펴볼 수 있다. 신체적 발달은 신체발달에 관한 것으로 뇌신경발달, 감각기관의 발달, 신장과 체중, 근육, 골격, 사춘기에 나타나는 호르몬 등의 생물학적인 신체 변화와 운동능력의 발달과 관련된 유전, 영양, 건강 등의 요인에 의해 영향을 받는다. 언어 · 인지적 발달은 지식을 얻고 환경에 대처해 가기 위해 사고하고 배우는 정신적 과정으로 지각, 표현, 개념, 기억, 문제해결 능력, 지능, 언어 등의 발달을 다룬다. 사회 · 정서적 발달은 사람의 선천적인 요인과 부모의 양육행동, 형제, 또래, 교사, 학교, 지역사회, 대중매체, 문화 등의 사회적 관계에서 많은 영향을 받으며 부모-자녀관계, 형제 관계, 또래 관계, 교사와의 관계 등을 통한 자아개념, 정서 및 성격발달, 사회적 기술능력의 발달 등을 다룬다.

신체적 발달, 언어 · 인지적 발달, 사회 · 정서적 발달 등은 상호작용을 한다. 예를 들어, 아이의 신체적 발달은 정서 및 자아 개념에 영향을 미치고 또한 또래관계에도 영향을 미친다. 한 영역의 발달은 다른 영역에 직접적인 영향을 미치므로 신체적 발달, 언어 · 인지적 발달, 사회 · 정서적 발달 등은 상호작용적이며 역동적 관계를 형성한다. 발달영역 간의 상호작용 관계는 [그림 3-1]과 같다.

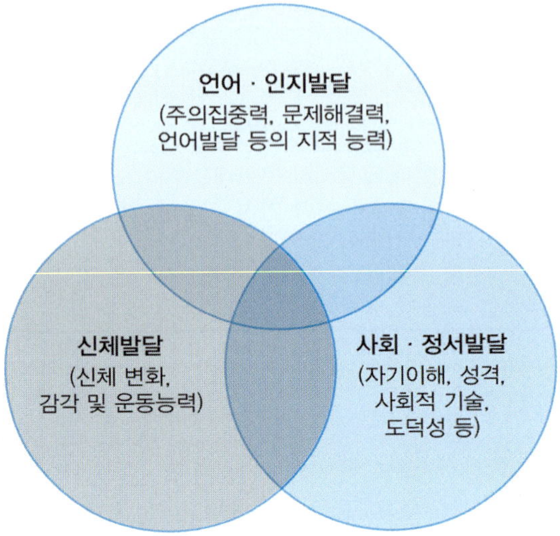

[그림 3-1] 발달영역 간 상호작용의 관계

4) 아동발달의 원리

사람들은 개인적 특성에 따라 또는 문화에 따라 발달에는 개인차가 있지만 일반적으로 발달원리에 따라 발달이 이루어진다. 아동발달을 이해하려면 먼저 발달의 기본적인 원리를 알아야 한다.

① **발달은 일정한 순서가 있으며 누적적이다.** 발달은 유전에 의해 정해진 순서대로 진행되므로 앞으로 진행될 발달의 모습을 예측할 수 있다. 또한 발달은 그 이전에 획득한 행동변화에다 새로운 행동 및 능력이 포함되어 다음 단계로 나아가는 것이다. 예를 들어, 앉고 서고 그 다음에 걷는 것처럼 이행능력은 일정한 순서를 거치며 앉기와 관련된 신체적 능력을 획득한 다음 서기, 걷기에 필요한 새로운 능력이 추가되어 이행이 가능해진다.

② **신체적 발달은 일정한 방향으로 진행된다.** 신체 및 운동발달의 경우 [그림 3-2]와 같이 일정한 순서 및 방향으로 이루어진다. 신체발달의 세 가지 방향성은 [그림 3-2]와 같다.

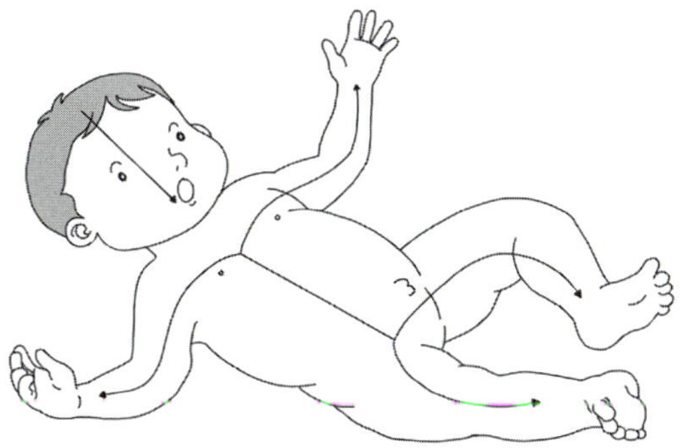

[그림 3-2] 신체발달의 세 가지 방향성

- **두미(Head-to-tail)의 원칙**: 신체발달에 있어서 상부에서 하부로의 발달을 의미한다. 즉, 태아의 머리, 뇌 등은 신체의 하부보다 먼저 발달하고 다른 부분에 비해 불균형적으로 크다. 생후 1년 된 영아의 뇌는 성인 뇌 무게의 70%를 차지한다. 또한 영아는 신체의 하부보다 상부를 사용하는 것을 먼저 배운다.
- **중심-말초(Near-to-far)의 원칙**: 신체발달이 중심에서 말초로 발달한다는 의미이다. 예를 들면, 태아기 동안에 나타나는 신체적인 발달은 가슴과 내부기관이 먼저 형성되고 다음으로 팔과 다리, 손과 발이 형성된다. 그리고 중추에서 가까운 팔꿈치에서 손목 전반과 허벅지를 사용하는 능력이 먼저 발달하고, 그 후 손과 발, 마지막으로 손가락과 발가락을 사용하는 능력이 발달한다.
- **전체-특수활동(Mass-to-specific)의 원칙**: 신체적인 발달이 전체 활동에서 특수 활동으로 발달하는 것을 의미한다. 예를 들어, 어린 아이는 어떤 사물을 잡으려고 할 때 처음에는 몸 전체를 움직이는 운동을 하게 되나 점차적으로 잡을 때 필요한 팔과 손목, 손가락만을 움직여서 원하는 물건을 잡을 수 있게 된다.

③ **발달에는 개인차가 있다**. 모든 사람은 일정한 순서와 방향에 따라 신체적 발달이 이루어지기는 하나 발달 속도와 유형에 있어서는 성숙정도, 학습기회, 학습동기 등의 원인으로 각기 다른 개인차를 보인다. 또한 사람마다 가지고 있는 유전인자와 처해 있는 환경이 다르기 때문에 발달속도나 그 정도에서 차이가 있다.

④ **발달은 계속적인 과정이지만 발달의 속도는 동일하지 않다**. 발달은 상승과 하강

과정을 거치면서 일생 동안 끊임없이 변화하지만 발달해 가는 속도는 신체적, 심리적 특성에 따라 또는 발달영역에 따라 동일하지 않다. [그림 3-3]을 보면 두뇌의 경우 영아기 때 급격한 발달을 나타내고 유아기 때 약 90%가 성장한다. 또한 생식기관은 12세까지 완만한 속도로 성장하다가 이후 빠른 발달속도로 성장한다. 이렇듯이 발달영역에 따라 발달해 가는 모습이 각기 다른데 신체 부위에 따라 성장시기와 성장속도가 다른 현상을 비동시적 성장(Asynchronous Growth)이라 한다. 출생부터 청소년기까지의 신체영역별 성장발달곡선은 [그림 3-3]과 같다.

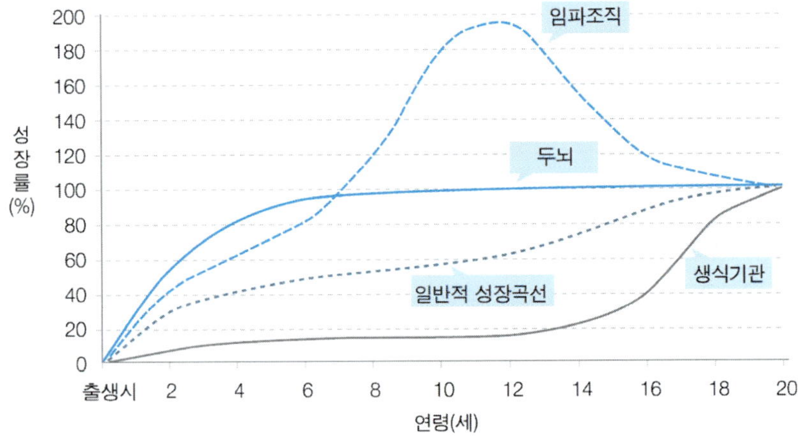

[그림 3-3] 신체영역별 성장발달곡선

⑤ **발달에는 결정적 시기가 있다.** 결정적 시기(critical period)는 발달이 가장 급격하게 이루어지는 최적의 시기로 생물학에서 도입되었다. 이 시기에 적절한 발달이 이루어지지 못하거나 부정적 영향을 받게 되면 치명적이고 심각한 발달장애를 가져온다. 최근에는 결정적 시기의 한계가 불변적이 아니며 환경조건을 인위적으로 조작함으로써 결정적 시기를 확대시킬 수 있다고 본다. 인간의 발달단계 중 초기단계인 영아기의 경험은 이후 모든 단계의 발달을 좌우한다. 즉, 인간의 발달단계에서 결정적 시기인 영유아기의 경험은 성인기 발달에 지속적인 영향을 미친다. 예를 들면, 영유아기에 어머니와 애착을 형성하지 못하면 나중에도 적절한 대인관계를 형성하는 데 어려움을 겪는다.

⑥ **발달의 각 영역은 서로 밀접한 관련이 있다.** 발달의 영역(신체, 언어 · 인지, 사회 · 정서 등)은 각기 독립적으로 발달하지 않고 상호 간에 서로 밀접하게 연관되어 있어 한 영역의 발달이 다른 영역의 발달에 직접적인 영향을 미친다. 예를 들어, 정서적으로 불안정한 아이는 친구들과의 관계 형성이 어려워 혼자 지내는 경우가 많아 사회성 발달이 늦어진다. 또한 신체적으로 건강하고 정서적으로 안정된 아이는 호기심을 충족시키기 위해 활발한 탐색활동을 하고 그로 인해 인지능력도 발달한다.

3.2 아동발달의 특성

아동은 일반적인 발달과정상 6~12세(파발리아와 올드 제안)를 의미하고 있는데, 「아동복지법」상 18세 미만, 'UN 아동권리협약'상 18세 미만으로 정의하고 있다. 이 시기에는 모든 신체 · 운동 영역, 인지 · 언어 영역, 사회 · 정서 영역에서 급격한 성장이 이루어지는데, 아동발달의 특성은 다음과 같다.

1) 신체발달

신체발달은 신체기관이 커지고, 신체적 구조가 정밀해지며, 신체적 기능이 능률적으로 발달하는 것을 의미한다. 사람들은 아동기가 되면 신장과 체중이 급격히 성장하는 사춘기 성장급등 현상(adolescent growth spurt)이 나타나면서 사춘기를 겪게 된다. 사춘기는 개인차가 존재하지만 일반적으로 남자의 경우 10세에서 시작하여 늦게는 16세까지 나타나며 14세 정도에서 절정을 이룬다. 반면 여자의 경우 남자보다 약 2년 정도 앞선 9세에서 시작하여 늦게는 15세까지 증가하고 12세 정도에 절정을 이룬다. 이렇게 사춘기가 되면 남자는 몽정, 여자는 초경과 같은 제2차 성징(남녀나 암수를 구별하는 신체적 특징으로 남녀의 생식기 차이를 제1차 성징이라 하며 성년에 달하면 남자는 수염이 나고 목소리가 변하며, 여자는 유방이 커지는 등의 차이를 제2차 성징이라 함) 현상이 나타나 성기관이 발달하여 생식기능이 가능하다(Tanner, 1978; 성열준 외, 2016).

이렇게 신장과 체중이 증가하면서 신체 변화가 나타나는데, 남자는 어깨가 넓어지고 근육이 발달하여 남성다운 체형으로 변모하며 여자는 골반이 넓어지고 피하지방이 축적되어 여성다운 체형으로 변모한다. 또한 머리 크기가 작아지면서 신체 비율은 거의 성인에 가까운 1/8(머리 1, 신체 8인 비율)이 되고 얼굴모양은 둥근 형에서 길쭉한 형으로 변화하며, 코와 입이 크고 넓어져 전체적인 윤곽이 성인에 가깝다. 신체 비율의 변화는 [그림 3-4]와 같다.

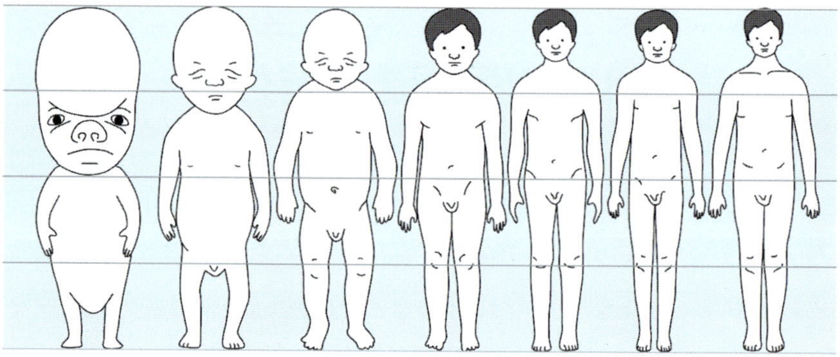

[그림 3-4] 신체 비율의 변화

2) 인지발달

인지발달(cognition development)은 사람이 언어적인 기술을 획득하는 것처럼 연령에 따라 살아가는 과정에서 일어나는 사고와 추론기술을 발달시키는 과정이다. 즉, 인지발달은 아동이 어떻게 생각하는지 또는 발달하면서 그 생각이 어떻게 변화하는지에 초점을 맞춘다. 이러한 과정에서 아동기는 지적발달과 인지발달에 있어서 양적인 면뿐만 아니라 질적인 면에서도 현저한 성장을 보인다. 즉, 인지과정이 확장되어 추상적 사고, 이상적 사고, 과학적 사고, 조합적 사고 등을 할 수 있다.

피아제의 인지발달 이론에 의하면, 인지발달 단계는 사람이 기존의 도식(지식의 기본단위로 유기체가 외부의 사물을 인지하기 위해 사용하는 이해의 틀)에 새로운 도식으로 동화(자신이 가지고 있는 도식 또는 도식 속의 외부 대상들을 받아들이는 인지과정)하거나, 동화가 가능하지 않을 경우 기존 도식을 수정하여 조절(기존의 도식으로 새로운 사물을 이해할 수 없을 때 기존의 도식을 바꾸어 가는 인지과정)하려고 노력하는 과정을 통해 인지발달이 이루어진다고 보았다. 이러한 인지발달은 일련의 단계를 거쳐 순차적으로 진행되고 단계가 높아질수록 복잡성이 증가한다고 하였으며, 다음과 같은 특징이 있다. ① 모든 사람은 동일한 순서로 제시된 단계를 거쳐 발달하지만 단계를 거치는 속도는 사람에 따라 다를 수 있다. ② 각 단계는 그 이전 단계의 인지구조들이 통합되어 나타나기 때문에 다음 단계는 질적으로 다르며 수준도 더 높다. 피아제의 인지발달은 감각운동기, 전조작기, 구체적 조작기, 형식적 조작기 등으로 이루어지는데 아동발달의 학문적 이론에서 자세히 살펴본다.

3) 정서발달

정서는 내적 · 외적 자극에 대한 사람의 기분 · 느낌 · 감정 등의 반응과 상태로 1차정서(기쁨 · 슬픔 · 행복 · 분노 · 공포 · 혐오 등)와 2차정서(자부심 · 수치심 · 죄책감 · 애정 · 만족 · 질투 · 감정 이입 · 고통 · 부러움 · 당황 등)로 구분한다. 이러한 정서는 분화된 정도나 개인의 특성에 따라 성장하면서 더 세분화되어 표현하면서 발달한다(김현호 외, 2019).

아동은 학령기가 되면서 정서를 보다 효과적으로 다루면서 자신이 아무리 좋아도 또래 · 친구가 슬퍼하면 자신의 기쁨을 감추는 것과 같은 정서의 표현 규칙을 학습하고 사회적 상황에 맞게 정서를 적절히 조절할 수 있다. 예를 들어, 아동은 생일날 자신이 좋아하지 않는 선물을 받더라고 실망감을 표현하지 않고 자신의 진짜 감정을 숨기는 일에 점차 능숙해진다. 또한 타인의 감정을 추론하고 이해하는 능력이 발달함으로써 얼굴 표정이 그 사람의 진짜 정서를 표현하는 것이 아닐 수도 있다는 사실을 이해하고 감정이입도 할 수 있다. 아동은 가까운 사람의 정서를 설명해 주는 다양한 정보원들을 고려할 수 있으며 어느 한 정보에 치우치는 정서추론로 하지 않는다. 나아가 아동기에는 동시에 하나 이상의 정서를 경험할 수 있으며 그 정서는 긍정적일 수도 있고 부정적일 수도 있고 강도가 다를 수 있다는 것을 인식한다.

이렇듯이 아동기의 정서 이해능력은 유아기보다 인지발달 능력이 증가하고 자신과 타인의 정서를 나타내는 언어 사용능력이 발달함으로써 증가한다(Kuebli, 1994; 김현호 외, 2019). 또한 상황 간의 복잡한 관계를 고려하는 능력이 증가하고 사회적 기준에 따라 정서를 통제 · 조절하는 것에 대한 인식이 더욱 증가한다. 정서발달이 계속되어 자긍심, 죄책감, 부끄러움과 같은 복합정서는 성인의 피드백이 없어도 자연스럽게 표출한다. 그러므로 아동기의 정서는 부모나 교사가 칭찬하거나 야단치지 않아도 아동 스스로 어려운 일을 해 낸 후 스스로 자긍심을 느끼고 커닝을 했거나 거짓말을 했을 경우 죄책감을 느낀다.

아동은 초등학교에 입학할 무렵에는 정서조절능력도 급속도로 발전하고(Brenner & Salovey, 1997; 김현호 외, 2019), 자신의 또래 · 친구와 비교하고 또래 · 친구의 정서적 인정에 더 관심을 갖게 되면서 자신의 가치감을 위협할지도 모른다는 부정적인 정서를 조절하는 것을 배운다(Saarni, 1997; 김현호 외, 2019). 일반적으로 아동기에는 낮은 학업 성적과 또래 · 친구들의 거부를 두려워한다. 이러한 과정에서 아동기의 불안정한 정서 상태는 양가감정에서 잘 나타난다. 아동은 불안정한 정서 상태로 인하여 극과 극을 달리는 자기 갈등적이고 모순된 감정을 보임으로써 혼란과 갈등에 놓이게 된다. 즉, 의존과 독립, 반항과 순종, 우울과 환희, 실망과 득의, 열등감과 우월감, 무관심과 열정, 절망과 희망, 자기혐오와 자기애, 이기주의와 이타주의, 이상주의와 현실타협 등의 양가감정이 동시에 나타나거나 단기간 내에 격렬한 변화가 나타날 수도 있다. 이러한 양가감정은 심신의 불균형을 유발하기 때문에 아동은 행동에 있어서 일관성이 없고 다소 무책임하여 정서적 부적응이 나타날 수도 있다. 이러한 아동의 정서적 부적응은 우울증, 정서장애, 정체성 부재, 약물남용, 자살, 도벽, 폭력, 비행, 범죄행위 등과 같은 좋지 못한 현상이 나타날 수 있으므로 그들의 개인뿐만 아니라 사회적으로 바람직하지 못한 결과를 가져올 수도 있다.

그렇지만 아동의 정서적 부적응이나 불안정한 정서 상태는 대부분 일시적인 과도기 현상으로 성숙해지면서 안정화되고 자신을 통제할 수 있는 자아통제 능력이 발달하여 현실에 직면하게 된다. 여기서 자아통제 능력은 어떤 목표를 위해 충동이나 욕구를 자제하고 즐거움과 만족을 지연시키는 능력을 의미한다. 따라서 이 시기의 발달과업은 신체적 변화를 긍정하면서 자신의 정서변화에 대한 인내심을 길러 자신감을 갖고 관대하게 대처하는 인식이 필요하다.

4) 정서지능

정서지능(emotional intelligence)의 개념은 제98차 미국심리학회에서 살로베이와 메이어(Salovey & Mayer) 교수가 정서지능에 관한 주제발표를 하면서 알려졌다(Salovey & Mayer, 1990). 이후 골만(Goleman)이 『정서지능(emotional intelligence)』이라는 책을 출간하면서 더욱 알려졌다(Goleman, 1995). 정서지능은 일반지능에 대비되는 용어로 감정과 느낌을 통제하고 조절할 수 있는 능력이다. 살로베이와 메이어에 의하면, 정서지능은 사회지능(social intelligence)의 하위요소로 자신과 타인의 감정과 정서를 평가하고 표현하는 능력, 자신과 타인의 감정을 효과적으로 조절하는 능력, 자신의 계획과 성취를 위해 정서를 활용하는 능력이라고 하였다. 또한 정서지능은 청소년들이 자신의 정서를 인식하고 적절히 표현하며, 감정이입을 통해 타인의 정서를 인지하고, 대인관계에서 정서를 적용하는 능력을 의미한다고 하였다(김현호 외, 2019).

골만은 정서지능의 구성요소를 자기인식, 자기조절, 자기동기화, 감정이입, 대인관계기술 등 5개의 영역으로 구성하였다(Goleman, 1995; 김현호 외, 2019).

① **자기인식(self-awareness)**: 자신의 감정을 있는 그대로 인식하고 자신의 진정한 감정을 읽고 이해하는 능력으로, 자신의 내면 상태에 대한 계속적인 주의집중을 말하는 것이다. 이것은 감정에 휩쓸리지 않고 중립적인 상태에서 자신의 기분과 그 기분에 대한 사고과정을 인식하는 능력이다. 정서인식에는 본인뿐만 아니라 상황의 맥락에서 다른 사람의 언어, 행동, 표정, 몸짓 등을 인식하는 것과 음악, 미술, 조각, 등의 문화작품 속에서 다른 사람의 정서를 인식하고, 파악하여 표현할 수 있는 능력들이 포함된다.

② **자기조절(self-management)**: 인식된 자신의 감정을 적절하게 처리하고 변화시키는 능력이다. 즉, 분노, 우울, 스트레스 등의 자기감정을 관리하는 능력이다. 모

든 정서는 나름대로 가치가 있으므로 감정조절의 목표는 정서의 억압이 아니라 여러 감정 간의 균형을 이루는 데 있다. 타인정서 조절은 타인의 감정을 조절하고 바꾸려는 능력으로, 자신에 대해서 타인이 갖게 되는 인상을 조절하고 통제하기 위해서 타인에게 보여 주는 행동양식이다.

③ **자기동기화**(self-motivating): 어려운 상황을 참아 내어 자신의 성취를 위해 노력할 수 있는 능력이다. 즉, 목표를 향한 주의집중, 완전함과 창의성에 대한 추구를 의미하는 것으로, 목표달성을 위해 일시적인 만족이나 충동 등을 억제할 수 있는 능력을 말한다.

④ **감정이입**(empathy): 다른 사람의 감정 상태를 읽고, 다른 사람이 느끼는 감정을 자신의 것처럼 느끼고 적절하게 반응하는 공감능력이다. 즉, 다른 사람의 아픔이 곧 자신의 아픔일 수 있다는 것을 느끼게 하는 것이다.

⑤ **대인관계기술**(Social skill): 인식한 다른 사람의 감정에 적절하게 대처할 수 있는 정서표현능력이다. 대중적 인기, 리더십, 대인관계의 효과성 등을 뒷받침하는 것으로 다른 사람의 감정을 관리할 수 있는 관계를 다루는 기술이다.

정서지능이 높은 사람들은 어떠한 특성이 있을까? 정서지능이 높은 사람은 인성적으로 훌륭하고, 자기주장이 확실하고, 스트레스 상황에서 잘 견딜 수 있다. 퇴행이나 위축행동이 적으며 삶의 어려움에 닥쳤을 때 정면으로 도전하며 자신감이 넘친다. 또한 독립적으로 일을 해 나가는 과정에 주도적이다. 열정과 기쁨으로 스스로를 동기화하고, 목표 달성에 필요한 방법들을 쉽게 찾아내며, 어려운 상황 속에서 고통의 감정을 느낄 때에도 그대로 좌절하지 않는다.

앞과 같이 정서지능은 삶을 살아가는 데 필수적인 요소이다. 최근에는 성공적인 삶을 살아가는 데에는 지능지수(IQ; Intelligence Quotient)보다 정서지수(EQ; Emotional Quotient)가 더 필요하다. 골만은 미국 스탠퍼드 대학의 미셸(Mischell) 교수의 연구 결과를 인용해서 인지적, 사회적 성공의 요인이 EQ라고 주장하였다. 미셸 교수의 연구는 4세 된 유아들을 대상으로 혼자 방에 남겨 두고 마시멜로를 주고 15분간 먹지 않고 참으면 기다림에 대한 보상으로 마시멜로를 하나씩 더 준다고 알려 주고, 유아들을 관찰하였다. 4세 된 유아들이 유혹을 참고 15분간을 기다린다는 것은 즉각적인 만족을 지연하는 것으로 성인의 2~3시간에 해당하는 기간이다. 종단연구로 14년 후 18세가 되었을 때 다시 이들을 관찰실험 하였다. 4세 때 15분을 참고 마시멜로를 하나 더 받은 대상자들은 즉석에서 마시멜로를 다 먹은 대상자들보다 교사들로부터 인기가 있고, 좋은 학생이라는 평가를 받고, 사회적으로도 더 훌륭하게 성장하였다(김현호 외 2019).

5) 사회성 발달

아동기에는 정서나 인지적인 면에서 자기표현 방식이 달라진다. 유아기에는 외적 특성을 토대로 자신을 기술하던 것과 달리 아동기에는 내적 특성을 중심으로 기술하는 방향으로 변화하면서 사회적 비교를 많이 사용한다(Harter, 1994). 학령기 아동은 내적 상태와 외적 상태를 구별할 수 있을 뿐만 아니라 자아를 기술할 때 주관적인 내적 상태를 포함시킨다. 즉, 자신의 정서 상태(나는 가끔 화가 나)나 자신이 소속된 사회적 집단(나는 축구선수이다)을 통해서 자신을 표현하기 시작한다. 아동기 말이 되면 심리적 특성이나 또래 · 친구와의 비교를 통해 자신의 수준(나는 우리 반에서 공부를 제일 잘해)을 표현하는 사회적 비교(social comparison)는 연령이 높아지면서 더 증가하기 시작한다(Montemayor & Eisen, 1977; 김현호 외, 2019). 연령이 높아짐에 따라 자신에 대해 알아가면서 자아는 더욱 다양해지고 자신에 대해 가지고 있는 지식의 유형이 변한다. 즉, 자아는 유아기에는 구체적이고 현실적이며 현재와 관련된 내용을 담고 있지만 아동기에는 점차적으로 좀 더 추상적이고 심리적이며 미래와 관련된 내용들을 포함한다(Kail, 2004). 연령에 따른 자아의 변화는 〈표 3-2〉와 같다(김현호 외, 2019).

〈표 3-2〉 연령에 따른 자아의 변화

단계 및 시기	초점	묘사
유아기 (2~6세)	소유물, 신체적 특징, 선호하는 것	나는 장난감이 많다. 나는 고양이를 좋아한다.
아동기 (6~11세)	정서적 · 사회적 집단, 또래와의 비교, 행동특성과 능력	나는 달리기를 잘한다. 나는 기쁘다. 나는 축수선수이다.

청소년기 (11~20세)	태도, 성격특성, 신념, 미래	나는 내성적이다. 나는 과학자가 되고 싶다.

자아가 발달하면서 아동기의 사회성 발달은 주로 우정을 통한 또래·친구집단을 통해서 발달한다. 아동은 부모나 가족으로부터 독립함으로써 자율성을 추구하는 동시에 또래·친구집단과 일치하려는 경향이 있다. 아동은 그동안 정신적 의존관계에 있었던 부모의 보호와 감독, 간섭으로부터 벗어나 자기 자신의 판단과 책임하에 독립적으로 행동하려고 한다. 아동기 또래·친구관계의 변화는 새로운 또래·친구문화 형성에 큰 영향을 미치며, 아동은 자신과 비슷한 사회경제적 지위에 있거나 지리적으로 근접성이 있고 특정한 취미와 관심이 같으며 비슷한 성격을 가진 또래·친구들과 또래·친구집단을 형성한다. 그리고 자신이 속한 집단 내 자신의 지위와 역할을 예측·수행·평가하며 필요한 사회적 기술을 학습한다. 이처럼 아동은 자신이 속한 또래·친구집단을 통해 구성원들 간에 긴밀한 영향을 주고받으며 친밀한 관계로 발전한다.

그러나 모든 아동이 또래·친구관계를 통해서 생각과 가치를 공유하고 개인적인 문제나 갈등에 대해 위로와 지지를 받는 것은 아니다. 오히려 또래·친구관계를 형성하고 발전시키는 과정에서 여러 가지 갈등과 문제에 직면하기도 하고 경우에 따라 또래·친구를 전혀 사귀지 못하고 고립되기도 한다. 또한 또래·친구들로부터 술이나 담배, 약물 등 문제행동을 배우거나 직접 행동에 옮기는 등 부정적인 측면이 있을 수도 있다. 이러한 과정에서 아동은 점차적으로 연령이 증가하면서 부정적인 측면을 벗어날 수 있고, 또래·친구관계나 사회적 관계의 폭과 깊이가 증대되고, 기성세대에 대한 무조건적인 비판이나 반항의 자세에서 합리적인 비판과 논리적인 대항의 자세로 발달하게 된다.

6) 도덕성 발달

도덕성(morality)은 마음의 양심을 지표로 삼아 옳고 그른 것을 판단하는 능력이다. 즉, 자신이나 상대방에서 부끄럽지 않게 행동하는 능력, 대인관계에 있어 상대방의 입장을 공감하는 능력, 배려하는 능력, 자신의 욕구나 감정을 조절하는 자제능력 등을 포함한다. 도덕성은 양심, 동정심, 이타심, 죄의식, 공감 등과 같은 정서적 측면(마음)과 공정성, 분별력, 책임감, 자제력 등과 같은 인지적 측면(생각)을 포함해서 직접 행동으로 나타날 수 있는 행동으로 구성된다. 이러한 도덕성은 사람의 사회화 과정에서 대인관계를 맺을 때 지켜야 할 규범을 준수하는 것을 의미한다. 따라서 도덕성 발달은 청소년들이 속한 사회의 문화적 · 사회적 집단에서 규범에 따라 행동할 수 있도록 습득하는 것이다. 즉, 어떤 행동에 대해서 죄책감과 같은 도덕적 정서, 어떤 행동의 옳고 그름을 판단하는 인지적 판단, 도덕적 판단에 의해 행동하는 도덕적 행동 등의 측면이다.

도덕성에 관련된 이론을 살펴보면, 정신분석 이론에서는 도덕적 정서를 강조하고, 인지 이론에서는 도덕적 인지를 강조, 학습(행동주의) 이론에서는 도덕적 행동을 강조하고 있는데, 각각에 대해서 살펴본다.

① 정신분석 이론에 의하면, 자신의 도덕적 행동을 결정하는 요인은 도덕적 정서를 강조한다. 도덕적 정서는 자신이 행동한 뒤에 느낄 수 있는 죄책감 · 수치심 · 긍지와 같은 감정을 의미한다. 프로이드의 정신분석 이론에 의하면, 도덕성 발달은 성격의 기본요소(원초아, 자아, 초자아) 중 초자아의 발달과 관련된다. 여기서 원초아(id)는 무의식 속의 쾌락의 원리에 따르는 것이고, 자아(ego)는 객관적인 현실세계와 타협하는 현실의 원리이고, 초자아(super-ego)는 사회규범 등이 내면화된 선과 악을 판단하는 도덕성의 원리이다.

② 인지발달 이론에 의하면, 아동들은 인지능력이 발달함에 따라 성숙하고 사회적 경험에 의해서 도덕적 이해가 증가함으로써 도덕성이 발달한다고 하였다. 피아제는 5~13세 아이들의 규칙과 도덕적 판단에 대한 사고를 연구하면서 도덕성 발달을 이론화하였다(Piaget, 1932). 이 연구에서 아이들은 '구슬 게임을 하면서 게임의 규칙은 누가 만들었는가?, 누구나 이 규칙을 지켜야 하는가?, 규칙을 바꿀 수 있는가?' 등의 질문을 하면서, 연구결과를 토대로 타율적 도덕성과 자율적 도덕성으로 구분하였다. 피아제의 행위 동기와 결과에 대한 딜레마의 예를 들어 보면, 'A: 엄마가 설거지를 하는 것을 도우려다 손이 미끄러워 컵을 5개나 깨트렸다.', 'B: 엄마 몰래 선반 위에 있는 꿀을 먹으려다 잘 못해서 1개의 컵을 깨트렸다.'와 같은 2가지 명제가 있다.

여기서 타율적 도덕성 단계는 학령기 전 4~7세 유아로 규칙은 자기보다 강한 부모나 권위적인 존재가 있는 사람들이 만든 것으로 믿고 있으며, 이러한 규칙은 변경할 수 없고 위반하면 벌을 받아야 한다고 생각한다. 타율적 도덕성 단계에 있어서 도덕적 판단은 행동의 옳고 그름은 행위자의 의도가 아니라 행동의 결과만을 고려하게 된다. 예를 들어, 선반 위에 있는 꿀을 먹으려다 1개의 컵을 깨트린 경우보다 엄마를 도우려다 5개의 컵을 깨트린 경우가 더 나쁘다고 생각하게 된다.

자율적 도덕성은 10세 이후에 나타나는 시기로, 이 시기의 아동은 규칙은 단지 사람들이 만든 것임을 알고 그 규칙은 변경할 수 있다고 생각하여 도덕적 판단에 상황적 요인을 고려하는 융통성을 보인다. 또한 처벌은 불가피한 것이 아니고 잘못된 행위를 누군가가 목격했을 때 일어난다고 생각한다. 자율적 도덕성 단계에 있어서 도덕적 판단은 행동의 결과뿐 아니라 행위자의 의도를 고려해서 판단하게 된다. 따라서 엄마 몰래 선반 위에 있는 꿀을 먹다가 1개의 컵을 깨트린 아이는 엄마를 도우려다 5개의 컵을 깨트린 아이보다 더 나쁘다고 생각한다. 피아제에 의하면, 사람의 도덕성은 타율적 단계(4~7세), 타율적 자율적 혼합(7~10세) 단계, 자율적 단계(10세 이후)로 발달한다고 하였다(Santrock, 2001).

③ 행동주의(학습) 이론에 의하면, 도덕적 가치는 학습되는 것으로 적절한 행동과 사회적 규칙의 순응성을 도덕성으로 보았다. 도덕적 갈등상황에 직면했을 때, 사람들은 갈등상황을 도덕적으로 어떻게 판단하는가도 중요하지만, 어떻게 행동하는가가 더 중요하다고 하였다. 스키너의 조작적 조건화 이론(유기체가 스스로 행동을 일으키고 환경을 통제하는 자발적인 조작행동)에 의하면, 사람들은 도덕적 행동의 결과로 인해 도덕적 규칙에 따르게 된다고 보았다. 즉, 사람들은 도덕적으로 바람직한 행동을 했을 때 강화(칭찬)해 주고, 도덕적으로 바람직하지 못한 행동을 했을 때 처벌하게 된다. 조작적 조건화 이론에서는 강화와 처벌이 도덕적 행동학습에 주요한 역할을 한다고 하였다. 강화는 도덕적 행동을 증가시키는 역할을 한다. 그러나 처벌은 처벌자가 있는 곳에서는 비도덕적 행동이 일시적인 억제 효과만 있을 뿐이고, 처벌자가 보이지 않거나 발각될 위험이 없는 곳에서는 위반행위를 억제

하지 못한다는 제한도 있다.

④ 인지적 사회학습 이론가인 반두라에 의하면, 사람 행위의 도덕적 기준은 학습과 모델에 의해서 설정되며 자기 평가적 능력을 갖는다는 것이다. 즉, 사람은 보상이나 처벌로부터 학습되는 것보다 상대방의 관찰을 통해서 학습하는 것을 더 중요하다고 보았다. 예를 들어, 어떤 아이가 한 행동에서 보상받는 것을 본 아이의 경우, 자신도 같은 행동을 하면 보상을 받을 수 있다고 믿는다. 따라서 아이들은 모델의 행동을 통해 바람직한 행동과 바람직하지 못한 행동 등의 도덕적 행동이 발달하게 된다는 것이다.

• 콜버그의 도덕성 발달 이론

콜버그(Kohlberg, 1927~1987)는 1927년 미국 뉴욕에서 태어나 시카고 대학교에서 박사과정에 입학하여 임상심리학과 아동발달에 관심을 갖고 학업 하였다. 콜버그는 아동의 도덕적 추론이 어떻게 전개되고 발달되는지에 대한 아동의 도덕성 발달에 관한 논문으로 1958년에 박사학위를 받았다. 콜버그는 피아제의 인지발달 이론과 연계하여 애착, 성역할, 도덕성 발달 등의 사회적 발달현상을 연구하였다(Shaffer, 1979).

콜버그는 1956년부터 10~16세 사이의 아동 · 청소년 75명을 대상으로 20년간 도덕성 발달에 대한 연구를 하였다. 연구는 이야기 형식의 가설적 딜레마를 통하여 아동 · 청소년들의 도덕적 추론을 측정하였다. 딜레마 중 대표적인 예는 하인츠와 약사의 딜레마로 〈표 3-3〉과 같다.

〈표 3-3〉 하인츠와 약사의 딜레마

유럽에서 한 부인이 특정 암에 걸려 죽어 가고 있었다. 의사는 그 부인을 살릴 수 있을지도 모르는 약이 있는데, 그 약은 일종의 라튬으로 같은 동네에 사는 약사가 최근에 개발한 것이라고 하였다. 약사는 제조하는 데 재료비도 많이 들고 개발하는 데 고생했으므로 재료비의 10배인 2,000불을 요구했다. 부인의 남편인 하인츠는 약값을 구하기 위해 돈을 빌리려 아는 사람을 모두 찾아다녔지만 약값의 절반인 1,000불만 마련했다. 그래서 하인츠는 1,000불을 가지고 약사에게 가서 나의 아내가 죽어 가고 있다고 사정하고 약을 좀 싸게 팔던지 아니면 나머지 약값은 나중에 갚겠다고 하면서 부탁했다. 그러나 약사는 단호하게 “안 돼요.” 하면서 거절하였다. 하인츠는 절망한 나머지 아내를 위해서 그 약을 훔치기 위해 약방을 부수고 침입했다.

〈표 3-3〉과 같은 딜레마 이야기를 실험대상의 아동 · 청소년들에게 들려준 후 일정한 질문을 한다. '부인의 남편인 하인츠가 약을 훔쳐야만 했는가?, 훔친다는 것은 좋은 일인가?, 나쁜 일인가?, 만약 다른 방법으로 약을 구할 수 없었다면 하인츠가 약을 훔치는 것이 의무인가?, 약값이 너무 비싼데 그렇게 비싸게 책정해야만 하는가?' 등의 딜레마 질문에 따라 콜버그는 도덕적 행위보다는 도덕적 판단능력에 따라 도덕적 추론을 3수준으로 분류하고 각각의 수준을 2단계로 나누었다(Kohlberg, 1976). 수준 1은 전 인습적 수준이고, 수준 2는 인습적 수준이고, 수준 3은 후 인습적 수준으로 구분하였다. 여기서 인습이란 사회규범, 기대, 관습, 권위 등에 순응하는 것을 의미한다. 각각의 수준을 2단계로 구분하고 하위 단계인 1단계는 벌과 복종 지향의 도덕성, 2단계는 도구적 쾌락 지향의 도덕성, 3단계는 착한 아이의 도덕성, 4단계는 법과 질서 지향의 도덕성, 5단계는 계약과 민주주의 지향의 도덕성, 6단계는 개인적 양심과 보편원리 지향의 도덕성으로 구분하였다. 콜버그의 도덕성 발달의 6단계는 〈표 3-4〉와 같다(김현호 외, 2019).

〈표 3-4〉 콜버그의 도덕성 발달 6단계

<table>
<tr><th>단계</th><th>도덕적 추론</th></tr>
<tr><td colspan="2">수준 1: 전 인습적 수준-사회규범이나 기대를 잘 이해하지 못하고 자아중심적이다. 상대방의 입장을 이해하지 못하고 자신의 욕구 충족에만 관심이 있다. 9세 이전의 아이들이 이 수준에 해당된다.</td></tr>
<tr><td>1단계: 벌과 복종 지향의 도덕</td><td>이 단계의 아이들은 결과만 가지고 행동을 판단한다. 보상을 받는 행동은 좋은 것이고, 벌을 받는 행동은 나쁜 것이다. 따라서 벌을 피하기 위해서는 아이들은 복종을 한다. 예를 들어, 윤재는 부모님에게 야단 맞을까 봐 차가 달리는 거리에서 뛰어다니지 않는다.</td></tr>
<tr><td>2단계: 도구적 쾌락 지향의 도덕</td><td>자신의 흥미와 욕구를 만족시키기 위해 규범을 준수한다. 이 단계에서 아이들은 다른 사람의 입장을 고려하기 시작하지만, 대부분 자신이 원하는 것을 얻기 위해서이다. 예를 들어, 윤재는 어머니와 약속한 상 때문에 찻길에서 뛰어다니지 않는다.</td></tr>
<tr><td colspan="2">수준 2: 인습적 수준-상대방의 입장을 더 이해하게 되고, 사회적 권위에 기초한 도덕적 추론을 내면화하고, 사회관습에 맞는 행동을 도덕적 행동이라 간주한다. 대부분의 청소년과 성인들이 이 수준에 해당된다.</td></tr>
<tr><td>3단계: 착한아이 지향의 도덕</td><td>상대방의 기대 때문에 그리고 상대방으로부터 인정을 받기 위해 착한 아이로 행동한다. 이 단계에서는 동기나 의도가 중요하고, 신뢰, 충성, 존경, 감사의 의미가 중요하다. 예를 들어, 윤재는 친구가 담배 피우는 것을 보고 부모에게 이르지 않는다.</td></tr>
</table>

4단계: 법과 질서 지향의 도덕	추상적 사고를 할 수 있는 능력으로 인해 청소년들은 이제 자신을 사회의 일원으로 생각하게 된다. 그래서 사회기준에 따라 행동을 평가하게 된다. 사회질서를 위해 법을 준수하는 행동이 도덕적 행동이라고 생각한다. 예를 들어, 윤재 아빠는 사회의 법과 질서를 준수하기 위해 보는 사람이 없더라도 '멈춤' 표지판 앞에서 차를 멈춘다.
수준 3: 후 인습적 수준-사회규범을 이해하고, 기본적으로는 사회규범을 인정하나 법이나 관습보다는 개인의 가치 기준에 우선을 둔다. 일반적으로 20세 이상의 성인들 중 소수만 이 수준에 도달한다.	
5단계: 계약과 민주주의 지향의 도덕	법과 사회계약이 '최대 다수의 최대 행복'이라는 전제하에 만들어졌다는 것을 이해하고, 모든 사람의 복지와 권리를 보호하기 위해 법을 준수한다. 그러나 때로는 법적 견해와 도덕적 견해가 서로 모순됨을 깨닫고 갈등상황에 놓인다.
6단계: 개인적 양심과 보편원리 지향의 도덕	일반적으로 법이나 사회계약은 보편적 윤리기준에 입각한 것이기 때문에 정당하다고 믿는다. 따라서 이러한 원칙에 위배될 때에는 관습이나 법보다 보편원리에 따라 행동한다. 보편원리는 인간의 존엄성, 인간의 평등성, 정의 같은 것을 의미한다.

콜버그는 도덕성 발달 단계가 1단계부터 6단계까지 순서대로 발달하고 어느 한 단계를 넘어 다음 단계로 발달할 수는 없다고 보았다. 또한 모든 사람이 최고의 수준인 6단계까지 발달하는 것은 아니고, 소수만이 6단계까지 발달한다고 하였다. 일반적으로 청소년기 후기와 성년기에 도덕적 발달수준은 안정화되는데, 남성의 경우 4단계까지 발달하고 여성의 경우 3단계까지 발달한다고 보았다. 콜버그의 도덕성 발달이론의 개념은 내면화이다. 내면화(internalization)는 외적 기준에 의해 통제되는 행동이 내적 기준에 의해 통제되는 행동으로 변화하는 것을 의미한다.

청소년은 연령이 증가하면서 내면화되어 아동과 달리 인습과정을 통해 자기 자신의 도덕적 개념을 스스로 형성해 나갈 수 있다. 그렇지만 청소년기는 사람이 살아가는 동안 도덕적 가치와 기준에 대해서 가장 민감한 시기이다. 따라서 사람들은 높은 이상을 가지고 있으며 자신의 이상을 타인으로부터 인정받고 싶어 하며 스스로 설정해 놓은 자신의 기준에 따라 행동하고자 한다. 스스로 설정해 놓은 기준에 미치지 못한다고 느꼈을 경우에는 자신의 행동이 요구 수준 이하라는 것을 스스로 깨달았을 때 자기 경시나 자아의 축소, 꿈의 세계로의 도피 현상 등이 나타날 수도 있다.

이러한 콜버그의 이론은 규칙과 개인적 욕구 사이에서 선택을 요구하나, 문화적 차이를 인정하지 않았고, 도덕적 사고를 너무 강조하고 도덕적 행동이나 도덕적 정서는 무시하는 경향이 있다고 비판받고 있다(황희숙 외, 2008).

아동의 도덕성 발달에는 여러 가지 요인이 있을 수 있으나 일반적으로 부모의 양육방식, 연령 및 지능, 또래 · 친구집단, 대중매체 등에 의해 영향을 받는데, 각각에 대해서 살펴보면 다음과 같다.

① 부모의 양육방식은 아동의 도덕성 발달에 영향을 미친다. 애정 지향적이고 수용적인 부모의 양육태도는 지나치게 엄격하고 통제적인 부모보다 도덕성 발달에 긍정적인 영향을 미친다. 아동은 부모에게 사랑받고 신뢰를 받음으로써 도덕적 기준을 내면화하고 상대방에 대한 배려도 증가한다. 반대로 체벌을 통한 통제적 훈육방법은 아동으로 하여금 순간순간 체벌을 벗어나려고 함으로써 내적 통제능력을 발달시키지 못한다(Hower & Edwards, 1979).

호프만(Hoffman)은 애정철회나 힘을 사용하는 훈육방법은 아동에게 지나친 자극을 주어 효과적인 도덕성 발달이 이루어지지 못하고, 논리적 추론을 사용하는 훈육방법은 아동에게 왜 그런지를 설명해 주고, 옳지 못한 행동이 상대방에게 어떠한 영향을 주는가를 이해시킴으로써 내면화된 도덕성 발달이 이루어진다고 보았다. 부모의 학력이나 사회 · 경제적 지위, 문화 수준 등이 높은 부모의 아동은 낮은 부모의 아동보다 도덕성이 더 발달한다(Hoffman, 1988).

② 연령 및 지능에 있어서 모든 발달에는 개인차가 있다. 도덕성 발달도 개인적인 요건과 환경적인 요인, 개인적 요인과 환경적 요인의 상호작용에 의해서 발달한다. 연령이 증가함으로써 인지능력, 사회적응 능력 등의 발달로 인해 도덕성도 발달한다. 일반적으로 지능과 도덕성 발달에는 어느 정도의 상관관계는 있을 수 있으나, 아동의 지능이 높다고 해서 도덕성 발달도 향상되는 것은 아니다.

③ 또래 · 친구집단의 영향은 아동의 도덕성 발달에 부모의 양육방식 못지않게 중요하다. 학령기가 접어들면서 집보다 또래 · 친구와 같이 지내는 시간이 많아짐으로 또래 · 친구와 비교를 통해서 도덕성 발달이 이루어진다. 착한 또래 · 친구는 내면화하고 불량 또래 · 친구는 거부하는 등의 행동을 보인다. 아동이 일상생활을 하면서 부모와 또래 · 친구의 가치관이 일치할 경우에는 문제가 없지만 일치하지 않

을 경우에는 도덕적 가치관 결정에 혼란을 초래한다. 예를 들면, 나와 또래 · 친구가 사이좋게 지내고 있으나 또래 · 친구의 가치관과 부모의 가치관이 일치하지 않을 때 또래 · 친구가 내방하면 부모는 같이 어울리지 말라고 충고하기도 한다.

④ 아동은 TV나 영상 비디오에서 상영되는 역할모델을 관찰함으로써 태도, 가치, 정서적 반응, 새로운 행동 등의 도덕적 행동들을 학습하게 된다(Bandura, Grusec, & Menlove, 1967). 대중매체에서 나타나는 선행적 행동이나 유혹에 저항하는 행동들은 아동의 도덕성 발달에 긍정적인 영향을 미친다.

7) 성역할 발달

사람을 분류하는 가장 기본적인 범주는 성별이고 사회는 성별에 따라 남성과 여성에게 적합하다고 생각하는 특성을 규정하고 있다. 따라서 성역할(gender role)은 사회에서 남성과 여성에게 각각 기대되는 행동양식이다. 성역할 발달은 사회에 적합한 규정에 따라 행동이나 태도에 대해서 성의 정체성을 갖고 내면화하여 적합한 성역할 개념을 습득하는 것이다. 성역할에 대해 인간발달 측면을 보면, 전통사회의 성역할은 어려서부터 자신이 속한 사회에서 규정하고 있는 성별에 따라 주어지는 성역할은 차이가 있다. 즉, 여자는 치마를 입고 인형을 가지고 노는 반면, 남자는 자동차 장난감을 가지고 놀며 공격적이고 경쟁적인 놀이를 하는 것으로 표현하였다.

그러나 현대사회의 성역할은 전통사회보다 다양해지고 융통성 있게 변화하고 있다. 남성과 여성을 단일 차원으로 생각해서 남성성이 높으면 여성성이 낮아지고, 여성성이 높으면 남성성이 낮아진다는 것이다. 벰(Bem)은 이러한 현상을 심리적 양성성(psychological androgyny)이라고 하였다(Bem, 1987; 김미영, 2013). 심리적 양성성은 전통적인 성역할보다 더 기능적이라고 주장하면서 한 개인이 남성성 · 여성성의 두 가지 특성을 동시에 소유할 수 있다는 것이다. 즉, 하나의 유기체 내에 여성적 특성과 남성적 특성이 공존하는 것을 의미한다. 그러므로 양성성은 동일한 사람이 남성적이면서 여성적인 태도, 도구적이면서 표현적인 태도, 자기 주장적이면서 비주장적인 태도, 경쟁적이면서 비경쟁적인 특성 등 양면을 모두 가지고 있다고 보았다. 또한 벰은 남성성과 여성성이 한 차원의 양극단에 존재하는 것이 아니라 독립된 두 개의 차원으로 구성되기 때문에 도구적인 역할과 표현적 역할을 상황에 따라 효과적으로 수행할 수 있으므로 보다 효율적인 성역할 개념을 가진 사람이라고 하였다(김미영, 2013).

성역할에 관련된 이론을 살펴보면, 개개인은 그가 속해 있는 사회에서 성에 적합한 행동 · 태도 · 가치관을 습득하는 과정을 성역할 사회화라 한다. 이러한 과정을 통해 남성은 남성다움을 여성은 여성다움으로 발달해 간다. 성역할에 관해 설명할 수 있는 이론은 다음과 같다.

① 생물사회학적 이론에 의하면, 유전인자, 성호르몬, 염색체 등의 생물학적 요인이 성차를 나타내는 기초적인 요인이지만, 이것들은 성차를 촉진하거나 억압하는 환경적인 요인들과 서로 영향을 주고받음으로써 남자와 여자 간의 성차를 결정한다고 본다. 즉, 남아인지 여아인지에 따라 부모와 주변 사람들의 태도가 달라지며, 이들의 태도가 유아의 성역할에 영향을 준다는 것이다(김현호 외, 2019).

② 프로이드의 정신분석 이론에 의하면, 남자와 여자의 근원적인 차이는 심리성적 발달 5단계 중에서 3단계인 남근기(3~6세)에서 서로 다른 경험에 기인한다고 하였다. 이 단계에서 남아는 어머니를 좋아하는 오이디푸스 콤플렉스를, 여아는 아버지를 좋아하는 엘렉트라 콤플렉스를 경험하게 되는데, 이러한 콤플렉스를 해결하기 위한 수단으로 성역할 동일시가 이루어진다고 하였다. 이성 부모에 대한 근친 간의 성적 욕망을 현실적으로 실천할 수 없음을 깨닫게 되고, 동성의 부모로부터 보복을 두려워하게 된다. 이러한 동일시 과정을 거쳐 남아는 남성의 역할을 여아는 여성의 역할을 습득한다는 것이다.

③ 사회학습 이론에 의하면, 성역할은 환경과 경험에 의해 직접학습과 관찰학습에 의해 획득되는 것으로 보았다. 부모, 교사, 친구가 아동의 성에 적합한 행동을 강화하고, 성에 적합하지 못한 행동을 벌함으로써 직접학습이 이루어진다는 것이다. 따라서 직접학습에 의해 남아는 단호하고, 경쟁적이며, 자동차나 총과 같은 장난감을 가지고 놀도록 장려되고, 여아는 얌전하고, 협동적이며, 인형이나 소꿉놀이 장난감을 가지고 놀도록 장려된다. 또한 아동은 관찰을 통해서 많은 성역할 행동을 학습한다는 것이다. 아동은 부모, 친구, 다양한 매체를 통해서 자기 성에

적합한 행동을 학습하고, 이러한 행동유형은 강화를 통해서 내면화된다고 하였다(정옥분, 2007). 아동은 가정에서 부모의 성역할 행동을 관찰함으로써 동성 부모의 역할을 학습한다고 보았고, 동성과의 유사성으로 인해 동성 모델에 더 많은 주의를 기울이고 동성의 행동을 모방한다는 것이다(Bandura, 1997).

④ 인지발달 이론에 의하면, 아동은 인지능력이 발달함에 따라 성역할 개념을 이해하고 스스로 이에 맞추어 나가면서 성역할을 획득한다고 보았다. 또한 성역할 동일시의 가장 중요한 요인은 아이 자신이 '남자이다.' 또는 '여자이다.'라는 성별 자아를 인지하는 것으로, 이것은 동일시에 선행한다고 주장한다. '나는 남자이다.'라는 인식이 먼저이고, 그 다음이 '그러면 남자에 적합한 행동을 한다.'라는 동일시가 나중에 이루어진다는 것이다. 콜버그는 개인의 성은 복장, 머리 스타일, 놀이종류와 상관없이 생물학적인 특성에 의해 변하지 않는다는 개념을 성일관성으로 표현하였다(Kohlberg, 1969).

⑤ 성도식 이론(Gender-schema)은 인지발달 이론과 사회학습 이론의 요소를 결합한 형태로서 성역할 발달을 정보처리 관점에서 설명한 인지이론이다(Bem, 1987). 성도식은 성에 대한 인지구조로서 아이가 성에 관한 정보에 주의를 기울이고, 조직화하는 전반적인 행동양식을 의미한다. 이러한 성도식은 아이들로 하여금 일상생활에서 남성적 특성 또는 여성적 특성을 구분하게 해 준다. 성도식을 통해서 남아는 남아가 해야 할 역할을 인지하고, 여아는 여아가 해야 할 역할을 인지하면서 성역할을 발달시킨다는 것이다(Ben, 1987; Martin & Halverson, 1987).

아동은 기본적인 성 정체성을 바탕으로 성에 관한 여러 정보를 학습하고, 이러한 정보들을 성 도식에 통합시킨다. 처음에는 '남자 것'과 '여자 것'으로 여러 대상물을 구분하다가 자신의 성에 맞는 성 도식을 형성한다. 아동은 자신의 성 도식에 맞는 대상과 활동에 더 많은 흥미를 갖게 되고, 이에 따라 자신의 성에 맞는 성역할을 발달시킨다(김현호 외, 2019).

성역할 발달의 영향요인에 대해서 살펴보면, 생물학적 요인과 사회적 요인이 있을 수 있다. 생물학적 요인은 성염색체의 영향과 성호르몬 분비에 의한 차이가 있다. ①

성염색체의 영향을 들 수 있는데, 남자는 여자보다 약한 성이므로 수정된 순간부터 여아는 남아보다 더 많이 살아남고, 신체적 결함이나 정신적 결함도 남아보다 적다. 이러한 이유는 남자의 성염색체는 XY인데, 여자의 XX 성염색체보다 유전적 결함을 가지기 쉽다. 만약 어떤 질병의 원인이 되는 유전인자가 X염색체에 자리해 있다면, 여자의 경우 다른 하나의 X염색체에 건강한 유전인자가 들어 있을 가능성이 있으나, 남자의 경우는 결함 있는 유전자가 X든 Y든 다른 한쪽의 건강한 유전인자에 의해 수정 · 보완될 가능성이 없다는 것이다(정옥분, 2007). ② 성호르몬 분비의 차이로 배아기부터 생식기간의 발달이 다르게 진행된다는 것이다. 남아는 남성호르몬인 안드로겐(Androgen)의 분비가 활발하고, 여성호르몬인 에스트로겐(Estrogen)의 분비는 적으며, 여아는 반대로 에스트로겐의 분비는 활발하나 안드로겐의 분비는 적다.

사회적 요인은 신생아가 출생할 때부터 남아와 여아를 구분하여 사회적으로 다르게 양육한다. 사회는 아동에게 지어 주는 이름이나 입히는 옷의 모양, 색, 장난감 유형, 머리 스타일, 권장하는 놀이내용 등이 다양한 상황에서 아동의 성별에 따른 차이를 두게 된다. 이러한 차이로 인해 아동의 성역할 발달이 다르게 이루어진다(Fagot, et. al., 1986). 이러한 사회적 요인으로 인해 부모의 양육태도는 아동의 성역할 유형화에 결정적인 역할을 하게 된다. 부모는 남아에게 용감하고, 강하고, 달리기나 던지기 등의 활동적이고, 독립적이고, 경쟁적이고, 힘찬 모습을 기대하는 반면, 여아에게는 친절하고, 예의 바르며 수동적이고, 조용한 모습을 기대한다. 장난감을 줄 때에도 남아에게는 소방차, 트럭, 야구공, 총, 집짓기 등을 주고, 여아에게는 인형, 다리미, 간호사놀이 세트, 소꿉놀이 세트 등을 준다.

아버지는 어머니보다 자녀의 성별에 따른 서로 다른 상호작용 양식을 발달시키는 것으로 알려져 있다. 또한 아버지가 자녀의 성역할 발달에 미치는 영향은 어머니보다 크다. 따라서 아버지가 없는 가정의 남아는 아버지가 있는 가정의 남아보다 여성적인 경향을 더 보이고, 덜 공격적이고, 더 의존적이고, 더 여성적인 놀이를 좋아하고, 그리고 더 여성적 취미를 나타내는 경향이 있다.

어머니의 직업유무는 아동의 양성성 발달에 영향을 미친다. 어머니가 직장을 다니는 아동의 경우는 어머니가 직장을 다니지 않는 경우보다 남아와 여아 모두가 성에 대한 고정관념이 적고 보다 더 융통성 있는 성역할의 관점을 갖게 된다. 어머니가 아버지와 같은 일을 하는 것을 관찰한 아동은 남성과 여성의 역할이 동등한 것으로 이해하게 되며 양성성을 발달시킬 수 있다(황희숙 외, 2008).

형제의 역할에서 형제의 수, 출생순위, 형제들과의 관계는 아동의 성역할 발달에 중요한 역할을 한다. 일반적으로 남자형제를 가진 아동은 여자형제를 가진 아동보다 더 남성적이다. 같은 성의 형제가 있는 경우 성역할 발달이 더 빨리 이루어질 수 있다. 또한 남자형제만 있는 여아는 여자형제만 있는 여아보다 더 야심적이고, 공격적이고, 지적 발달도 빠르다. 반면에 여자형제만 있는 남아는 남자형제만 있는 남아보다 덜 야심적이고, 덜 공격적이고, 여성다움이 나타난다. 이렇게 성역할 발달이 다르게 나타나는 이유는 형제간에서 일어나는 모방과 동일시에 의한 효과로 볼 수 있다(정옥분, 2007).

또래 · 친구의 역할에서는 또래 · 친구가 성역할 발달에 미치는 영향은 크다. 또래 · 친구의 영향은 특히 성이 분리된 놀이상황에서 일어난다. 대부분의 아이들은 3세 정도에 성 고정관념의 영향을 나타낸다. 즉, 자신의 성에 적합한 놀잇감을 선택하며 남아는 블록이나 트럭을 가지고 놀고, 여아는 인형을 가지고 놀이를 한다. 남아가 인형을 가지고 놀거나 여아가 트럭을 가지고 놀면 또래 · 친구들이 무시하거나 놀린다. 특히 남아의 경우에 여아보다 더 거칠게 놀리거나 무시를 한다. 이와 같이 또래 · 친구는 성역할 발달의 모델로서뿐만 아니라 강화자 또는 처벌자로서의 역할을 한다. 이렇게 또래 · 친구들의 보상과 벌은 아동의 성역할에 많은 영향을 준다. 또래 · 친구는 자기 자신들의 성에 적합한 행동에는 강화를, 성에 적합하지 않은 행동을 할 때에는 비판적 처벌자이고, 때로는 의도적으로 망신을 주기도 한다.

교사들도 또래 · 친구집단만큼 강하지는 않지만 아동의 성에 적합한 놀이는 보상하고, 성에 적합하지 않은 놀이는 하지 못하도록 한다. 이러한 면에서 또래 · 친구와 교사는 아동의 성역할 발달 행동에 많은 영향을 주게 된다.

Chapter

04

아동권리의 이해 및 역사

아동권리는 아동을 권리의 주체자로서 인정하고 사회에서 미성숙한 아동에게 행복한 삶을 추구할 수 있도록 하는 것이다. 즉, 아동이 생활하고 있는 가정뿐만 아니라 아동 개인이 일상생활에서 행복한 삶을 추구할 수 있도록 정책적, 제도적, 행정적, 재정적 등을 지원해야 한다. 이 장에서는 아동권리의 이해로 아동권리의 개념, 특성, 필요성, 기본요소와 원칙 등에 대해서 살펴보고 UN과 한국 아동권리사상의 발전과정에 대해서도 살펴본다.

4.1 아동권리의 이해

1) 아동권리의 개념

인간은 누구나 태어나면서 사람답게 생활할 수 있는 권리인 인권이 있다. UN(1948. 12.10.)은 '세계인권선언(Universal Declaration of Human Rights)'을 통해 모든 인간은 태어날 때부터 자유로우며 그 존엄과 권리에 있어 동등하고 인종, 피부색, 성, 언어, 종교, 정치적 또는 기타의 견해, 민족적 또는 사회적 출신, 재산, 출생 또는 기타의 신분 등과 같은 어떤 종류의 차별이 없이 권리와 자유를 향유할 자격이 있음을 명시하였다. 즉, 모든 개인은 인간으로서 존엄과 가치를 실현할 권리를 가진다는 것이다(황해익 외, 2017). 여기서 인권은 사람을 존중하는 정신을 바탕으로 개개인의 주체적 권리를 제도화한 것이다.

일반적으로 권리란 어떤 일을 함에 있어서 특별한 이익을 누릴 수 있는 법률상의 힘(권리)을 의미한다고 하면 아동권리의 개념을 논할 때는 아직 미성숙한 아동이라는 특수성을 포함해야 한다. 즉, 아동은 선거권이 없거나 사회적으로 미성숙한 본질적인 측면이나 보호와 양육의 대상으로만 인식되었을 뿐 개인 및 사회의 독립적인 일원으로 간주하지 않았다. 이러한 의미에서 아동권리는 아동이 특별히 누릴 수 있는 이익이나 권한으로 아동에게 주어지는 특별한 보호나 관리를 의미한다. 즉, 아동권리는 가정에서 부모와의 관계를 유지할 수 있는 권리를 포함하고 국가는 아동이 올바르게 성장할 수 있도록 무상으로 진행하는 보편적 교육을 받으며, 적절한 형법의 적용을 받아 인간으로서의 독자성을 발휘할 수 있는 권리를 포함한다(김석준 외, 2018).

2) 아동권리의 특성

아동은 성인과 달리 아직 신체적 · 정신적으로 미성숙하기 때문에 성인의 특별한 보호와 관리를 받고 자라며, 독립된 인격체로 존중받으면서 성장해야 하고 최상의 이익이 먼저 고려되어야 한다. 그럼에도 학대, 폭력, 유기 및 방임, 빈곤, 가정해체 등의 위기 상황에 노출되는 경우가 많다. 이러한 차원에서 아동은 권리의 주체로서 특성을 살펴보면 다음과 같다(김미영, 2017).

① 아동은 기본적인 인권이 있다. 인권은 모든 인간이 가지는 기본적인 권리로 아동의 권리에는 아동뿐만 아니라 모든 인간이 누리는 보편적인 인권을 기본 전제로 해야 한다.

② 아동은 약자를 위한 권리를 누린다. 아동은 사회적 약자로서 더 보호받고 배려받아야 한다. 미성숙한 아동이라고 권리를 제한하지 말고 아동 스스로에 대한 의견과 결정을 스스로 행할 권리를 갖도록 해야 한다.

③ 아동은 발달 시기적 특징을 고려한 권리를 갖는다. 생애 발달과정을 고려하여 아동이라는 시기적 특성에 비추어 생존과 발달에 필요한 다양한 권리를 누릴 수 있도록 해야 한다.

④ 아동은 권리를 누리기 위한 권리를 가진다. 아동은 성인에 비해 자신의 권리를 주장하는 데 한계가 있기 때문에 권리를 누리기 위한 권리를 가진다고 할 수 있다.

3) 아동권리의 필요성

과거에는 역사적으로 아동에 대한 영향력이 매우 미비하고 부진하여 모든 제도나 정책이 성인의 필요에 의해 만들어지고 시행되었다. 아동은 단지 청소년기를 거쳐 어른으로 성장해 나가는 하나의 단계로 보고 단순히 어른의 보호를 필요로 하는 삶의 한 과정에 지나지 않는 것으로 인식하고 있었다. 그러나 최근에는 아동을 보호의 대상에서 권리의 주체로 보고 독립된 인격체로 존중받고 최상의 이익 등이 먼저 고려되어야 한다는 인식이 강조되고 있다. 즉, 부모의 책임감 및 국가의 의무감에 대한 인식이 확대되고 아동권리가 강조되고 있다. 이러한 환경에서 아동권리의 필요성을 살펴보면 다음과 같다(보건복지부, 2009; 김미영, 2017).

① 아동의 인권 유린을 막기 위해서 아동의 권리를 보장할 필요가 있다. 아동은 독립된 인격을 가진 존재이지만 미성숙하다는 이유로 일상생활에 독립된 존재로 인정하지 않는 경우가 많다. 일반적으로 아동은 성인의 종속물이거나 부모에게 의존해 살아가는 존재로 인식하고, 스스로 자신 삶에 대하여 주도적으로 결정하지 못하고 스스로 이익을 대변하지 못하는 존재로 인식하고 있다. 그러나 아동은 자신의 권리에 대한 주체적인 존재이며 스스로 의사결정을 할 수 있다는 존재로 인식하고 권리를 보장할 필요가 있다.

② 아동은 부모의 요구나 이익에 반하여 자신의 요구나 이익을 취할 수 있는 존재이다. 아동에 대해 독립된 존재로 인식하지 않았기 때문에 아동의 요구나 이익은 부모가 결정하는 것이 당연하다는 인식이 지배적이었다. 그러나 아동은 독립된 인격으로서 스스로 자신의 요구나 이익을 고려할 수 있기 때문에 권리를 보장할 필요가 있다.

③ 아동은 필요할 때 국가가 개입해서 보호받아야 하는 존재이다. 아동의 요구나 이익에 부모나 대리인이 대변할 수 없는 경우 국가가 개입하여 지원하고 보호해야 한다. 이러한 국가의 지원과 보호는 아동의 기본적인 권리를 제한하는 것이 아니라 아동이 누려야 할 권리를 강화하기 위해 권리를 보장할 필요가 있다.

④ 아동은 아동이라는 이유로 권리의 제약을 받아서는 안 되는 존재이다. 아동은 아동이기 때문에 권리를 제한받지 않아야 하고 성인처럼 인간으로서 존엄성을 갖는다. 아동의 권리를 제약하는 것은 보편적 성격의 인권을 외면하는 것이므로 약자인 아동의 권리를 보장할 필요가 있다.

⑤ 아동은 'UN아동권리협약'에서 밝힌 모든 권리를 향유하는 주체적인 존재이다. 아

동을 대상으로 아동의 권리를 강조하는 'UN아동권리협약'에서는 아동이 자신의 권리에 대한 주체임을 밝히고 있다. 세계 주요 협약에 따라 아동이 주체적인 인간으로 삶을 살아가도록 하기 위하여 그들의 권리를 보장할 필요가 있다.

4) 아동권리의 기본요소와 원칙

아동의 건강한 삶과 행복을 위해서 기본적으로 보장받아야 할 아동권리는 아동발달 특성을 고려하여 수동적 권리와 능동적 권리의 특성을 동시에 갖는다. 여기서 수동적 권리는 아동이 기본적으로 천부(태어날 때부터 지닌)의 보편적 인권을 누릴 수 있는 존재이며 성인과 동일한 인권을 가지는 권리이다. 아동은 성인의 보호를 필요로 하는 의존적인 존재이므로 부모와 가족, 사회, 국가의 보호와 양육에 의하여 성장하고 발달한다. 그러므로 아동의 권리는 보호와 양육을 제공하는 주체의 의식과 행동에 따라 수동적으로 보호되는 특성이 있다. 능동적 권리는 아동권리가 수동적 권리의 특성을 가지면서도 동시에 인권은 인간의 자율적 판단과 참여를 기초로 아동도 스스로 판단하고 결정할 수 있다는 권리이다. 능동적 권리로서 아동권리는 아동이 권리의 주체로서 자신의 삶에 영향을 미치는 사안에 대하여 자신의 의견을 표현하고 주장하며, 결정하고 참여할 수 있는 권리를 갖는다는 특성을 가지고 있다(정익중 외, 2021).

능동적, 수동적 권리 외에 아동권리에서 기본적으로 고려해야 할 요소를 제공, 보호, 참여라는 3P의 개념으로 설명할 수 있다. 여기서 제공(Provision)은 아동이 생존에 필요로 하는 욕구의 충족이나 인적 · 물적 자원의 제공과 이것을 사용할 권리를 의미한다. 보호(Protection)는 아동이 위해한 행위나 환경, 즉 난민 아동, 문제를 지닌 부모로부터 격리되거나 성적 착취, 노동 착취, 육체적 · 정신적 학대로부터 보호받을 권리 등이다. 그리고 참여(Participation)는 아동이 자신의 삶에 중요한 영향을 미치는 결정에 대하여 알고 능동적으로 참여할 수 있는 권리이다. 아동의 동의가 필요한 의사결정에서는 친권상실, 이혼, 입양 등에 아동의 의사가 존중되어야 한다(정옥분 외, 2021; 정익중 외, 2021).

유니세프는 1995년에 'UN 아동권리협약(1989.11.20.)'을 토대로 아동권리의 기본요소(유형)를 삶에 대한 권리인 생존권, 모든 형태의 학대와 방임, 폭력으로부터 안전하게 보호받을 수 있는 권리인 보호권, 자신이 가진 잠재능력을 최대한 발휘하도록 하기 위한 발달권, 자신의 의견을 표현하고 사회 여러 활동에 참여할 수 있는 참여권으로 분류하였다(임경옥 외, 2018). 'UN 아동권리협약'의 기본요소는 〈표 4-1〉과 같다(김미영, 2020; 정옥분 외, 2021; 정익중 외 2021).

〈표 4-1〉 'UN 아동권리협약'의 기본요소

기본권	주요 내용	협약 관련 조항
생존권 (Right to survival)	생존을 위한 기본적인 삶을 누리는 데 필요한 것을 보장받을 권리로 적절한 생활수준을 누릴 권리, 안전한 주거지에서 살아갈 권리, 충분한 영향을 섭취하고 기본적인 보건서비스를 받을 권리 등	제24조(건강 및 의료) 제26조(사회보장) 제27조(생활보장) 등
보호권 (Right to protection)	학대와 방임, 차별, 폭력, 고문, 징집, 부당한 형사처벌, 과도한 노동, 약물과 성폭력 등 유해한 것으로부터 보호받을 권리	제18조(아동이익 극대화) 제23조(장애아동의 보호) 등
발달권 (Right to development)	아동의 신체적 · 정신적 · 인지적 · 사회문화적 · 도덕적으로 균형 있는 성장 · 발달 및 잠재능력의 개발을 보장하는 권리, 여가를 즐길 권리, 문화생활 및 정보를 얻을 권리, 생각과 양심 및 종교의 자유를 누릴 권리 등	제17조, 28조 · 제29조(교육) 제31조(놀이와 오락, 문화활동) 등
참여권 (Right to Participation)	자신의 삶에 영향을 주는 문제들에 대해 자유롭게 의견을 말하고 존중받을 권리로 표현의 자유, 양심과 종교의 자유, 평화적인 방법으로 모임을 자유롭게 열 수 있는 권리, 사생활을 보호받을 권리, 유익한 정보를 얻을 권리 등	제12조(의견표명) 제13조(표현의 자유) 제17조(정보에의 접근) 등

아동이 누려야 할 권리를 보장하기 위한 'UN 아동권리협약'의 기본원칙은 차별금지의 원칙, 아동 이익 최우선의 원칙, 생명 · 생존 · 발달 보장의 원칙, 아동 의사존중의 원칙 등을 핵심 가치로 하고 있다. 'UN 아동권리협약'의 기본원칙은 각각 〈표 4-2〉와 같다(김미영, 2020; 정옥분 외, 2021; 정익중 외 2021).

〈표 4-2〉 'UN 아동권리협약'의 기본원칙

기본원칙	주요 내용
제2조 차별금지의 원칙 (Non-discrimination)	1. 당사국은 자국의 관할권 내에서 아동 또는 그의 부모나 법정 후견인의 인종, 피부색, 성별, 언어, 종교, 정치적 또는 기타의 의견, 민족적, 인종적 또는 사회적 출신, 재산, 장애, 출생 또는 기타의 신분에 관계없이 그리고 어떤 종류의 차별 없이 이 협약에 규정된 권리를 존중하고, 각 아동에게 보장하여야 한다. 2. 당사국은 아동이 그의 부모나 법정 후견인 또는 가족구성원의 신분, 활동, 표명된 의견을 이유로 받게 되는 모든 형태의 차별이나 처벌로부터 보호되도록 보장하는 모든 적절한 조치를 취하여야 한다고 규정하고 있음 즉, 모든 아동은 어떤 종류의 차별도 받지 않아야 한다는 것임
제3조 아동 이익 최우선의 원칙 (Best interests of the child)	1. 공공 또는 민간 사회복지기관, 법원, 행정당국 또는 입법기관 등에 의하여 실시되는 아동에 관한 모든 활동에 있어서 아동 최상의 이익이 최우선적으로 고려되어야 한다. 2. 당사국은 아동의 부모, 법정 후견인 또는 여타 아동에 대하여 법적 책임이 있는 자의 권리와 의무를 고려하여 아동복지에 필요한 보호와 배려를 아동에게 보장하고 이를 위하여 모든 적절한 입법적, 행정적 조취를 취하여야 한다. 3. 당사국은 아동을 보살피고 보호하기 위한 책임을 지고 있는 기관과 시설에서 관계당국이 설정한 기준(특히 안전, 건강, 직원의 수, 직원의 적격성 및 충분한 감독)을 지켜 나가도록 조취를 취해야 한다고 규정하고 있음 즉, 모든 아동관련 활동에서 아동의 이익을 최우선적으로 고려해야 한다는 것임
제6조 생명 · 생존 · 발달 보장의 원칙 (Survival and development)	1. 당사국은 모든 아동이 고유의 생명을 가지고 있음을 인정한다. 2. 당사국은 가능한 최대한도로 아동의 생존과 발달을 보장하여야 한다고 규정하고 있음 즉, 모든 아동은 생명 · 생존 · 발달 등의 보장을 받아야 한다는 것임
제12조 아동 의사존중의 원칙 (Participation rights)	1. 당사국은 자신의 견해를 형성할 능력이 있는 아동에 대하여 본인에게 영향을 미치는 모든 문제에 있어서 자신의 견해를 자유스럽게 표현할 권리를 보장하며, 아동의 견해에 대하여는 아동의 연령과 성숙 정도에 따라 정당한 비중이 부여되어야 한다. 2. 이러한 목적을 위하여 특히 아동에게 영향을 미치는 어떠한 사법적, 행정적 절차에 있어 아동이 직접 또는 대리인이나 적절한 기관을 통하여 진술할 기회가 국내법의 절차에 따라 주어져야 한다고 규정하고 있음 즉, 아동이 자신의 견해를 자유롭게 표현할 권리를 보장해야 한다는 것임

4.2 아동권리사상의 발전과정

1) UN 아동권리사상의 발전과정

세계 각국은 19세기 이전까지 권리에 대한 부분은 성인의 전유물로 생각해 왔으나 제1차 세계대전(1914.07.28.~1918.11.11., 4년간) 후부터 아동권리에 대한 관심이 대두되었다. 제1차 세계대전 이후 전쟁으로 상처를 입은 아동에 대한 반성의 목소리가 국제적으로 커지게 되었다. 이에 힘입어 1922년 '세계아동헌장'이 선포되고 1924년 UN의 국제연맹(League of Nations)은 5개 조문으로 구성된 '아동권리에 관한 제네바 선언'을 채택하였다. 이후 1959년에 'UN의 아동권리 선언 ', 1989년에 'UN의 아동권리협약'이 공포되었다. '아동권리에 관한 제네바 선언'은 특별한 보호대상이나 구제의 대상으로만 인식됐던 아동관이었다면 'UN의 아동권리 선언'에서는 권리 향유(享有, 누려서 가짐) 주체의 아동관으로 발전하였다. 그리고 'UN의 아동권리협약'은 권리 행사 주체와 법적으로 보호는 받는 아동관으로 발전하였다. 이러한 변화와 인식은 아동의 권리뿐만 아니라 국가가 보장해야 할 역할까지도 법적으로 구체화하는 계기가 되었다. 아동권리에 관한 UN의 발전과정은 〈표 4-3〉과 같다(임경옥 외, 2018; 김미영, 2020). 이러한 변화과정에 대해서 살펴보면 다음과 같다.

〈표 4-3〉 아동권리에 관한 UN의 발전과정

연도	내용
1924	• 국제연맹이 '아동권리에 관한 제네바 선언' 채택 – 물질적 · 도덕적 · 정신적 발달을 누릴 권리로 아프거나 장애를 가졌거나 고아가 되었을 때 특별한 도움을 받을 권리, 재난에 처했을 때 우선적으로 구호를 받을 권리, 경제적 착취를 당하지 않을 권리, 사회적 책임감을 갖도록 교육을 받을 권리 등을 명문화함
1948	• UN총회가 '세계인권선언(Universal Declaration of Human Rights)' 채택 – 제25조: 아동기에 특별한 보호와 지원을 받아야 한다. 제26조: 모든 사람은 교육을 받을 권리를 갖는다고 명시함
1959	• UN총회가 '아동권리선언' 채택 – 차별받지 않을 권리와 이름과 국적을 가질 권리 등을 인정

	- 교육과 보건서비스, 특별보호에 대한 어린이 권리 명시
1979	• UN총회는 '아동권리선언' 20주년을 기념하여 '국제아동의 해'로 정하고 실천적 구속력을 가진 '아동권리협약'의 초안을 만들 수 있는 필요성 인식
1989	• UN총회가 '아동권리협약'을 채택 - 이듬해 1990년 10월 2일 효력이 발생
1991	• 한국의 UN아동권리협약 비준
1995	• 11월 20일(아동권리협약을 채택한 날)을 '세계 아동의 날' 지정

(1) 제네바 선언(The Geneva Declaration of the Child, 1924)

아동권리에 대한 최초의 국제적 선언은 영국의 에글렌타인 젭(Eglantyne Jebb) 여사에 의해 1924년에 작성된 '아동권리에 관한 제네바 선언(일명 제네바 선언)'이다. 젭 여사는 아동에게 최선의 것을 주어야 한다는 생각을 바탕으로 아동복리회(Save The Children Fund, 1922)를 창설하였으며 제1차 세계대전(1914.07.28.~1918.11.11., 4년간) 기간 동안 기아 문제에 관여하면서 아동 기금을 출범시키고 식량부족 사태를 막기 위해 노력하였다. 이러한 '제네바 선언'의 한계는 법적 구속력이 없다는 것과 아동을 기본적인 생존이나 결핍으로부터 구호해야 하는 수동적인 보호의 대상으로만 인식하고 적극적인 권리 주체로 인정하지 않았다는 것이다. '아동권리에 관한 제네바 선언'의 내용은 〈표 4-4〉와 같다(정옥분 외, 2021; 정익중 외 2021).

〈표 4-4〉 '아동권리에 관한 제네바 선언'의 내용(1924)

1. 아동에게 신체적 · 정신적으로 정상적인 발달을 위해 요구되는 모든 수단을 강구해야 한다(아동의 생존권 보장).
2. 굶주린 아동에게 먹을 것을, 병든 아동에게는 치료를, 지능발달이 늦은 아동에게는 도움을, 비행아동에게는 교화의 기회를, 고아와 부랑아에게는 주거와 원조를 제공하여 보호해 주어야 한다(아동보호의 접근 방법).
3. 위기에 직면하였을 때 최우선적으로 아동을 구해야 한다(아동보호의 최우선 원칙).
4. 아동에게 장래 설계를 세울 수 있는 지위로 이끌며 모든 형태의 착취로부터 보호받아야 한다(자립과 착취에서의 보호 원칙).
5. 아동에게 자기의 능력은 인류동포에게 봉사하기 위한 것이라는 자각을 주며 교육해야 한다(아동육성의 궁극적 목표).

(2) UN 아동권리선언(Declaration on the Rights of the Child, 1959)

제2차 세계대전(1939.09.~1945.08., 6년간) 이후 국제사회는 수많은 아동이 겪는 고통에 대해 다시금 국가적 책임을 명시할 필요성을 느끼게 되었다. 이에 국제연맹은 제네바 선언 이후 1959년 11월 20일 제14차 UN총회에서 10개 조항으로 확장된 'UN 아동권리선언'을 채택했다. 이는 모든 사람의 기본 인권을 아동에게도 적용하여 아동의 권리를 최대한 보장해야 한다는 시각에서 작성되었으며 아동권리 증진에 기여하는 국제적 문서이다. 또한 아동권리를 체계적으로 명시하고 아동의 권리를 구체적으로 인정하여 아동의 복지권을 강조하고 있다. 그리고 '세계인권선언'(1948)을 보완 확대하여 구체적으로 아동의 권리를 명시하였다. 'UN 아동권리선언'의 내용은 〈표 4-5〉와 같다(임경옥 외, 2018; 정옥분 외, 2021; 정익중 외 2021). 〈표 4-5〉와 같은 'UN 아동권리선언'은 아동을 권리의 주체로 인정하고 이를 보장하겠다는 국제적 의지의 표현이며 모든 아동들의 권리보장이라는 측면에서 아동의 복지권을 강조한 것이다(정옥분 외, 2021).

〈표 4-5〉 'UN 아동권리선언'의 내용(1959)

1. 인종, 피부색, 성, 언어, 종교, 정치적 견해, 국가적 또는 사회적 출신, 재산, 문벌, 기타의 지위로 인하여 아동이 차별받는 일 없이 이들의 권리가 부여되어야 한다(모든 아동의 권리에 대한 차별 금지와 평등의 보장).
2. 아동은 특별한 보호를 받으며 또한 건전하며 정상적인 방법 및 자유와 존엄의 상태하에서 신체적, 지능적, 도덕적, 정서적 및 사회적으로 성장할 수 있는 기회나 혜택이 법률과 기타의 수단으로써 제공되어야 한다. 이 목적을 위해 법률을 제정함에 있어 아동 최선의 이익에 대하여 최대한 고려해야 한다(아동 최선의 이익을 위한 성장 · 발달의 권리).
3. 아동은 출생 시부터 이름과 국적을 가질 권리를 갖는다(이름과 국적을 갖을 권리).
4. 아동은 사회보장의 혜택을 받은 권리를 갖는다(사회보장의 혜택을 받은 권리).
5. 신체적, 정신적 또는 사회적으로 장애가 있는 아동은 그 특수 사정에 의해 필요한 치료, 교육 및 보호를 제공받을 권리를 갖는다(장애아동에 대한 특별한 치료 · 교육 · 보호의 보장권).
6. 아동은 가능한 가정에서 양친의 사랑과 책임하에 양육되어야 하며, 사회는 어떠한 경우에도(가정이 없는 아동) 애정과 도덕적 및 물리적 보장이 있는 환경에서 보호를 받으며 양육되어야 한다(가정보호와 가정이 없는 아동의 특별보호 권리).
7. 아동은 교육을 받을 권리를 가지며, 교육과 지도는 아동의 이익에 근거하여 이루어져야 한다. 또한 아동에게는 교육뿐만 아니라 놀이와 여가도 제공되어야 하며 사회는 이러한 권리를 증진시키기 위해 노력해야 한다(교육받을 권리와 놀 권리).
8. 아동은 모든 상황에서 우선 보호와 구제를 받을 권리를 갖는다(보호와 구제를 최우선적으로 받을 권리).
9. 아동은 방임이나 학대 및 착취 등으로부터 보호받을 권리를 갖으며, 적절한 연령에 도달하기 전

에는 고용이 금지되어야 한다(모든 형태의 아동학대 방지와 연소자 고용 금지 등으로부터 보호받을 권리).

10. 아동은 인종적, 종교적, 기타의 형태에 의한 차별을 조장할 우려가 있는 관습으로부터 보호받을 권리를 갖는다(모든 형태의 차별적 관행으로부터 아동의 보호).

(3) UN 아동권리협약(Convention on the Rights of the Child, 1989)

1959년 'UN 아동권리선언'이 채택되고 각 국가에서 인권 관련법이 제정되었음에도 불구하고 세계 도처에서 아동학대, 착취, 빈곤, 질병 등의 아동문제는 지속적으로 발생되었다. 이에 UN은 아동의 권리를 단순히 선언문이 아닌 법적 구속력을 가지는 국제협약의 형태로 발전시킬 필요성을 인식하게 되어 1989년 11월 20일 UN총회에서 만장일치로 'UN 아동권리협약'이 채택되었다. 이는 이듬해 1990년 10월 2일부터 국제법으로서 그 효력이 발생하게 되었다(정옥분 외, 2021). 여기서 협약은 국가들 사이에 같은 법을 지키기로 결정한 합의를 의미하는 것으로 한 나라의 정부가 협약을 비준하면 협약을 지킨다고 약속하는 것이다. 이러한 협약은 한국을 비롯하여 약 195개국이 비준하고 있는데(김미영, 2020), 비준한 당사국은 아동권리협약 이해 관련 국가보고서를 5년마다 제출하도록 의무화하고 아동의 상태에 대한 모니터링을 제도화함으로써 제도적 변화를 법적으로 규정하고 있다는 점에서 의의가 있다.

'UN 아동권리협약'은 18세 미만의 아동에게 필요한 보호와 도움을 주며 아동의 인격발달과 복지증진을 위하여 국가와 사회 및 가정 모두가 특별한 배려를 제공하는 데 그 취지가 있다. 또한 아동을 권리의 주체로 규정함으로써 아동을 독립된 인격체로 보고 아동의 인권문제를 다루는 국제협약이라는 특징이 있다. 이러한 협약의 내용은 전문과 총 54조의 조문으로 구성되어 있으며, 6개 국어(영어, 프랑스어, 러시아어, 스페인어, 아랍어, 중국어)로 작성되어 있다. 조문은 3부로 나뉘어져 있는데, 제1부는 협약의 실체인 아동의 권리조항(제1조~제40조, 제41조는 협약의 법적인 효력), 제2부는 유엔아동권리위원회와 당사국의 관계규정인 협약의 홍보와 이행(제42조~제45조), 제3부는 협약가입 등 절차와 협약 개정절차에 관한 규정(제46조~제54조) 등으로 구성되어 있다.

'UN 아동권리협약'의 내용 중에 아동권리의 기본요소는 생존권, 보호권, 발달권, 참여권 등을 보장하고 기본원칙은 차별금지의 원칙, 아동 이익 최우선의 원칙, 생명·생존·발달 보장의 원칙, 아동 의사존중의 원칙 등을 핵심 가치로 하고 있다(〈표 4-1〉, 〈표 4-2〉 참조).

2) 한국 아동권리사상의 발전과정

우리나라는 전통적으로 아동을 보호하고 존중하는 문화였다. 삼국사기에는 신라 유리왕 5년에 이미 부모가 없는 아동을 위한 급식이 시행되었고, 고려 성종 13년에는 고아를 위해 10세까지 관아에서 급식을 담당하였다는 기록이 있다. 아동을 보호하는 문화는 동학(모든 사람에 대하여 한울님을 모신 평등한 존재로 인식하는 긍정적인 인간관을 형성하는 사상)의 인내천 사상으로 인해 아동에 대한 존중이 인식되면서 변화되었고 아동에 대한 권리를 인정하기 시작하였다(임경옥 외, 2018). 이러한 맥락에 따라 한국은 1924년 '아동권리에 관한 제네바 선언'에 앞서 1923년 소파 방정환 선생이 최초의 아동권리선언이라고 할 수 있는 '어린이 권리공약 3장'을 선포하였다. 또한 1959년 'UN 아동권리선언'에 앞서 1957년 '어린이헌장'을 제정하였다. 이후 「아동복리법」이 제정되고 '청소년헌장'이 제정되었다. 이러한 변화과정과 'UN 아동권리협약'에 비준과 이행과제, '아동권리헌장' 등에 대해서도 살펴본다.

(1) 어린이날과 '어린이 권리공약 3장' 선언

유럽에서 아동권리에 대한 관심을 갖기 시작한 시기에 한국에서도 아동권리에 대한 관심이 시작되었다. 특히 소파 방정환 선생은 일제강점기(1910.08.~1945.08, 35년간) 국가와 민족이 어려움에 처했을 때 우리의 희망은 어린이를 잘 키우는 데 있다고 생각하고 아동은 독자적인 인격체로 권리를 가진 존재라고 생각하였다(정옥분 외, 2021). 또한 그는 아동권리에 대한 자신의 생각을 보다 구체화하고 사회적 지지를 얻기 위해 최초 어린이날을 1922년 5월 1일(천도교소년회의 1주년 기념일)로 제정하였으나 1923년 5월 1일 조선소년운동협회(천도교소년회, 불교소년회 등 40여 개의 소년회의 연합회)는 어린이날을 전국적인 어린이날로 승격시켜 제1회 어린이날 행사를 거행하였다. 그리고 소파 방정환 선생은

1925년 5월 1일 어린이날에 어린이날 노래를 지어 전파하기 시작하였다. 1937년까지 어린이날 행사가 진행되었으나 일제 탄압으로 중단되고 해방(1945년 8월) 후 1946년부터 다시 행사를 진행하면서 5월 5일을 어린이날(1975년에 법정 공휴일로 지정)로 확정하였다.

소파 방정환 선생은 1923년 5월 1일 제1회 어린이날 전국 행사에서 '어린이 권리공약 3장'을 선포하였다. 이 내용은 우리나라 최초의 어린이권리 선언으로 이를 통해 그는 어린이의 존엄성과 지위 존중, 노동력 착취 금지, 교육과 여가, 문화적 권리를 강조하였다. 특히 효와 장유유서를 강조하는 유교사상이 뿌리 깊이 자리 잡고 있는 문화와 식민지배하에 처해 있었던 시대적 상황에서 이뤄 낸 뜻깊은 선언이었다고 할 수 있다(황해익 외, 2017). '어린이 권리공약 3장'의 내용은 〈표 4-6〉과 같다(한국방정환재단, 2022).

〈표 4-6〉 '어린이 권리공약 3장'의 내용(1923)

1. 어린이를 재래의 윤리적 압박으로부터 해방하여 그들에 대한 완전한 인격적 예우를 허(許)한다.
2. 어린이를 재래의 경제적 압박으로부터 해방하여 만 14세 이하의 그들에 대한 무상 또는 유상의 노동을 폐(廢)하라.
3. 어린이에게 그들이 고요히 배우고 즐거이 놀 만한 각양(각기 다른 여러 가지 모양)의 가정 또는 사회적 시설을 행(行)하라.

또한 소파 방정환 선생은 제1회 어린이날 전국 행사에서 어른들과 어린 동무들에게 주는 당부의 말을 배포하였다. 이 내용은 어른들에게 아동을 존중하고 그들의 잠재력을 인정하며 생존의 권리, 발달의 권리, 보호의 권리를 보장할 것을 언급하고 있다. 또한 어린이들에게도 자신을 귀하게 여기며 다른 사람의 권리도 존중하도록 권고하고 있다(황해익 외, 2017). 당부의 말 내용은 〈표 4-7〉과 같다(한국방정환재단, 2022).

〈표 4-7〉 당부의 말 내용

어른들에게
- 어린이를 내려다보지 마시고 치어다보아 주시오.
- 어린이를 가까이 하시어 자주 이야기하여 주시오.
- 어린이에게 경어를 쓰되 늘 보드랍게 하여 주시오.
- 이발이나 목욕, 의복 같은 것을 때맞춰 하도록 하여 주시오.
- 잠자는 것과 운동하는 것을 충분히 하게 하여 주시오.

- 산보와 원족 같은 것을 가끔가끔 시켜 주시오.
- 어린이를 책망하실 때는 쉽게 성만 내지 마시고 자세자세 타일러 주시오.
- 어린이들이 서로 모여 즐겁게 놀 만한 놀이터와 기계 같은 것을 지어 주시오.
- 대우주의 뇌신경의 말초는 늙은이에게 있지 아니하고 젊은이에게 있지 아니하고 오직 어린이들에게만 있는 것을 늘 생각하여 주시오.

어린 동무들에게
- 돋는 해와 지는 해를 반드시 보기로 합시다.
- 어른들에게는 물론이고 당신들끼리도 서로 존중하기로 합시다.
- 뒷간이나 담벽에 글씨를 쓰거나 그림 같은 것을 그리지 말기로 합시다.
- 꽃이나 풀을 꺾지 말고 동물을 사랑하기로 합시다.
- 전차나 기차에서는 어른들에게 자리를 사양하기로 합시다.
- 입을 꼭 다물고 몸을 바르게 가지기로 합시다.

(2) '어린이헌장'의 제정과 개정

우리나라 정부는 '어린이 권리공약 3장' 선포 이후 'UN 아동권리선언(1959)'에 앞서 어린이의 인권을 존중하고 어린이권리와 관련된 구체적인 법률 제정의 기반을 마련하고자 1957년 5월 5일 어린이날에 9개 항으로 '어린이헌장'을 공포하였다. 이 헌장은 한국동화작가협회에 의뢰하여 7명의 위원들이 초안을 작성하고 심의를 거쳐 공포된 것으로, 비록 법적인 효력이 없다 하더라도 어린이 육성의 기본정신을 밝히고 어린이의 천부적인 인권을 존중하기 위한 지침이 되었다(정옥분 외, 2021). 이후 1988년 제66회 어린이날에 전문과 11개 항으로 개정되었다. 내용은 인간의 존엄성 존중, 건전한 가정에서의 보호, 영양·교육·문화·놀이와 오락에 관한 권리, 학대와 노동으로부터의 보호, 장애아동 등에 대한 것이다. '어린이헌장'의 내용은 〈표 4-8〉과 같고, 개정된 '어린이헌장'의 내용은 〈표 4-9〉와 같다.

〈표 4-8〉 '어린이헌장'의 내용(1957)

1. 어린이는 인간으로서 존중하여야 하며 사회의 한 사람으로 올바르게 키워야 한다.
2. 어린이는 튼튼하게 낳아 가정과 사회에서 참된 애정으로 교육하여야 한다.
3. 어린이에게는 마음껏 놀고 공부할 수 있는 시설과 환경을 마련해 주어야 한다.
4. 어린이는 공부나 일이 몸과 마음에 짐이 되지 않아야 한다.
5. 어린이는 위험한 때에 맨 먼저 구출하여야 한다.
6. 어린이는 어떠한 경우에라도 악용의 대상이 되어서는 아니 된다.

7. 굶주린 어린이는 먹어야 한다. 병든 어린이는 치료해 주어야 하고 신체와 정신에 결함이 있는 어린이는 도와주어야 한다. 불량아는 교화하여야 하고 고아와 부랑아는 구호하여야 한다.
8. 어린이는 자연과 예술을 사랑하고 과학을 탐구하여 도의를 존중하도록 이끌어야 한다.
9. 어린이는 좋은 국민으로서 인류의 자유와 평화, 문화 발전에 공헌할 수 있도록 키워야 한다.

〈표 4-9〉 개정된 '어린이헌장'의 내용(1988)

대한민국 어린이헌장은 어린이날의 참뜻을 바탕으로 하여 모든 어린이가 차별 없이 인간으로서 존엄성을 지니고 나라의 앞날을 이어 나갈 새사람으로 존중되며, 바르고 아름답고 씩씩하게 자라도록 함을 길잡이로 삼는다.

1. 어린이는 건전하게 태어나 따뜻한 가정에서 사랑 속에 자라야 한다.
2. 어린이는 고른 영양을 취하고 질병의 예방과 치료를 받으며, 맑고 깨끗한 환경에서 살아야 한다.
3. 어린이는 좋은 교육시실에서 개인의 능력과 소질에 따라 교육을 받아야 한다.
4. 어린이는 빛나는 우리 문화를 이어받아 새롭게 창조하고 널리 펴 나가는 힘을 길러야 한다.
5. 어린이는 즐겁고 유익한 놀이와 오락을 위한 시설과 공간을 제공받아야 한다.
6. 어린이는 예절과 질서를 지키며, 한겨레로서 서로 돕고 스스로를 이기며 책임을 다하는 민주 시민으로 자라야 한다.
7. 어린이는 자연과 예술을 사랑하고 과학을 탐구하는 마음과 태도를 길러야 한다.
8. 어린이는 해로운 사회 환경과 위험으로부터 먼저 보호되어야 한다.
9. 어린이는 학대를 받거나 버림을 당해서는 안 되고, 나쁜 일과 힘겨운 노동에 이용되지 말아야 한다.
10. 몸이나 마음에 장애를 가진 어린이는 필요한 교육과 치료를 받아야 하고 빗나간 어린이는 선도되어야 한다.
11. 어린이는 우리의 내일이며 소망이다. 나라의 앞날을 짊어질 한국인으로 인류의 평화에 이바지할 수 있는 세계인으로 키워야 한다.

(3) 「아동복리법」의 제정과 개정

「아동복리법」은 아동이 건강하게 출생하여 행복하고 안전하게 자랄 수 있도록 아동의 복지를 보장하는 것을 목적으로 한다(제1조). 또한 '① 아동은 자신 또는 부모의 성별, 연령, 종교, 사회적 신분, 재산, 장애유무, 출생지역, 인종 등에 따른 어떠한 종류의 차별도 받지 아니하고 자라나야 한다. ② 아동은 완전하고 조화로운 인격발달을 위하여 안정된 가정환경에서 행복하게 자라나야 한다. ③ 아동에게 관한 모든 활동에 있어서 아동의 이익이 최우선적으로 고려되어야 한다. ④ 아동은 아동의 권리보장과 복지증진을 위하여 이 법에 따른 보호와 지원을 받을 권리를 가진다.' 등의 기본 이념(제2조)을 갖고 있다. 이러한 「아동복리법」은 처음으로 1961년에 제정되어 6·25동란으로 인한 요보호아동을 구제하기 위한 생존권 보장이 우선이었다. 이후 1981년 「아동복지법」으로 개정되어 요보호아동뿐만 아니라 모든 아동의 건강한 발달을 보장하고 아동의 권리보호를 위한 법적 기초를 마련하여 보편적 복지대책을 실시하기 위한 목적으로 개정되었다.

2000년에는 'UN 아동권리협약'의 내용을 어느 정도 반영하여 개정된 「아동복지법」은 아동학대를 예방할 수 있는 아동보호전문기관의 설치, 아동학대에 대한 긴급전화의 설치와 운영, 아동학대에 대한 신고, 아동학대에 대한 응급조치, 현장조사 후의 보호처분, 아동학대에 대한 친권제한 및 상실 등과 같은 아동의 권리보호를 위한 규정이 강화되었다(정옥분 외, 2021). 이후 아동을 보호해야 할 의무가 있는 사람들(부모, 친인척, 대리양육자 등)이 아동학대의 가해자가 많아 2015년에 다시금 개정되었다. 즉, '제5조(보호자 등의 책무)에 아동의 보호자는 아동에게 신체적 고통이나 폭언 등의 정신적 고통을 가하여서는 아니 된다.'라는 항을 추가하여 부모가 보호자라고 하더라도 아동에게 고통을 주는 행위는 할 수 없다고 명시하였다.

(4) '청소년헌장'의 제정과 개정

청소년은 「청소년기본법」,「청소년활동 진흥법」, 「청소년복지 지원법」 등에 9세 이상 24세 이하, 「청소년보호법」, 「아동 · 청소년의 성보호에 관한 법률」, 「성매매방지 및 피해자 보호 등에 관한 법률」 등에 만 19세 미만으로 정의하고 있다. 아동은 「아동복지법」에 18세 미만, 'UN 아동권리협약'에 18세 미만으로 정의하고 있다. 이러한 맥락에서 일부 아동도 청소년에 포함될 수 있으므로 '청소년헌장'에 대해서도 살펴본다. 우리나라 '청소년헌장'은 1990년 5월 12일에 청소년의 건전육성에 대한 국민적 공감대 형성을 위해 청소년의 권리와 책임을 명시하여 제정되었다. 이후 1998년 10월 25일에 청소년의 이상과 포부를 제시한 서문과 청소년의 권리 · 책임, 학교의 사명과 교육의 내용 및 목적, 청소년 건전육성을 위한 가정 · 사회 · 국가의 역할과 책임을 강조하여 개정되었다. 개정된 '청소년헌장'의 내용은 〈표 4-10〉과 같다.

〈표 4-10〉 개정된 '청소년헌장'의 내용(1998)

청소년은 삶의 주인이다. 청소년은 인격체로서 존중받을 권리와 시민으로서 미래를 열어 갈 권리를 가진다. 청소년은 스스로 생각하고 선택하며 활동하는 삶의 주체로서 자율과 참여의 기회를 누린다. 청소년은 생명의 가치를 존중하며 정의로운 공동체의 성원으로 책임 있는 삶을 살아간다. 가정, 학교, 사회, 그리고 국가는 위의 정신에 따라 청소년의 인간다운 삶을 보장하고 청소년 스스로 행복을 가꾸며 살아갈 수 있도록 여건과 환경을 조성한다.

청소년의 권리

1. 청소년은 생존에 필요한 기본적인 영양, 주거, 의료, 교육 등을 보장받아 정신적, 신체적으로 균형 있게 성장할 권리가 있다.
2. 청소년은 출신 · 성별 · 종교 · 학력 · 연령 · 지역 등의 차이와 신체적 · 정신적 장애 등을 이유로 차별받지 않을 권리를 가진다.
3. 청소년은 물리적 폭력뿐만 아니라 공포와 억압을 포함하는 정신적인 폭력으로부터 보호받을 권리를 가진다.
4. 청소년은 사적인 삶의 영역을 침해받지 않을 권리를 가진다.
5. 청소년은 자신의 생각과 느낌을 자유롭게 펼칠 권리를 가진다.
6. 청소년은 자유로운 의사에 따라 건전한 모임을 만들고 올바른 신념에 따라 활동할 권리를 가진다.
7. 청소년은 배움을 통해 진리를 추구하고 자아를 실현해 갈 권리를 가진다.
8. 청소년은 일할 권리와 직업을 선택할 권리를 가진다.
9. 청소년은 여가를 누릴 권리를 가진다.
10. 청소년은 건전하고 다양한 문화 · 예술 활동에 자유롭게 참여할 권리를 가진다.
11. 청소년은 다양한 매체를 통하여 자신의 삶에 필요한 정보에 접근할 권리를 가진다.
12. 청소년은 자신의 삶과 관련된 정책결정과정에 민주적 절차에 따라 참여할 권리를 가진다.

청소년의 책임

1. 청소년은 자신의 삶을 소중히 여기며 자신이 선택한 삶에 책임을 진다.
2. 청소년은 앞 세대가 물려준 지혜를 시대에 맞게 되살려 다음 세대에 물려줄 책임이 있다.
3. 청소년은 가정 · 학교 · 사회 · 국가 · 인류공동체의 성원으로서 자기와 다른 삶의 방식도 존중할 줄 알아야 한다.
4. 청소년은 삶의 터전인 자연을 소중히 여기고 모든 생명들과 더불어 살아간다.
5. 청소년은 통일시대의 주역으로서 평화롭게 공존하는 방법을 익힌다.
6. 청소년은 남녀평등의 가치를 배우고 이를 모든 생활에서 실천한다.
7. 청소년은 가정에서 책임을 다하며 조화롭고 평등한 가족문화를 만들어 간다.
8. 청소년은 서로에게 정신적 · 신체적 폭력을 행사하지 않는다.
9. 청소년은 장애인을 비롯한 소외받기 쉬운 사람들과 더불어 살아간다.

(5) 'UN 아동권리협약'에 비준과 이행과제

'UN 아동권리협약(1989)'은 18세 미만의 아동에게 필요한 보호와 도움을 주며 아동을 권리의 주체로 규정함으써 아동의 권리실현을 위한 법적 구속력을 갖게 된 국제협약이다. 우리나라는 1990년 9월 25일에 협약서에 서명하였으며, 1991년 11월 20일에 비준서를 UN에 기탁하고 1991년 12월 20일부터 'UN 아동권리협약'의 당사국이 되었다(정옥분 외, 2021). 협약에 비준한 국가는 협약을 인정하고 있는 권리를 실행하기 위하여 당사국이 채택한 조치와 동 권리의 향유(享有, 누려서 가짐)와 관련하여 협약을 발효한 후 2년 내에 그리고 그 후 5년마다 협약이행에 대한 보고서를 UN사무총장을 통하여 권리위원회에 제출해야 한다(제44조).

우리나라는 1994년과 1999년에 각각 1차와 2차 국가보고서를 권리위원회에 제출하였다. 1차 국가보고서를 심의한 권리위원회는 우리나라에 14개 항의 권고사항을 제시하였으며 2차 국가보고서를 심의한 결과는 2003년에 10개의 장으로 구분하여 권고사항(예: 분리된 아동의 부모면접교섭권, 국가의 입양허가제, 상소 보장권 등 유보조항을 철회할 것, 모든 차별을 금지하는 입법조치를 취할 것, 사회적 차별 금지를 위한 행동지향적 입법조치를 취할 것, 아동 견해 존중을 위해 「아동복지법」을 개정할 것, 징계과정에서 아동의 참여를 증진할 것 등)을 제시하였다. 이러한 과정에 따라 우리 정부는 2008년에 권리위원회 권고사항에 대한 이행사항에 관한 3차 · 4차 통합국가보고서를 권리위원회에 제출하였다. 이러한 결과로 민법의 친권자 규정의 개정, 외국인과 결혼한 한국인 여성의 자녀에 대한 국적 취득권 보장, 「근로기준법」에서 취업금지 연령을 만 13세 미만에서 만 15세 미만자로 조정한 것 등이 있다(김미영, 2020).

(6) '아동권리헌장'의 제정

'아동권리헌장'은 아동의 권리와 책임을 규정하고 'UN아동권리협약'의 주요원칙을 이행하기 위해 2016년 5월 2일 제정 · 선포되었다. '아동권리헌장'이 제정된 배경은 다음과 같다(임경옥 외, 2018). 전문과 9개 조항으로 이루어진 '아동권리헌장'의 내용은 〈표 4-11〉과 같다(한국아동단체협의회, 2022).

① 'UN아동권리협약'을 준거로 하여 아동 최우선 관점에서 우리나라 아동이 처한 삶의 현실을 모든 영역에서 개선하려는 노력이다. 즉, 'UN아동권리협약'에 1991년 비준하였으나 아동 삶의 만족도는 OECD 가입국 중 최하위 수준이고 아동권리에 대한 인식수준도 낮다는 것에서 기인하였다.

② '아동권리헌장'의 법적 효력은 없으나 아동이 스스로 자신의 권리를 알고 지킬 수 있도록 하고 어른들도 아동의 권리를 이해하고 존중하는 인식을 확립할 필요가 있었다. '어린이헌장(1957년 제정, 1988년 개정)'과 '청소년헌장(1990년 제정, 1998년 개정)'은 'UN아동권리협약(1989년 제정)'의 이념과 내용을 충분히 반영하지 못했고, 아동을 독립된 권리의 주체로 인식하지 않고 성인 중심의 아동양육 방식을 갖고 있기 때문이다.

③ '아동권리헌장'은 제1차 아동정책기본계획(2015~2019)의 비전인 "행복한 아동, 존중받는 아동" 실현에 기반이 될 것으로 향후 아동 NGO 및 관계 부처와 협조하여 아동권리교육 강화 및 확대 시 적극 활용하기 위함이다.

〈표 4-11〉 '아동권리헌장'의 내용(2016)

모든 아동은 독립된 인격체로 존중받고 차별받지 않아야 한다. 또한 생명을 존중받고, 보호받으며 발달하고 참여할 수 있는 고유한 권리가 있다. 부모와 사회, 국가와 지방자치단체는 아동의 이익을 최우선적으로 고려해야 하며, 다음과 같은 아동의 권리를 확인하고 실현할 책임이 있다.

1. 아동은 생명을 존중받아야 하며 부모와 가족의 보살핌을 받을 권리가 있다.
2. 아동은 모든 형태의 학대와 방임, 폭력과 착취로부터 보호받을 권리가 있다.
3. 아동은 출신, 성별, 언어, 인종, 종교, 사회 · 경제적 배경, 학력, 연령, 장애 등의 이유로 차별받지 않을 권리가 있다.
4. 아동은 개인적인 생활이 부당하게 공개되지 않고 보호받을 권리가 있다.
5. 아동은 신체적, 정신적, 사회적으로 건강하게 성장하고 발달하는 데 필요한 기본적인 영양, 주거, 의료 등을 지원받을 권리가 있다.
6. 아동은 자신이 살아가는 데 필요한 지식과 정보를 알 권리가 있다.
7. 아동은 자유롭게 상상하고 도전하며 창의적으로 활동하고 자신의 능력과 소질에 따라 교육받을 권리가 있다.
8. 아동은 휴식과 여가를 누리며 다양한 놀이와 오락 문화예술 활동에 자유롭고 즐겁게 참여할 권리가 있다.
9. 아동은 자신의 생각이나 느낌을 자유롭게 표현할 수 있으며 자신에게 영향을 주는 결정에 대해 의견을 말하고 이를 존중받을 권리가 있다.

Chapter

05

아동복지실천의 이해

아동복지는 모든 아동이 건강하게 출생하여 행복하고 안전하게 성장·발달할 수 있도록 도와주는 복지서비스이고 조직화된 체계이며 제도이다. 이러한 복지를 실천하는 아동복지실천은 법과 제도 및 정책에 따라 국가와 지방자치단체의 지원을 받아 사회복지사가 전달체계를 통하여 아동의 전인적 발달을 위해 필요한 서비스를 그 서비스가 요구되는 현장과 대상자에게 실천(개입)하는 모든 과정이라고 할 수 있다. 이 장에서는 아동복지실천의 이해로 아동복지실천의 개념과 윤리적 원칙, 아동복지실천의 대상, 원칙, 아동복지서비스의 유형 등에 대해서 살펴본다.

5.1 아동복지실천의 개념과 윤리적 원칙

아동복지란 「아동복지법」에 준해서 18세 미만의 모든 아동에게 신체적·정신적·사회적으로 행복하고 만족스러운 삶을 보장해 주기 위해 시행하는 정책이나 행정, 아동복지 서비스 등을 국가나 지방정부, 전문가 등에 의해 제공되는 모든 것을 총칭하는 개념이라고 할 수 있다. 따라서 아동복지실천은 이러한 아동복지를 실천(수행, 시행, 서비스, 개입)하는 것을 의미한다. 즉, 아동의 존엄성과 권익 옹호를 추구하며 윤리적 원칙을 준수하면서 모든 아동과 가족 및 관련된 집단을 대상으로 아동의 문제해결과 환경을 변화시키기 위해 실천하는 과정을 의미한다. 여기서 윤리적 원칙은 사회복지사가 윤리적 의무나 딜레마와 같은 갈등 상황에서 어떤 원칙이나 법적 의무를 우선시해야 할지를 결정하는 것이다(Loewenberg & Dolgoff, 1996). 로웬버그와 돌거프(Loewenberg & Dolgoff)는 사회복지사가 윤리적 의무나 딜레마와 같은 갈등 상황을 해결하기 위한 '윤리원칙 사정표(Ethical Principle Screen)' 7가지를 〈표 5-1〉과 같이 제시하였다(Loewenberg & Dolgoff, 1996; 김현호 외, 2020). 〈표 5-1〉에서 원칙의 순위가 낮을수록 우선순위가 높은데 가장 중요시되는 원칙은 생명보호의 원칙이라고 할 수 있다.

〈표 5-1〉 윤리원칙 사정표

윤리원칙1	생명보호의 원칙	모든 인간의 생명을 보호해야 한다는 의무로 기본적인 의, 식, 주의 해결에서 의료 및 소득보장에 이르기까지 인간의 기본 생존권을 보장하는 것으로 다른 모든 원칙보다 우선한다는 원칙
윤리원칙2	평등과 불평등의 원칙	모든 인간이 균등한 기회를 제공받을 수 있도록 소득보장의 기회, 학업과 취업의 기회, 의료 혜택의 기회, 사회·문화적 기회 등 모든 기회에 평등해야 한다는 원칙
윤리원칙3	자율과 자유의 원칙	요보호아동의 자율, 자유, 독립성 등을 최대한 보장하여 그가 자유로운 분위기에서 자신의 의지에 따라 스스로 결정할 수 있는 환경을 보장해 주어야 한다는 원칙
윤리원칙4	최소 손실의 원칙	선택 가능한 대안이 유해할 때 가장 최소한으로 유해한 것을 선택하며 가장 빠르고 쉽게 변화될 수 있는 대안을 선택해야 한다는 원칙
윤리원칙5	삶의 질 원칙	지역사회는 물론 개인과 모든 사람의 삶의 질을 더 증진시킬 수 있는 것을 선택해야 한다는 원칙
윤리원칙6	사생활 보호와 비밀보장의 원칙	사회복지사가 요보호아동에 대해서 알게 된 사실을 다른 사람에게 공개해서는 안 된다는 원칙
윤리원칙7	진실성의 원칙	요보호아동이 진실을 알기 원하는 경우 알 권리를 보호해 주기 위해 진실만을 이야기해야 하며 그가 원하는 모든 정보를 진실하게 알려 주어야 한다는 원칙

아동복지실천은 실천의 목적과 추구하는 가치, 이론적 지식, 기술과 경험 등을 조화시켜 실천한다. 하지만 사회복지사는 자신이 갖고 있는 가치, 지식, 기술 등을 아동복지실천 현장에 옮기는 데 있어서 갈등적이며 모순된 상황에 종종 직면하게 된다. 이러한 가치관의 혼란이나 윤리적 딜레마가 사회복지 전문직으로 활동하는 사회복지사에게 영향을 미치게 된다. 여기서 윤리적 딜레마는 사회복지사가 전문가로서 지켜야 하는 윤리적 의무와 책무가 서로 충돌함에 따라 어떤 실천 행동을 선택하는 것이 윤리적으로 올바른 결정인지를 판단하기 어려운 상태를 의미한다. 한국사회복지사 윤리강령에는 사회복지사의 기본적 윤리기준, 클라이언트에 대한 윤리기준, 동료에 대한 윤리기준, 사회에 대한 윤리기준, 기관에 대한 윤리기준 등이 있지만 그대로 적용하기에는 어려움이나 문제점이 있을 수 있다. 대부분의 아동복지실천에는 전문가로서 지켜야 하는 윤리적 의무와 책무가 서로 상충됨에 따라 가치와 가치 사이에서 윤리적으로 올바른 결정을

내려야 하는데 선택하기 어려운 상태일 때는 갈등을 유발하게 되어 윤리적 딜레마 상황이 존재한다. 이러한 윤리적 딜레마 상황의 유형은 다음과 같다(김현호 외, 2020).

① **가치의 상충에 따른 윤리적 딜레마**: 가장 많이 나타나는 상황으로 2개 또는 그 이상의 가치가 상충하는 경우에 사회복지사는 윤리적 딜레마에 빠질 수 있다. 예를 들어, 유전적으로 심각한 질병을 가진 남편이 부인에게 이 사실을 알리지 않고 자녀를 갖기 원하는 경우에 사회복지사는 요보호아동의 자기 삶의 결정권이라는 가치와 장애아 출산 예방이라는 인간의 생활보호의 가치 사이에 윤리적 갈등을 겪게 된다. 또한 혈우병과 같은 유전적 질병을 가진 청년이 상대방에게 알리지 않고 결혼을 하기로 한 경우에는 사생활 보호의 가치와 진실 개방의 가치에 직면하게 된다.

② **의무의 상충에 따른 윤리적 딜레마**: 요보호아동에 대한 의무와 기관의 정책 및 목표에 대한 의무 사이에서 기관의 목표가 클라이언트의 이익에 위배되는 상황에 직면하면 사회복지사는 윤리적 딜레마에 빠질 수 있다. 예를 들어, 노숙자 쉼터에서 경미한 정신적 어려움을 겪고 있는 클라이언트가 쉼터에서 계속 생활하면서 공공근로를 희망하여 사회복지사가 도와주고 싶지만, 다른 요보호아동과 공동생활을 해야 하기 때문에 정신요양원으로 보내야 한다는 기관의 결정으로 사회복지사는 의무의 상충에 따른 윤리적 딜레마를 겪을 수 있다.

③ **요보호아동의 다중성에 따른 윤리적 딜레마**: '누구의 이익을 최우선으로 고려해야 하는지? 어떤 문제에 먼저 개입해야 하는지?' 등의 접근방법이나 문제 등이 복잡한 요보호아동의 경우 사회복지사는 윤리적 딜레마에 빠질 수 있다. 예를 들어, 약물 오남용을 하고 있는 청소년과 그 부모와의 상담 과정에서 약물을 남용하는 아들보다 생계유지가 더 시급하다고 하는 부모의 경우가 있을 때 윤리적 딜레마를 겪을 수 있다.

④ **결과의 애매모호성에 따른 윤리적 딜레마**: 스스로 자기결정을 할 수 없는 요보호아동을 대신해서 사회복지사가 결정을 내려야 하는 상황에 대한 판단을 결정했을 때, 올바른 윤리적 결정인지 애매모호한 경우에 윤리적 딜레마에 빠질 수 있다. 예를 들어, 보호할 영유아의 보호자가 없는 경우 해외입양을 선택해야 하는지 아

니면 시설보호를 해야 하는지 또는 일시보호를 해야 하는지를 결정할 경우 확신에 대해 애매모호한 경우가 이에 해당한다.

⑤ **힘 또는 권력의 불균형에 따른 윤리적 딜레마**: 요보호아동의 자기 결정권이나 요보호아동의 최우선권 등의 의사 결정에서 요보호아동 참여 우선권이 아동복지실천 과정에서 충분히 반영되지 못하는 상황에서 윤리적 딜레마에 빠질 수 있다. 즉, 사회복지사와 요보호아동의 관계는 힘이나 권력적으로 평등하지 못함으로 인해 윤리적 딜레마에 빠질 수 있는 경우이다. 서비스 제공자인 사회복지사는 상대적으로 서비스 수혜자인 요보호아동에 비해 능력 및 권력 면에서 우위에 있기 때문에 자칫 사회복지사 중심으로 결정이 이루어진 경우에 해당한다. 예를 들어, 미성년자나 지적장애인 등의 경우는 능력이 제한되어 요보호아동 자신의 결정과 선택을 전문가에게 의존할 수밖에 없음으로 인해 요보호아동 알 권리나 자기결정권의 포기가 생길 경우에 사회복지사는 윤리적 딜레마를 겪을 수 있다.

⑥ **한정된 자원 배분에 따른 윤리적 딜레마**: 자원이 부족하여 한정된 자원으로 다수의 요보호아동에게 서비스를 제공할 때 사회복지사는 윤리적 딜레마에 빠질 수 있다. 예를 들어, 독거노인의 도시락 배달서비스를 제공할 경우 신청자가 많아 특정 기준으로 선정하였으나 선정되지 못한 요보호아동의 주거환경이 좋지 않았음에도 탈락한 경우에 사회복지사는 윤리적 딜레마를 겪을 수 있다.

5.2 아동복지실천의 대상

아동복지실천의 대상은 「아동복지법」에 따라 18세 미만의 모든 아동과 부모나 가정, 보호자 등이 될 수 있다. 아동복지실천 대상에 부모나 가정, 보호자를 포함하는 것은 아동이 어느 정도 성장할 때까지 보호·양육을 담당하는 보호자가 필요하기 때문이다. 그러므로 부모나 가정, 보호자에게 지급되는 현금, 현물, 상담 등의 복지서비스는 아동이 일차적인 수급자가 아니더라도 이를 통해 아동을 보호·양육하는 데 기여할 수 있으며 가족친화적 서비스를 제공할 수 있기 때문이다.

또한 아동복지실천의 대상은 아동의 연령이나 문제의 특성에 따라 구분할 수 있지만, 아동복지정책을 결정할 때 누구를 대상으로 하느냐에 따라 보편주의와 선별주의 원칙에 따라 구분할 수 있다. 이러한 원칙은 아동복지서비스를 받을 수 있는 자격과 범위를 정하는 원리에 관한 것이다(Gilbert & Terrell, 2005; 정옥분 외, 2021). 보편주의 원칙과 선별주의 원칙은 아동복지실천의 원칙에서 살펴본다. 여기서는 보편주의와 선별주의 관점에서 일반아동, 요보호아동, 부모와 보호자에 대해서 살펴본다.

1) 일반아동

일반아동은 아동이 속한 가정에서 제공되는 보호·양육 외에 사회의 특별한 도움을 필요로 하지 않는 아동을 의미한다(황해익 외, 2017). 모든 아동이 건강하게 출생하여 행복하고 안전하게 성장·발달할 수 있도록 하는 예방적 차원에서 아동복지서비스의 대상이 된다. 이러한 일반아동의 복지는 모든 아동이 자신의 잠재력을 보존하고 기본적 생활을 유지하며 인간다운 삶을 영위할 수 있도록 해야 하며, 조화롭고 균형 있는 성장·발달에 필요한 것을 미리 제공해 주어 이후 발생하게 되는 여러 가지 문제를 예방할 수 있도록 아동복지서비스를 제공해 주어야 한다. 일반아동에게 제공되는 복지서비스는 〈표 5-2〉와 같다(이한우 외, 2013; 황해익 외, 2017).

〈표 5-2〉 일반아동에게 제공되는 복지서비스

구분	내용
건강적 측면	• 아동의 심신 건강에 악영향을 미치는 지역사회의 환경을 정화하고 선도하는 사업 • 임산부, 젖먹이 영아 및 유아를 대상으로 한 보건지도 및 모자건강센터 운영 등의 모자보호사업
교육적 측면	• 모든 어린이의 어린이집을 통한 보육사업과 유치원의 무상교육, 초·중등 의무교육 • 지식사회에 적응하기 위한 컴퓨터 교육 • 학령기 아동의 방과 후 아동지도사업(지역아동센터)
경제적 측면	• 아동수당 및 의료보험과 같은 각종 연금제 등의 소득보장사업 • 가족수당: 20세 미만 자녀와 부모를 부양하고 있는 가족에게 기본적으로 제공하는 정규적인 현금급여(학비 지원, 출산비 지원 등)

정책적 측면	• 가정의 자녀양육기능 약화로 보호자로부터 적절한 보호와 지도를 받지 못하는 아동이 증가함에 따라 예방적 차원의 아동복지사업 • 지역아동센터, 아동상담, 일시보호 및 아동급식사업, 아동학대예방센터, 건강가정센터 등
놀이적 측면	• 아동전용시설 확충 및 다양한 활동 프로그램사업: 「아동복지법」 제10조에 따른 어린이놀이터, 어린이회관, 어린이공원, 청소년 캠프장, 체육시설, 유스호스텔 등
권리 및 보호 측면	• 아동 안전과 권리강화의 정책목표를 달성하기 위한 아동복지사업 • 어린이헌장, 청소년헌장, 어린이날, 성년의 날, 가정의 달 등을 제정하거나 국제적으로 세계 아동의 해, 아동의 권리에 관한 국제협약 등을 마련하고 어린이보호새단 등을 통해 아동권리교육 및 보호사업을 실시하는 활동

2) 요보호아동

요보호아동은 「아동복지법」 제3조(정의)에 의하면 보호자가 없거나 보호자로부터 이탈된 아동 또는 보호자가 아동을 학대하는 경우 등 그 보호자가 아동을 양육하기에 적당하지 아니하거나 양육할 능력이 없는 경우의 아동을 의미한다. 이러한 요보호아동은 아동의 권리가 강화되면서 그들이 건강하게 성장·발달할 수 있도록 학대, 폭력, 유기·방임, 빈곤, 가정해체 등의 상황에 노출되어 있을 때 그들을 양육·보호하기 위한 아동복지서비스를 제공해야 한다. 요보호아동은 장애아동, 빈곤가정 및 한부모가정의 아동, 취업모의 아동, 미혼모의 아동, 맞벌이 가정의 아동, 위탁 및 입양 아동, 사망·별거·이혼 등으로 해체된 가족의 아동, 법적 보호자가 없는 아동, 법적인 보호가 필요한 가출 아동, 비행 아동, 학대받은 아동, 약물남용 아동, 유기된 아동 등 여러 가지 경우가 있다.

카두신과 마틴(Martin)은 아동복지서비스의 대상을 부모와 자녀의 사회적 역할 수행에 역기능적일 때 발생할 수 있다고 보고, 역할 수행이 제대로 이루어지지 못할 경우, 개인의 역할이 지역사회의 기대에 어긋나거나 지역사회자원의 결함으로 인해 역할 수행을 할 수 없을 경우에 아동복지서비스 대상이 된다고 하였다. 카두신이 제시한 아동복지서비스 대상 분류는 〈표 5-3〉과 같다(Kadushin & Martin, 1998; 임경옥 외, 2018).

〈표 5-3〉 카두신과 마틴이 제시한 아동복지서비스 대상 분류

구분	내용
부모의 역할이 없는 경우	부모의 사망 · 별거 · 이혼, 신체적 · 정신적 질환, 투옥, 비합법성 이민
부모의 역할 거부	태만, 자포자기, 신체적 학대, 유기
부모의 무능력	신체적 · 정신적 또는 정서적 부적절성, 지식이나 훈련의 결여, 정서적 미성숙(지체), 약물중독, 무지
아동의 무능력과 장애	신체적 · 정서적 결함, 정서적 혼란, 뇌손상, 뇌전증
지역사회 자원의 결함	부적절한 주거, 실업

이러한 요보호아동을 위한 아동복지서비스는 공공부조에 의한 소득지원, 공동생활가정나 입양가정과 같은 위탁보호사업, 장애아동을 위한 보호나 부랑아 보호와 같은 시설보호사업 등 다양한 영역에서 실시되고 있다(김현호 외, 2020).

3) 부모와 보호자

가정의 부모나 시설보호의 보호자는 아동이 건강하게 출생하여 행복하고 안전하게 성장 · 발달하기 위해서 가장 중요한 요인이다. 여기서 보호자는 「아동복지법」 제3조(정의)에 따라 친권자, 후견인, 아동을 보호 · 양육 · 교육하거나 그러한 의무가 있는 자 또는 업무 · 고용 등의 관계로 사실상 아동을 보호 · 감독하는 자를 의미한다. 따라서 국가와 지방자치단체는 아동이 행복하고 안전하게 성장 · 발달할 수 있도록 부모나 보호자에게 자녀양육의 책무나 방법 등을 상담하거나 지도할 수 있는 프로그램을 제공해 주며 가정과 같이 따듯한 환경을 제공하는 것이 중요하다.

5.3 아동복지실천의 원칙

아동복지 관련 법과 제도에 따라 아동복지정책이 수립되면서 이에 따른 서비스를 실천하는 아동복지실천이 중요한 요인이다. 이러한 아동복지실천을 위한 원칙은 아동복지정책에 근거해서 계획적이고 체계적으로 실천할 때 아동복지서비스를 효과적으로 수

행할 수 있다. 여기서는 'UN 아동권리협약'을 토대로 1995년에 유니세프에서 제시한 아동권리의 기본원칙(생존권, 보호권, 발달권, 참여권)을 중심으로 아동복지실천에 중요한 원칙에 대해서 살펴보면 다음과 같다(임경옥 외, 2018; 정옥분 외, 2021).

1) 권리와 책임의 원칙

아동을 위한 복지정책 및 서비스는 아동, 부모(보호자), 국가(지방자치단체) 등 세 주체 간의 권리와 책임이 상호작용을 통한 균형을 이뤄야 한다. 즉, 미성숙한 아동은 하나의 인격체로 존중받으며 권리를 갖게 되고 건전하게 성장할 권리와 책임이 있으며, 부모는 아동의 양육과 보호를 위해 부모로서의 권리와 책임을 감당하며, 그리고 국가는 아동의 양육과 보호를 위한 지원과 환경을 제공하는 것이 중요하다. 각각의 주체에 대한 권리와 책임은 다음과 같다.

(1) 아동의 권리와 책임

아동은 하나의 주체적 인간으로서 독립적인 인격과 권리를 가진 존재임과 동시에 성인의 보호 아래 스스로 건전하게 성장 · 발달하려는 책임도 있다. 아동은 자신의 생명을 유지하기 위해서 인적 · 물적 자원을 제공받을 권리와 유해한 환경이나 행위(학대, 폭력, 방임 등)로부터 보호를 받을 권리, 자신의 삶에서 의사를 자유롭게 표현할 권리, 건강 및 의료지원을 받을 권리, 종교의 자유를 가질 권리, 사생활에서 보호를 받을 권리, 각종 사회보장을 받을 권리 등을 갖는다. 이러한 권리를 보장하기 위해 보건복지부는 2019년 7월에 아동권리보장원을 설립하여 아동정책에 대한 종합적인 수행과 아동복지 관련 사업의 효과적인 추진을 위하여 필요한 정책의 수립을 지원하고 사업평가 등의 업무를 수행하고 있으며(「아동복지법」 제10조의2(아동권리보장원의 설립 및 운영)), 국가와 지방자치단체는 「아동의 권리에 관한 협약」에서 규정한 아동의 권리 및 복지 증진 등을 위하여 필요한 시책을 수립 · 시행하고 이에 필요한 교육과 홍보를 하여야 한다는 규정에 따라 아동권리를 지켜주기 위해 '아동권리모니터링단', '아동권리 스스로 지킴이' 사업 등을 전개하고 있다(정옥분 외, 2021; 「아동복지법」 제4조(국가와 지방자치단체의 책무)).

또한 아동은 자신의 권리를 가지는 것과 동시에 책임도 있다. 아동은 다른 사람들, 특히 부모의 권리를 존중할 책임, 상대방을 괴롭히거나 해치지 않을 책임, 환경을 보호하기 위해 노력할 책임, 많은 것을 배우고 다른 사람들과 지식을 나누며 경험을 쌓을 책임, 자신의 발전에 도움이 되는 기회에 적극 참여하며 자아를 실현할 책임 등을 갖도록 노력해야 한다.

(2) 부모(보호자)의 권리와 책임

아동에 대한 부모의 권리는 친권, 법적 후견인으로서의 권리, 국가에 양육·보호를 요구할 권리 등이 있을 수 있다. 친권은 부모가 자녀에 대하여 가지는 권리이자 의무로서의 성격을 가지고 있다. 친권이 아무리 권리라 하여도 자녀에 대한 복종과 지배권이 아니며 더구나 부모의 이익을 위한 권리는 아니다. 그렇지만 부모는 자녀가 국가로부터 안전하게 보호받을 권리를 침해받았다면 이에 대해 제도개선 등을 국가에 요구할 권리가 있다. 과거에는 부모의 권리로서 아동을 위험으로부터 보호한다는 측면만이 강조되었지만 현대에는 아동의 권리와 자율권이 강조되며 국가적 책임도 강조되고 있다.

부모의 책임은 크게 양육 역할과 사회화 역할로 구분할 수 있는데, 양육 역할은 자녀가 그의 성장 시기에 맞추어 건강하고 안전한 생활을 영위할 수 있도록 환경을 마련해 주어 행복한 삶을 누리게 해 주는 것이다. 또한 사회화 역할은 자녀가 사회의 구성원으로 성장하는 데 필요한 지식과 기술, 태도를 갖출 수 있도록 지원하는 역할로서 자녀의 사회성 발달을 위하여 문화적 경험을 제공해 주고, 규범이나 가치관을 확립해 주는 것이다(김호년 외, 2016).

(3) 국가(지방자치단체)의 권리와 책임

국가의 권리와 책임은 법과 제도를 통하여 아동복지정책을 수립하고 서비스를 개발하여 수행하는 것이다. 「아동복지법」 제4조에 따르면, '국가와 지방자치단체는 ① 아동의 안전·건강 및 복지 증진을 위하여 아동과 그 보호자 및 가정을 지원하기 위한 정책을 수립·시행하여야 하고, ② 보호대상아동 및 지원대상아동의 권익을 증진하기 위한 정책을 수립·시행하여야 하고, ③ 아동이 태어난 가정에서 성장할 수 있도록 지원하고, 아동이 태어난 가정에서 성장할 수 없을 때에는 가정과 유사한 환경에서 성장할 수 있도록 조치하며, 아동을 가정에서 분리하여 보호할 경우에는 신속히 가정으로 복귀할 수 있도록 지원하여야 하고, ④ 장애아동의 권익을 보호하기 위하여 필요한 시책을 강구하여야 하고, ⑤ 아동이 자신 또는 부모의 성별, 연령, 종교, 사회적 신분, 재산, 장애유무, 출생지역 또는 인종 등에 따른 어떠한 종류의 차별도 받지 아니하도록 필요한 시책을 강구하여야 하고, ⑥ 「아동의 권리에 관한 협약」에서 규정한 아동의 권리 및 복지 증진 등을 위하여 필요한 시책을 수립 · 시행하고, 이에 필요한 교육과 홍보를 하여야 하고, ⑦ 아동의 보호자가 아동을 행복하고 안전하게 양육하기 위하여 필요한 교육을 지원하여야 한다.'라고 명시하고 있다(「아동복지법」 제4조(국가와 지방자치단체의 책무), 2024).

이러한 국가의 책임은 선별주의 원칙에서 주로 아동이 학대를 당할 경우나 비행, 범죄에 빠질 경우에 이들을 일시적으로 강제보호하거나 위탁가정, 시설보호를 받도록 하고 있으며, 보편주의 원칙으로 보육사업이나 무상교육 등을 실시하여 모든 아동이 올바르게 성장 · 발달할 수 있도록 보호와 혜택을 제공하여 국가의 권리와 책임을 수행하고 있다.

2) 보편주의와 선별주의 원칙

아동복지서비스에서 보편주의 원칙을 적용하느냐 선별주의 원칙을 적용하느냐는 아동복지정책의 노선을 결정할 때 중요한 요인이 된다. 이러한 두 가지 원칙은 아동복지서비스를 제공하는 기준이며, 복지서비스를 받을 수 있는 자격과 범위를 사회적 효과성과 비용효과성 등 어떻게 규정할 것인가라는 문제에 직면하게 된다. 복지국가 실현에 있어서 어느 한 가지 원칙만 취하기 어렵고 아동복지서비스 종류가 무엇인가에 따라 보편주의와 선별주의를 선택해서 적용하던가 아니면 보편주의와 선별주의를 혼용해서 적용하는 경우도 있을 수 있다(김호년 외, 2016).

보편주의 원칙은 사회체계가 불안전하고 불공평한 데서 발생하는 사회문제를 예측하여 공공의 노력으로 예방할 수 있다는 관점에서 출발하게 된다(정옥분 외, 2021). 즉, 모든 아동이 당면하는 문제나 위험에 대해 사회 전체가 대응해서 아동복지서비스를 제공해야 한다는 논리로 아동복지실천의 대상체계는 모든 아동과 부모나 가정, 보호자라고 할 수 있으며 낙인문제를 최소화하고 사회통합을 극대화할 수 있다는 장점이 있다. 예를 들면, 출산급여, 아동수당, 가족수당, 무상교육, 방과 후 아동교육, 다양한 보육사업, 놀이시설 확충 등이 있다.

선별주의 원칙은 스스로 욕구를 충족시킬 능력이 있는 사람이나 가정은 국가로부터 급여를 받지 않아야 하며 국가는 자활능력이 없어 세금을 납부할 수 없는 사람이나 가정에 한해서 소수에게만 복지서비스를 제공해야 한다는 논리이다. 그러므로 아동복지실천의 대상체계는 자신의 욕구를 스스로 충족시키는 것이 불가능한 한계집단으로 요보호아동과 그 가족 및 보호자가 되며 대상자에게 우선적이고 집중적인 서비스를 제공함으로써 재원을 효과적으로 활용할 수 있다는 장점이 있다. 예를 들면, 공공부조에 의한 소득지원제도, 공동주택 등이 있다.

보편주의와 선별주의 원칙을 혼합해서 사용하는 경우는 모든 아동의 권리로서의 보편주의 원칙을 기반으로 하고 개별 아동의 차이에 대한 존중을 의미하는 선별주의 원칙을 적용하는 것이다. 보편주의 원칙은 일반 가치체계와 공동체를 제공하고 복지를 부담으로서가 아니라 상호보완적인 것으로 인식하게 함으로써 사회통합의 효과가 있다. 이는 특정 범주의 욕구를 가진 아동에게 우선적으로 서비스가 제공되는 것을 권리로서 받아들이게 하는 기반을 제공하게 된다. 보편주의 원칙은 아동복지정책이 모든 아동의 존엄성을 존중하고, 자존감의 상실 없이 복지서비스를 받도록 하는 것이며, 아동들 간의 차별 없이 욕구가 있는 아동과 가난한 아동을 일반아동과 분리하지 않기 위한 것이다(김호년 외, 2016).

3) 예방과 치료의 원칙

아동복지에서 가장 바람직한 정책은 아동의 문제를 사전에 방지할 수 있는 예방의 원칙이다. 일단 문제가 발생했을 경우는 정확한 진단과 서비스(개입)가 필요하겠지만 더 중요하고 것은 예방의 효과이다. 예방의 원칙은 아동문제를 미리 방지하여 그들의 전인적 성장·발달을 위해 아동복지서비스를 제공하는 것이다. 아동기의 상처는 일생에 부정적 영향을 미치기 때문에 가능한 문제가 발생하지 않도록 예방하는 것이 중요하다.

엘더(Elder, 1934~)는 1934년 미국 오하이오주의 클리브랜드에서 태어나 펜실바니아주립대학교와 컨트리주립대학교에서 석사학위를 받고 1961년에 노스캐롤라이나대학교에서 박사학위를 받았다. 1979년부터 1984년까지 코넬대학교에서 교수로 재직하였으며 현재 노스캐롤라이나대학교의 사회학과 교수로 재직 중이다. 엘더는 제2차 세계대전(1939.09.01.~1945.08.15., 6년간)을 겪고 시골생활을 하면서 사회적 변화가 인간에게 어떤 영향을 미치는가에 대해 많은 관심을 갖게 된 이후 사회심리학을 전공하였다(김현호 외, 2019). 또한 엘더는 대공황기(1929.10.24.~1933.12., 4년간)의 아동에 대해서 60년간 추적 관찰하면서 연구한 것을 『대공황기의 아이들』이란 저서를 통해 발표하였다. 이 저서에 의하면, 아동기에 대공황을 경험했던 이들은 신경과민과 불안을 보였으며 성장 이후에도 좀처럼 심리적 건강을 회복하지 못했고 성인기에도 반복적으로 좌절을 경험했으며 노년기에도 신체적·심리적 곤란을 겪었는데, 좀 더 어린 시절에 경험한 불가항력의 경험이 인생에서 개인에게 더욱 부정적인 영향을 미쳤다고 하였다(김석준 외, 2018). 이렇듯이 아동복지실천에서 예방의 중요성이 강조되는 요인이라고 할 수 있다.

치료의 원칙은 아동의 문제 발생 시 개입하는 조치로써 확인된 문제는 어떠한 방법이던 해결이 가능하다고 보며, 아동에게 일어난 문제를 조기에 발견하고 문제해결을 위해 최선의 개입으로 건전하게 성장·발달할 수 있도록 해야 한다는 것이다.

4) 능력개발의 원칙

아동복지는 아동에게 국가와 사회발전에 능동적으로 참여할 수 있는 기회를 제공하고 그들이 사회적 자립과 사회에 기여를 할 수 있게 하는 것이 중요하다. 따라서 능력개발의 원칙은 아동 개개인의 발달 정도와 가정환경 등의 차이를 고려하여 아동 특성에 맞는 실천을 수행하면서 그들의 잠재능력을 최대한 발휘할 수 있도록 하는 것이다. 즉, 대상아동의 욕구를 발견하고 변화를 예측하여 사회구조나 경제적 조건 등에서 그들이 가진 잠재능력을 최대한 발휘할 수 있도록 지원하는 능력개발이 필요하다. 특히 성장·

발달상의 편차가 심할 수 있는 장애아동이나 빈곤가정 아동 등은 그들이 가지고 있는 잔존능력을 개발하여 사회적으로 자립할 수 있도록 지원하여 빈곤의 악순환을 방지하는 능력개발의 원칙이 중요하다.

5) 종합성의 원칙

아동은 발달적 측면을 볼 때 신체 · 운동, 언어 · 인지, 사회 · 정서적 발달의 영역은 서로 불가분의 관계로 서로 상호보완적 역할을 하면서 발달한다. 이에 한 영역의 발달 손상은 다른 영역에 파급되며 아동문제는 여러 가지 요인이 결합되어 복합적 양상을 띠기 때문에 아동복지서비스에 대한 접근은 아동의 욕구 및 발달의 특성을 모두 고려하여 포괄적이고 종합적인 개입이 중요하다. 종합성의 원칙은 아동의 욕구 및 문제를 해결하기 위해 여러 가지 서비스 유형을 고려해서 종합적으로 지원하는 것으로 건강한 가정생활, 경제적 안정, 교육 · 보건 · 노동 · 오락 및 특수보호 등에 대한 프로그램이나 서비스가 포괄적이고 종합적으로 제공되어야 한다는 것이다.

빈곤아동의 경우는 경제적으로 어렵고 열악한 가정환경에서 돌봄을 받지 못하기 때문에 이로 인하여 가난이 세습되거나 발달지체 등의 문제가 발생할 수도 있다. 또한 빈곤가정의 경우는 경제적 어려움으로 인해 부모역할 부재, 자녀양육 및 교육의 문제, 폭력 및 학대의 문제 등이 발생할 수 있다. 이러한 문제들은 아동의 건강한 삶과 발달에 영향을 미치기 때문에 경제적 · 물질적 서비스를 포함해서 건강, 보건 및 의료, 교육, 상담 등의 종합적 아동복지서비스가 필요하다(김미영, 2020).

6) 전문성의 원칙

아동의 문제는 그 아동의 욕구나 사고, 문제행동 등을 해결하기 위해 전문적 지식이나 기술이 없으면 해결하기 쉽지 않다. 전문성의 원칙은 아동복지사업이 전문가와 전문기관에 의해서 수행되어야 한다는 것으로 아동의 발달 수준을 고려한 기대나 교육적 욕구에 대한 변화를 수용하고 충족될 수 있도록 질적인 서비스가 제공될 수 있도록 하는 것이다.

현대사회는 더욱 다양한 아동의 욕구와 아동의 문제(학교폭력, 집단 따돌림, 사이버 범죄 등)들이 발생하고 있으므로 아동복지실천의 현장에서 아동복지 전문가의 필요성은 증가하고 있다. 또한 아동의 욕구나 사고, 문제행동 등을 해결하기 위해서는 기본적으로 아동발달의 특성을 이해해야 하고 그 아동을 둘러싼 환경에 대한 이해가 요구되며 아동중심적 관점에서 이해할 수 있는 전문가가 필요하다는 것이다.

5.4 아동복지서비스의 유형

아동복지실천의 서비스 대상은 보편주의와 선별주의 원칙에 따라 일반아동과 요보호아동으로 분류할 수 있으며, 이러한 대상에게 아동복지서비스가 제공되는 장소, 아동복지서비스의 기능, 방어선의 위치에 따라 분류할 수 있다. 각각의 서비스 유형에 대해서 살펴보면 다음과 같다(임경옥 외, 2018).

1) 아동복지서비스가 제공되는 장소에 따른 유형

아동복지서비스가 제공되는 장소에 따라 가정 내 서비스(재가 서비스)와 가정 외 서비스가 있다. 가정 내 서비스(in home service)는 아동이 부모를 비롯한 가족구성원과 함께 원가정에서 생활하면서 가정 내 결핍된 부분에 대한 서비스를 제공받는 것을 의미한다. 이러한 서비스는 가정이 아동의 양육과 성장·발달에 일차적 책임이 있는 중요한 장소임으로 가정의 기능을 지지하거나 보충해 줌으로써 가정해체와 붕괴를 예방하는 기능을 수행한다. 즉, 가정 내에 아동의 기본적인 욕구가 충족되지 못하거나 부모-자녀관계의 문제나 장애가 발생할 경우에 상담서비스를 제공하게 된다. 예를 들면, 한부모가정이나 조손가정처럼 부나 모의 부재로 가족기능의 원활한 수행이 어려운 경우 아동이 가정에서 생활하면서 외부로부터 서비스를 제공받아 가정에서 생활하는 것이다. 가정 내 서비스는 급식서비스, 장애아를 위한 목욕서비스, 가정봉사원 파견서비스, 방문재활서비스, 방문교육 및 상담서비스, 부모상담 및 교육서비스, 특수교육 방문서비스, 다문화아동 언어교육서비스 등이 있다(황해익 외, 2017).

가정 외 서비스(out home service)는 아동이 거주하는 원가정을 떠나 일정 기간 동안 가정 밖의 보호시설이나 위탁가정 등에서 보호자로부터 양육과 보호를 받으며 생활할 수 있도록 하는 서비스를 의미한다. 이러한 가정 내 서비스는 가정위탁서비스, 입양서비스, 시설보호서비스(그룹홈, 쉼터, 아동양육시설, 아동치료보호시설 등), 아동상담 및 치료서비스, 장애인주간보호서비스, 방과 후 아동돌봄서비스 등이 있다(황해익 외, 2017).

2) 아동복지서비스 기능에 따른 유형

아동복지서비스 기능에 따른 유형에는 카두신이 제시한 3S 유형이다. 그는 아동 양육의 일차적 책임은 부모와 그 가정에 있음을 전제로 하고 가정의 역할을 중심으로 가족의 기능에 따라 아동복지서비스 유형을 지지적 서비스, 보충적 서비스, 대리적 서비스로 구분하였다. 카두신의 아동복지서비스 기능에 따른 유형은 〈표 5-4〉와 같다(Kadushin, 1974; 김미영, 2020). 각각의 유형에 따른 내용을 살펴보면 다음과 같다.

〈표 5-4〉 카두신의 아동복지서비스 기능에 따른 유형

서비스 유형	기능	서비스 내용
지지적 서비스 (supportive service)	• 아동의 욕구충족 및 아동문제 예방을 위한 부모의 역할 지원 및 강화 • 원가정을 유지하며 가정 외부에서 가정 내부의 역할 기능을 수행함	• 아동 · 가정상담서비스, 지역사회복지기관에서 제공하는 상담서비스 • 학대 · 방임아동을 위한 보호서비스 • 미혼부모나 한부모를 위한 서비스
보충적 서비스 (supplementary service)	• 부모의 역할 부재를 대행하여 아동양육 및 보호에 필요한 서비스를 보충함 • 가정의 형태를 유지하면서 가정 외부에서 보충함	• 소득보충 프로그램 • 가사지원서비스 • 보육서비스 • 방과 후 아동지도서비스 • 급식지원서비스
대리적 서비스 (substitute service)	• 부모를 대리하여 아동을 다른 가정이나 시설에 일시적 또는 영구적으로 보호함	• 입양서비스 • 가정위탁서비스 • 시설보호서비스: 그룹홈, 쉼터, 긴급피난처, 아동양육시설, 아동치료보호시설 등

(1) 지지적 서비스

지지적 서비스(supportive service)는 아동이 원가정에서 생활하며 가족구성원 간의 관계를 회복시키고 성장 · 발달할 수 있도록 부모와 아동의 능력을 지지하고 강화하는 서비스이다. 즉, 아동이 속해 있는 원가정의 구조가 붕괴되지 않으면서 그 가정이 순기능적인 역할을 할 수 있도록 외부에서 지원해 주는 것이다. 지지적 서비스를 제공하는 것은 가족의 관계 개선 및 가정의 기능을 회복하여 아동이 자신의 가정에서 부모의 양육과 보호를 받으며 안정적인 생활을 영위하도록 하는 데 있다(김미영, 2020). 이러한 서비스를 제공하는 기관은 부모나 아동의 역할 수행을 전적으로 대행하기보다는 부분적으로 역할 수행을 병행하여 보강하면서 차츰 순기능을 할 수 있도록 원조해 주는 것이 필요하다.

지지적 서비스가 필요한 경우는, ① 부모-자녀관계에 어려움이 있어 관계 개선이 필요한 경우, ② 부모 자신이 부모로서의 역할에 어려움이 있는 경우, ③ 부모가 자녀의 친구관계나 학교생활에 문제가 있다고 생각하여 관심을 갖는 경우나 아동 스스로 그렇게 느끼는 경우, ④ 형제간의 갈등이 있는 경우, ⑤ 부정적인 부부관계로 인해 자녀에게 행동장애가 발생할 경우, ⑥ 결혼 전 남녀가 예비 부모로서 자녀에 대한 계획과 지식을 원하는 경우 등이다(황해익 외, 2017).

지지적 서비스를 제공하는 기관은 지역사회의 아동 · 가정상담소, 복지기관, 가족센터(구 건강가정지원센터, 여성가족부), 정신건강복지센터(보건소), 아동보호전문기관, 보육정보센터 등이 있으며 아동 및 가족구성원을 대상으로 면접을 통한 개별상담, 집단상담, 부부상담 및 치료, 가족상담 및 치료, 부모교육, 문제아동의 행동지도 및 치료 등의 프로그램을 진행한다. 여기서 아동 · 가정상담서비스는 아동이 건전한 가정에서 자랄 수 있도록 아동이나 가족구성을 상담 · 지도 · 치료를 병행하여 보호대상 아동의 발생을 사전에 예방하는 서비스이다. 아동의 문제 원인이 어디에 있는지를 상담을 통해 살펴보고 아동의 문제 발생이 아동 개인의 문제인지 아니면 부모의 양육태도의 문제인지 등에 따라 아동 개별상담, 부모상담, 가족상담 등을 통해 접근해서 해결하게 된다.

(2) 보충적 서비스

보충적 서비스(supplementary service)는 지지적 서비스의 제공으로도 부모의 역할이 부적절하거나 한계가 있을 때 외부 서비스를 통해 부모의 역할을 대행하여 보충할 수 있도록 제공되는 서비스이다. 즉, 부모의 이혼 · 별거 등의 사유(事由)로 아동을 양육하고 보호할 수 없거나 부모의 질병 · 실업 · 장애나 재정적 곤란 등으로 아동을 양육하기 어려운 경우에는 가족의 형태는 그대로 유지하면서 부모의 역할을 대행하거나 원조해서 보충해 주는 것이다. 가정의 경제적 소득은 아동의 양육과 보호에 중요한 요인인데 부모가 일정한 수준의 소득을 창출할 수 없거나 가족 소득원이 부재한 경우 사회보험과 공공부조와 같은 서비스를 제공한다. 또한 어머니의 취업이나 부재로 인해 어머니의 역할이 충분하지 못할 경우에는 가사지원서비스, 보육서비스, 방과 후 아동보호서비스, 급식지원서비스, 장애아동보호서비스 등을 통해 가정의 기능이 원활하게 수행되도록 지원하게 된다.

(3) 대리적 서비스

대리적 서비스(substitute service)는 아동이 속한 원가정에서 부모의 사망 · 가출, 유기, 경제적 파산 등의 사유(事由)로 원가정의 가족 중 누구도 아동을 양육 · 보호의 기능과 역할을 수행하기 어려운 경우 원가정을 떠나서 다른 가족이나 양육자에 의하여 일시적 또는 영구적으로 부모와 가정의 역할을 대리하는 서비스이다. 이러한 서비스는 지지적, 보충적 서비스만으로는 아동복지를 추구하기 어려운 경우에 시도되는 제3의 방법이라고 할 수 있으며, 부모-자녀 간의 관계가 완전히 또는 일시적으로 파괴된 상태에서 부모와 가정의 역할을 대신해 주거나 아동이 특수한 치료가 필요해서 수용치료서비스를 받을 때도 대리적 서비스가 제공된다.

대리적 서비스는 입양서비스, 가정위탁서비스, 시설보호서비스 등이 있다. 입양은 생물학적인 혈연관계 없이 법률적인 절차를 거쳐 법적으로 양부모의 자녀로 친자관계를 맺는 것이다. 입양과정에서 친부모는 아동에 대한 양육의 권리와 의무는 소멸되며 양부모에게 이양되고 아동은 친자녀와 동등한 법적 권리를 갖게 된다. 가정위탁은 아동이 원가정에서 양육과 보호를 받지 못하는 어려운 경우나 시설보호가 지연되거나 받지 못할 경우 일정 기간 동안 타인의 가정에서 대리 양육과 보호를 제공하는 것이다. 가정위탁은 아동을 가정의 분위기에서 일시적으로 보호하여 친부모와 영구적으로 분리되는 것을 방지함으로써 발달적인 손상을 줄이는 데 의의가 있다. 그리고 시설보호는 그룹홈, 쉼터, 긴급피난처, 아동양육시설, 아동치료보호시설 등에서 부모가 아동에 대해서 양육과 보호할 능력이 없거나 양육할 의사가 없을 때 장기적으로 그 아동의 양육과 보호를 대리해 주는 것이다.

3) 방어선의 위치에 따른 유형

주커만(Zuckerman)은 방어선의 개념으로 아동복지서비스의 유형을 분류하였다. 여기서 방어선은 아동이 생활하는 데 있어서 최적의 환경이 되는 가정 내의 울타리를 의미한다. 즉, 1차 방어선은 가족으로부터 양육과 보호를 받을 수 있는 원가정을 의미하고, 2차 방어선은 원가정과 유사한 환경이 제공되는 입양과 가정위탁을 의미하고, 그리고 3차 방어선은 원가정의 대안으로 시설보호를 의미한다. 주커만의 방어선 위치에 따른 유형은 〈표 5-5〉와 같다(Zuckerman, 1983; 황해익 외, 2017).

〈표 5-5〉 주커만의 방어선 위치에 따른 유형

유형	기능	서비스 내용
1차 방어선 (원가정 지원)	지지적 서비스에 해당하며 가족의 기능회복 · 유지 · 향상을 위한 서비스	상담 및 치료, 부모교육, 가사지원, 양육지원, 소득보장 프로그램 등
2차 방어선 (대리가정)	1차 방어선이 무너진 경우 원가정을 대신하여 부분적 또는 장기적으로 원가정을 대신하여 양육 · 보호하는 서비스	입양, 가정위탁
3차 방어선 (시설호보)	원가정과 대리가정에서 양육 · 보호가 어려운 경우 시설에서 보호하는 서비스	그룹홈, 쉼터, 아동양육시설

Chapter

06

아동복지실천의 과정과 기술 I

아동복지실천의 과정은 요보호아동(클라이언트, 서비스 대상아동)과 그를 둘러싼 가족, 집단, 지역사회 등 다양한 환경 내의 체계들을 변화시키기 위해 사회복지사가 그의 전문직 가치와 지식 및 기술을 활용하여 도와주는 전문적 활동 과정이다(김현호 외, 2020). 이러한 과정은 국내 · 외 학자들에 따라 여러 단계로 구분하고 있으나 사단법인 한국사회복지교육협의회에서는 ① 초기단계(접수, 자료수집), ② 사정 및 계획단계(목표설정, 계약체결), ③ 실천단계, ④ 종결단계(평가 및 종결) 등 4단계로 나누고 있다. 이 장에서는 초기단계(접수, 자료수집)와 사정 및 계획단계(목표설정, 계약체결)의 실천기술에 대해서 살펴본다(한국사회복지교육협의회, 2018; 김현호 외, 2020). 이후 단계인 실천단계와 종결단계는 제7장에서 살펴본다.

6.1 초기단계(접수, 자료수집)

1) 초기단계(접수)

초기단계에서 접수(intake) 과정은 사회복지사가 요보호아동의 욕구 및 문제를 해결하는 과정에서 가장 먼저 이루어지는 영역이다. 접수를 진행하기 전에 사회복지사는 요보호아동의 비언어적 의사소통, 그의 생각, 감정 등을 읽어 낼 수 있도록 마음가짐을 준비하고 그의 입장에서 자신을 맞추려고 노력해야 한다. 또한 접수를 구조적으로 진행할 것인지, 비구조적으로 진행할 것인지, 욕구 및 문제해결을 위한 방법을 어떻게 할 것인지, 시간활용은 어떻게 할 것인지 등의 계획을 수립해야 한다. 트레비식(Trevithick)은 접수 전에 준비단계에서 요보호아동의 욕구와 기대를 고려하여 다음과 같은 준비가 필요하다고 하였다(김현호 외, 2020).

① 도움을 요청하는 개인 또는 집단 요보호아동의 욕구와 기대

② 요보호아동과 관계되는 타인의 욕구와 기대

③ 실무자로서 사회복지사가 바라는 개인적인 기대와 전문적인 기대

④ 기관의 정책과 절차, 실천지침, 자원, 기관종사자의 자격요건

⑤ 개인 또는 집단 요보호아동과 관계하고 있는 타 전문가

이러한 준비단계를 거쳐 접수를 하게 되는데, 접수(intake)는 요보호아동이나 부모, 선생님 등 도움을 필요로 하는 사람이 기관(또는 상담소)을 찾아왔을 때 전문직인 사회복지사가 그의 욕구 및 문제를 확인하여 그것이 기관의 정책과 서비스에 부합하는지 여부를 판단하는 과정이다. 접수과정을 통해 그 기관에서 적합한 서비스를 제공할 수 있다고 판단될 때, 사회복지사에게 도움을 청한 사람인 요보호아동이 클라이언트가 되어 그 다음 과정인 자료수집 및 사정단계를 거쳐 적절한 서비스를 받게 된다. 접수단계에서 사회복지사는 면담의 구성요소(라포형성, 면담장소, 면담시간, 기록)를 고려하여 요보호아동과 신뢰관계를 형성해서 주호소 욕구 및 문제를 도출해야 한다. 따라서 사회복지사는 접수단계에서 요보호아동이 가지고 있는 주호소 욕구 및 문제에 대한 정확한 진단과 기관의 서비스 적격성을 판단하기 위해 다양한 형태로 확인할 필요가 있다.

만일 접수과정에서 요보호아동의 주호소 욕구 및 문제와 도움을 받고자 하는 서비스의 내용이 기관의 정책과 서비스의 범위를 벗어나거나 그의 문제해결에 보다 더 적합한 서비스 기관이 있을 경우에 그에게 서비스를 연결시킬 수 있도록 타 기관에 의뢰하게 된다. 접수과정에서 사회복지사의 과업은 요보호아동과 신뢰관계 형성, 요보호아동의 참여유도, 요보호아동의 주호소 욕구 및 문제 확인 등이 중요한 과업이 된다. 과업에 대한 사항에 대해서 살펴보면 다음과 같다.

(1) 요보호아동과 신뢰관계 형성

접수과정에서 사회복지사는 요보호아동을 만나기 전에 자기 자신을 되돌아보고, 안정된 심리상태를 유지할 수 있도록 하며 저항이나 양가감정과 같은 요보호아동의 반응에 잘 대응할 수 있도록 준비해야 한다. 일반적으로 도움을 필요로 하는 요보호아동은 우울하고 무기력하며 상처받기 쉽고 욕구나 문재해결의 의지가 없거나 포기할 수도 있다. 특히, 비자발적인 요보호아동의 경우는 접수과정에서 그가 지닌 문제를 드러내고 자연스럽게 감정을 표현하도록 돕기 위해서 사회복지사와의 관계가 안전하다는 신뢰관

계 형성이 중요하다. 여기서 신뢰관계 형성은 언어적·비언어적으로 요보호아동에게 관심을 기울이는 사회복지사의 진실된 자세로 형성된 마음을 의미하며 접수과정부터 시작한다.

사회복지사는 요보호아동이 말하는 내용의 진정한 의미를 이해하기 위해 노력하고 고통을 함께 나눈다는 공감하는 자세를 보여 주어야 한다. 접수과정에서 요보호아동은 기관과 사회복지사에 대한 첫인상을 갖게 되고 이 첫인상이 그가 실천과정의 참여에 영향을 주기 때문에 중요하다. 따라서 사회복지사는 첫 만남이 서로에게 호의적이고 긍정적인 경험이 될 수 있도록 노력하는 라포형성이 중요하다. 여기서 라포(rapport)는 사회복지사와 요보호아동 간의 상호 이해와 관계를 수립하는 친근감, 신뢰감, 안정감, 조화, 공감, 화합 등의 정서적 유대를 의미한다. 이러한 라포형성을 토대로 요보호아동이 실천과정에 보다 적극적으로 참여하도록 유도할 수 있게 된다. 요보호아동과 신뢰관계를 형성하기 위한 비스텍(Biesteck)의 관계 원칙과 내용은 〈표 6-1〉과 같다(Biesteck, 1957; 김현호 외, 2020).

〈표 6-1〉 비스텍의 관계 원칙과 내용

관계의 원칙	내용
원칙 1: 개별화의 원칙	모든 요보호아동은 독특한 특성을 가진 한 개인으로 처우받기를 원함으로 각각에 대해서 개별화해야 한다는 원칙
원칙 2: 의도적인 감정표현의 원칙	요보호아동 자신의 감정을 자유롭게 표현할 수 있도록 해야 한다는 원칙
원칙 3: 통제된 정서적 반응의 원칙	요보호아동의 감정에 대해 사회복지사는 민감성과 이해로서 반응해야 한다는 원칙
원칙 4: 수용의 원칙	요보호아동을 있는 그대로 인정하고 수용해야 한다는 원칙
원칙 5: 비심판적 태도의 원칙	요보호아동을 심판하거나 비판하지 않아야 한다는 원칙
원칙 6: 요보호아동 자기결정의 원칙	요보호아동의 자기결정권을 최대한 존중해야 한다는 원칙
원칙 7: 비밀보장의 원칙	요보호아동의 비밀을 보장해 주어야 한다는 원칙

(2) 요보호아동의 참여유도

접수과정에서 사회복지사는 요보호아동과의 신뢰관계 형성을 토대로 그의 참여를 유도하여 그에 대한 주호소 욕구 및 문제를 확인해야 한다. 요보호아동의 참여는 성공적인 실천의 필수적인 조건인데 이를 위해서는 사회복지사는 요보호아동이 변화하고자 하는 동기나 의지를 갖도록 감정이입을 통하여 동기를 부여해 주어야 한다. 또한 요보호아동의 양가감정(동일한 대상이나 상황에 대한 정반대의 감정이나 태도)을 수용하고 저항감이 있는 요보호아동은 저항감을 해소시키려는 노력이 필요하다. 요보호아동의 경우는 스스로 변화하고자 하는 동기를 갖고 찾아오는 경우도 있지만 의뢰나 타인에 의해서 오는 비자발적인 경우도 있을 수 있다. 특히, 비자발적인 요보호아동의 경우는 그가 원해서 찾아온 것이 아니라는 사실을 인지하고 그를 자발적인 참여자로 변화시키려면 접수과정에서 저항감이나 두려움 등 부정적인 감정을 완화시키려는 인내와 노력이 필요하다. 일반적으로 비자발적인 요보호아동에게 나타나는 행동양식에는 부정, 투사, 적개심, 거리두기 등의 행동적 특성이 나타날 수 있다.

여기서 부정은 자신이 아무런 문제가 없고, 문제가 있어도 스스로 해결할 수 있다고 믿고, 스스로 해결할 수 없더라도 이 문제로 인해 무엇이 행해질 수 있는지 알고 싶지 않다고 말하는 것을 의미한다. 투사는 문제가 존재하는 것은 인정하지만, 이 문제는 자신이 아닌 다른 사람이 일으킨 것이고, 다른 사람이 그만두거나 다르게 행동하면 해결될 것으로 여기는 것을 의미한다. 적개심은 공격을 최선의 방어로 여겨 도움이 필요하다고 여겨지거나 자신이 바라는 도움이 제공되지 않는 것에 화를 내거나 침묵으로 무시하는 것을 의미한다. 그리고 거리두기는 분노가 표출되는 또 다른 방식으로 문제로부터 자신을 심리적으로 떼어 놓는 것으로 그 문제와 관련된 감정이나 책임감을 외면하는 것을 의미한다(김현호 외, 2020). 이러한 비자발적인 요보호아동은 면담방법을 활용하여 대처하는 사회복지사의 전문적 기술이 필요하다. 비자발적 요보호아동을 동기화하기 위한 사회복지사의 행동지침은 〈표 6-2〉와 같다.

〈표 6-2〉 비자발적 요보호아동을 동기화하기 위한 사회복지사의 행동지침

① 비자발적인 요보호아동은 그가 원해서 사회복지사를 찾아온 것이 아니라는 사실을 인지해야 한다. 그가 원조관계를 긍정적으로 받아들이게 만들려고 무리하게 노력하기보다는 이 사실을 인정하고 관계를 맺는다. ② 서비스에 대한 저항의 실체를 그대로 이해한다. ③ 요보호아동의 부정적인 감정을 표출하도록 유도한다. 예를 들면, '여기에서 나를 만나는 것을 무척 싫어하고 있네요. 지금 당신 기분이 어떤지 알고 싶어요.'라고 말을 하면 요보호아동에게 자신의 기분을 솔직하게 표현할 좋은 기회를 주는 것이다. ④ 비자발적인 요보호아동이 원하는 것을 어느 정도 해결해 줄 수 있는지를 생각해 본다. 요보호아동에게 필요한 구체적인 서비스를 해 줌으로써 관계형성이 시작될 수도 있다. ⑤ 희망을 갖게 하고, 용기를 준다. 즉, 사회복지사가 개입함으로써 긍정적인 결과가 초래될 수 있음을 알려 준다. ⑥ 비자발적인 요보호아동에게 사회복지사에 대한 신뢰감이 즉시 형성될 것이라는 기대는 무리다. 점진적인 관계형성을 통해 요보호아동의 신뢰감이 형성되기를 기다려야 한다.

(3) 요보호아동의 문제 확인

요보호아동에게 나타날 수 있는 문제의 영역은, ① 사회 환경, ② 생활 사건과 상황, ③ 대인관계, ④ 유전 · 체질 · 건강 요인, ⑤ 성격 특성, 관계패턴, 취약성 등 5가지로 확인할 수 있다(Goldstein & Noonan, 1990; 김현호 외, 2020). 요보호아동이 가지고 있는 문제들은 5가지 영역의 범주에서 나타나게 되는데, 이러한 문제들은 두 가지 이상의 영역 또는 여러 영역이 혼합되어 나타날 수도 있다. 따라서 사회복지사는 요보호아동이 가지고 있는 문제에 대한 정확한 진단과 기관의 서비스 적격성을 판단하기 위해 다양한 형태로 나타날 수 있는 요보호아동의 문제를 의사소통방법, 관계형성방법, 면담의 방법 등을 활용하여 충분히 확인할 필요가 있다. 일반적으로 요보호아동에게 나타날 수 있는 문제 유형은 다음과 같다(김현호 외, 2020).

① **인간관계에서의 갈등**: 비행청소년이 다른 친구와의 갈등에서 느끼는 어려움처럼 주변 다른 사람들과의 관계에서 어려움이 있는 문제

② **사회적 관계에서의 불만족**: 지나치게 소극적인 성격으로 말미암아 사람들의 관계에서 피해를 본다고 느끼는 사람이 가지는 문제처럼 명백하게 드러나지는 않지만, 흔히 사람들이 느끼는 사회적 관계에서의 불만족

③ **공식적인 조직과의 문제**: 사회복지사가 자신에게 불친절하고 수급자 신청이 탈락되었다고 불만을 가지는 문제처럼 클라이언트가 이용하는 공식적인 서비스와 관

련한 불만 및 담당자와의 갈등으로 발생하는 문제

④ **역할 수행상의 문제**: 역할 과중으로 인한 취업 여성의 어려움처럼 자신의 지위에 따라 사회적, 문화적으로 기대되는 행동 양식을 수행하는 데 어려움을 느끼는 문제

⑤ **심리 행동상의 문제**: 우울증, 거식증과 같은 심리 정신적 문제와 통제되지 않는 행동에 대한 어려움

⑥ **자원 부재나 결핍의 문제**: 생계비, 의료 서비스의 부재처럼 기본적으로 필요한 욕구가 해결되지 않음으로써 발생하는 어려움

⑦ **의사 결정의 어려움**: 계획되지 않은 임신일 경우 아기를 낳을 것인지 아니면 낙태할 것인지처럼 인생의 중대한 갈림길에서 감정적 혼란으로 말미암아 객관적이고 합리적인 선택을 하지 못하는 어려움

⑧ **인종 간의 다른 문화로 말미암아 파생되는 문제**: 다민족 사회에서 발생하는 문제

2) 초기단계(자료수집)

초기단계에서 자료수집은 사회복지사와 요보호아동과의 관계에서 의사소통을 통해 시작한다. 자료수집은 정보를 얻는 일로 요보호아동의 문제를 이해하고 해결하는 데 필요한 자료를 모으는 과정이다. 이러한 자료수집의 구체적인 목표는 사회복지사가 사정을 위해 다양한 자료를 수집하는 것으로 요보호아동의 주호소 문제, 그 문제와 관련된 원인, 그를 둘러싼 주변 환경과의 상호작용 과정에서 역기능 등 범주화할 수 있는 모든 자료를 수집하는 것이다. 즉, 요보호아동과 직접적인 면담내용, 요보호아동의 비언어적 행동, 요보호아동이 작성한 서류, 주변 사람들로부터 수집된 정보 및 주변 사람과의 상호작용 유형, 심리검사, 요보호아동과 상호작용하면서 느끼는 사회복지사의 감정 등 다양한 자료를 수집한다.

또한 사회복지사는 요보호아동의 개인정보 수집과정에서 기본적으로 다음과 같은 기능을 포함한다. 요보호아동의 복합적이고 잠재적인 욕구를 파악하는 것이고, 요보호아동의 개인적인 상황에 대해서 조사하는 것이고, 요보호아동의 공식적인 자원뿐만 아니라 비공식적인 자원에 대한 조사가 이루어지는 것 등의 기능을 포함한다. 최근에는 「개

인정보 보호법」에 따른 개인정보 수집에 대해서 엄격히 규제하고 있으므로 사회복지사는 요보호아동의 개인정보를 수집함에 있어 「개인정보 보호법」에 대한 지식도 숙지해야 한다. 특히, 사회복지사는 개인정보 규정의 준수를 위해 기관(상담소)에 비치되어 있는 요보호아동의 개인정보 수집 및 이용 동의서를 작성해야 한다.

자료수집에 있어서 정보 제공의 가장 중요한 출처는 요보호아동 자신이다. 요보호아동의 정보 수집은 초기접수 기록지의 구조화된 양식을 사용하고 있으며 구체적인 정보는 의사소통과 상담을 통해 정보를 얻을 수 있다. 접수 기록지에 포함되는 기본 정보들의 내용은 다음과 같다.

① **요보호아동의 기본 정보**: 이름, 성별, 나이, 학력, 종교, 주소, 연락처 등
② **가족관계**: 가족구성원의 이름, 나이, 직업, 교육 수준, 종교, 관계, 동거 유무 등
③ **주 호소 문제**: 요보호아동이 가지고 있는 문제, 언제 발생했고 어떻게 지속되었는지에 관한 내용
④ **문제해결을 위한 구체적인 내용**: 요보호아동의 문제와 그동안의 사건 경과, 견해, 생각 등의 구체적인 내용
⑤ **요보호아동의 기능 및 능력**: 요보호아동의 신체적 · 정서적 · 사회적 · 지적 기능에 대한 내용, 또한 그의 문제해결능력, 대인관계능력, 업무능력 등에 대한 내용
⑥ **요보호아동의 강점 및 한계**: 문제를 해결하는 데 있어서 그의 환경에 있는 강점 및 한계에 대한 내용
⑦ **기관에 오게 된 동기**: 스스로 왔는지, 대동한 사람이 있는지, 기관을 찾아온 동기에 대한 내용
⑧ **의뢰 이유**: 타 기관 또는 가족에 의한 의뢰일 경우
⑨ **이전의 사회복지서비스 경험**: 과거에 어떤 기관에서 어떤 서비스를 받았는지에 대한 내용
⑩ **요보호아동이 활용할 수 있는 사회적 자원**: 공식적 · 비공식적 자원에 대한 내용

위와 같은 기본적인 언어적 정보 외에 다음과 같은 정보를 파악하는 것도 중요하다. 요보호아동의 비언어적 행동(억양, 눈물, 손짓, 몸짓, 목소리의 떨림, 손 떨림, 꽉 다물거나 깨문

입술, 표정의 변화 등)에 대해서 직접적으로 관찰하여 우울, 분노, 두려움과 같은 정서적인 상태에 대한 정보도 수집하고, 가족구성원, 집단 구성원 간의 상호작용에 대해 자연스러운 상황에서 실제 생활환경을 관찰하여 유용한 정보를 수집하고, 관련된 친척, 친구, 의사, 교사, 다른 전문가 등 비공식자원들로부터 요보호아동에 대한 정보가 왜 필요한지에 대한 설명을 하고, 그로부터 정보공개 동의서를 받아 어린 시절의 성폭행 경험이나 주요 정신과 증상에 대한 진단서 등의 정보를 수집할 수 있다.

특히, 학대, 폭력, 자살과 같이 다양한 형태의 억압 상황이나 언어 표현이 제한된 아동, 장애인, 외상적인 경험을 한 요보호아동의 경우에 자신의 경험과 생각을 충분히 언어로 표현하기 어려울 수 있다. 따라서 사회복지사는 요보호아동의 문제 심각성, 학력, 연령 등을 고려하여 자료수집을 진행하도록 하고, 동시에 요보호아동의 행동, 태도를 잘 관찰하도록 한다. 필요하면 지능검사, 심리검사, 생활기능척도, 스트레스척도, 우울척도, 자존감척도 등 다양한 검사·평가도구를 활용하여 정보를 얻을 수 있다. 지속적인 면담과정에서 요보호아동과의 직접적 상호작용에 근거한 사회복지사의 개인적 경험에 따른 정보도 수집할 수 있는데, 이는 다른 사람이 면담한 요보호아동에 대해 어떠한 반응을 하는지를 이해하는 데 실마리를 제공해 줄 수 있다(김현호 외, 2020). 또한 학대 및 폭력 상황에 있거나 또는 문제인식이 왜곡된 보호자와 동반한 요보호아동의 경우는 요보호아동이 자유로이 자신의 경험과 느낌을 표현할 수 있는 안전한 상황과 면담 분위기를 제공해야 한다.

6.2 사정 및 계획단계(목표설정, 계약체결)

1) 사정단계

사정(assessment)단계는 요보호아동에 대해 수집된 자료를 기초로 그가 직면하고 있는 문제와 상황을 확인하고 그 문제를 해결하기 위한 방법을 도출해 내는 과정이다. 즉,

문제가 무엇인지, 어떤 원인 때문인지, 그 문제를 해결하거나 감소시키기 위해 무엇이 변화되어야 하는가에 대해서 규명하는 전문적 활동이라고 할 수 있다. 사정이란 용어는 아동복지실천 초기에 사정 대신 진단(diagnosis)이란 용어를 사용했다. 진단이란 용어는 리치몬드(Mary Richmond) 여사가 1917년 개별사회사업에서 처음 사용하였으나 의학적 용어라는 비판을 받아 1970년 바틀렛(Bartlett)에 의해 사용되기 시작했다(NASW, 1995; 김현호 외, 2020). 진단은 의학적 용어로 질병, 역기능, 정신건강상의 문제를 지닌 사람을 단지 치료하는 목적에 주안점 있지만, 사정은 요보호아동에 대한 정신건강상의 질병에만 주안점을 두는 것이 아니라 그의 자원, 동기, 장점, 능력 등을 모두 살펴 변화를 추구하려는 것이다.

즉, 사정은 요보호아동의 개인적 문제뿐만 아니라 그가 처해 있는 환경, 정책이나 제도 등 모든 정보를 가지고 문제를 도출하고, 원인을 규명하여 계획을 세우는 포괄적인 과정이라고 할 수 있다. 이러한 점에서 사정은 진단과 비교할 때 다음과 같은 차이점이 있다(Kirst-Ashman & Hull, Jr., 1993; 김현호 외, 2020).

① 사정은 요보호아동의 문제를 이해하기 위해 심리 · 정신적 측면뿐만 아니라 외부의 환경적 측면도 고려해야 한다는 것이다.

② 사정은 요보호아동의 문제를 자신뿐만 아니라 외부 환경에서도 찾기 때문에 그를 둘러싼 정책이나 제도까지 확대된다는 것이다.

③ 진단은 의료적으로 요보호아동의 치료에 참여하여 도움을 주지만 사정은 요보호아동의 변화에 그의 참여가 중요시된다는 것이다.

④ 진단은 단지 요보호아동의 병리적인 면에 초점을 두지만 사정은 그의 병리적인 면뿐만 아니라 그의 강점에도 초점을 두어 자긍심을 고취시키고 잠재력을 발휘하게 한다는 것이다.

요보호아동의 욕구 및 문제를 발굴하기 위해 개인력 및 사회 · 경제적 상황, 공식적 · 비공식적 자원, 가족관계, 가족력 관계, 생태학적 체계 관계, 세대 간 관계, 가족 내부 체계, 가족 외부 체계 및 환경, 강점 등 9가지 영역에 관련된 자료를 조사 및 분석하여 사정하게 된다. 각각의 사정 내용에 대해서 살펴보면 다음과 같다(Hartman & Laird, 1983;

김현호 외, 2020).

(1) 개인력 및 사회 · 경제적 상황에 대한 사정

개인력 및 사회 · 경제적 상황을 조사를 할 때 개인적 · 환경적 요인이 어떻게 그의 문제와 상호작용하며 그와 가족에게 스트레스의 정도나 대처 자원이 양과 질에 영향을 주는지를 주의 깊게 고려해야 된다. 이러한 내용은 다음과 같다.

① **발달단계 사정**: 문제의 본질이 될 수 있는 영 · 유아기, 아동기, 청소년기, 성인기 등 발달적 욕구와 생애 전환시기(중요한 사건이나 이슈 등에 관련된 원인)에 관한 내용을 조사한다. 예를 들어, '혹시 청소년기 사춘기는 어떻게 겪으면서 성장했나요?'와 같이 질문할 수 있다.

② **건강영역 사정**: 건강의 문제는 요보호아동과 그의 가족에게도 경제적, 심리적 부담을 줄 수 있을 뿐만 아니라 건강, 질병의 문제로 인해 장애가 발생하거나 사회생활에 문제가 발생할 경우에 가족관계에 새로운 갈등을 초래할 수 있다. 따라서 요보호아동의 신체적 · 정신적 건강영역을 포함해서 조사한다. 예를 들어, '질병이나 장애는 언제 발생하게 되었는가?, 진단명은 무엇인가?, 질병이나 장애로 인한 구체적인 증상이나 생활상의 문제는 무엇인가?, 지금까지 치료 · 재활을 위한 노력은 어떻게 수행해 왔는가?' 등으로 질문할 수 있다.

③ **생활능력 사정**: 요보호아동이 각 생에 발달 주기에 적합한 기능과 역할을 수행할 수 있는지에 대한 신체적 능력, 심리적 능력, 사회적 능력 등을 포함해서 조사한다. 예를 들어, '가족 중에서 누가 제일 싫은가요?, 누구를 제일 좋아하나요?' 등과 같이 질문할 수 있다.

④ **사회 · 경제적 상황에 대한 사정**: 요보호아동의 경제, 근로 능력 등 사회 · 경제적 상황에 대해 사정하기 위해 직업력과 수입 및 지출 내역 등을 조사한다. 예를 들어, '요보호아동이 경험한 직업은 어떤 유형인가요?, 한 직장에 머문 기간은 평균 얼마 정도 되나요?, 직장을 그만두거나 옮기는 주된 이유는 무엇인가요?, 직업에 대한 기대와 만족도는 어떠한가요?, 자신의 경제 관리 능력에 대해서 어떻게 평가하고 있나요?' 등과 같이 질문할 수 있다.

이러한 내용을 조사하기 위한 방법은 요보호아동이 작성한 기본 정보(나이, 질병, 가족 구성원, 건강 상태, 경제 상황 등)의 확인, 대화를 통한 정보(요보호아동의 문제와 그동안의 사건 경과, 견해, 생각 등)를 취합, 비언어적 행동에 대한 직접적 관찰(부모님 이야기가 나올 때 울먹거리는 표정 등), 부부관계 · 가족구성원 · 집단 구성원 간의 상호작용에 대한 직접적 관찰(요보호아동과 이야기할 때마다 보호자가 말을 끊고 화를 내는 위압적인 행동 등), 친구 · 친척 · 의사 · 교사 · 고용주 · 다른 전문가들로부터 정보 취합(어린 시절 성폭행 경험, 주요 정신과 증상에 대한 진단서 등), 검사 또는 평가도구 활용(심리검사, 생활기능척도, 스트레스척도 등), 그리고 클라이언트의 직접적 상호작용에 근거한 실천가의 개인적 경험들로 조사하게 된다.

(2) 공식적 · 비공식적 자원에 대한 사정

자원은 요보호아동의 다양한 욕구를 충족시켜 줄 수 있은 사회복지실천의 중요한 요소(6P: 사람, 문제, 장소, 과정, 전문가, 자원) 중 하나이다. 매슬로우는 인간의 욕구가 생존→안전→사랑과 소속→자아존중→자아실현 등 5단계로 발달한다고 하였다. 이러한 욕구는 복합적으로 나타나기도 하고 매우 탄력적으로 시시각각 변화하기도 하는데, 욕구의 속성에 대응할 수 있는 자원을 조사하고 활용하는 역할이 필요하다. 요보호아동의 욕구를 충족시키기 위한 자원은 공식적 자원과 비공식적 자원으로 분류할 수 있다. 공식적 자원은 제도화한 자원으로 공식적 기구를 통하여 제공된다. 즉, 행정에 의한 공식적 서비스와 인력이 대표적이다. 또한 의료 및 사회복지 법인, 비영리 기관, 기업 등 인가를 받은 민간 기관 및 단체의 서비스나 직원이 포함된다. 그리고 회원들의 이익을 조장하는 공식 협의체나 회원제 조직들도 포함된다. 이러한 공식적 자원의 특성은 요보호아동의 욕구나 수급 자격을 평가하는 명확한 기준, 절차에서의 공적인 규칙, 원조 역할 사이에서의 정확한 조정, 개별적인 특성이나 상황에서 독자적인 문제에 대응할 때 일관된 기준, 무엇이 성공이고 목표를 달성하는가에 관하여 객관적으로 제시된 기준이 존재한다는 것이다.

비공식 자원은 요보호아동 본인을 포함하여 가족, 친족, 이웃, 자원봉사자, 직장이나 소속 집단의 동료, 자조집단, 상호부조 단체, 사회단체, 지역사회 조직, 종교 기관, 영리

기업의 서비스나 직원 등이 포함된다. 이러한 비공식적 자원의 특성은 비조직적이고 자발적이며 상호부조의 성격이 강하며 서비스의 지속성, 안정성, 신뢰성, 전문성 등은 공식적 서비스에 비해 부족하다는 것이다. 그러나 비공식적인 자원망은 시대와 국가를 초월하여 개인의 위기에 대한 제1차적 반응기제로서 역할을 하고 있다. 비공식적인 자원망의 역할은 개인과 스트레스 사이에서 완충 역할, 개인에게 수단적이고 정서적인 지지를 제공하는 역할, 초보적인 상담이나 정보 안내자로의 역할 등이 있다. 공식적인 자원망의 범위와 비공식적인 자원망의 범위에 대한 예는 각각 〈표 6-3〉, 〈표 6-4〉와 같다.

〈표 6-3〉 공식적인 자원망의 범위에 대한 예

구분	자원 예
공공기관	저소득층을 중심으로 서비스를 제공하는 구청, 동사무소, 국·공립병원, 보건소 및 지역사회 정신보건센터, 건강가정지원센터, 자원봉사센터, 지자체가 설립한 복지재단, 학교, 적십자 등
민간기관	사회복지기관·시설, 병원, 교회, 공동모금, 기업 사회복지재단 등
사회단체	YMCA, YWCA, 여성 단체, 자원봉사 단체, 청소년 단체 등
공식협의체	사회복지협의회, 사회복지관협회, 여성단체협의회, 장애인재활협회, 사회복지사협회, 지역사회보장협의체 등
회원조직	의사회, 약사회, 변호사협회, 공제회, 노인회, 부녀회, 노동조합 등

〈표 6-4〉 비공식적인 자원망의 범위에 대한 예

구분	자원 예
가족	애정이나 정서적 지지, 경제적인 도움 등
친구나 이웃	클라이언트에 대해 지속적인 관심과 정서적 지지, 격려, 필요한 정보의 제공과 충고 등
지역사회조직	종교조직, 민간 기동순찰대, 청소년 지킴이 등
자조집단	장애인 부모회, 알코올 또는 약물 남용자 가족 모임 등
자원봉사자	클라이언트를 위해 재가복지서비스, 말벗, 상담, 조언, 정서적 지지와 격려 등

(3) 가족관계에 대한 사정

요보호아동의 가족관계를 사정하기 위해서는 가족의 특성, 구조와 체계, 기능, 문제 등에 대해서 이해하는 것이 중요하다. 인간의 발달과정에서 가족은 근원적 집단이라 할 수 있으며 강제로 구속하는 특성을 갖고 있는데, 가족의 5가지 특성에 대해서 알아보면 다음과 같다(김현호 외, 2020).

① **일차적 집단**(primary group): 가족구성원들이 하나의 공동체로 전체 속에 융합되어 '우리'라는 강한 일체감을 유지하는 일차적 특성을 갖는 집단이다. 따라서 가족은 가족구성원 간의 관계가 직접적이며 친밀하고 항구적(변하지 않고 오래가는)으로 지속된다.

② **공통된 사회집단**(gemeinschaft): 가족구성원들 간의 애정과 이해로 결합되어 외부의 장애로 인해 분열되지 않고 본질적으로 결합된 집단이다. 즉, 가족구성원들 간에 상호 신뢰를 바탕으로 한 정서적 · 감정적 기초로 성립되는 관계이다.

③ **폐쇄집단**(closed group): 가족구성원이 되기 위한 자격의 획득이나 포기가 용이하지 않은 집단을 의미한다. 즉, 내가 우리 가족으로 태어난 것은 내 스스로의 의지나 선택과는 상관없이 운명적으로 결정지어진 결과라고 할 수 있다.

④ **공식적 집단**(formal group): 객관적 조직과 특정한 관습적 절차체계를 지니며 이것에 의하여 행동이 통제되는 집단을 의미한다. 즉, 가족은 가족집단 속에서 남편 · 아버지 또는 아내 · 어머니로서의 지위가 자연히 규정되고 그 지위에 따른 역할이 기대된다.

⑤ **이질적 구성원들로 구성된 집단**(heterogeneous group): 객관적으로 볼 때 가족은 남자와 여자, 성인과 아동 및 노인, 성장배경이 다른 사람(며느리, 사위) 등 이질적 구성원들로 이루어진 집단이라는 것이다. 따라서 성별이나 세대별로 가치관과 입장의 차이가 나타날 수 있다.

가족의 구조는 가족을 형성하는 구성원들의 구성에 따라 핵가족, 확대가족, 노인가족, 한부모가족, 혼합가족, 위탁가족 등으로 분류된다(김현호 외, 2020). 핵가족은 한 쌍의 부부와 미혼의 자녀들로 구성된 형태를 의미한다. 확대가족은 여러 세대에 걸쳐 양 부모의 원가족을 포함해 확대된 가족형태이다. 노인가족은 산업화에 따른 사회구조와 가치관의 변화에 따라 노인만으로 구성된 가족형태를 의미한다. 한부모가족은 부모 중 한 명과 그 자녀들로 구성된 가족형태로 이혼 및 배우자의 사망으로 인해 점차적으로 증가하고 있다. 혼합가족은 인척 또는 인척이 아닌 사람들이 함께 동거하면서 전통적 가족역할을 수행하는 가족형태이다. 위탁가족은 일정 기간 다른 사람의 자녀를 양육하는 형태를 의미한다.

위와 같은 형태를 이루고 있는 가족은 주변 사회 환경과 끊임없이 상호작용을 통해 가족의 기본 욕구를 충족하기 위한 필수자원과 지지를 확보하게 된다. 즉, 가족은 가족 구성원들이 서로 영향을 주고받는 개개인으로 구성된 전체이며, 지역사회를 구성하고 이에 적응하는 사회체계의 한 부분이라 할 수 있다. 한 사람의 행동이 다른 가족에게 영향을 미치며 이는 반복적 상호작용 행동으로 체계화된다. 가족의 상위체계는 지역사회이고, 하위체계는 부부 하위체계, 부모 하위체계, 부모-자녀 하위체계, 그리고 형제자매 하위체계 등이 있다. 이와 같이 가족을 하나의 체계로 보는 관점의 장점은 가족구성원들 간의 상호작용뿐만 아니라 가족과 주변 사회 환경과의 상호작용까지 모두 관찰하고 개입할 수 있다는 점이다.

가족의 기능은 가족이 수행하는 역할이나 행동으로 가족행동과 그 행동의 결과가 사회의 유지 및 존속이나 가족구성원들의 욕구충족에 미치는 영향과 관련된다. 과거의 가족은 개인의 문화적, 사회적, 경제적 욕구를 충족시키는 기능을 하는 집단의 생존을 강화하고 사회의 새로운 구성원을 생산하는 것이었다. 그러나 현대의 가족은 구성원들이 급격한 변화에 융통성 있게 적응하면서 개인의 욕구를 충족시키는 데 필요한 기능을 수행하고 있다. 이러한 기능을 수행하게 되는 가족의 기능은 기능적 가족과 역기능적 가족으로 구분할 수 있는데, 기능적 가족은 가족구성원들 간의 분명한 경계와 자율성이 있고, 서로 염려하고 깊이 신뢰하는 분위기를 형성하는 가족이다. 또한 의사소통이 공감적이고 개방적이며 가족의 규칙은 가족발달에 맞고 유연성이 있다(김현호 외, 2020). 그러나 역기능적인 가족은 폐쇄적이고 가족의 규칙에 융통성이 없고 위협적이며 서로에게 집착하는 정도가 심하거나, 지나치게 무관심하여 적절한 가족의 기능을 수행하지 못한다.

일반적으로 가족이 겪는 문제는 가족 한 사람의 문제가 가족구성원 모두에게 영향을 미쳐 가족 전체가 고통을 받게 된다. 예를 들어, 가족의 빈곤, 가정폭력, 부부갈등, 부모-자녀 간의 갈등, 노인부양과 확대가족 내 세대 갈등, 이혼 및 사망으로 인한 한부모가족, 장애인 가족, 알코올 중독자가족, 다문화가족의 문화적 갈등 등의 문제가 있다. 위와 같이 여러 종류가 있으나 가족문제는 빈곤이나 자원의 결핍으로 인한 문제, 가족 내 인간관계의 문제, 피부양자의 보호문제, 사회경제적인 문제, 구조적인 가족문제 등으로 구분할 수 있다(김현호 외, 2020).

(4) 가족력 관계에 대한 사정

생태학적 체계이론 관점에 따라 가족체계의 가족력에 대한 사정은 가족을 하나의 체계로 보고 가족 내·외부 요인과 가족구성원들 간의 상호작용에 대해 수집된 자료를 분석 및 해석하고, 의미를 부여하여 욕구와 문제를 규명하고, 규명된 문제를 해결하기 위해 실천방향을 결정하는 일련의 과정을 의미한다(NCS학습모듈, 2019). 가족력에 대한 사정의 목적은 가족이 현재 겪고 있는 문제는 어떤 것이며, 그 문제를 지속시키고 있는 가족의 상호작용 양상은 무엇인지 그리고 가족구성원들 간의 상호작용 유형 중에서 어떤 점을 변화시키기를 원하는가를 알아내는 것이라고 할 수 있다. 또한 가족력에 대한 사정의 기능은 가족체계가 어떻게 기능을 하고 있는가를 발견하고, 가족체계의 상호작용 유형에 실천하기 위한 방법을 찾는 것이라고 할 수 있다. 따라서 사정과 실천과정은 별개로 분리된 것이 아니고 상호작용적이며 순환적이라는 것이다.

가족은 요보호아동의 욕구 및 문제를 해결하는 데 가장 중요한 자원인 동시에 그의 욕구 및 문제에 영향을 끼치는 원인적 환경이 될 수도 있다. 따라서 사회복지사는 가족사정을 할 때 요보호아동을 중심으로 각 가족구성원의 관계, 상호작용 유형, 서로에게 요구하는 역할이나 기능을 파악함으로써 가족체계 내에 어떤 상호작용이 발생하고 있으며, 그 상호작용 안에 어떤 강점과 장애 요소가 내재되어 있는지를 사정해야 한다. 가족의 문제는 그 문제의 성격을 잘 이해할 때 해결하기 위한 정확한 실천방법을 찾을 수 있다. 문제의 상황을 탐색할 때 질문 유형은 문제의 상황은 무엇인가, 문제는 얼마

동안 지속되어 왔는가, 문제로 인해 가장 큰 영향을 받고 있는 사람은 누구인가, 문제 상황에 어떤 사람들이 개입되어 있는가(사회적 지지망을 알 수도 있음), 문제가 일어나는 상황(시간, 장소, 조건 등)이 별도로 존재하는가, 아니면 문제가 지속적으로 발생하는가 등의 질문을 통해 탐색할 수 있다(김현호 외, 2020).

(5) 생태학적 체계이론 관점에 대한 사정

가족을 사정할 때 생태학적 체계이론 관점에서 보면 '환경 속의 인간'이라는 환경과의 상호작용을 이해하는 것이 중요하다. 노튼(Norton)은 클라이언트가 상호작용하는 사회 환경을 양육 환경(nursing environment)과 유지 환경(sustaining environment)으로 구분하는 이중적 관점을 언급하였다. 이러한 이중점 관점에서 그는 클라이언트 문제의 근원을 파악하고 개입의 해결방안을 찾으려고 노력하였다(Norton, 1978; 김현호 외, 2020). 여기서 양육 환경은 가족, 친구, 이웃, 학교와 직장 등 가까운 체계에서 관계된 사람들로 구성된 환경을 의미한다. 이러한 양육 환경은 클라이언트의 사회적 기능을 수행하는 데 큰 영향을 미친다. 반면 유지 환경은 클라이언트가 살고 있는 사회의 경제체계, 정치체계, 교육 및 의료체계, 언론체계, 사회복지체계 등과 같이 보다 광범위한 범위에 있는 환경을 구성하는 사람들로 구성된 환경을 의미한다. 이러한 유지 환경은 양육 환경보다 요보호아동에게 미치는 영향은 적다.

이러한 환경에서 생태학적 체계이론 관점에 대한 사정은 가족의 기본적 욕구에 대한 사정으로 질문 유형은 '가족의 기본적 욕구는 충족되고 있는가? 충족된다면 충족되는 욕구는 무엇이며 충족되지 않는 욕구는 무엇인가? 욕구발생 시 가족구성원은 누구에게 의존하는가? 양과 질적인 면에서 볼 때 가족 외부의 지지자들과 관계의 성격은 어떠한가? 가족은 외부자원과 관련해서 얼마나 독립적이고 자기충족적인가? 가족은 친구, 친척, 선생님, 동료, 종교와 관련된 사람, 의료인 등을 포함하여 중요한 사람들과 어떻게 관계하는가? 가족의 종교적 믿음이나 가치의 영향은 무엇이고 어떻게 영향을 주는가?' 등으로 사정할 수 있다.

(6) 세대 간 관계에 대한 사정

세대 간 관계에 대한 사정은 가족생활 주기에 따라 나타나는 세대 간을 사정하는 것이다. 여기서 가족생활 주기는 남녀가 결혼해서 새로운 가정을 형성하고, 자녀의 출생과 성장, 자녀의 독립, 은퇴 등과 같이 시간의 흐름에 따른 가정생활의 변화과정을 의미한다. 즉, 결혼 · 임신 · 출산 · 육아 · 자녀교육 · 자녀독립 · 은퇴 후 노후 생활 등을 의미하는데, 이러한 생활주기에 따라 발달과업을 수행하게 된다. 따라서 가족을 사정할 때 그 가족이 생활주기의 이전 단계부터 스트레스를 어떻게 다루었으며, 현재 단계에서 적응 과업은 무엇이고, 그에 대해 가족이 가지고 있는 대처 능력과 활용 가능한 자원들을 사정한다. 이러한 세대 간 사정의 질문 유형은 '계보에 따른 가족의 역사는 어떠한가? 이 가족은 가족의 생활주기 중 어디에 위치하고 있나? 가족구성원들의 발달욕구와 과업을 얼마나 잘 수행하고 있는가? 발달주기에서 위기를 해결하는 이 가족만의 독특한 방법은 무엇인가? 가족의 경제적 활동은 주로 누가하는가? 여러 세대에서 반복되는 가족의 관계나 문제는 무엇인가?' 등으로 사정할 수 있다. 가족생활주기(family life cycle)에 따른 듀발과 밀러(Duvall & Miller)의 발달 단계별 발달과업은 〈표 6-5〉와 같다(Duvall & Miller, 1985; 김현호 외, 2020).

〈표 6-5〉 듀발과 밀러의 발달 단계별 발달과업

발달 단계(가족생활주기)	발달과업
1단계: 가족형성기 (신혼가족, 자녀가 없는 부부)	• 상호 만족스러운 결혼생활의 확립 • 임신과 부모역할에 대한 적응 • 친족망과 조화, 미래 부모역할 결정하기
2단계: 출산가족 (첫 자녀의 출생부터 2.5세까지)	• 의사소통 효율화하기 • 유아의 발달에 적응 및 격려 • 부모와 유아가 만족하는 가정의 확립
3단계: 학령전 아동가족 (첫 자녀가 2.5세부터 6세까지)	• 취학전 자녀의 주요 욕구와 관심을 격려하고 성장을 증진하도록 적응 • 에너지 고갈과 프라이버시 부족에 대처 • 가족구성원과 의사소통 유형에 적응하기
4단계: 학령기 아동가족 (첫 자녀가 6세부터 13세까지)	• 학령기 가족의 지역사회와의 조화 • 자녀의 교육성취에 대한 격려 • 재정적 지급능력 유지하기

5단계: 십대 자녀 가족(청소년가족) (첫 자녀가 13세부터 20세까지)	• 자유와 책임의 조화 • 부모역할을 마친 후의 관심과 진로 확립 • 청소년과 성인 사이의 의사소통 중재하기
6단계: 성인자녀를 가진 가족 (첫 자녀의 독립부터 막내 자녀의 독립까지)	• 적절한 의례와 지원으로 초기 성인 자녀 독립 • 지지적 가정기반의 유지 • 자녀가 가정을 떠날 때 책임 재할당하기
7단계: 중년기 가족 (빈둥지부터 은퇴까지)	• 텅빈 보금자리 적응하기 • 결혼관계의 재확립 및 친족관계 유지하기 • 노인 세대와 젊은 세대와의 조화유지
8단계: 노년기 가족 (은퇴부터 양쪽 배우자의 사망까지)	• 사별과 혼자 사는 것에 대한 대처 • 노년 및 은퇴에 대한 적응 • 배우자의 죽음에 적응하기

(7) 가족 내부 체계에 대한 사정

가족 내부 체계에 대한 사정은 가족의 구조와 기능, 의사소통, 가치, 신념체계 등을 사정할 수 있다. 질문 유형은 '가족 내 하위체계가 적절한 기능을 수행하고 있는가? 부부가 서로에게 도움이 되며 만족스러운 관계를 가지고 있는가? 가족구성원들 서로에게 적응하며 자율성을 가지고 있는가? 부모가 적절한 부모기술을 가지고 있는가? 부모역할을 위해 필요한 사회지식을 가지고 있는가? 자녀를 통제하고 지도하는 권위를 가지고 있는가? 부모와 자녀의 관계가 좋은가? 자녀가 한쪽 부모를 배제한 채 한쪽 부모와 지나치게 연합되어 있는가? 삼각관계를 형성하고 있는가? 형제자매 간의 관계가 갈등적, 경쟁적, 지지적 관계인가? 형제자매 간에 유대관계를 형성하고 있는가? 가족은 어떻게 의사소통하고 있는가? 의사소통은 직접적이고 개방적이며 솔직한가? 문제를 해결하기 위해 동원할 수 있는 가족 및 개인이 있는가? 가족구성원들의 강점과 자원은 무엇인가? 가족 속에서 결속되어 있는 대상과 핵심문제는 누구와 관계되어 있는가?' 등으로 사정할 수 있다. 구체적인 내용에 대해서 알아보면 다음과 같다(김현호 외, 2020).

① **가족의 경계에 대한 사정**: 가족의 경계는 체계 내부와 외부, 체계와 체계 사이를 구분할 수 있는 기준을 의미한다. 가족의 경계는 구성원들 간의 경계, 가족체계 간의 경계, 가족 외부와의 경계 등으로 구분할 수 있는데, 명확하면서도 융통성 있는 적절한 경계를 가지고 있는지를 사정해야 한다.

② **가족 응집력에 대한 사정**: 가족 응집력은 가족구성원들의 정서적인 유대를 의미한다. 가족 응집력이 적절한 가족은 독립성과 자율성을 유지하면서 동시에 친밀감과 상호연결 상태를 유지하지만, 응집력이 낮은 가족은 서로 분리되는 경향을 보인다. 그렇지만 응집력이 매우 높은 가족은 밀착된 관계 양상을 보이며, 가족에 대한 높은 의존과 충성을 보이지만 독립성과 자율성은 부족한데, 이러한 응집력에 대해서도 사정해야 한다.

③ **가족의 규칙과 신화에 대한 사정**: 가족 규칙은 가족구성원들의 행동이나 관계를 통제하는 규범이나 기대를 의미하고, 가족 신화는 일부 가족 또는 가족구성원 모두가 공유하고 있는 잘못된 기대와 신념을 의미한다. 가족 규칙이 역기능적이어서 가족 전체 또는 개개 구성원의 적응과 발달을 가로막는다면 역기능적인 규칙에 대해서도 사정해야 한다. 가족의 규칙과 신화의 비교는 〈표 6-6〉과 같다.

〈표 6-6〉 가족의 규칙과 신화의 비교

구분	가족의 규칙	가족의 신화
내용	어떤 가족 내에서 반복된 행동 유형과 어떤 행동을 규제하는 상호 기대로 가족의 의사소통과 행동을 규정하는 포괄적인 기준과 지침이라고 할 수 있다. 명시적 규칙과 표면화되지 않은 암묵적 규칙이 존재한다.	가족구성원이 공유하는 잘못된 기대와 신념으로 현실에 대한 왜곡이나 부정의 요소를 가진다.
예시	• 일요일 아침에는 모든 가족이 식사를 해야 한다. • 용돈 이야기는 아침 식사 자리에서 하면 안 된다.	• 가족끼리는 말로 하지 않아도 서로를 이해할 수 있다. • 가족과는 슬픔보다는 기쁨을 나누는 것이 좋다.

④ **가족 권력 구조에 대한 사정**: 가족 권력은 가족구성원 중 누구에게 권력이 집중되어 있는지를 의미한다. 누가 가장 영향력을 행사하는 사람인지, 가족구성원들 사이에 권력이 어떤 양상으로 분포되어 있는지를 사정해야 한다.

⑤ **의사소통 방식에 대한 사정**: 이중 구속 메시지나 위장과 같은 의사소통을 방해하는 부정적인 의사소통방식 등을 파악하여 메시지를 전달할 때 사용되는 언어적 · 비언어적, 상황적 요소 간의 일치성을 사정해야 한다. 여기서 이중 구속 메시지는

의사전달에 두 개 또는 그 이상의 상반된 메시지가 담겨져 있어 메시지를 받는 사람은 어느 메시지에 반응해야 할 것인지를 몰라서 당황하게 되는 의사전달 방식이고, 위장은 갈등이나 불화를 애매모호하게 하거나 가면을 쓰고 반응하는 현상을 의미한다.

⑥ **가족 삼각관계에 대한 사정**: 가족 삼각관계는 가족구성원들 중 두 사람의 관계에서 불안이나 긴장을 경험하는 사람이 충족되지 못한 욕구를 충족시키기 위하여 제3의 대상을 관계 안으로 들어오게 하는데, 이때 제3의 대상이 갈등을 느끼는 것을 의미한다. 가족구성원들 사이에 삼각관계가 형성되어 있는지를 사정해야 한다.

⑦ **순환적 인과관계에 대한 사정**: 순환적 인과관계는 가족 체계의 구성원들이 서로 연결되어 있고, 상호 영향을 끼치게 된다는 것을 의미한다. '문제의 부모 밑에 문제의 자녀가 있다.'라는 의미로 가족 관계에서 가족구성원들의 행동은 다른 가족에게 영향을 끼치는 순환적 인과관계를 가질 수 있으므로 이에 대한 사정을 해야 한다.

(8) 가족 외부 체계 및 환경에 대한 사정

가족 외부 체계에 대한 범주로는 사회적 환경, 물리적 환경, 문화적 환경, 사회적 관계망, 가족에 영향을 끼치는 중요한 사람 또는 체계, 공식적 · 비공식적 관계망 등이 있다. 이러한 외부 환경을 활용한 사회적 지지는 사랑과 관심을 기울여 줌으로써 소속감과 안정을 유지시켜 정서적 대처능력을 높여 주게 된다. 또한 요보호아동이 당면한 문제를 다루는 방법에 대한 충고와 가능한 해결책을 제안해 주기도 하며, 자신의 문제를 정확하고 올바르게 평가할 수 있는 준거를 제공해 주기도 한다.

요보호아동의 외부 환경과 관련된 자원에는 학교, 직장, 고용 및 경제적 상황, 주택 및 교통, 가정의 안정성, 사회 관계망, 대인관계 등이 포함된다. 클라이언트 환경의 적절성을 평가하기 위하여 적용할 수 있는 환경적 욕구에 대한 목록은 〈표 6-7〉과 같다. 이러한 사회적 환경 사정에는 문제해결에 영향을 미칠 수 있는 사회적 관계망 지도와 관계망 도표, 집단대상의 사회도(소시오그램) 등의 사정도구가 포함된다. 사회복지사는 요보호아동을 둘러싼 외부 환경의 지지체계와 사회적 관계망에는 무엇이 있으며, 요보호아동에게 사회적 관계망이 어떠한 영향을 끼치는지에 대한 사정이 필요하다.

〈표 6-7〉 환경적 욕구에 대한 목록

- 적절한 사회적 지지망 체계(공식적 · 비공식적 체계, 가족, 친척, 친구, 이웃, 조직체 등)
- 병원 등 전문적 건강보호 서비스의 접근성
- 여가활동 시설에의 접근성
- 충분한 공간, 위생, 위험과 오염으로부터 안전을 보장받을 수 있는 주거 환경
- 경찰, 소방보호 등과 같은 안전보장
- 안전하고 건강한 직업조건
- 생필품 구매에 필요한 재정적 지원
- 교육과 자아실현에 필요한 기회
- 법적 자원의 접근성
- 종교 기관의 접근성
- 취업기회

(9) 강점 사정

강점 사정은 요보호아동과 그의 환경을 사정할 때 약점이나 역기능보다는 강점이나 순기능적인 부분을 중점적으로 사정함으로써 그에게 문제해결을 위한 힘(역량강화, 권한)을 부여하는 것을 의미한다. 모든 사람은 누구나 강점을 갖고 있으며 모든 환경은 자원을 내포하고 있다. 질병이나 문제와 같은 부정적인 개념도 사람을 황폐화시킬 수 있지만, 오히려 질병이나 문제도 도전과 기회의 원천이 될 수도 있다. 따라서 요보호아동의 강점을 파악하고, 파악한 강점을 개입 방향으로 유도하여 문제해결의 방향을 찾을 수 있다는 것이다.

(10) 사정도구

요보호아동 및 가족체계의 사정방법에는 주로 가계도, 생태도, 생활력 도표, 사회적 관계망 지도, 사회적 관계망 도표, 집단대상의 사회도 등의 사정도구를 사용한다. 또한 아동 심리검사는 표준화검사로 유아용 지능검사(W-WPPSI), 아동지능검사(K-WISC, K-ABC), 행동평가척도(K-CBCL), 성격유형검사(MBTI) 등이 있으며, 투사검사로는 아동용 BGT 검사(Bender Gestalt Test), HTP 검사(House-Tree-Person), 동작성 가족화 검사(Kinetic

Family Drawing), 문장완성검사(SCT) 등이 있다(임경옥 외, 2018). 이러한 사정도구나 심리검사는 요보호아동이 가지고 있는 자원을 규명하고, 그와 사회복지사 간의 대화를 중계하기도 하고, 자신을 표현하는 데 어려움을 가진 요보호아동에게는 매우 유용하다. 가족체계 사정을 위한 방법으로는 표준화된 척도나 체크리스트 또는 목록 등을 사용하고 있다. 이 외에도 인터뷰, 가계도, 생태도, 가족 관찰법(동영상, 시연, 가족 조각 등) 등을 활용할 수 있다. 가족체계 사정 방법의 예는 〈표 6-8〉과 같다.

〈표 6-8〉 가족체계 사정 방법의 예

방법	내용
인터뷰	가족 사정을 위한 기본적인 방법으로 인터뷰를 하기 전에 가족에 관한 기관 내의 기록과 의뢰에 대한 정보 등에 대하여 살펴보아야 한다. ex) 질문과 경청
그림 그리기	클라이언트와 그 가족의 상태나 문제를 그림으로 보여 주는 사정의 한 방법으로 가족 내·외의 역동을 한눈에 볼 수 있다. ex) 가계도, 생태도, 사회적 관계망 지도 및 도표
관찰	가족 내에서 가족구성원들의 기능과 역할, 가족 내 하위체계의 기능, 가족구성원들의 밀착과 연합 등을 사정하는 데 유용하다. ex) 동영상, 시연, 가족조각
체크리스트 또는 목록	가족사정 전·후 과정에서 객관적·주관적 정보를 파악하는 데 클라이언트나 그 가족이 처한 상황과 문제에 따라 다양하게 여러 단계에서 선택적으로 사용 가능하다. ex) 부모 역할의 효과성 측정 도구, 가족 스트레스척도, 사회적 관계망 지도 및 도표

2) 계획단계(목표설정)

계획단계에서 목표(objective)는 목적(goal)을 세분화한 것으로 단기적이며 구체적인 것이다. 사회복지실천의 과정에서 목표는 요보호아동과 사회복지사가 협의한 요보호아동의 욕구 및 문제를 해결하기 위한 실천과정에서 바람직한 결과 또는 기대를 의미한다. 또한 목적은 장기적이며 궁극적으로 추구하는 것으로 세분화한 목표들을 달성하는 것이라고 할 수 있다. 예를 들어, 아동복지실천의 경우 목적이 요보호아동의 삶의 질 향상이라면, 이러한 목적을 달성하기 위한 목표는 요보호아동이 당면한 우선순위의 욕구 및 문제 등을 실천하여 해결하는 것이라고 할 수 있다.

목표설정 과정에서 요보호아동과 사회복지사 간에 목표에 대한 합의가 쉽게 이루어지는 경우도 있지만, 대부분은 문제를 바라보는 시각에 차이가 있기 때문에 문제의 우선순위와 실천방법에 일치된 견해를 이끌기까지는 많은 노력이 필요하다. 따라서 사회복지사는 문제의 우선순위, 목표설정 등이 정해지지 않으면 실천에 관한 계획을 세울 수 없기 때문에 요보호아동과 활발한 의사소통을 통해 양자의 동의를 이끌어 내야 한다. 목표가 분명하지 않으면 실천은 실패할 가능성이 크고, 실천결과의 사정도 불가능함으로 바람직한 목표를 세우는 것이 중요하다. 바람직한 목표는 누가, 무엇을, 어느 정도로, 어떤 조건에서, 언제 등의 내용이 드러난 것을 의미한다. 예를 들어, '부모-자녀 관계 향상'보다는 '한 달 이내로 부모-자녀의 대화 모임을 주 2회 이상 가지도록 함'이 더 구체적인 형태의 목표설정이다. 또한 목표는 긍정적인 표현양식을 갖추는 것이 바람직하다. 예를 들어, '지저분한 식습관을 고친다.'보다는 '예의바른 식습관을 배운다.'가 요보호아동에게 거부감을 일으키지 않는 표현이다.

일반적으로 목표를 설정할 때 지켜야 할 지침은 요보호아동이 원하는 결과와 관련이 있어야 하고, 명확하고 측정 가능한 형태로 규정되어야 하고, 현실적으로 달성 가능한 것이어야 하고, 사회복지사의 지식과 기술에 맞는 것이어야 하고, 가능하면 성장을 강조하는 긍정적인 용어로 서술되어야 하고, 요보호아동과 사회복지사가 합의하에 설정하여야 하고, 기관의 기능과 일치해야 한다는 것 등이다(Hepworth et. al., 2006; 김현호 외, 2020). 이러한 지침에 의해 목표가 설정된다 하여도 짧은 시간이나 한 번에 너무 많은 목표를 설정하는 것은 바람직하지 못하다. 욕구 및 문제의 우선순위 결정처럼 목표설정에도 우선순위를 결정하는 것이 바람직하다. 예를 들어, 요보호아동에게 가장 시급한 문제, 단기간에 달성할 수 있어 성취감을 느낄 수 있는 것, 요보호아동에게 다른 목표에 도전할 수 있는 동기를 부여하는 것, 사회복지사의 능력과 기관의 기능상 무리 없이 달성할 수 있는 것 등으로 목표설정의 우선순위를 정하는 것이 좋다.

3) 계획단계(계약체결)

계획단계에서 계약체결은 설정된 목표를 구체적으로 달성하기 위해 추후 진행해야 할 실천의 범위 및 방법 등을 문서화하는 과정이다. 즉, 요보호아동의 설정된 목표와 관련된 사람, 기관 등 지지체계와 실천에 참여하여야 할 사람이나 기관의 규정 등에 따라 실천범위를 결정하는 것이다. 사회복지사와 기관이 실질적으로 실천 가능한 현실적인 수준에서 실천범위를 결정하는 것이 요보호아동에게 도움이 된다. 또한 요보호아동의 특성에 따라 시간, 횟수, 내용, 평가방법 등의 실천방법 등을 결정하여 추후 진행해야 할 실천이 순조롭게 진행될 수 있도록 계약을 체결한다.

아동복지실천과정에서 계약은 사회복지사와 요보호아동이 같이 목표를 설정하고 목표달성을 위해 실천과정에서 각자 어떤 역할을 수행할지를 구체적으로 기술하고 이에 합의하는 것을 의미한다. 즉, 계약체결 과정에서 요보호아동의 참여는 필수적이며 계약내용에는 요보호아동과 사회복지사 각각의 역할과 책임을 명확히 하여 가능한 요보호아동의 참여를 높여야 한다. 또한 요보호아동에게 원조자의 역할, 제도이용의 의미 등을 확인하게 하고 동의를 얻는 것이 필요하며 이용자가 해결해야 하는 문제, 실천의 의미나 순서 등을 알 수 있도록 설명하고 합의해야 한다. 위와 같은 내용에 근거하여 계약서에 포함될 구체적인 내용은 다음과 같다(김현호 외, 2020).

① **구조적 요인**: 사례번호, 참여자, 날짜, 시간, 장소 등

② **문제**: 요보호아동이 규정한 문제, 사회복지사가 규정한 문제, 실천 활동을 위해 합의된 문제의 개요

③ **최종목표**: 명확하고 구체적인 목표달성 정도가 측정될 수 있도록 기술

④ **계획**: 접근방법, 요보호아동의 과제, 사회복지사의 과제, 회기 내의 과제, 평가계획 등

⑤ **비용**: 합의된 목표를 달성하기 위해 사용될 비용

⑥ **서명날인**: 사회복지사와 요보호아동의 서명날인

아동복지실천과정의 계획단계(목표설정, 계약체결)에서 사회복지사는 요보호아동의 상호작용을 통해 문제를 구체화하고, 목표를 설정하고, 효과적인 접근방법을 개발하여 단계적 행동방법을 구상하고, 평가계획 등을 명확히 하여 계약을 체결하게 된다. 이렇게 사용되는 계약의 종류는 서면계약, 구두계약, 암묵적 계약 등 3가지로 나눌 수 있다.

서면계약은 계약의 내용을 서면으로 기재하는 것을 의미한다. 이러한 계약의 장점은 사회복지사와 요보호아동이 합의한 바를 명확히 기록함으로써 언제든지 계약의 내용을 상기할 수 있고 오해의 소지를 최소화할 수 있다. 반면 단점은 계약서를 작성하는 데 시간이 많이 걸릴 수 있고 서면 내용의 비용이나 목표달성 정도가 미비할 경우에 따라 법적인 문제가 야기될 수도 있다는 것이다(김충식 외, 2009). 구두계약은 구두로 계약하는 것을 의미한다. 이러한 계약의 장점은 서면계약에 비해 신속하고 비교적 쉽게 할 수 있다는 것이 장점이지만 단점은 합의한 내용에 대한 것을 잊어버리거나 다르게 기억될 수 있다는 점이다. 암묵적 계약은 서면화하거나 언어화하지 않았어도 암묵적으로 합의한 계약을 의미한다.

Chapter 07

아동복지실천의 과정과 기술 II

아동복지실천의 과정은 요보호아동(클라이언트, 서비스 대상아동)과 그를 둘러싼 가족, 집단, 지역사회 등 다양한 환경 내의 체계들을 변화시키기 위해 사회복지사가 그의 전문직 가치와 지식 및 기술을 활용하여 도와주는 전문적 활동 과정이다(김현호 외, 2020). 제6장에서는 초기단계(접수, 자료수집)와 사정 및 계획단계(목표설정, 계약체결)를 살펴보았고, 이 장에서는 실천단계와 종결단계(평가 및 종결)에 따른 실천기술에 대해서 살펴본다(한국사회복지교육협의회, 2018; 김현호 외, 2020).

7.1 실천단계(실행, 개입, 서비스)

실천이란 의미는 실행, 개입, 서비스란 의미와 혼용되어 사용하고 있는데, 실천단계는 사회복지사와 요보호아동이 합의하여 결정한 욕구 및 문제를 해결하기 위한 계획단계(목표설정, 계약체결)를 실천하는 단계이다. 이 단계에서는 요보호아동의 욕구 및 문제해결이나 적응능력을 향상시키는 기술, 사회적 기능향상을 위한 지역사회 자원이나 서비스를 연결시키는 기술 등이 필요하다. 또한 사회복지사의 전문적 방법을 통해 목표를 달성하기 위해 요보호아동을 변화시킨다. 이러한 변화를 유도하기 위해 자원연계, 자원개발, 사회적 지지집단의 활용, 교육, 역할극 등 다양한 기술을 활용할 수 있다.

일반적으로 아동복지실천은 요보호아동 체계(크기)에 따라 직접적(미시적), 간접적(거시적) 활동으로 이루어진다. 직접적 활동은 개인, 가족, 집단 등을 포함하는 체계를 대상으로 사회복지사와 요보호아동이 일대일로 접촉하여 직접서비스를 실천하는 것이다. 반면 간접적 활동은 요보호아동 외의 개인, 소집단, 조직, 지역사회, 국가 등 요보호아동의 삶에 영향을 미치는 체계를 대상으로 사회복지사가 요보호아동를 직접 만나기보다는 특정 대상을 간접적으로 실천하는 것이다. 여기서는 개인의 내적 변화를 위한 실천기술, 대인 관계적 변화를 위한 실천기술, 개인의 환경적 변화를 위한 실천기술 등에 대해서 살펴본다(김현호 외, 2020).

1) 개인의 내적 변화를 위한 실천기술

개인대상의 아동복지실천은 요보호아동의 욕구 및 문제에 대하여 사회복지사가 일대일 관계기반으로 그의 사회적응 능력을 향상시켜 잘 적응할 수 있도록 돕는 것과 그의 욕구에 따라 사회적 서비스를 받을 수 있도록 지원하는 것이다. 개인대상의 내적 변화는 개인의 사고, 정서, 인지, 행동 등의 변화를 의미하는 것으로, 이러한 변화는 요보호아동이 자신의 태도나 행동에 대한 의미, 경험을 통한 사고과정, 자존감 및 자긍심, 과거 외상에 대한 수용과 성공을 위한 자기 자신의 능력 개발까지 포함한다. 즉, 요보호아동은 사회복지사의 도움으로 분노, 슬픔 등 다양한 감정을 이끌어 낼 수 있고 혼란, 양가감정 등을 해소하게 된다. 또한 사회복지사와 요보호아동이 강한 신뢰감과 공감을 느낄 때 요보호아동의 사고와 의미를 분명히 알 수 있으며 사고, 정서, 인지, 행동 간의 상호관계를 더욱 명확히 알 수 있다. 여기서는 정서적 안정과 자신감 회복을 위한 실천기술과 인지 및 행동변화를 위한 실천기술에 대해서 살펴본다.

(1) 정서적 안정과 자신감 회복을 위한 실천기술

단기실천에서는 정서적인 부분을 충분히 다루기 어렵다고 생각하여 인지적, 행동적 접근에만 주의를 기울이는 경우가 많다. 그러나 단기실천인 경우에 정서는 반드시 다루어야 하는 부분으로 정서를 다룬 이후에 인지변화와 행동변화도 더 효과적으로 나타날 수 있다. 예를 들어, 실천 중에 요보호아동이 분노를 표출하거나 격한 슬픔을 표현할 때에 사회복지사는 당황하게 되고, 이를 어떻게 다뤄야 할 것인지 어려워하는 경우가 많다. 또한 반대로 사회복지사는 요보호아동의 눈물이나 격한 감정적 표현을 성공적인 실천의 징표로 오해할 수도 있다.

요보호아동의 감정 분출이나 표현은 치료적 효과가 있기는 하지만 표출을 넘어서 정서적인 패턴을 볼 수 있게 도와주고 통찰력이 생길 수 있도록 한다면 실천이 더욱 유익할 수 있다. 여기서는 사회복지실천의 기본이 되는 진실성 · 성실성, 무조건적인 존중, 정확한 공감적 이해를 강조하는 인간중심의 상담과 신체감각의 자각을 통해 감정을 탐색하고 표현하게 도와주는 게슈탈트 상담에 대해서 살펴본다.

① 인간중심 상담

인본주의 학자 로저스(1902~1987)는 인간의 내적 경험과 자아실현을 강조하면서 '모든 유기체는 그 수준에 차이가 있지만 내적 가능성을 성취하기 위해 부단히 노력하는 존재이다.'라고 가정하고 자아실현을 위해 노력하는 과정에서 개인의 성장이 이루어진다고 주장하였다. 또한 자아를 행위자로서의 나, 대상물로서의 나, 나와 다른 사람, 나와 다른 세계와의 관계에 대해 일관성 있고 조직된 지각, 태도, 가치의 실체로 정의하였다. 이러한 이론적 관점에서 인간은 본래 자유로우며, 자신의 행동에 책임을 지고, 합리적인 방향으로 지속적으로 성장해 나가는 미래 지향적인 존재라고 보았다.

로저스는 인간에게 많은 욕구와 동기가 있지만 그런 욕구들은 기본 욕구의 일부분에 지나지 않는다고 하면서, 기본 욕구는 바로 자기를 유지하고 증진하며 실현하려는 욕구라고 하였다. 이러한 기본 욕구는 하나의 용어로 규정할 수 없지만 자기유지(self-maintenance), 자기향상(self-enhancement), 자기실현(self-actualization) 등이 모두 포함되는 것으로 이해해야 한다는 것이다. 따라서 로저스는 모든 인간이 자신을 유지하려는 경향과 성장잠재력을 선천적으로 지니고 태어난다고 보았으며, 성장과 자기 향상을 위하여 끊임없이 노력하며 그 노력의 와중에서 부딪히게 되는 고통이나 성장 방해요인에 직면해 극복할 수 있는 성장 지향적 존재라고 하였다.

그래서 인간중심 상담은 내담자 중심의 상담, 학생 중심의 학교, 환자 중심의 병원, 직원 중심의 회사 등 도움을 요청하는 내담자의 욕구 및 문제를 있는 그대로 인정하면서 완전한 기능을 하는 사람으로 다시 태어날 수 있도록 진실성과 무조건적인 긍정적 관심을 갖고 공감하며 인간중심의 상담이 이루어져야 한다는 것이다(김현호 외, 2020).

A **진실성 · 성실성, 무조건적인 긍정적 관심, 정확한 공감적 이해**: 로저스 상담은 현재의 문제보다 인간 그 자체에 초점을 두며, 요보호아동의 성장 과정을 원조함으로써 그가 현재의 문제와 미래에 발생하게 될 문제에 더 잘 대처할 수 있도록 돕는 것이다. 이러한 상담목표를 달성하기 위해 사회복지사는 요보호아동이 자신의 경험을 탐색하고 존중할 수 있도록 촉진해야 한다. 로저스는 진실성 · 성실성, 무조건적인 긍정적 관심, 정확한 공감적 이해 등을 치료의 변화를 일으키는 핵심 요소라고 하였다. 이러한 조건이 갖추어졌을 때 요보호아동의 성장은 자연적으로

이루어진다고 보았다. 따라서 사회복지사는 요보호아동의 경험과 감정에 대해 관심을 가지고 그를 진실하며 성실하게 대하고, 정확한 공감적 이해로 존중하는 것이 그의 성장과 자아실현을 실현시킬 수 있다는 것을 인식해야 한다.

B **인간은 되어 가는 존재**: 요보호아동은 내면의 자아와 현재의 자아에서 나타나는 차이로 인해 괴로워하며, 사회복지사를 찾게 된다. 요보호아동은 자기 이미지와 현실 사이의 괴리를 느끼면 이로 인하여 괴로워하고, 때로는 높은 불안감을 경험하기도 한다. 반면, 적응적인 사람은 현실 생활에 맞게 행동하고, 생각하고, 경험하는 방식에 대해 좀 더 정확한 지식을 가지고 있는 사람이라고 하였다. 그러나 사람들은 완성의 존재가 아니라 지속적인 자아인식, 이해, 수용 과정을 통해서 되어 가는 존재라는 것이다. 지속적인 자아인식과 자아실현의 과정을 통해 좀 더 훌륭한 사람이 되어 가며 자신의 잠재력을 개발해 나간다고 보았다.

C **완전한 기능을 하는 사람**: 로저스는 상담의 지향점 및 목표를 완전한 기능을 하는 사람(fully functioning person)이라고 여겼으며, 그렇게 살아갈 수 있도록 상담과정에서 원조해야 한다고 보았다. 이러한 사람의 특징은 경험에 대한 개방성을 가지고 있으며, 자기 자신과 타인에 대해 신뢰하고, 실존적(실제로 존재하는) 삶(existential living)을 살아가고, 자유의식을 가지고 있으며, 창조적 삶을 살아가려 노력하는 것이다.

로저스의 인간중심 상담은 '완전한 기능을 하는 사람'을 목표로 이루어지는데, 상담과정을 성격의 변화가 일어나는 과정으로 보았다. 즉, 지금-여기(here & now)의 성격이 고정성에서 변화성으로, 경직된 구조에서 유동적 구조로, 고정된 상태에서 변화과정(process)으로 이루어지는 연속과정이라는 것이다. 이러한 상담은 다음과 같이 7단계로 이루어진다.

A **1단계**: 경직된 상태로 자발적으로 상담에 오기가 쉽지 않고 자신에 대한 이야기를 꺼내기 힘들다. 예를 들어, '세상이 싫다', '사람들이 싫다'.

B **2단계**: 상담자에게 수용되고 있음을 경험하면서 감정들을 표현하지만, 아직도 과거의 객관적 경험의 하나로 묘사되거나 다른 사람의 문제처럼 이야기한다. 예를

들어, '중1 때 아버지가 돌아가셨어요.', '뭐 큰 변화는 없고 ... 공부는 잘했어요.'

C **3단계**: 계속 자신이 수용되고 있다고 느끼면 보다 많은 감정과 개인적인 표현을 한다. 예를 들어, '물론 경제적으로 힘들어졌지요.', '제가 할 수 있는 건 공부밖에 없더라구요.'

D **4단계**: 여전히 있는 그대로의 자신이 수용되고 있다고 느낄 때보다 자유로운 감정의 흐름이 가능해진다. 또한 전에서 의식하기를 거부하던 감정이 그대로 표현되기도 하지만, 이런 표현에 두려움을 느끼고 있다. 예를 들어, '어머니는 직장을 갖게 되었고', '집에 오면 아무도 없고', '정말 외로웠어요.'

E **5단계**: 내담자의 유기체적 유동성의 자유가 증가되고, 지금-여기에서의 느낌이 그대로 표현된다. 또한 전에는 거부나 부인되었던 감정이 두렵기는 하지만 이제는 의식 속으로 흘러나오게 되어 진실된 나(Real me)가 되려고 한다. 예를 들어, '그때 저는 울 수는 없었어요.', '사람들은 참 꿋꿋하다고 칭찬하지만... 저는 얼마나 겁이 났는지 몰라요.', '이제 나는 어떻게 되는 건가요?', '우리 학비가 없어 어디 공장에 가야 하는 것은 아닌가요?', '아버지에게 화가 났어요.'

F **6단계**: 이전과는 구별되는 극적인 단계로 발전한다. 전에는 부인했던 감정들을 즉각적으로 현재의 경험으로 수용한다. 예를 들어, '그 친구에게 기대가 많았던 거 같아요.', '그는 모든 것을 가진 아이니까.', '자상하고 경제력 있는 아버지', '따뜻하고 위해 주는 어머니', '나에게 나눌 수 있다고, 아니 나누어야 한다고 생각했던 것 같아요.'

G **7단계**: 이제 상담자의 도움이 없이도 내담자는 새로운 감정들을 즉시 그리고 충분히 경험할 수 있게 되어 완전한 기능을 하는 사람으로 재탄생하게 된다.

② 게슈탈트 상담

게슈탈트 상담은 독일의 정신과 의사인 프리츠 펄스(Fritx Perls)에 의해 시작된 심리상담으로 1960년대 이후 널리 알려졌다. 펄스는 골드스타인(Goldstein)의 유기체 이론과 생태학 이론을 토대로 유기체와 환경을 전체적인 통합체로 보았다. 여기서 게슈탈트(gestalt)란 전체, 형태, 모습 등의 뜻을 지닌 독일어로, 유기체는 어떤 자극에 노출되면 그것을 각각의 부분으로 보지 않고 하나의 의미 있는 전체로 만들어 지각하는 경향을 의미한다. 유기체가 게슈탈트를 형성하는 이유는 사람의 욕구나 감정을 하나의 유의미한 행동으로 만들어서 실행하고 완결 짓기 위해서이다. 즉, 자신이 처한 상황과 환경을 고려하여 그 상황에서 실현 가능한 행동 동기를 지각한 것이 게슈탈트이다.

어떤 대상을 인식할 때 내가 관심 있는 부분은 선명하게 인식되지만, 다른 부분은 배경으로 처리되고 초점이 가지 않는다는 것이다. 예를 들어, 자녀가 군대에 간 엄마는 군인복장을 한 사람만 보아도 내 아들 같아 보이지만, 아들이 제대를 하고 나면 군인을 봐도 예전처럼 가슴이 아프거나 그렇지 않다. 이 어머니의 경우, 아들이 군대에 갔을 때에는 군인이 선명하게 인식되는 전경이지만, 제대 후에는 군인이 배경으로 물러나서 초점이 가지 않게 되기 때문이다.

또한 유기체가 선명한 전경으로 떠올랐던 게슈탈트가 해소되면 자연스럽게 배경으로 사라진다. 그러한 해소를 방해받았을 때에는 배경으로 사라지지 못하고 전경과 배경의 중간층에 남게 된다. 이를 미해결 게슈탈트 또는 미해결 과제라고 한다. 미해결 과제는 끊임없이 전경으로 떠오르려 하기 때문에 이를 회피하지 않고 알아차리는 것이 중요하다.

게슈탈트 상담의 목표는 체험 확장과 더 나은 삶이고, 성장을 위한 지지를 하며, 실존적(실제로 존재하는) 삶을 추구하도록 돕는 것이다(김현호 외, 2020).

A **체험 확장과 더 나은 삶**: 요보호아동이 환경과 자신에 대해서 더 알게 되고 자신을 긍정하고 수용하면 관계능력이 향상되는 것이다. 요보호아동 자신의 억압된 감정과 욕구를 표현하고 충족할 수 있도록 하기 위해서 자신의 신체 감각, 감정, 환경에 대한 지각을 넓힐 수 있도록 도와주는 것이 중요하다. 또한 모든 감각에 대한 인식을 열어 놓고 행동의 결과를 수용하고 이에 대한 책임을 인정하도록 도와준다.

B **성장을 위한 지지**: 클라이언트가 환경 안에서 적응하며 성장할 수 있도록 지지해주고 도와주는 것이다. 환경에 적응하면서 걸림돌이 되었던 장면을 소화할 수 있도록 돕고, 내면의 욕구와 직면해서 그 욕구를 충족시킬 수 있도록 내면적 지지를 통해 도와준다.

C **실존적 삶을 추구**: 요보호아동이 스스로 자기 자신을 되찾고 자연스러운 욕구에 따라 살아갈 수 있도록 격려하고 도와주는 것이다. 요보호아동 자신의 실존적(실제로 존재하는) 삶을 살 수 있도록 도와주는 것이 게슈탈트 상담의 최종 목표이다. 예를 들어, '내 삶은 성공해야 한다.'이거나 미래에 어떠한 사람이 되기 위해서 계획을 하고 방어를 구축하는 데 소모하는 것이 아니라, 현재의 욕구에 충실하면서 있는 모습 그대로 받아들일 수 있도록 도와주는 것이다.

게슈탈트 상담의 기술은 인식의 발달을 촉진하고, 언어 표현에 주목하여 자극하며, 실존적 진솔한 관계를 맺는 것이다(김현호 외, 2020).

A **인식의 발달을 촉진**: 요보호아동 자신의 신체, 감정, 생각 등에 대한 자각을 높일 수 있게 그의 행동 및 언어에 주목하여 단서를 찾도록 노력한다. 여기서 자각은 자기결정이나 지위·책임 등을 스스로 깨닫는 것이다. 따라서 사회복지사는 요보호아동의 언어와 행동 간에 부조화를 감지하거나, 상담 장면에서 보여 주는 신체동작, 표정, 언어와 같은 변화에 민감해야 된다. 이러한 과정에서 클라이언트가 긴장하고 있을 경우는 세 번의 심호흡(3초 동안 숨을 들이마시고 3초 동안 숨을 뱉음, 3회 반복)이나 근육의 긴장 이완(주먹을 쥐었다 폈다 하는 동작을 반복함)을 하도록 한다. 예를 들어, '학교 이야기를 할 때 다리를 많이 떨던데, 다리를 좀 더 떨어 보아요.', '선생님의 눈은 무엇을 말하고 있나요?', '화가 난다고 말하면서 웃고 있네요.' 등과 같은 표현이다.

B **언어 표현에 주목하여 자극**: 요보호아동이 사용하는 언어는 그의 생각, 태도, 감정 등이 반영되어 있다. 자주 사용하는 언어에 주목하고 지금-여기에서의 경험을 회피하고 있는 것에 대한 인식을 높여 준다. 예를 들어, "'친구를 사귀는 것이 다들 그렇다.'라고 했는데, '다들 그렇다.'라는 말 대신 '나는 친구를 사귀는 것이 어렵다.'라고 해보겠어요."와 같이 표현한다.

C **실존적 진솔한 관계**: 사회복지사가 요보호아동을 만날 때 지금-여기에서 자신의 현 존재에 책임을 느끼며, 자신과 요보호아동에 대해 알아야 하고, 그에게 개방적으로 인간 대 인간의 진솔한 관계로 만나야 한다. 사회복지사는 자신이 관찰한

것과 느낌을 요보호아동에게 표현하고, 개인적 경험을 이야기하되 요보호아동을 조정해서는 안 된다. 지금-여기에서 요보호아동이 무엇을 하고 있는지를 인식할 수 있도록 정직하고 진솔하게 피드백을 제공해 주어야 한다. 주의할 것은 클라이언트의 상태나 상황을 인식하면서 존중하는 태도를 유지하는 것이 중요하다.

이러한 기술로 진행하는 과정에서 게슈탈트 빈의자 기술을 활용할 수 있다. 빈의자 기술은 요보호아동의 내면 안에서 일어나는 여러 가지 마음이나 생각을 다루거나 그의 주요 타자(자기 외의 다른 사람, 부모, 배우자, 형제, 친구, 동료 등)에게 갖는 감정을 이해하고 해소할 수 있게 도와주는 것이다. 이 기술을 통해 사람 간의 갈등에 있는 상반된 생각을 명확히 하고, 요보호아동이 이전과는 다른 각도에서 볼 수 있도록 한다. 또한 요보호아동이 그러한 식으로 느끼는 이유를 통찰하도록 도와주는 기술이다. 빈의자 기술은 다음과 같이 진행한다(김현호 외, 2020).

① 상담을 받으러 온 요보호아동이 앉아 있는 의자 옆에 빈의자를 하나 가져다 놓는다.
② 사회복지사는 상담에서 다루어진 갈등 상황이나 대상을 빈의자에 초대한다. 초대된 갈등 상황이나 대상(인형을 사용하는 경우가 많음)은 가능한 구체적으로 그려질 수 있도록 나이, 옷이나 상태 등을 확인한다. 예를 들어, '선생님이 초등학교 3학년 때 선생님한테 함부로 굴었던 친구 영희를 이곳에 초대해도 되겠습니까?', '지금 그 친구는 어떤 옷을 입고 있습니까?', '어떤 머리 모양을 하고 있습니까?', '표정은 어떤가요?', '선생님한테 뭐라고 말하고 있나요?' 등
③ 빈의자에 초대된 사람에게 어떤 이야기를 하고 싶은지를 말하게 한다. 말할 준비가 된 요보호아동에게 하고 싶은 말을 조곤조곤 하기도 하고, 감정을 표출하면서 이야기를 하도록 한다. 하지만 준비가 아직 안 된 클라이언트에게는 이야기를 할 수 있도록 도움을 준다. 예를 들어, '지금 감정이 어떠신가요?', '초등학교 3학년인 이 아이에게 하고 싶었던 말은 무엇인가요?', '한 번 말해 보겠어요?' "또한 말하기 어려우면 저를 따라서 해 보세요. '영희야 난 그때 너무 무서웠어. 니가 나한테 그렇게 한 것은 나를 아프게 했어!'" 등

④ '요보호아동이 하고 싶은 이야기를 하고 나면, 그 이야기를 들은 상대방은 뭐라고 할 것 같은 가요?'라고 상대방의 관점에서 이야기를 들어 보도록 한다.

⑤ 상대방의 이야기를 마치면, 요보호아동이 또 하고 싶은 이야기가 있는지, 내면에서 느껴지는 감정은 어떤 것인지 이야기할 수 있도록 하여 빈의자에 초대된 사람과 이야기하고, 요보호아동 내면의 감정이 느껴지면 그것을 말로 표현해 볼 수 있도록 한다.

이러한 순서로 진행되는 빈의자 기술의 주의할 점은 때로는 성공하지 못할 경우도 있는데, 이는 요보호아동이 느끼기에 상담하는 환경이 안정적이지 않거나 사회복지사에 대한 신뢰가 부족하거나 또는 그가 현재에 집중할 수 없을 정도로 긴장을 하고 있는 경우가 있을 수 있기 때문이다. 이러한 경우 사회복지사는 요보호아동을 있는 그대로 수용하고 진실성·성실성을 갖고 정확한 공감적 이해를 통해 상담해야 한다.

(2) 인지 및 행동 변화를 위한 실천기술

실천과정에서 요보호아동의 인지변화와 행동변화는 중요하게 다루고 있다. 인지변화는 요보호아동의 왜곡이나 부정적인 인지구조를 변화시켜 자신과 상황을 좀 더 현실적으로 인식하도록 돕는 것을 의미한다. 또한 행동변화는 요보호아동의 문제행동을 수정하거나 새로운 행동학습이 목표로 설정되었을 때 행동을 변화시키려고 돕는 것을 의미한다. 인지와 행동의 변화는 서로 불가분의 상호작용 관계이므로 인지행동의 통합적 접근이 필요하다. 인지행동적 접근은 단일 이론이라기보다는 인간을 바라보는 관점이 비슷한 여러 이론들이 모여서 이루어진 이론이라고 볼 수 있다. 현재는 단기적으로 눈에 보이는 효과를 증명할 수 있으므로 인지행동적 접근이 많이 활용되고 있으며, 인간의 인지, 정서, 행동 중 인지가 가장 중요하다고 여기며 접근하고 있다. 여기서는 사람을 바라보는 인지행동적 관점, 대표적 이론인 엘리스(Elles)의 합리적 정서치료와 아론 벡(Aaron Beck)의 인지치료, 행동치료 등에 대해서 살펴본다(김현호 외, 2020).

① 사건을 바라보는 인지행동적 관점

어떤 사건이 일어났을 때 사람들마다 그 사건에 대해 대처하는 것이 다르다. 예를 들어, 두 가장이 경제 불황으로 실직을 하여 노숙자가 되었다고 가정하자. 한 가장은 절망에 휩싸여 일할 의욕도 갖지 못하고 술을 마시며 전전하고 있다. 직장을 구하려는 한두 번의 시도 후에는 낙담을 하고 자포자기해 버렸다. 반면 다른 한 가장은 전자와 동일하게 낙담을 하고 좌절하기도 하였지만, 다시 재기하기 위해서 고용노동부의 프로그램을 이용하여 상담도 받고 학원을 다니면서 그 상황을 극복하려 노력하였다. 실직이라는 동일한 상황에서 두 사람의 대처가 왜 이렇게 달랐을까? 그것은 사건을 사람들이 어떻게 생각하느냐에 따라 그에 대한 감정이나 행동도 달라진다는 것을 단적으로 보여주는 것이다. 전자는 실직이라는 상황을 극복하기 어려운 파국적인 상황이라고 생각하였고, 후자는 힘들기는 해도 인생의 여러 사건 중의 하나로 극복 가능하다고 여겼기 때문에 다른 노력을 할 수 있었던 것이다.

이러한 인지행동적 접근에서 이론마다 강조하고 있는 점이 조금씩 다르지만, 추구하는 점은 인지적 재구성에 초점을 두고, 대처기술의 교육과 훈련을 강조하고, 문제해결 접근에 초점을 두고 있다. 여기서 인지적 재구성은 사람들이 가진 생각의 내용과 방식을 바꾸는 것을 의미한다. 사람들이 불안해하고, 우울해하는 것은 사건에 대한 해석을 부정적 또는 파국적으로 하기 때문이라는 것이다. 생각을 바꾸면 감정도 달라지고, 행동까지 변화시킬 수 있다고 보았다. 대처기술의 교육과 훈련은 상황에 적절하게 대처할 수 있도록 교육하고, 연습 및 훈련하는 것을 의미한다. 사람들이 불안해하는 것은 그 상황에 어떻게 대처해야 할 것인지 모르기 때문이라고 생각한다. 따라서 상황에 대처할 수 있도록 교육하고, 연습 및 훈련함으로써 편하게 대처할 수 있고, 불안도 관리할 수 있다고 보았다. 문제해결 접근은 인지적 재구성과 대처기술 훈련을 함께 사용하여 문제 상황에서 보다 적절하게 대처할 수 있도록 가르치고 훈련하는 것이다.

② 엘리스의 합리적 정서치료

어떤 사람의 믿음, 생각, 자신에게 하는 말 등이 이성적이고 합리적인 경우에는 어떤 현상에 대해 순기능적인 감정이나 행동을 보이게 되고, 반대로 혼란스럽거나 비이성적인 경우에는 역기능적인 감정이나 행동을 표출하게 된다(Ellis, 1962; 김현호 외, 2020). 즉, 합리적 정서치료이론은 비합리적인 신념에서 비롯되며 행동이나 정서적 결과는 실제 사건이 아니라 상황을 바라보는 신념체계에 따라 영향을 받는다는 것이다. 따라서 합리적 정서치료는 잘못된 지각이나 사고의 신념체계를 변화시키거나 치료하는 것을 의미한다. 여기서 잘못된 지각은 융통성이 결여된 생각이나 현실적 불가능성을 인정하지 않는 비합리적인 신념에서 나타날 수 있다. 융통성이 결여된 생각은 '모든, 항상, 당연히, 반드시, 결코, 꼭, ...해야 한다. 나 ...이어야 한다.' 등과 같은 단어를 포함한 생각이나 신념이다. 예를 들어, '나는 모든 사람에게 사랑받아야 한다.', '나는 항상 완벽해야 하게 일을 끝내야 한다.', '반드시 가족은 저녁식사를 함께 해야 한다.' 등이다. 그러나 살다 보면 항상, 완벽히 잘 하기는 어려운 것이 삶이다. 이러한 신념에 걸리면 자기 자신은 물론 타인에게까지 불가능한 것을 기대하고 요구할 수 있게 된다.

또한 현실적 불가능성을 인정하지 않는다는 것은 비합리적인 신념이다. 가치 있는 사람이 되려면 늘 사람들에게 친절해야 하고, 화를 내면 안 된다는 것이 현실적으로 가능할까? 이상적으로는 가능할지 모르지만, 현실 속에서 삶은 추구의 과정이지 완벽하고 완전할 수는 없다. 그러한 믿음은 좌절감을 주고, 자기 비난, 타인 비난, 무력감 등을 가져오기도 한다. 이러한 비합리적인 신념의 예는 '나는 내 주위의 모든 사람들에게 항상 사랑과 존경을 받아야 한다.', '나는 모든 면에서 유능해야 하고 반드시 성공해야 한다.', '잘못을 한 사람은 반드시 벌을 받아야 한다.', '존경받는 사람은 당연히 모든 사람이 좋아해야 한다.', '착한 사람은 절대 화를 내면 안 된다.' 등이 있을 수 있다.

A **엘리스의 ABCDE 모델**: 선행사건으로 인해 생각을 하고 결과로 나타나는 과정 속에서 신념체계를 수정·보완하는 기술이다. 즉, A(선행사건: Acting events or experiences)는 인간의 정서를 유발하는 어떤 사건이나 현상, 행동을 의미하고, B(생각 또는 신념체계: Belief system or thoughts)는 A에 대해서 개인이 지니는 태도나 사고방식으로 합리적인 신념(Rational belief)과 비합리적인 신념(Irrational belief)이 있을 수 있다. C(결과: Consequences)는 A의 선행사건에 대하여 합리적이거나 비합리적인 신념 B를 해석해서 나타나게 되는 정서적 결과이다. D(논박: Disputing)는 비합리적인 신념체계를 재검토하여 치료(변화)하는 것이다. 그리고 E(효과: Effect)는 D 논박을

통하여 비합리적인 신념체계를 합리적인 신념체계로 재구조화된 이후에 갖게 되는 행동과 감정의 효과를 의미한다(김현호 외, 2020).

③ 아론 벡의 인지치료

아론 벡의 인지치료 이론에 의하면, 사람이 기분을 상하게 하는 데 있어서 중심적 역할을 하는 것은 어떤 사건 자체라기보다는 사건에 대해 개인이 갖고 있는 생각이나 오해로 보았다. 아론 벡은 우울증 환자를 상담하면서 그들에게 나타나는 부정적 생각이나 왜곡된 생각, 인지적 오류에 중점을 두고 연구하였는데, 요보호아동이 가지고 있는 특정 믿음이나 신념은 그의 자신에 대한 생각뿐만 아니라 미래를 보는 관점에 더 큰 영향을 미친다는 것을 알게 되었다. 즉, 정신장애는 생활사건에 대한 왜곡된 생각 및 비현실적인 인지평가의 결과로 이해될 수 있다는 것을 알게 되었다. 따라서 아론 벡은 자동적 사고, 역기능적 인지 도식, 인지적 오류의 개념을 가지고 인지치료를 하였다(김현호 외, 2020).

A **자동적 사고**: 사람들이 일상생활을 하면서 어떤 자극이 오면 자동적으로 떠올리는 생각을 의미한다. 자동적 사고가 긍정적일 때에는 건강하게 생활할 수 있지만, 반대로 부정적일 때에는 심리적 어려움이 발생할 수 있다. 우울을 경험하는 사람들의 자동적 사고는 인지 삼제(cognitive triad)라고 하는 다음과 같은 세 가지 내용으로 구성되어 있다. 자기에 대한 비판적 생각(ex, 나는 가치가 없는 사람이다.), 앞날에 대한 염세주의(세상을 괴롭고 귀찮은 것으로 여겨 비관하는 생각)적 생각(ex, 나의 미래는 절망적이다.), 세상에 대한 부정적인 생각(ex, 세상은 살 만한 곳이 아니다.) 등이다.

B **역기능적 인지 도식**: 사람들이 살아가면서 세상을 이해하는 틀을 부정적 또는 역기능적으로 인식하는 것을 의미한다. 성장하면서 어떤 경험을 하고 사는냐에 따라 긍정적인 생각이 많은 사람도 있지만, 반대로 부정적인 생각이 많은 사람도 있다. 이러한 경험과 생각은 도식(지식의 기본 단위로 유기체가 외부의 사물을 인지하기 위해 사용하는 이해의 틀)이 되어 어떤 상황이 발생했을 때 형성해 놓은 도식이 자동적으로 작동한다. 따라서 역기능적 인지 도식을 많이 가지고 있을 때에는 일상생활에서 스트레스가 발생했을 때 부정적 내용의 자동적 사고가 떠올라 심리적 어

려움이 발생한다. 역기능적인 도식의 예는 '사람들에게 인정받으려면 항상 일을 잘해야 한다.', '나의 가치는 다른 사람들의 평가에 달려 있다.', '다른 사람의 사랑을 받아야만 행복한 사람이다.', '다른 사람을 속여서라도 성공을 하는 것이 잘하는 길이다.' 등이다.

C **인지적 오류**: 상대방이 그렇게 생각하지 않았는데도 현실을 제대로 지각하지 못함으로써 내 마음대로 상황을 해석하고 받아들이는 것을 의미한다. 사건이나 상황의 실제적인 의미를 확인하지도 않고 성급하게 결론을 내리거나, 이미 내린 결론에 맞추어 그에 맞는 증거를 찾아 더욱 생각을 공고히 하는 경우이다. 중요한 타자(자기 외의 다름 사람)에게 거부당할 것이라는 인지 도식을 가지고 있는 경우, '그 사람은 언젠가는 나를 떠날 것이다.'라던가, '믿을 사람은 하나도 없다.'라는 생각을 한다. 이러한 경우는 타인을 의심하기 때문에 결국은 상대방을 떠나가게 하는 결과를 가져올 수도 있는데, 흑백 논리, 과잉 일반화, 선택적 추상화, 독심술, 의미 확대 또는 축소 등이 있다. 여기서 흑백 논리는 이분법적인 사고로 성공이냐 실패냐, 사랑하느냐 미워하느냐 등 둘 중 하나로만 생각하려 한다는 것이다. 성공과 실패의 어느 중간지점은 있을 수 없는 일이다. 과잉 일반화는 한두 번 일어난 일을 언제나 그렇다는 듯이 생각하는 것이다. 한두 번의 사업 실패로 항상 무엇을 해도 사업을 실패할 것이라고 생각하는 경우이다. 선택적 추상화는 상황이나 사건에서 전체를 파악하지 못하고 한두 명의 반응이나 특정한 정보에만 주의를 기울여 전체를 해석하는 것이다. 발표할 때 한두 명의 부정적인 반응에만 선택적으로 받아들여 수치심을 느끼는 경우이다. 또한 상대방의 한 가지 행실을 보고 그 사람 전체를 좋게 또는 나쁘게 받아들이는 경우도 해당된다. 독심술은 상대방의 마음을 충분한 근거 없이 한두 가지 단서로 그렇다고 믿어 버리는 것이다. 나에게 한 번 미소를 보냈을 뿐인데 나를 좋아한다고 믿어 버린다거나, 상대방의 눈빛만 보고 나를 싫어한다고 단정하는 경우이다. 의미 확대 또는 축소는 사건의 의미나 중요성의 정도를 과장하거나 축소하는 것이다. 열심히 공부해서 장학생이 되었음에도 '어쩌다 운이 좋아서 그랬겠지.'라고 축소하거나, 한 번 자격증 시험에서 떨어졌으면서 '내 인생은 실패야.'라고 확대하여 생각하는 경우이다.

이러한 아론 벡의 인지치료 상담은 사회복지사가 요보호아동의 현실과 현실에 대한 주관적 해석을 분리해서 이해시켜야 한다는 것이다. 객관적으로 충분히 검증되지 않은 주관적 해석은 해석일 뿐 사실이 아니다. 예를 들어, '그가 당신을 미워한다고 생각하시는 겁니까?' 아니면 '그가 미워한다고 말했습니까?', '자격증 시험에 떨어져서 실패한 것처럼 생각되는 건가요?' 아니면 '정말 아무것도 할 수 없게 실패자가 되어 버렸나요?' 등과 같이 분리해서 인식을 명확히 할 수 있도록 해야 한다. 이러한 과정에서 요보호아동의 부정적인 사고를 좀 더 긍정적 또는 적응적인 사고로 바꾸어 주고, 그의 인지적 오류를 찾아서 수정해 준다. 그리고 그의 부정적인 자동적 사고의 기저(기초가 되는 바닥)를 이루는 역기능적인 인지 도식이 있는지 찾아서 그 내용을 좀 더 적응적이고 현실적으로 바꾸어 준다. 이러한 과정에서 주의할 점은 문제의 증상이 여러 가지가 함께 발생할 경우에 발생의 순서별로 정리를 하여 초기에 발생했던 증상을 먼저 다루는 것이 바람직하다는 것이다. 예를 들어, 주의 집중이 안 되고, 공부가 안 되며 우울하고 화가 난다면, 가장 먼저 발생한 주의집중의 문제를 먼저 다루는 것이 중요하다.

④ 행동수정치료

인간의 잘못된 행동이나 사고를 변화시키기 위해서 체계적이고 구조적인 다양한 기술들이 활용된다. 행동치료는 반두라의 인지적 사회학습이론을 기초로 1970년대 이후 인지행동치료로 발전해 왔다. 행동주의 이론에서는 자극과 반응에 따른 강화와 처벌로 학습이 일어나고 행동이 강화된다고 보았고, 인지적 사회학습 이론에서는 개인의 행동과 환경의 상호작용이 매우 중요하다고 보았다. 즉, 학습이 일어나는 것은 수동적이고 일방적인 것이 아니라 보다 자율적이고 자기주도적으로 학습이 일어난다는 것이다.

행동수정치료의 목표달성을 위한 기술은 요보호아동이 새로운 행동을 학습하거나 기존의 행동을 수정하도록 돕는 기술로 과잉행동, 공격성, 비행, 부도덕적 행동, 방임 등 다양한 문제행동에 사용된다. 행동수정치료 이론은 인간의 행동이 그 행동을 발생하게 하는 선행조건(antecedents)과 행동(behavior), 행동의 결과(consequence)라는 A-B-C관계로 분석할 수 있는데, 특정한 사건에서 행동은 그 행동의 결과에 영향을 받는다고 보기 때문에 선행조건과 결과에 조작을 가함으로써 표적행동(과잉행동, 공격성, 비행, 부도덕적 행동 등)을 변화시킬 수 있다는 가정에서 언급된다. 이러한 기술에는 여러 가지 방법이 있을 수 있는데, 다음과 같은 기술이 있다(김현호 외, 2020).

A **강화, 소거, 처벌**: 강화(reinforcement)는 표적행동에 대해 긍정적인 보상을 줌으로써 바람직하지 않은 표적행동의 빈도를 낮추려고 하는 기술이다. 이러한 강화는 표적행동을 감소시키기 위해 클라이언트가 좋아하거나 유쾌해하는 조건을 추가하거나 제공하는 것을 의미한다. 소거(extinction)는 바람직하지 않은 표적행동을 없애기 위해 그 행동을 무시하여 자연히 그 행동이 소멸되도록 하는 것이다. 처벌(punishment)은 표적행동을 억제하거나 감소시키는 효과를 얻기 위해 고통스럽고 불쾌한 자극을 주는 기술이다.

B **모델링**(modeling): 바람직한 행동을 하는 다른 사람을 모방함으로써 행동에 변화를 주기 위해 요보호아동이 모방할 수 있는 모델을 제시하는 기술이다. 특히, 사회적이고 상호작용적 행동은 다른 사람을 관찰하고 그 행동을 모방함으로써 학습되는데, 동영상 자료를 활용하기도 한다.

C **타임아웃**(time-out): 문제행동이 어떤 상황으로 인하여 강화를 받게 되는 경우에 문제행동을 한 사람을 그 상황으로부터 격리시키는 기술이다. 즉, 표적행동을 하는 환경에서 클라이언트를 일시적으로 격리하여 표적행동을 감소시키거나 제거하는 기술이다.

D **긴장이완 훈련**(relaxation training): 일상생활에서 일어나는 스트레스에 대처하는 좋은 기술 중의 하나로 명상, 자율 훈련, 표현 훈련 등의 기술이 있다. 근육의 수축과 이완을 되풀이하는 과정을 통해 점차 몸이 이완되고, 호흡도 편안해진다. 긴장이완 훈련을 통해 스트레스 관리, 분노조절, 불안감 감소 등에 도움이 될 수 있다.

E **체계적 둔감법**(systematic desensitization): 불안 요소에 대해 가장 덜 위협적인 상황에서 가장 위협적인 상황까지 상황들을 순서대로 제시하면서 불안자극과 불안반응 간의 연결이 없어질 때까지 불안을 일으키는 자극을 반복적으로 제시하면서 극복하는 것이다. 요보호아동의 불안을 일으키는 구체적인 상황을 파악한 후 일주일 동안 불안을 일으켰던 상황을 관찰, 기록하는 과정을 갖는다. 불안을

일으키는 상황이 구체적으로 파악되면 상담을 진행하는 데 먼저 충분히 이완할 수 있도록 가르치고 일상에서도 연습할 수 있게 한다. 사회복지사와 요보호아동이 불안 위계표를 함께 작성하고 불안요소들을 분석해서 위계를 정한다. 위계에 따라 낮은 단계부터 불안 장면을 상상하게 하고 요보호아동의 반응을 보면서 천천히 위계를 올리며 불안을 감소시킨다.

2) 대인 관계적 변화를 위한 실천기술

요보호아동은 일상생활을 하면서 다양한 문제에 직면할 수 있다. 이러한 문제를 해결하기 위해서는 결정능력, 의사소통 기술, 갈등해결, 자기관리 등의 기술이 요구된다. 특히, 대인 관계적 변화는 가족구성원, 친구, 친척, 동료, 고용주 등과의 중요한 관계에서의 변화를 의미한다. 즉, 대인관계를 개선할 필요가 있는 요보호아동은 상대방과 의사소통을 통해 갈등을 해결하며 만족을 얻는 방식으로 변화시키는 것이다. 대인관계를 변화시키기 위해서는 요보호아동이 휘말려 있거나 갈등의 원인이 되는 상호작용의 패턴에 초점을 둔다. 문제를 해결하기 위한 요보호아동은 자신이 가지고 있는 지식, 기술, 대인관계 능력을 사용하면서 스스로 해결하기가 어렵다고 생각될 때는 전문가의 도움을 요청한다. 반면 의존적인 요보호아동은 사회복지사가 문제를 다 해결해 줄 것이라는 기대를 가지고 오기도 한다. 따라서 사회복지사는 요보호아동을 대할 때 관계의 원칙을 준수하면서 비심판적이고 그의 자기결정권을 존중하면서 실천하는 것이 중요하다. 여기서는 문제해결 능력 향상을 위한 실천기술과 자기표현(주장) 능력 향상을 위한 실천기술 등에 대해서 살펴본다(김현호 외, 2020).

(1) 문제해결 능력 향상을 위한 실천기술

문제해결 능력을 향상시키기 위해 사용되는 기술은 어떤 이론에 국한되지 않고 다양한 이론을 적용하여 요보호아동의 문제를 해결할 수 있도록 실천하는 것이다. 요보호아동은 그의 절망적, 부정적인 상황에 노출되어 있다가 오는 경우가 많으므로 강점 관점을 유지하면서 그의 자원을 확대하는 데에 관심을 갖는다. 문제를 안고 있는 요보호아동은 자신에게 발생하는 문제를 효과적으로 처리하지 못한다. 그러나 문제에 체계적으로 접근하는 방법을 배우면 가족, 학교, 직장에서 상호협동하고 상호 존중하는 과정을 배울 수 있게 되고 대인관대의 갈등도 줄일 수 있다. 사회복지사는 요보호아동에게 문제해결 방법을 가르치면서 주의해야 할 점은 주·종관계가 아니라 서로 상호 협조적 관계로 인식해서 상호작용해야 한다는 것이다. 이러한 과정은 다음과 같다(김현호 외, 2020).

① 상호 협조적으로 상호작용하기

요보호아동과 사회복지사가 상호 협조적으로 상호작용하기 위해서는 요보호아동이 가지고 있는 욕구 및 문제에 대해서 문제를 건설적으로 재구성하며 상호 협조적으로 상호작용을 촉진하고, 문제는 체계 속에 있다는 것을 인식해야 한다.

A **문제의 건설적 재구성**: 사회복지사는 요보호아동이 가지고 있는 부정적이고 비판적인 진술 속에서 그의 필요 사항이나 욕구를 파악하고 긍정적으로 재정의 한다. 문제 속에서 긍정적인 요소를 발견하고 이를 피드백 해 주며 요보호아동이 가지고 있는 불만이나 비난의 목소리를 욕구로 재해석한다.

B **상호 협조적 상호작용 촉진하기**: 문제를 가지고 온 요보호아동이 서로 비난하지 않고 서로에게 숨겨진 좋은 의도를 발견할 수 있도록 한다. 부정적인 상호작용을 긍정적인 상호작용으로 전환할 수 있게 도와주며 더 나아가 상호 협조적인 노력을 인정할 수 있게 촉진한다.

C **문제는 체계 속에 있다는 것을 인식**: 문제는 한 쪽이 원인이고 다른 쪽이 결과인 인과관계가 아니라 체계의 순환과정에서 발생하는 것으로 공동의 책임이 있음을 알도록 한다. 즉, 문제를 해결하기 위해서는 서로가 협조적으로 노력해야 한다.

또한 위와 같이 상호작용하면서 문제해결과정 중에 상호작용을 관리하기 위해서는 문제를 자세하게 언급하고, 과거의 어려움보다 현재 문제에 초점을 맞추고, 한 번에 한 가지 문제에만 초점을 맞추고, 다른 사람이 자신의 문제를 이야기 할 때에는 경청하며, 긍정적이고 건설적인 방식으로 문제를 해결할 수 있도록 하는 것이 중요하다.

② 문제해결 단계

요보호아동의 욕구 및 문제를 해결하기 위해서는 먼저 요보호아동 자신에게 문제가 있다는 것을 인식시키는 것이 중요하다. 각각의 문제해결 단계에 대해서 알아본다.

A **문제인식**: 문제해결을 위한 첫 번째 단계로 문제는 자신에게 있다는 것을 인정하는 것이다.

B **문제분석 및 욕구파악**: 문제를 가진 자신의 문제에 대해서 원인을 분석하고 욕구가 무엇인지 파악하는 것이다. 문제파악 및 해결과정을 통해 자신의 욕구충족이 될 수 있도록 방향과 목적을 세울 수 있으며, 자신의 욕구를 나누면서 타인의 욕구도 수용할 수 있게 된다.

C **가능한 해결방안을 만들기 위해 브레인스토밍**: 최대한으로 다양한 방법이 나올 수 있도록 서로 개방하고 받아들이는 분위기를 조성한다.

D **참여자들의 욕구를 고려하면서 각 제안을 평가**: 많은 해결책 가운데 모든 참여자들의 욕구에 맞는 최선의 대안을 선택하는 것이다. 가능한 해결책을 적어 놓고 모든 참여자가 찬반을 정리하고 모두가 만족할 만한 방법의 하나를 선택하는 것이다.

E **선택한 대안 실행**: 선택한 대안을 목표나 계획에 따라 직 · 간접적으로 실천하는 것이다.

F **결과 평가**: 실행한 방법이 만족스러운지 모두의 욕구를 충족시키는지 등에 대해 모니터링을 하고 서로 피드백하는 과정이다.

(2) 자기표현(주장) 능력 향상을 위한 실천기술

요보호아동은 대인관계에서 불안이나 스트레스를 받을 수 있다. 이러한 상황을 해결하기 위해 사회적 기술훈련이 필요하다. 사회적 기술은 자신의 감정과 욕구를 상대방에게 정확히 표현함으로써 대인관계에서 자신의 목표를 성취할 수 있게 해 주는 모든 기술이 포함된다. 이러한 기술은 방임된 아동, 가정폭력 피해여성, 성폭력 피해여성, 정신과 환자 등 다양한 영역에서 그 필요성이 요구되고 있으며, 각각의 대상과 환경에 따라 프로그램이 개발 · 운영되고 있다. 여기서는 자기표현(주장) 훈련과 스트레스 관리훈련,

사회기술 훈련 등에 대해서 살펴본다(김현호 외, 2020).

① 자기표현(주장) 훈련

자기표현(주장) 훈련은 친구관계, 이성관계, 직장에서의 대인관계, 이웃과의 대인관계 등에서 요보호아동이 자신의 생각이나 느낌을 상대방에게 표현하지 못하거나, 너무 공격적으로 표현해서 상대방에게 오해를 사는 경우에 건강하게 상호작용 할 수 있도록 훈련하는 기술이다. 상대방의 권리와 감정을 존중하는 가운데 본인의 의견과 주장, 선호도 등을 구체적으로 표현하도록 하는 훈련이다. 예를 들어, 한국사회에서는 자기를 표현하거나 자신을 분명히 말하면 잘난 척한다, 공격적이다, 자기중심적이라고 부정적으로 평가하는 경우가 있으며, 특히 슬프거나 화난 감정을 타인에게 보여 주면 안 되는 감정으로 여기고 숨기려고 한다. 따라서 자기표현(주장) 훈련은 '인간은 자신을 표현할 권리가 있다.'라는 기본 가정을 가지고 진행한다. 자기주장과 관련된 용어는 주장적 행동(상대방의 감정을 상하게 하지 않고도 자신의 욕구와 감정, 생각 등을 표현하는 것), 수동적 · 소극적 행동(상대방을 너무 배려하거나 눈치를 보게 되어 자신이 원하는 바를 제대로 표현하지 못하여 자신의 권리와 욕구가 손해를 보는 것), 공격적 행동(상대방의 감정이나 욕구는 고려하지 않고 자신의 욕구와 감정, 생각 등을 표현하여 상대방의 감정을 상하게 하거나 겁을 주는 것) 등이 있다.

또한 자기표현(주장)을 잘하지 못하는 이유는 심리적 불안(ex, '자기주장을 하면 크게 피해 볼 수 있어, 내 의견을 말하는 것이 왠지 무섭고 두렵다.'라는 생각 등), 비합리적 신념이나 인지왜곡(ex, '화가 나거나 짜증을 내면 품격이 낮은 사람이다. 아랫사람은 무조건 참고 윗사람의 의견을 따라야 한다. 자기주장을 하는 것은 예의 바르지 못하고 상대방에게 상처를 줄 수 있다. 나의 생각과 감정은 중요하지 않다.'라는 생각 등), 수줍고 소극적인 성격(ex, 부끄럽다. 수줍다. 창피하다. 라는 생각 등), 자기표현 기술의 부족 등이 있을 수 있다.

② 스트레스 관리훈련

스트레스 관리훈련은 스트레스가 많은 사건이나 상황에 과도하게 반응하지 않게 대처할 수 있도록 돕는 기술이다. 스트레스는 사람이 일상생활에서 심리적 또는 신체적으로 감당하기 어려운 상황에 처했을 때 느끼는 불안과 위협의 감정으로 정신건강뿐만 아니라 개인의 전반적인 건강과도 관련이 있다. 사람들이 스트레스를 관리할 수 있으면 스트레스에 극도로 불안해하거나 분노를 느끼지 않지만 관리를 제대로 하지 못하면 불안, 불면증, 분노, 두통, 호흡 관란 등을 겪을 수 있다. 스트레스 관리 기술로는 긴장 이완법, 호흡법, 명상법, 인지치료법, 생활관리 및 운동요법 등이 활용되고 있으며 주로 긴장 이완법이 많이 사용된다. 긴장이완 훈련은 근육의 수축과 이완을 되풀이하는 과정을 통해 점차 몸이 이완되고, 호흡도 편안해지도록 훈련하는 기술이다. 이러한 기술은 다양한 스트레스와 관련된 신체적 증상이 있는 클라이언트를 돕는 데 유용하다. 또한 클라이언트가 극도의 불안과 긴장으로 정신이 혼미하거나 강한 감정에 휩싸일 때 다시 평정을 찾도록 도움을 줄 수 있는데, 위기상황으로 급성 불안을 느끼는 사람, 긴장해 있고 불안한 사람, 긴장성 두통, 편두통, 호흡곤란, 심리적으로 초조한 사람, 불면증으로 잠을 못 이루는 사람, 분노 통제가 어려운 사람, 보통 정도의 우울증이 있는 사람 등에 긴장이완 훈련을 활용하면 도움이 될 수 있다. 긴장 이완법과 호흡법은 〈표 7-1〉과 같다. 또한 긴장이완 훈련 과정은 다음과 같이 진행한다(김현호 외, 2020).

A **훈련 과정에 대한 설명 후 동의를 얻음**: 요보호아동에게 긴장감의 원인과 역효과를 설명하고 긴장이완의 효과와 활용법 등을 설명한다. 또한 자기 것으로 활용하기 위해 지속적인 연습이 필요하다고 알려 준다.

B **이완에 도움이 되는 조건을 밝힘**: 편안한 의자나 등을 기댈 수 있는 의자가 있으면 좋다. 만약 바닥에서 해야 한다면 매트나 담요를 깔고 할 수 있다.

C **요보호아동 교육 지침**: 요보호아동에게 이완훈련을 가르치기 전에 주의사항이나 지침을 알려 주고 이완훈련 중에 일어날 수 있는 일을 알려 준다.

D **요보호아동이 과정을 적용하도록 지도**: 근육을 수축하고 이완하는 과정을 세 차례 정도 실시하고, 성과측정을 위해서 근육이완 정도를 1에서 10까지 중 점수를 기록하게 한다.

E **훈련 후 관리**: 과정을 가르쳐 준 후에는 집에서 매일 20~30분 정도 훈련을 할 수 있도록 알려 준다. 매일 훈련한 후 근육이완 정도를 점수로 체크하여 발전 정도를 평가한다.

〈표 7-1〉 긴장 이완법과 호흡법

구분	내용
긴장 이완법	1) 편안한 자세로 조용히 앉는다. 2) 눈을 감는다. 3) 천천히 온몸의 근육 긴장을 풀어 준다. 발끝부터 시작해서 무릎으로, 배로, 그리고 얼굴의 근육까지 완전히 이완시킨다. 4) 자기가 아무런 걱정도 없이 조용하고 평화로운 장소에 있다고 상상한다. 5) 자신을 원래 앉아 있던 장소로 되돌려 놓는다. 이때 여전히 편안하고 긴장이 이완된 기분으로 한다. 6) 눈을 뜨고 훈련을 끝낸다.
호흡법	1) 코로 숨을 들이마신다. 2) 가슴을 움직이지 않으면서 배로 숨을 내쉰다. 3) 1,2,3,4박자에 숨을 들이마시고, 1,2,3,4박자에 숨을 참고, 그리고 1,2,3,4박자에 숨을 내쉰다.

③ 사회기술 훈련

사회기술 훈련은 표적행동의 상황에 따라 역할극 연습이나 놀이·미술치료 등을 통해 문제해결, 사회적응 훈련, 스트레스 대처 등에 사용하는 기술이다. 여기서 문제해결 기술은 일상생활의 문제에 대처하는 능력이 적절하지 못하여 어려움을 겪고 있는 요보호아동에게 좀 더 나은 수준의 기능을 하도록 체계적으로 도와주는 기술이고, 사회적응 훈련은 요보호아동 자신이 속한 환경 속에서 효과적으로 기능할 수 있도록 필요한 기술을 습득하도록 연습하고 실연해 볼 수 있는 기회를 제공하는 기술이다. 또한 스트레스 대처는 요보호아동이 긴장이나 스트레스로 인해 어려움을 겪고 있을 때 효과적으로 대처하도록 도와주는 기술이다. 청소년기 학생의 경우, 예를 들어 친구들에게 부탁하기, 친구들의 압력 견디기, 친구관계 유지하기, 임시예방 기술알기 등이 있을 수 있고, 기타 아동학대의 위험이 있는 어머니를 대상으로 다양한 양육기술, 대화를 시작하기, 양방향 대화하기 등 구체적으로 세분화된 부분을 가르치는 데 사용되고 있다. 사회기술 훈련 과정과 훈련 방법에 대해서 살펴본다(김현호 외, 2020).

A **사회기술 훈련 과정**: 먼저 부족한 기술을 사정하고, 사회기술 요소를 식별하고, 사회기술 훈련을 시작하게 된다. 여기서 부족한 기술 사정은 클라이언트의 문제 상황에서 부족한 사회기술이 무엇인지를 파악하는 것이다. 예를 들어, 학교에서

분노 폭발로 의뢰된 학생이 있다면 학교상황의 자극적인 요소에 대처하는 기술이 부족한 것이다. 또한 비난에 민감한 정신분열병 환자는 비난을 대처하고 처리하는 기술이 필요하고, 자녀에게 빈번하게 분노를 폭발하고 폭력을 가하는 엄마는 양육기술이 필요하다. 사회기술 요소 식별은 부족한 사회기술이 파악되었으면 그 요소를 세분화해서 인지적, 정서적 구성요소를 고려해서 분리하는 것이다.

B **사회기술 훈련 방법**: 시범, 역할극, 실제 삶에서 사회기술 적용 등이 있을 수 있다. 여기서 시범은 사회복지사가 언어적 반응, 행동과 태도 등을 먼저 시범을 보여 주고 요보호아동에게 학습하도록 하는 것이다. 사회복지사의 시범을 보면서 요보호아동이 느끼는 생각과 감정을 이야기하도록 한다. 이렇게 간접학습을 통해서 요보호아동은 사회기술을 습득하게 된다. 역할극은 요보호아동에게 부족한 기술 요소를 그와 사회복지사가 서로 역할을 나누어 역할 연습을 하는 것이다. 역할극을 하면서 기술훈련을 하게 되고 피드백 과정을 통해서 한 번 더 연습의 기회를 갖게 됨으로 연습 후에는 서로 피드백을 주고받는다. 특히, 요보호아동의 작은 변화에도 긍정적 피드백을 제공하도록 하여 이를 통해서 학습은 더욱 활발하게 이루어질 수 있다. 실제 삶에서 사회기술 적용은 시범이나 역할극을 통해 연습한 것을 일상생활에서 적용해 보도록 하는 것이다. 상담에서 연습한 것을 일상생활에 적용해 보도록 하고 다음 상담에 와서 어떻게 연습했는지, 어려움은 없었는지 등을 함께 이야기하도록 한다.

3) 개인의 환경적 변화를 위한 실천기술

사회복지사는 직접 요보호아동을 만나서 실천하거나 서비스를 제공할 뿐만 아니라 요보호아동이 처한 환경을 변화시키거나 조정하는 간접적(거시적) 실천을 하기도 한다. 간접적 실천은 요보호아동을 둘러싸고 있는 양육환경이나 유지환경, 즉 요보호아동을 둘러싸고 있는 가족, 학교, 집단, 사회를 포함한 광범위한 체계에 문제의 근원이 있거나 이러한 체계들과 상호작용의 문제로 그의 발달과 성장을 저해하는 요소를 제거 및 변화를 유도하기 위해 환경을 변화시켜 실천하는 것을 의미한다. 예를 들어, 빈곤가정을 국민기초생활보장수급자로 책정하여 재정적 원조를 해 주거나, 의료서비스와 연결시켜 준다거나, 보유서비스를 지속적으로 연결시킬 수 있도록 각 기관과 긴밀히 협조하여 원조를 제공하는 것 등이 있을 수 있다. 또한 학대받는 아동이나 배우자에게 쉼터를 통해 일시보호를 제공하거나, 중퇴한 학생의 복교를 위해 학교 당국과 학생 사이를 중재해 주거나, 직장 내 폭력 방지를 위해 상담이나 스트레스 관리 프로그램을 개발해 주거나, 아동, 노인 또는 정신지체 장애인이나 사회적 · 경제적 · 교육적 박탈로 인해 자기 권리를 주장하지 못하는 클라이언트의 권리를 대신 변호하고 주장해 주는 활동들이 포함된다고 할 수 있다. 따라서 사회복지사는 클라이언트 개인뿐만 아니라 그를 둘러싼 환경에 실천함으로써 다차원적이고 다각적인 도움을 줄 수 있다.

개인의 환경적 변화를 위한 실천은 개인의 복지와 사회적 기능에 중요한 영향을 미치는 환경 속의 상황 변화나 자원을 연계한 변화를 위한 실천을 의미한다. 사회복지사는 개인적 문제부터 전체 지역사회에 영향을 미치는 문제에 이르기까지 다루는 문제의 범위가 광범위하고 변화의 초점이 개인, 관계, 환경 등 다양하기 때문에 직접적 · 간접적 실천기술을 모두 활용하여 실천할 필요가 있다. 환경적 변화를 위한 자원이 취약한 클라이언트의 유형에는 발달단계에서 결핍된 경우와 발달장애로 인한 특수한 경우가 있을 수 있다. 여기서 발달단계에서 결핍된 경우는 아동학대나 부적절한 양육환경에 노출된 아동이나 청소년, 경제적으로 취약한 환경에 사는 노인이나 한부모 가정, 필수적인 지원체계가 빈약한 사람 등이 있을 수 있다. 또한 발달장애로 인한 특수한 경우는 장애를 유발하는 질병에 걸린 사람, 다양한 형태의 육체적 · 정신적 장애를 겪는 아동 및 청소년, 중증환자와 노인의 부양의무자 등이 있을 수 있다.

환경적 변화를 위한 실천기술은 여러 가지 방법이 있을 수 있으나 가정 내 관계 증진 및 자원 보충, 지지체계 개발과 증진, 요보호아동을 다른 환경으로 이동, 해석을 통한 태도의 변화 등이 있을 수 있다(Hepworth & Larsen, 1993; 김현호 외, 2020).

① **가정 내 관계 증진 및 자원 보충**: 가정 내에서 구성원들은 양육, 지도, 보호, 영양, 건강, 애정, 교제, 성적 수행 등과 같은 중요한 인간의 욕구를 해결할 수 있다. 그렇기 때문에 가족관계에 문제가 발생하면 가족구성원들의 관계를 증진시킬 수 있도록 지원하는 것이 필요하다. 또한 가정 내에 자원의 결핍으로 인해 문제가

발생할 경우는 자원을 보충해 줌으로써 아동의 욕구가 해결될 수 있다. 자원은 물적 자원뿐만 아니라 인적 자원을 지원할 수도 있다. 예를 들어, 가사지원서비스(가사도우미), 가사도구 지원, 탁아서비스(아이돌보미), 도시락 배달 등을 지원한다. 여기서 가사지원서비스(가사도우미)는 부모가 이혼으로 인해 없거나 맞벌이, 지병 등으로 부모역할을 하기 힘든 가정에 자원을 연결하는 것이다. 청소, 식사준비, 가계관리, 빨래 등과 같은 기술을 가르치거나 방임된 아동을 관리 · 지원할 수도 있다. 가사도구 지원은 클라이언트에게 필요한 옷이나 침구, 주방기구, 컴퓨터 등을 파악하여 그것을 제공하는 공공기관을 연결하거나 재활용품 가게에서 필요한 물품을 구입할 수 있도록 정보를 제공하는 것이다. 탁아서비스(아이돌보미)는 친척에게 돌봄을 받도록 연계해 주거나 유료로 가정에서 돌봐 주는 가정 탁아소, 공공기관에서 운영하는 아이돌보미 등을 연계하거나 지원하는 것이다. 도시락 배달은 식사를 제대로 하지 못하는 아동이나 노인에게 도시락을 배달하는 것이다.

② **지지체계 개발과 증진**: 지지체계는 사람에게 역경이 왔을 때 그에 따른 스트레스나 충격을 완충해 주는 역할을 할 수 있는데, 종교기관, 자조집단, 사회 공공자원, 자원봉사자 활용 등을 통해 이루어질 수 있다. 지역사회 내에 있는 교회, 성당, 절 등의 종교기관은 어려움을 겪고 있는 요보호아동에게 좋은 지지자원이 될 수 있다. 종교기관은 개인의 준거집단이 될 수 있고, 영적인 자극을 주기도 하며 각종 모임에 따른 사회활동이나 소그룹 모임을 통한 정서지지, 가정 방문을 통한 지원이 가능하다. 자조집단은 비슷한 문제 상황을 경험했거나, 생각을 같이 하거나, 또는 동일한 조건을 가진 사람들로 구성된 모임이다. 이들은 공통된 문제를 공유하면서 이를 해결하기 위해 서로 의지하고 지지할 수 있게 된다.

주민센터에는 행복도우미라는 상담원이 있어서 그 지역에 거주하는 클라이언트 특히, 복지서비스를 받지 못하는 사각지대에 놓인 클라이언트를 발견하거나 다른 서비스를 연결해 줄 수 있는 사회 공공자원이 있다. 이러한 사회 공공자원을 활용하거나 여성회관, 고용인력개발센터, 청소년상담복지센터 등을 통해 상담, 진로검사, 취업설계, 청소년취약계층 특별지원 등 요보호아동에게 필요한 서비스를 제공받을 수 있다. 또한 자원봉사자는 요보호아동의 환경을 지원하는 데 중요한 자원이다. 자원봉사자는 물리적인 서비스 지원뿐만 아니라 요보호아동의 사회적 지지체계가 되어 주기도 하는데, 멘토-멘티 연결은 많은 사회복지기관에서 활용하는 방법이다. 예를 들어, 아버지가 없는 아동에게 성인 남자를 연결해 주는 '빅브라더', 정서장애아동과 대학생을 연결해 형 · 누나-동생 맺어 주기 등이 있을 수 있다.

③ **요보호아동을 다른 환경으로 이동**: 요보호아동을 다른 환경으로 이동시키는 것은 그의 일상적인 환경, 즉 익숙해 있던 환경으로부터 떠나게 하는 것이므로 상당한 주의를 기울여야 하며 다른 방법으로 문제해결이 잘 되지 않을 때에 마지막 수단으로 이루어져야 한다. 요보호아동이 다른 환경으로 이동시킬 경우는 아동 · 청소년이 신체학대나 방임을 당할 때, 아동이 성학대를 당할 때, 가정폭력을 당할 때, 노인학대를 당할 때, 트라우마적 경험으로 특별한 보살핌이 필요할 때 등이 있을 수 있는데, 쉼터나 위탁가정, 일시보호소 등으로 옮기게 된다.

④ **해석을 통한 태도의 변화**: 다른 사람에게 요보호아동 행동의 원인을 설명해 줌으로써 요보호아동에 대한 다른 사람의 이해를 돕는 방법이다. 이러한 방법은 다른 사람이 요보호아동 행동에 대한 원인을 이해함으로써 그에 대한 태도를 변화시킬 수 있다. 예를 들어, 자신의 아들이 지적장애 진단을 받았다는 것을 교사에게 설명함으로써 그 아동의 잘못된 행동을 꾸짖고 처벌을 많이 하던 교사는 태도를 바꾸어 대해 줄 수 있다.

4) 언어 · 인지발달이 미숙한 어린 아동의 변화를 위한 실천기술

아동 개인의 내적 변화를 위한 실천기술, 대인 관계적 변화를 위한 실천기술, 환경적 변화를 위한 실천기술 등은 그들이 어느 정도 언어 · 인지발달이 이루어진 상태에서 진행할 수 있지만 너무 어린 아동의 경우는 아동상담과 부모상담, 부모교육 등을 활용하여 실천할 수 있다(김현호 외, 2019).

(1) 아동상담

상담(counseling)은 언어 또는 비언어적 의사소통을 통해 타인(내담자)의 행동변화를 시도하는 인간관계이다. 도움을 필요로 하는 사람(내담자, client)이 전문적 훈련을 받은 사람(상담자, counselor)과의 대면관계에서 생활과제의 해결이나 사고 · 행동 · 정서 측면의 인지적 성장을 위해 노력하는 과정이다. 이러한 측면에서 아동상담은 아동이 일상생활을 하면서 문제가 있을 때 가정의 틀을 유지하면서 기능을 강화하기 위해 아동 및 가족구성원의 기능을 신장시키도록 상담자가 직 · 간접적으로 돕는 전문적 과정이라고 할 수 있다. 여기서 아동의 일상생활의 문제는 아동 개인의 특성(기질, 유전 등)과 함께 부모환경 특성에 의해 발생하게 된다. 이러한 문제 요인을 네 가지로 분류하면 다음과 같다.

① **가족생활에서 오는 자연적인 문제**: 부모의 직업이동으로 인한 지역적인 이주에 따라 이웃이 바뀌는 문제, 가족의 출산이나 사망으로 인한 어려움이나 긴장, 그리고 부모의 이혼이나 사망으로 인한 가족의 변화로 초래되는 위기 등이 있을 수 있다.

② **부모 능력의 부족으로 인한 위기**: 부모의 빈곤으로 인한 어려움, 편부모 가정에서의 어려움, 부모의 정신적 · 신체적 질병으로 인한 어려움, 가족구성원 간의 부조화로 가족의 일체감을 저해하고 아동의 정서를 위협하는 경우의 어려움, 부모의 문제행동으로 인한 어려움, 그리고 부모역할에 대한 준비가 부족한 경우의 어려움 등이 있을 수 있다.

③ **아동의 신체적 · 정신적 · 행동적 문제가 있는 경우**: 발달상의 장애가 있는 경우 아동의 장애를 최소화하고 정상적인 발달을 돕기 위해 상담이 필요하고, 신체적 장애가 있는 경우 재활을 도와 최대한 현실에 적응할 수 있도록 돕고, 그리고 심리적 장애가 있는 경우 전문적인 심리치료를 병행하면서 상담을 한다.

④ **부모나 가정 외의 사회적 환경으로 인한 위기**: 어린이집 · 유치원이나 학교생활에서 또래나 친구관계의 갈등이나 부적응 등이 있을 수 있다.

특히, 어린이집이나 유치원에서 영유아를 대상으로 하는 상담은 영유아의 정서가 아직 미분화되고 언어가 발달하지 못해 표현상의 어려움이 많다. 따라서 영유아의 관찰일지, 활동결과물, 발달검사 등을 토대로 상담이 이루어진다. 영유아의 문제가 지속될 경우 어린이집 내외의 다른 원인이 있는지를 종합적으로 파악하여 상담이 이루어진다.

① 아동상담의 목적과 목표

아동상담의 목적은 아동이 사회 · 정서적 어려움을 해결하고 주위환경에 대처하여 사회에 잘 적응할 수 있도록 돕는 것이다. 이러한 목적을 달성하기 위한 관점에서 상담과정은 치료적 목적과 환경개선 목적이 있다. 치료적 목적은 치료와 병행하면서 상담을 통해 사회에 적응할 수 있도록 하는 것이다. 치료적 관계 속에서 상담자는 아동이 겪고 있는 어려움(좌절, 긴장, 불안, 공격, 두려움, 혼란 등)을 표현할 수 있도록 도와줌으로써 아동이 어려움과 직면하고 그 어려움을 통제할 수 있도록 한다.

또한 환경개선 목적은 아동에게 영향을 미치고 있는 주요환경을 아동의 성장 · 발달에 도움이 되도록 개선시키는 것이다. 아동은 환경과 끊임없이 상호작용을 하면서 발달하는데, 환경과 조화를 이루지 못하거나 환경의 영향으로 인하여 적응상의 어려움을 겪기도 한다. 특히, 부모-자녀 환경에 있어서는 부모와의 상담을 통하여 아동에 대한 이해를 돕고 부모가 바람직한 양육행동을 가질 수 있도록 도와주어야 한다. 선생님이나 친구관계와 같은 외부환경에서도 어려움이 있을 수 있기 때문에 부모나 가정 외의 사회적 환경 개선에도 노력해야 하는 것들이 상담의 목적이 된다.

아동상담의 목표는 목적에 부합되도록 아동에게 변화할 수 있도록 목표를 설정하지만 부모나 주변 인물(선생님 또는 관계자) 목표도 중요시된다. 왜냐하면 아동상담은 성인과 달리 아동이 스스로 문제를 인식하여 자발적으로 상담하는 경우가 적고 부모의 요청이나 교사의 의뢰에 의해서 상담이 이루어지는 경우가 많기 때문이다. 따라서 상동상담의 목표는 아동 스스로에 의한 목표, 상담자에 의한 목표, 부모나 주변 인물에 의한 목표 등을 포함해서 설정하는 것이 중요하다. 아동상담가는 상담 목표를 설정하기 위해서 다음과 같은 사항을 고려해야 한다.

A **아동의 발달수준을 이해하고 기록**: 아동의 인지 · 정서 · 신체 · 사회 · 언어 등의 발달수준이 어느 정도인지 정확하게 묘사하고 상담계획 설정 시 참고해야 한다. 아동의 정서를 언어적 · 비언어적 표현방법이나 갈등 및 긴장상황에서 어떻게 대처하는지, 스스로 자신의 환경을 변화시키기 위해 어떠한 노력을 하는지 등을 구체적으로 기록한다. 또한 신체발달 수준, 사회 · 언어적 수준 등에 대해서도 기록하여 목표를 설정할 때 참고한다.

B **원인 및 문제를 파악**: 아동이 적응해 나가는 데 있어서 어떠한 어려움이 있는지 문제가 무엇인지를 파악하여 목표설정에 고려한다. 아동 자신의 선천적 요인인지 환경적 요인인지 등을 고려한다. 특히, 아동의 발달 수준에 따른 부모나 가정 구성원의 지지적인 역할수행 정도를 고려해서 목표를 설정한다.

C **현재의 어려움을 지속시키는 요인을 파악**: 아동 자신의 선천적 부분과 발달적 수준을 고려하여 환경적 요인을 포함하여 영역에 따른 현재의 어려움을 지속시키거나 가속시키는 요인을 찾아 목표를 설정한다.

② 아동상담의 방법

아동상담은 성인상담과는 달리 비언어적 의사소통을 많이 하게 되는데, 이는 아동이 인지적 · 언어적으로 발달하지 못했기 때문이다. 아동은 자신의 생각이나 느낌을 언어적으로 적절히 표현하기 어려우며 사건이나 사물에 대한 논리적 추론이 부족하다. 그러므로 아동은 놀이를 통해서 자신을 표현하려고 하는데, 이러한 놀이를 매체로 사용해서 의사나 감정을 표현하도록 하는 것이 놀이치료이다. 이러한 놀이치료는 관계 놀이치료, 아동중심 놀이치료, 발달 놀이치료, 모래 놀이치료, 게임 놀이치료 등이 있으며 그 외 미술치료, 음악치료, 독서치료 등을 활용한다.

A 관계 놀이치료

관계 놀이치료는 아동의 현재 지금-여기에 초점을 두며 치료자와 아동 간의 정서적 관계가 치료의 핵심이 되는 것이다. 과거의 경험 대신 현재의 감정과 반응에 초점을 두며 아동의 정서로 인한 심리적인 상처가 치료자와의 깊고 따뜻한 인간관계를 경험함으로써 변화되는 치료과정이다. 아동이 원하기 전까지는 치료자가 놀이에 직접 개입하지 않으나 놀이과정에서 드러나는 모든 경험들을 자연스럽게 토의과정을 통해 충분히 다루어진다.

관계 놀이치료의 과정은, ① 놀이에서 부정적인 감정이 발산되는 단계, ② 양가감정과 불안, 적개심 등이 표출되는 단계, ③ 부정적인 감정을 직접적으로 표현하는 단계로 부모에 대한 감정, 형제나 다른 특정인에 대한 감정을 그 대상을 향해서 표현하는 단계, ④ 양가감정, 즉 긍정적인 감정과 부정적인 감정 등을 부모, 형제나 다른 특성 사람들을 향해 표현하는 단계, ⑤ 아동의 놀이에서 긍정적인 태도가 나타나기 시작하며 현실에 대해 긍정적인 태도와 부정적인 태도를 바르게 표현할 수 있게 되는 단계로 이루어진다.

B 아동중심 놀이치료

아동중심 놀이치료는 아동 자신의 내부에는 성장을 이끌어 나갈 생명력의 원천이 있다고 보고 지금 현재의 치료를 시작하며 환경과의 부조화 문제를 해결해서 자아실현을 촉진하는 치료법이다. 이 치료법은 로저스의 비지시적 상담기법을 바탕으로 이루어진다. 비지시적 상담기법은 인본주의에 기초한 것으로 상담자는 인간의 내적 성장력을 믿고 내담자 스스로 자신의 문제를 해결해 나가도록 돕는 기법이다. 이 기법은 내담자중심 상담기법, 인간중심 상담기법이라고도 한다. 놀이치료과정은 아동과 치료자가 상호작용을 나누는 과정으로서 비평가적이고 무비판적인 관계를 형성한다.

또한 아동의 행동에는 이유가 있다고 믿고 놀이도구는 아동이 자신의 내면과 자신을 양육하는 외부세계인 실제세계를 연결시켜 주는 의사소통을 매개체로 한다. 즉, 놀이감의 선택과 그것을 다루는 방법 자체가 의사소통의 수단이 된다는 것이다. 아동중심 놀이치료의 기본원칙은 다음과 같다.

① 치료자는 아동을 있는 그대로 수용하고 가능한 빨리 아동과 따뜻하고 친밀한 관계를 형성한다.

② 치료자는 허용적인 관계를 형성하여 아동이 자신의 감정을 자유롭게 표현할 수 있도록 한다.

③ 치료자는 아동이 자기 문제를 스스로 해결할 수 있는 능력이 있음을 존중하여 아동 자신이 선택하고 스스로 변화를 가져오도록 한다.
④ 치료자는 아동의 행동이나 대화를 이끄는 것이 아니고 아동을 따라가야 한다.
⑤ 치료자는 치료가 점진적인 과정임을 인정하여 치료를 재촉하지 않는다.
⑥ 치료자는 치료를 현실세계와 연결시켜 주고 아동으로 하여금 현실적 관계에서 자신의 책임을 인식하게 되는 데 필요한 경우에 한해서만 개입을 한다.

C 발달 놀이치료

발달 놀이치료는 아동의 신체 접촉을 통해 긴밀한 애착관계를 형성하고 이를 바탕으로 자아를 발달시켜 다른 사람과 관계 맺는 능력을 향상시키고자 하는 기법이다. 영유아기에 양육자는 토닥거림, 어루만짐, 눈 접촉 등 신체적인 상호작용을 통하여 사랑과 관심을 충분히 주어야 한다. 그렇지 않으면 영유아는 처음에는 신체적 접촉을 갈망하지만 점차 사람을 기피하고 냉담해지며 무기력해져서 절망에 빠지거나 지적 능력이 저하되거나 반항하게 된다. 그렇게 되면 아동은 자신을 표현할 수 있는 핵심 자아를 발달시키지 못하게 된다. 이러한 점을 고려하여 발달 놀이치료는 아동과 양육적인 신체 접촉을 갖고 서로 눈을 보며 즐겁게 상호작용함으로써 그에게 건강한 모-자 관계를 재경험시키는 것이다. 이러한 치료기법은 상담의 중요한 요소로 치료적 관계를 강조하며 애착이론, 대상관계 이론, 자아심리학 등을 기초로 한다.

발달장애 아동은 기본 인식이 부족하여 상황에 대처하는 기초를 배우지 못했기 때문에 지능이 정상 범주인 다른 정서장애 아동과 다르게 접근한다. 즉, 치료 자료와 치료방법의 구조화 정도를 지능 수준에 따라 달리한다. 지능 저하의 정도와 장애의 정도가 심할수록 구조화된 자료와 방법을 적용하고, 그 수준이 경미할수록 구조화 정도가 적은 비구조화 자료와 방법을 도입한다(염숙경, 2002). 예를 들면, 자신을 의식하지 못하는 아동, 지나치게 충동적인 아동, 아무 이유 없이 적개심과 공격성을 분출하는 아동, 이유 없이 위축되거나 환경을 거부하는 아동 등은 비구조적 자료와 비구조적 방법을 적용하게 되는데, 물감, 찰흙, 종이 등 비구조적 자료를 이용하여 아동의 조절 능력, 변화 능력, 놀이 능력 등을 발달시킬 수 있도록 비구조적 방법으로 놀이를 하도록 한다. 이러한 놀이과정을 통하여 아동은 자신이 사물을 다룰 줄 아는 능력이 발달하도록 하고 자신을 조절하여 타인과 상호작용하도록 도와준다.

D 모래 놀이치료

모래 놀이치료는 모래상자(sand tray)를 이용한 놀이 치료기법이다. 일반적으로 75×52×7cm 크기의 상자에 1/2쯤 모래를 채운다. 사용되는 모래는 갈색의 고운 모래, 거친 모래, 흰 모래 등을 사용한다. 상자 안은 방수 처리하고 파란색을 칠해 모래를 치우면 파란 물, 바다, 강, 호수 등을 표현할 수 있다. 놀이에서 물을 사용할 수 있으며 사용될 소품들은 가금류, 공룡 · 뱀 · 새 등 여러 가지 동물과 물고기, 자동차 · 기차 · 비행기 등 교통수단, 다리 · 빌딩 · 교회 · 절 등과 같은 건물, 나무와 꽃 등 생물, 남녀노소 사람, 그리고 다양한 직업과 인종의 인물상 등을 활용한다. 이러한 도구들을 가지고 자유로운 공간에서 놀이하면서 아동의 정서를 표현하도록 한다. 놀이표현의 해석은 전문적으로 학습한 상담자의 해석으로 상담이 이루어진다.

E 게임 놀이치료

게임 놀이치료는 아동이 게임을 하면서 게임의 규칙이나 역할, 행동의 제한, 그리고 기대감 등을 표출한다. 또한 게임에서는 승리라는 결과가 중요시되기 때문에 참여와 동기유발이 촉진된다. 따라서 잠복기(6~12세) 아동은 어린 유아보다 더 진지하게 긴장된 태도로 게임에 참여한다. 이러한 게임은 분노나 적개심을 표출시키고 충동적인 행동을 자제하는 데 도움이 되는 신체적 기술을 요하는 게임과 인지적 능력을 요하는 장기, 체스, 바둑 등의 전략게임이 있다. 또한 빙고게임, 주사위로 결승점에 도달하는 게임, 카드게임 등은 우연게임으로 일부 전략을 사용하면 효과적이다. 이러한 게임이 갖고 있는 치료적 요인은 다음과 같다.

① 아동의 태도와 행동을 관찰함으로써 가치 있는 진단적 정보를 얻는 데 도움이 된다. 아동의 자아기능을 탐색하는 데 구조적이고 규칙이 있는 게임들이 효과적이다.

② 게임은 아동에게 즐거운 활동이며 치료적 개입 없이도 정서적 성장을 촉진시킬 수 있다.

③ 치료적 동맹(협력)관계를 향상시킬 수 있다. 특히 저항심이 심한 아동의 경우 효과적이다.

④ 자기표현이 자유롭다. 평상시의 방어가 감소하고, 아동의 사고 · 감정 · 태도 등의 관찰이 가능하다.

⑤ 자아고양을 촉진한다. 게임은 경쟁적인 속성(자아존중감, 힘과 무력감 등), 치료자가 격려 및 지지, 긍정적인 강화를 줌으로써 아동은 힘을 얻어 갈등상황에 직면하고 해결해 가는 과정을 통해 극복하게 된다.

⑥ 인지능력 향상에 도움을 준다. 게임과정에서 집중력, 기억, 자신의 행동에 따른 결과 예측, 창의적으로 문제를 해결하는 방법 등을 배우게 된다.

⑦ 사회화 과정이 촉진된다. 비행청소년의 경우 바람직한 사회성을 배우고 익히는데 효과적이다.

F 미술치료

미술치료는 요보호아동 개인의 내적 갈등이나 심리적 어려움을 극복하기 위하여 미술활동을 통해 자아성장을 돕는 심리치료이다(임경옥 외, 2018). 즉, 미술이라는 비언어적 표현활동을 통하여 무의식적인 갈등, 꿈, 환상, 부정적인 정서나 공격성 등을 표현해서 그린 그림을 해석하여 내면의 갈등을 치료하는 것이다. 이러한 미술치료는 요보호아동의 사고 체계화를 돕는 인지적 목적과 함께 감정을 표현하고 대처하기 위한 기회를 제공한다.

미술치료는 심리검사로 활용하는 HTP 검사(House-Tree-Person), 동작성 가족화 검사(Kinetic Family Drawing) 등의 투사검사를 실시하여 요보호아동의 문제와 발달상태를 평가하여 진단할 수도 있다. 그 외 핑거 페인팅(풀에 물감을 섞어 손가락으로 문질러 그리는 그림), 모래그림 그리기, 자유그림 그리기, 주제그림 그리기, 콜라텍(화면에 종이 · 인쇄물 · 사진 등을 오려 붙이고 일부에 가필(붓을 대어 글이나 그림 따위를 고침)하여 구성하는 방법), 포토 몽타주 등의 기법들을 활용한다(주수길 외, 2020).

G. 음악치료

음악치료는 음악활동을 통하여 요보호아동의 신체적·심리적 기능을 향상시키고 보다 나은 행동의 변화를 가져오게 하는 심리치료의 한 방법이다(정옥분 외, 2021). 음악치료의 활동은 수동적인 음악감상(listening), 내담자와 치료사 간의 즉흥연주, 노래 부르기(singing), 노래 만들기 등의 능동적인 활동으로 이루어지고 있는데, 음악치료에 사용되는 음악은 대상자와 집단의 특성에 맞게 이용 가능한 음악을 선택하면 좋다. 이러한 음악치료는 정신지체아동의 공격성, 반사회적 행동, 반항, 위축이나 일반아동의 과잉행동, 주의력결핍행동, 충동성, 반사회적 행동 등을 감소시켜 부적응 행동을 치료하는 데 효과가 있다. 또한 음악을 담당하는 뇌의 우반구가 언어기능을 회복시키므로 실어증에도 효과가 있을 수 있다(주수길 외, 2020).

H. 독서치료

독서치료는 책을 통해 요보호아동의 사회적·정서적·정신적 부적응 문제를 치료하고자 하는 임상상담의 한 분야이다. 독서치료는 도서를 매개체로 정신건강을 증진시키는 것으로, 발달적 또는 특정한 문제를 가지고 있는 참여자가 문학작품을 통해 자신의 적응과 성장 및 당면한 문제를 해결하는 데 도움을 얻는 것이다(주수길 외, 2020). 독서치료사는 도서를 선택할 때 요보호아동의 연령, 성별, 문제의 종류, 독서 능력, 독서 취향 등을 파악하여 상담목표에 적절한 문학작품을 선정하는 것이 중요하다. 이러한 독서치료의 목표는 문제들에 관한 정보와 통찰을 제공하고, 토론을 자극하며 새로운 가치들과 태도를 나누고, 비슷한 문제를 경험한 다른 사람들이 있음을 자각하게 하여 문제에 대한 해결책을 제시하는 것이다(주수길 외, 2020).

(2) 부모상담

부모상담은 아동이 발달과정에서 문제가 있거나 부모 자신이 양육의 문제가 있을 때 전문적으로 훈련받은 상담자와 의사소통을 통해 같이 문제를 해결하는 과정이다. 이러한 부모상담은 상담자와 부모가 만나 아동에 대한 정보를 주고받음으로써 아동의 생활지도 및 문제행동을 지도하기 위한 과정이다. 아동이 문제행동을 보일 때 상담자와 부모의 의사소통은 필수적인데, 아동의 문제행동을 해결하기 위해서는 상담자와 부모의 신뢰감을 통한 협동적인 대화가 가장 중요한 요인이 된다. 특히 상담자는 아동의 성별, 연령 등 아동변인과 부모를 포함한 가족, 학교와 친구 등의 환경을 고려하여 객관적인 자료(아동의 적응 상태, 생활 정도, 발달 정도 등 생활 전반에 대한 정보)를 근거로 상담하는 것이 중요하다.

상담하는 과정에서 상담사는 되도록 아동에 관한 정보(관찰기록, 활동 결과물, 신체적 변화 등)를 가지고 부모와 공유할 수 있도록 하며 어느 한쪽이 일방적으로 이야기를 하고 듣는 형태가 아닌 서로 아동에 대한 정보와 생각을 나누는 의미 있는 시간이 되도록 노력해야 한다. 상담자는 최대한 부모의 이야기를 많이 들어주도록 하고 적절한 질문을 통해 부모가 스스로 답을 찾아갈 수 있도록 도와주고 최대한 중립적인 언어를 사용하고 다른 아동과 비교하지 않도록 한다. 부모상담을 위한 상담자의 역할은 〈표 7-2〉와 같다(정명희 외, 2024).

〈표 7-2〉 상담자의 역할

구분	내용
서로 존중하기	상담자는 아동의 문제행동과 관련된 부모상담을 진행할 때 개인적인 견해를 자제하고 부모가 적극적으로 자녀의 문제행동 지도에 참여할 수 있도록 기회를 제공하는 역할을 해야 한다. 이때 부모가 자녀를 교육하고 있는 방법에 대해 인정해 주고 부모의 삶 방식과 교육방식을 이해하려는 태도를 보여 주도록 한다. 또한 자신의 지도방식에 대해 전문성이 있음을 보여 주고 부모가 교사의 교육방식을 신뢰할 수 있도록 해야 한다.
동료 및 관련 전문가와 대화하기	상담자는 아동의 문제행동으로 부모와 상담하기 전 동료나 전문가와 의논하는 것이 좋다. 이러한 과정을 통해 아동의 문제행동을 객관화하여 볼 수 있으며 지도방법에 대한 조언도 얻을 수 있다. 또한 소속기관 외에 다른 전문가와 상담이 필요한지에 대해서도 면밀한 검토를 거쳐 부모에게 전달할 수 있다.
반영적 경청하기	상담자는 아동의 문제행동에 부모가 인정하지 않는 경우라도 부모의 이야기를 최대한 반영하면서 경청하도록 한다. 또한 부모의 이야기를 주의 깊게 경청하고 있다는 사실을 느낄 수 있도록 부모가 하는 이야기를 반영해 주면서 경청한다.
지속적인 참여를 권유하기	상담자는 부모가 아동의 문제행동을 받아들이지 않더라도 그 문제에 대해 지속적인 의사소통을 통해 의지를 보여 주어야 한다. 그 문제에 대한 아동의 행동과 관련된 객관적인 자료를 부모에게 제공하여 부모상담을 지속적으로 진행할 것을 권유한다. 또한 부모가 참관실이나 자원봉사 등을 통해 직접 아동의 행동을 관찰할 수 있는 기회를 제공하며 부모와 지속적인 소통을 이어 나가도록 한다.

중재 분위기로 전환하기	상담자는 아동의 문제행동에 대한 상담이 이루어질 때 항상 성공하는 것은 아니다. 부모와 의견 충돌이 생기게 될 경우 무리하게 상담을 지속하기보다는 종결하고 다른 전문가(소속기관의 장, 외부 전문가 등)에게 도움을 요청하는 것도 좋다. 이때 아동의 문제행동에 대해 객관적인 정보를 제공하여 전문가가 효율적으로 부모상담을 진행하도록 도와줄 수 있다.

(3) 부모교육

부모교육(parent education)은 1920년대부터 미국에서 사용된 용어로 우리나라에서는 해방 직후부터 사용되었다(황희숙 외, 2008). 이러한 부모교육은 부모의 역할 수행을 증진시키거나 변화시키기 위한 의도로 행해지는 조직적인 노력이다. 또한 부모-영유아 간의 상호작용의 질을 개선하며 부모와 영유아의 행동을 긍정적으로 변화시키기 위한 의식적 학습활동이다. 즉, 부모의 자질 향상 및 역할 수행에 변화를 일으키기 위하여 부모, 예비부모, 그리고 영유아를 대상으로 부모교육문제와 자녀교육문제를 대상으로 교육적인 방법을 동원하여 교육하는 활동이라고 할 수 있다.

부모교육과 유사한 용어로 사용되는 것은 부모훈련, 부모참여, 부모개입, 부모역할하기 등이 있는데, 부모훈련(parent training)은 행동주의적 관점을 가진 학자들이 주로 사용하는 용어이고, 부모참여(parent participation)와 부모개입(parent involvement)은 유아교육 프로그램의 계획, 실천, 평가 단계 등에 부모가 참여하는 것으로 부모의 의사결정 권한이 강조된다. 그리고 부모역할하기(patenting)는 최근에 사용되는 용어로 자녀를 양육하고 보호하며 지도하는 과정을 의미한다. 이러한 과정에서 부모뿐만 아니라 영유아의 신체적 · 사회적 · 정서적 · 인지적 발달에 영향을 주는 형제자매, 또래집단, 친척, 교사 등도 포함해서 관계를 개선시키고 있다.

① 부모교육의 필요성

아동이 건강하게 발달하느냐, 못하느냐는 부모의 역할이 중요하다. 아동의 전인적 · 교육적 발달을 도모하기 위해 가정에서 부모의 역할에 따른 부모교육이 필요하다. 아동발달에 중요한 역할을 하는 부모는 부모교육을 통해 부모 자신이 인간으로 성장할 기회를 얻을 수 있다는 것이다. 아동을 잘 기르기 위해서는 무엇보다도 부모가 심리적으로 안정되고 건강해야 한다. 결혼 이전의 예비부모교육은 물론 부모가 된 후에도 계속적으로 부모교육을 받는 것이 부모의 성숙을 위해 바람직하다. 또한 대가족제도의 붕괴와 핵가족제도의 보편화로 인해 젊은 부모들은 아동의 양육 및 교육과 관련해서 어른들의 도움이나 조언을 받을 수 없게 되어 스스로 양육 및 교육의 책임을 수행해야 하는 상황이므로 부모교육이 필요하다.

② 부모교육의 프로그램

부모교육에 대한 프로그램은 1960년대 이후 다양한 내용과 형태로 개발되어 활용되고 있는데, 대체로 부모의 역할 및 자질 향상을 목적으로 하거나 부모의 교육적 기능 강화를 목적으로 운영된다. 즉, 부모로 하여금 영유아를 이해하고 돕고 지도하는 데에 필요한 지식이나 태도 및 기술을 습득하도록 도와주는 것을 목표로 하고 있다. 일반적인 부모교육 프로그램은 체계적 부모효율성 훈련(Systematic training for effective parenting: STEP), 적극적 부모훈련(Active patenting: AP), 부모효율성 훈련(Patent effectiveness training: PET), 그리고 부모훈련(Empowment patent training: EPT) 등이 있다.

여러 종류의 프로그램이 있지만 부모효율성 훈련(PET) 프로그램에 대한 설명을 부연하면, 이 프로그램은 임상심리학자 고든(Gordon)이 제안한 프로그램으로 그는 자녀가 가진 정신적 · 정서적 문제를 정신의학적 관점이 아니라 부모-자녀 간의 인간관계 관점으로 보았다. 부모-자녀 간의 관계를 개선시킬 수 있는 효과적 의사소통기술을 부모에게 교육시킴으로써 자녀의 문제해결에 도움을 주고자 노력하였다. 고든은 자신의 고향인 캘리포니아 파사다나에서 부모집단을 조직하여 부모효율성 훈련을 실시하게 된다. 처음에는 주로 자녀와의 관계가 악화되어 있는 부모들이 참여하였으나 점차적으로 자녀문제를 예방하는 데 도움이 되는 기술을 교육하는 프로그램으로 인식되어 활성화되고 있다.

부모효율성 훈련(PET) 프로그램은 20명 내외의 집단을 구성하여 매주 1~2회(1회 3시간 정도) 총 8회로 진행하는데, 프로그램의 내용은 〈표 7-3〉과 같다.

〈표 7-3〉 부모효율성 훈련(PET) 프로그램의 내용

1회: 강사 및 참가자 소개, PET 소개와 정의, 목표 설정하기
2회: 반영적 경청(의사소통의 걸림돌, 걸림돌 경험하기, 소극적 경청, 반영적 경청 등) 교육
3회: 반영적 경청 실습하기, 영유아와 의사소통하기
4회: 나-전달법(나-전달법의 3요소, 나-전달법 체험하고 인식하기) 교육
5회: 나-전달법의 종류(영유아를 위한 나-전달법, 가정 · 가족 · 주변 환경을 재구성하기) 교육
6회: 제3의 방법(욕구 및 갈등의 이해) 교육
7회: 문제해결의 6단계(문제 확인하기, 해결안 제시하기, 해결안 검토하기, 해결안 결정하기, 결정안 계획하기, 실행 후 평가하기 등) 교육
8회: 가치관 대립에 대처하는 기술(가치관 대립을 인식하기, 자녀의 가치관에 영향 주기 등) 교육

이러한 부모효율성(PET) 프로그램의 내용에 따라 교육할 기법은 부모-자녀와의 원만한 관계를 형성하기 위해 적극적 경청, 나-전달법, 그리고 무패법 등을 제안하고 있다. 적극적 경청(active listening)은 말하는 자녀의 이야기를 비판하거나 판단하지 않고 있는 그대로 수용하고, 자녀의 감정을 진심으로 이해하거나 이해하려고 노력하는 태도를 가지고 의사소통하는 것이다. 적극적 경청을 통해 자녀의 문제가 되는 감정을 정화할 수 있고, 부정적 감정표현의 어려움을 극복할 수 있고, 자녀 스스로의 문제를 해결할 수 있도록 격려할 수 있고, 그리고 부모-자녀 간의 온정적인 관계를 증진시킬 수 있다.

나-전달법(i-message)은 효과적인 의사소통을 하기 위한 메시지 구조의 한 유형으로, '나'라고 하는 메시지를 전달하는 방법이다. 이 메시지의 구조는 분명하고 직접적인 메시지를 보낼 수 있도록 하고 메시지를 받는 상대방이 방어적인 반응을 하지 않도록 하는 방법이다. 따라서 갈등이나 논쟁이 고조되는 상황에서 실망이나 분노, 좌절 등의 감정을 적절히 표현할 수 있어 부부간의 갈등, 고부 간의 갈등, 그리고 자녀와의 갈등 등에 유익한 대화법이다.

'나'라는 메시지는 신뢰관계가 중요한 인간관계에서 가장 효과적인 의사소통이다. 다른 사람의 행동이 용납될 수 없거나 강한 불쾌감을 불러일으킬 때 또는 욕구가 좌절되거나 방해를 받을 때, 다른 사람에게 위안이나 유익한 정보를 전달하는 것이 중요하다. 따라서 나 전달법은 비난하거나 책임을 묻는 대신에 상대방의 행동을 변화시키려고 '나'라는 메시지를 정확하게 전달하는 것이다. 나 전달법은 ① 특정 행동에 대해서 분명히 표현하고, ② 감정의 원인에 대해서 표현하고, ③ 다른 사람에게 미치는 영향에 대해서

표현을 한다. 나 전달법을 사용한 예는 〈표 7-4〉와 같다.

〈표 7-4〉 나 전달법을 사용한 예

(아동이 지역사회 탐방활동에 참여하기 위해 모이기로 한 시간보다 20분이나 늦게 왔을 때)
보육교사: "윤재야, 윤재가 우리와 약속한 시간보다 이렇게 늦게 오니(행동 표현), 선생님은 속상하고 당황스럽다(감정의 원인 표현). 왜냐하면 선생님을 비롯한 다른 아이들이 20분간을 그냥 허비하는 것이 속상하고 우리의 오전 스케줄을 어렵게 만들었어(다른 사람에게 미치는 영향 표현)."

무패법(no-lose method)은 부모와 자녀 간에 갈등상황이 놓이게 될 때 효과적으로 처리하는 기법이다. 부모와 자녀가 갈등이 발생하는 경우 일반적으로 부모가 권위적인 태도를 취해 부모가 정한 해결책을 가지고 자녀를 설득하거나 억압하여 복종하도록 해서 갈등을 해결한다([그림 7-1]의 제1의 방법). 또한 허용적인 태도를 취하는 부모에게는 자녀가 부모에게 대들거나 나쁜 행동으로 반항해서 자기의 주장을 관철하려고 한다([그림 7-1]의 제2의 방법). 그러나 이 두 가지 방법은 부모-자녀 간에 어느 한쪽이 패배감을 느끼고 그 책임을 상대방에게 전가하여 서로에게 나쁜 영향을 미치게 되어 효과적인 방법이라고 할 수 없다. 그래서 고든은 부모-자녀 간에 갈등을 효과적으로 해결할 수 있는 방법으로 무패법을 제안했는데, 이 방법은 부모와 자녀 갈등에서 서로 권위적 또는 반항적 행동의 차이를 줄이고 함께 수용할 수 있는 갈등해결 방안을 제시하여 모두 승리하는 것이다([그림 7-1]의 제3의 방법). 갈등해결을 위한 방법은 [그림 7-1]과 같다.

부모 자녀 간에 갈등을 해결할 수 있는 부모효율성(PET) 훈련은 무패법을 잘 실천하는 것으로 다음과 같이 6단계로 이루어진다. 실천에 있어서는 6단계가 모두 진행되는 것이 아니라 상황에 따라 조기에 종료되면 단계를 뛰어넘을 수도 있다(Gordon, 1975).

A **제1단계-갈등의 확인 및 정의(문제 확인하기)**: 문제를 확인하는 과정에서 부모는 자녀가 갈등을 해결하기 위해 참여하고 싶은 마음이 들도록 지지하고 격려해서 해결하도록 노력해야 한다. 또한 해결하고자 하는 갈등 상황을 정확히 이해해야 한다.

B **제2단계-가능한 모든 해결방안 모색(해결안 제시하기)**: 전 단계에서 확인한 문제에 대해 갈등의 해결방안에 대해서 다양하게 모색한다. 부모는 먼저 자녀가 가지고 있는 해결방안을 알아보고 자신의 해결방안을 자녀의 방안과 함께 생각해 본다. 이 단계에서 중요한 것은 자녀가 제안한 해결방안에 대해서 부모가 평가하거나 판단하지 않고 좋은 해결방안이 나올 수 있도록 최선을 다해 여러 가지 방안에 대해서 모색하는 것이다.

C **제3단계-가능한 모든 해결방안에 대한 검토(해결안 검토하기)**: 이 단계는 해결방안에 대해서 검토하는 것으로 부모와 자녀는 서로의 느낌을 진솔하게 표현한다. 서로 어느 한쪽에서 받아들이기 어려운 방안을 제거하고 양쪽 모두에게 좋다고 여기는 한두 가지로 해결방안을 요약한다.

D **제4단계-가장 좋은 해결방안 결정(해결안 결정하기)**: 부모-자녀 간의 갈등 해결방안이 결정되면 부모나 자녀는 서로 존중해서 결정된 사항이기 때문에 지켜야 할 책임이 서로에게 있다는 것을 인식해야 한다.

E **제5단계-결정된 해결방안 계획 · 실천(해결안 계획 · 실천하기)**: 전 단계에서 결정된 해결방안을 어떻게 계획할 것인지 부모와 자녀가 서로 협의하여 계획한다. 그리고 서로 협의하여 계획한 것에 대해서 최선을 다해 실천하는 것이 중요하다.

F **제6단계-해결방안 실행과 그에 대한 평가(실행 후 평가하기)**: 이 단계는 실행된 해결방안에 대해서 서로 평가하여 문제점이 발견되면 서로 재합의하여 실행해서 서로에게 해결되도록 피드백하는 과정이다.

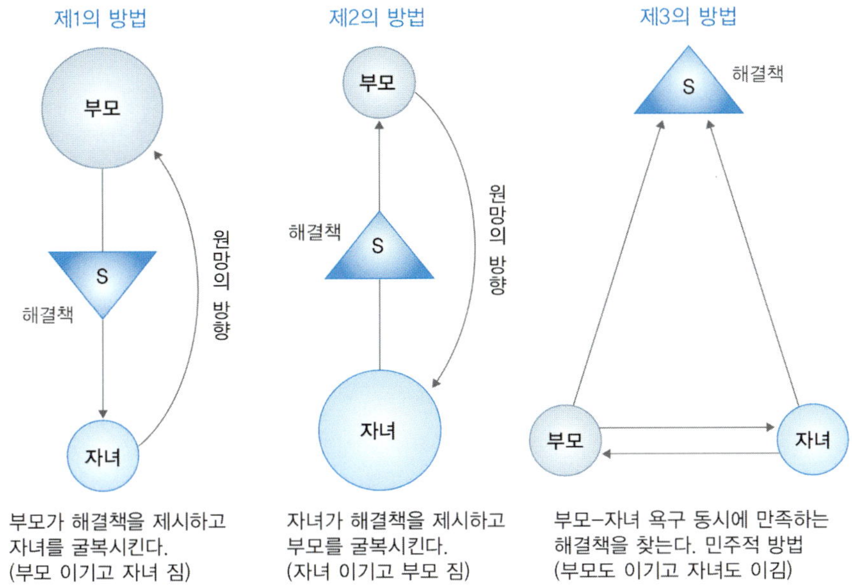

[그림 7-1] 갈등해결을 위한 방법

7.2 종결단계(평가 및 종결)

아동복지 실천과정에서 실천과정을 마무리하는 것은 실천결과를 평가하고 종결하는 것이다. 평가는 사회복지사와 기관의 책무성과 효과성을 입증하는 방법이고, 요보호아동의 욕구 및 문제가 충족되었는지에 대한 실천효과를 검증하고 좀 더 효과적인 실천방법을 모색하는 것이다. 즉, 평가(evaluation)는 사회복지 분야의 프로그램 또는 기관의 계획에 따른 실천 활동 등을 포괄적이며 체계적으로 판단하는 것을 의미한다. 따라서 요보호아동 개인, 가족, 집단을 대상으로 사회복지사가 서비스를 실천하는 활동에 초점을 두고 목표를 달성했는지에 대한 실천 결과를 평가하는 것이라고 할 수 있다(Zastrow, 1999; 김현호 외, 2020). 평가에 대한 개념은 문헌마다 조금씩 다르나, 양적 및 질적인 특성을 파악한 후 가치판단을 통하여 미래 방향을 설정해 주는 의사결정의 특징이 있다. 여기서 양적인 평가는 정량적(定量的) 기준에 의해 제시되는 양적인 평가방법이고, 질적인 평가는 정성적(定性的) 기준으로 제시되는 주관적 관점에 의한 평가방법이다. 따라서 사회복지사는 실천과정에 따른 요보호아동의 주관적 만족도 및 변화 정도를 평가하기 위해 초기 접수에서부터 요보호아동과 목표설정 단계에서 합의할 수 있는 의사소통능력, 목표설정에 따른 관련 평가도구(심리검사지 등) 계획 및 활용 방법, 척도 구성, 자료수집 방법, 측정방법(직접관찰법, 자기보고식 평가척도, 표준화된 측정도구), 통계분석 방법 등에 관련된 지식이 필요하다.

또한 종결은 최종단계로 문제해결에 대한 목표가 달성되어 요보호아동이 떠나는 단계이다. 바람직한 종결은 요보호아동에게 실천과정에서 이루어진 변화를 검토할 기회를 주고 미흡한 목표를 파악하여 보완해 주며, 요보호아동이 그 변화를 통합하여 자신이 변화의 주체임을 깨달아 대처능력을 강화해 주며, 종결 이후의 생활에 대한 자신감을 갖게 하며 원조관계를 종료하도록 돕는 단계이다(김현호 외, 2020). 이러한 종결단계에서 목표달성에 따른 성공적인 종결이 될 수 있도록 사회복지사는 종결 시기에 임박해서 종결에 따르는 요보호아동의 정서적 감정을 다루거나 유대할 수 있도록 지원하는 것이 필요하다. 종결의 유형은 목표달성에 따른 성공적인 종결, 개인대상이나 집단구성원들의 중도탈락에 의한 종결, 다른 기관이나 다른 사회복지사로 의뢰 등이 있을 수 있다.

① **목표달성에 따른 성공적인 종결**: 개인대상이나 집단구성원들이 목표를 성취하는 동시에 성취감에 만족을 느끼며 자존감이 향상된 종결이다. 이러한 경우 목표달성에 대한 만족감도 있지만 이별에 대한 상실감도 느낄 수 있으므로 정서적인 감정도 다루어야 한다. 또한 종결 후의 문제에 대해서도 계획을 세워 원조하는 것이 바람직하다.

② **개인대상이나 집단구성원들의 중도탈락에 의한 종결**: 개인대상의 실천을 위한 변화과정에서 요보호아동의 사정으로 인하여 더 이상 참여를 하지 못하거나 집단발달의 과정이 계속되고 있는데 일부 구성원들이 집단 활동을 하지 않는 경우이다. 이러한 경우 개인대상이나 집단구성원들의 중도탈락 요인은 설정한 목표를 수행하지 못할 것이라고 생각하는 경우, 개인이나 집단구성원 본인이 집단 활동을 잘 받아들이지 못하는 경우, 개인의 문제나 다른 구성원들에 대한 불신감이나 불일치 등 여러 가지가 있을 수 있다(김현호 외, 2020). 이러한 경우 사회복지사는

중도 탈락하는 개인대상이나 집단구성원들에 대한 정보를 수집하여 원인을 파악하고 대처하여 계속 개인대상 실천이나 집단 활동을 할 수 있도록 원조해야 한다.

③ **다른 기관이나 다른 사회복지사로 의뢰**: 개인대상이나 집단구성원들이 공감할 수 없다고 느끼는 경우, 집단의 경우 구성원들이 문제를 건설적으로 해결하는 것을 막는 집단 내 파괴적인 힘을 가진 구성원이 있는 경우, 사회복지사의 성격적인 문제로 치료적 도움을 제공할 수 없다고 느끼거나 그의 개인적인 사정(이직, 부서이동)이 있는 경우, 사회복지사와 개인대상이나 집단구성원들 간에 긍정적 관계형성이 어려운 경우 등이 있을 수 있다. 이러한 경우 사회복지사는 개인대상이나 집단체계의 실천을 유사한 다른 기관에 의뢰할 수도 있거나 같은 기관 내의 다른 사회복지사로 변경할 수도 있다. 특히, 사회복지사와 관련된 경우 사회복지사는 개인대상이나 집단구성원들에게 이직이나 부서이동에 대한 설명을 함으로써 이해를 구하고, 만남과 헤어짐에 대한 긍정적인 표현으로 그들의 정서적 안정을 갖도록 원조해야 한다.

종결시점이 되면 사회복지사와 요보호아동은 긍정적인 감정과 부정적인 감정을 동시에 느끼는 양가감정이 나타나게 된다. 긍정적인 감정은 목표를 성취했다는 뿌듯함과 자신의 만족감, 자부심 등이 있을 수 있다. 또한 부정적인 감정은 내 주위에 아무도 없다는 불안감, 자신이 혼자라는 느낌, 상실에 따른 슬픔 등이 있을 수 있다. 일반적으로 요보호아동은 종결되면 앞으로 어떻게 할 것인가의 의문을 갖게 된다. 이러한 경우 사회복지사는 종결에 따른 자신의 감정을 다른 체계(가족, 친구 등)와 공유하여, 마음속에 있는 양가감정을 토론할 수 있도록 격려해야 한다(김현호 외, 2020). 또한 종결 이후의 기관과 사회복지사가 제공할 수 있는 역할에 대해서도 알려 주면 좀 더 효과적인 종결이 될 수 있을 것이다.

요보호아동에 대한 실천과정이 종결된 후 그의 변화한 상황을 점검하기 위한 목적으로 사후관리을 실시할 수 있다. 사후관리는 요보호아동과의 공식적인 관계가 종료되었지만 그가 실천과정에서 획득한 변화를 잘 유지하고 있는지 확인하고, 만약 다시 그가 어려움을 겪고 있다면 필요한 도움을 제공하기 위해서 실시한다. 이러한 사후관리는 실천의 효과를 지속시키기 위한 실천과정으로 요보호아동의 향상된 문제해결 능력과 변화가 실천과정이 종결된 이후에도 지속적으로 유지될 수 있도록 원조하는 것이다. 따라서 사회복지사는 종료 시점에 요보호아동과의 합의를 통한 사후관리를 계획해야 한다. 이는 요보호아동이 실천과정을 통해 달성한 목표를 잘 유지하고 있는지를 확인하는 과정으로 그와 유의미한 다른 사람인 가족, 친지, 친구 및 주변 사회체계를 활용하여 그의 변화유지를 모니터링함으로써 실천효과의 지속적 유지에 도움이 될 수 있도록 하는 것이다. 또한 종결 시 같은 문제로 어려움을 겪고 있는 동료들과 자조모임 결성을 원하는 요보호아동의 경우는 기관에서 줄 수 있는 도움과 도움을 줄 수 없는 한계에 관한 정보를 제공하며, 적합한 자조모임 결성을 지원할 수도 있고, 유사한 자조모임에 관련된 정보도 제공할 수 있다. 여기서 자조모임은 클라이언트와 유사한 관심과 문제를 가진 사람들과의 집단경험과 토론을 통해서 변화한 대처능력을 잘 유지하고 사회적 기능을 향상시키기 위한 모임으로, 모임 구성원들 스스로 해결된 자신의 문제를 유지 및 강화하기 위해 결성된 모임이다.

Chapter

08

아동정책과 법률 및 전달체계

현대사회는 모든 아동에 대한 권리와 복지가 강조되고 있다. 이러한 사항을 해결하기 위한 제도나 법을 통해 권리와 복지사업 수립 및 시행에 필요한 지침이나 원칙을 결정하기 위한 정책을 수립하고 결정된 정책을 시행하기 위한 행정적 전달체계를 구축하여 시행하고 있다. 이 장에서는 아동권리와 복지정책의 이해로 아동권리정책의 개념, 아동복지정책의 개념, 내용을 살펴보고, 아동권리와 복지 관련 법으로 「아동복지법」, 「영유아보육법」, 「청소년기본법」, 「한부모가족지원법」 등을 살펴본다. 그리고 아동복지의 전달체계로 아동복지 전달체계의 의미, 기능 등에 대해서 살펴본다.

8.1 아동권리와 복지정책의 이해

1) 아동권리정책의 개념

정책(policy)은 어떤 목적을 달성하기 위하여 의도적으로 선택한 방침으로 국가나 지방자치단체 차원에서 사업을 전개하기 위한 지침을 결정하는 것을 의미한다(김석준 외, 2018). 갤러거(Gallagher)는 정책이란 끝없는 사회적 욕구를 충족시키기 위해 부족한 자원을 분배하기 위한 규칙과 기준으로 정의하였고, 오셔와 퀸(Osher & Quinn)은 특정기관의 운영방식을 구체화하여 권위를 갖고 실행할 수 있게 하는 원칙으로 정의하였다(Gallagher, 1997; Osher & Quinn, 2003). 또한 디니토(DiNitto)는 정책이란 많은 사람들에게 영향을 미치는 일련의 선택된 결정으로서 공공정책은 국가나 기관에 의해 이루어지는 결정이라고 하였다(DiNitto, 2005).

이러한 의미에서 아동권리정책은 아동권리와 정책의 합성어로 아동이 태어나면서 천부적으로 가지게 되는 권리를 보호하기 위하여 시행하는 정책의 지침이나 원칙을 의미한다. 즉, 건강한 출생 및 행복한 성장을 도모하기 위하여 국가와 지방자치단체는 아동의 권리증진과 관련된 법과 제도를 제정하고 정책을 수립하여 시행하는 다양한 활동이라고 할 수 있다. 이러한 활동은 아동의 권리를 보장해 주고 아동권리에 대한 인식을 증진시키기 위한 노력이 필요하다. 우리나라의 경우 아동권리를 증진시키기 위해 「아동복지법」에 따라 아동정책조정위원회가 구성되어 있으며, 아동권리보장원이 설립되어 아동권리교육 등을 실시하고 있다. 이 외에도 권리주체인 아동이 일상 속 아동권리 침해 상황을 스스로 탐색하고 개선방안을 정책으로 제안하는 활동을 통해 아동의 권리가 존중받는 사회를 만들어 가는 아동참여 조직으로 구성하는 아동권리 모니터링단을 굿네이버스에서 전국적으로 운영하고 있다. 또한 지방자치단체나 기관에서는 아동권리 옴부즈퍼슨을 운영하고 있다. 옴부즈퍼슨은 스웨덴에서 처음으로 시행되었는데 대리인을 뜻하는 스웨덴어로 아동을 대신하여 아동의 권리를 옹호하고 대변하거나 증진하는 역할을 수행한다(임경옥 외, 2018). 여기서는 새롭게 추가되는 아동정책조정위원회와 아동권리보장에 대해서 살펴본다.

(1) 아동정책조정위원회

아동정책조정위원회는 2003년 UN아동권리위원회의 2차 권고(정부의 아동정책 및 사업을 위한 상설 총괄 조정기구의 미흡)에 따라 2004년 「아동복지법」을 개정하면서 구성되었다. 「아동복지법」 제10조(아동정책조정위원회)에 다음과 같이 제시되어 있다. ① 아동의 권리증진과 건강한 출생 및 성장을 위하여 종합적인 아동정책을 수립하고 관계 부처의 의견을 조정하며 그 정책의 이행을 감독하고 평가하기 위하여 국무총리 소속으로 아동정책조정위원회(이하 “위원회”라 한다)를 둔다. ② 위원회는 다음과 같은 사항을 심의 · 조정한다. 기본계획의 수립에 관한 사항, 아동의 권익 및 복지 증진을 위한 기본방향에 관한 사항, 아동정책의 개선과 예산지원에 관한 사항, 아동 관련 국제조약의 이행 및 평가 · 조정에 관한 사항, 아동정책에 관한 관련 부처 간 협조에 관한 사항, 그 밖에 위원장이 부의하는 사항. ③ 위원회는 위원장을 포함한 25명 이내의 위원으로 구성하되, 위원장은 국무총리가 되고 위원은 다음과 같은 사람이 된다. 기획재정부장관 · 교육부장관 · 법무부장관 · 행정안전부장관 · 문화체육관광부장관 · 산업통상자원부장관 · 보건복지부장관 · 고용노동부장관 · 여성가족부장관, 아동 관련 단체의 장이나 아동에 대한 학식과 경험이 풍부한 사람 중 위원장이 위촉하는 15명 이내의 위원(임기 2년). ④ 위원회는 제2항제4호에 따른 국제조약의 이행확인을 위하여 필요한 업무를 관계 전문기관 또는 단체에게 위탁할 수 있다. ⑤ 위원회는 필요하다고 인정하는 때에는 관계 행정기관에 대하여 그 소속 직원의 출석·설명과 자료의 제출을 요구할 수 있다. ⑥ 제1항부터 제3항까지의 규정에서 정한 것 외에 위원회의 구성 및 운영 등에 필요한 사항은 대통령령으로 정한다.

이러한 아동정책위원회는 정부 부처에서 추진하는 아동정책에 대한 조정과 정책이행에 대한 감독 및 평가 등을 담당함으로써 아동정책의 효과성을 증진할 수 있을 것이다. 또한 아동관련 전문가의 참여를 통해 아동정책을 민주적 절차에 따라 수립할 수 있으며 효과성을 증진시켜 정부와 민간의 협력을 더욱 원활히 할 수 있다는 데에 의의가 있을 것이다(임경옥 외, 2018).

(2) 아동권리보장원

아동권리보장원은 2019년 UN아동권리위원회의 4차 권고에 따라 2019년 「아동복지법」을 개정하면서 2019년 7월에 설립되었다. 「아동복지법」 제10조의2(아동권리보장원의 설립 및 운영)에 다음과 같이 제시되어 있다. ① 보건복지부장관은 아동정책에 대한 종합적인 수행과 아동복지 관련 사업의 효과적인 추진을 위하여 필요한 정책의 수립을 지원하고 사업평가 등의 업무를 수행할 수 있도록 아동권리보장원(이하 "보장원"이라 한다)을 설립한다. ② 보장원은 다음과 같은 업무를 수행한다〈개정 2020.4.7., 2020.12.29.〉. 아동정책 수립을 위한 자료 개발 및 정책 분석, 제7조의 기본계획 수립 및 제8조 제2항의 시행계획 평가 지원, 제10조의 위원회 운영 지원, 제11조의2의 아동정책영향평가 지원, 제15조, 제15조의2, 제15조의3, 제16조, 제16조의2의 아동보호서비스에 대한 기술지원, 아동학대의 예방과 방지를 위한 제22조 제6항 각 호의 업무, 가정위탁사업 활성화 등을 위한 제48조 제6항 각 호의 업무, 지역 아동복지사업 및 아동복지시설의 원활한 운영을 위한 지원, 「입양특례법」에 따른 국내입양 활성화 및 입양 사후관리를 위한 다음 각 목의 업무, 아동 관련 조사 및 통계 구축, 아동 관련 교육 및 홍보, 아동 관련 해외정책 조사 및 사례분석, 그 밖에 이 법 또는 다른 법령에 따라 보건복지부장관, 국가 또는 지방자치단체로부터 위탁받은 업무. ③ 보장원은 법인으로 하고, 주된 사무소의 소재지에 설립등기를 함으로써 성립한다. ④ 보장원에는 보장원을 대표하고 그 업무를 총괄하기 위하여 원장을 두며, 원장은 보건복지부장관이 임면한다. ⑤ 보건복지부장관은 보장원의 설립 · 운영에 필요한 비용을 지원할 수 있다. ⑥ 보장원에 관하여 이 법에서 정한 사항 외에는 「민법」 중 재단법인에 관한 규정을 준용한다. ⑦ 보장원은 「기부금품의 모집 및 사용에 관한 법률」에도 불구하고 기부금품을 모집할 수 있다. ⑧ 보장원의 설립 및 운영에 필요한 사항은 대통령령으로 정한다[본조신설 2019.1.15.].

아동권리보장원은 그동안 민간에 위탁해 오던 아동복지사업 지원기관을 통합하여 공공기관으로 새롭게 출범한 아동권리 실현기관으로 설립되었다. 즉, 중앙입양원, 아동자립지원단, 드림스타트사업지원단, 실종아동전문기관 등은 2019년 7월에 통합하고, 중앙아동보호전문기관, 지역아동센터중앙지원단, 중앙가정위탁지원센터, 디딤씨앗지원사업단(디딤씨앗통장(CDA(Child Development Account)사업) 등은 2020년 1월에 통합하여 아동권리와 복지에 대한 원스톱 서비스(one-stop service) 체계를 구축하였다. 아동권리보장원의 사업내용과 조직구성은 각각 [그림 8-1]과 [그림 8-2]와 같다(아동권리보장원, 2022).

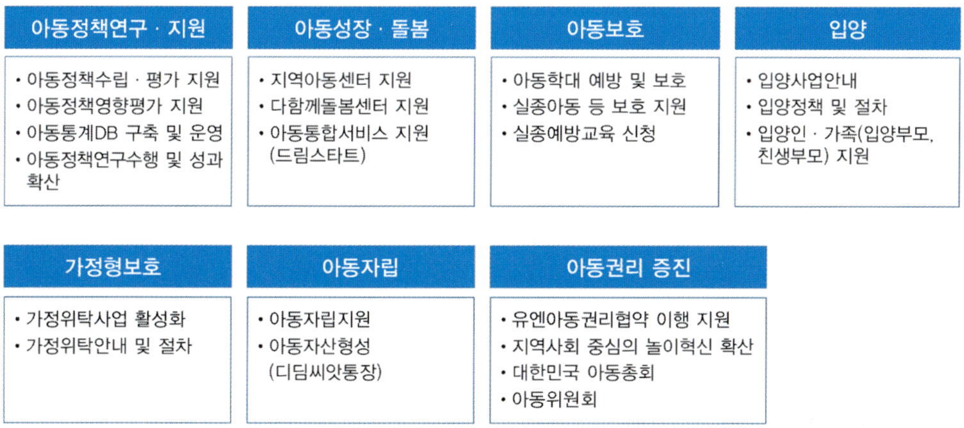

[그림 8-1] 아동권리보장원의 사업내용

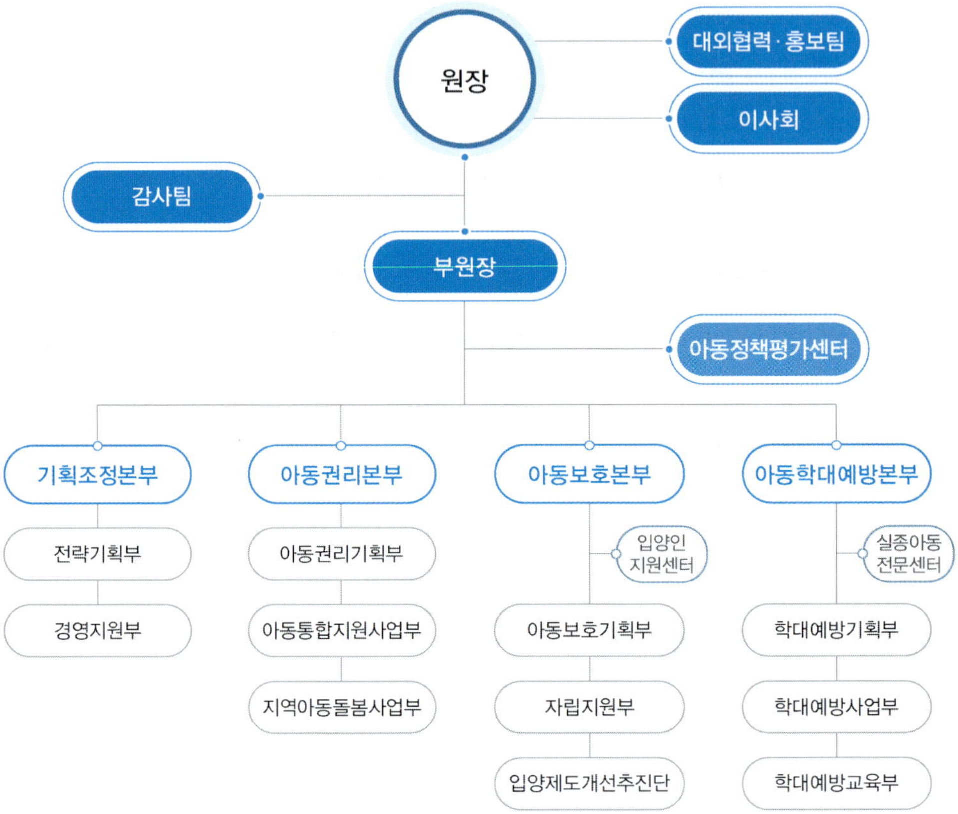

[그림 8-2] 아동권리보장원의 조직구성

2) 아동복지정책의 개념

아동복지(child welfare)는 모든 아동의 행복을 위해 신체적 · 심리적 · 사회적 발달을 보호하고 촉진하기 위해 그들과 그 가족을 대상으로 국가와 지방자치단체에서 이루어지는 포괄적이고 체계적인 활동을 의미한다. 이러한 의미에서 아동복지정책은 아동복지와 정책의 합성어로 국가와 지방자치단체 차원에서 아동복지와 관련된 각종 사업을 추진하기 위한 지침이나 원칙을 의미한다. 아동복지정책에 대해 학자들의 의견을 정리해 보면, 카두신과 마틴은 포괄적 측면에서 아동에게 영향을 미치는 모든 프로그램 및 활동 등으로 보았으며(Kadushin & Martin, 1998), 한성심과 송주미는 정부 또는 공공기관에 의해 행해지는 아동복지 방침으로 국가 차원의 아동복지서비스 제공을 규정하는 계획과 행동이라고 보았다(한성심 외, 2014). 또한 이혜경은 주어진 사회가 아동의 안녕과 행복을 증진하기 위하여 집합적으로 채택하고 실천하는 구체적인 정책 및 프로그램 체계를 의미한다고 하였다(이혜경, 1993).

종합해 보면, 현대적 의미의 아동복지정책은 기존의 단기적이고 잔여적 · 선택적 개념에서 벗어나 장기적이고 제도적 · 보편적 방향으로 추진되는 특성을 가지며 모든 아동에 대해 권리와 기본권을 보장하기 위한 법과 제도에 근거한 서비스를 지원하기 위한 지침이나 원칙을 의미한다(김미영, 2020).

3) 아동복지정책의 내용

한 국가의 사회보장은 그 나라의 모든 국민이 인간다운 삶을 영위할 수 있도록 최저생활을 보장하고 국민 개개인의 생활수준을 향상시킬 수 있도록 법과 제도를 제정하여 정책을 수립하고 시행에 있어서 형평성과 효율성의 조화를 이루면서 복지사회를 구현하고 있다. 우리나라의 경우 「사회보장기본법」에 의해 사회복지정책이 수립되는데 동법 제1조(목적)에 의하면, 사회보장에 관한 국민의 권리와 국가 및 지방자치단체의 책임을 정하고 사회보장정책의 수립 · 추진과 관련 제도에 관한 기본적인 사항을 규정함으로써 국민의 복지증진에 이바지하는 것을 목적으로 한다고 명시되었다. 동법 제2조(기본이념)에 의하면, 사회보장은 모든 국민이 다양한 사회적 위험으로부터 벗어나 행복하고 인간다운 생활을 향유할 수 있도록 자립을 지원하며, 사회참여 · 자아실현에 필요한 제도와 여건을 조성하여 사회통합과 행복한 복지사회를 실현하는 것을 기본 이념으로 한다고 명시되었다. 또한 동법 제3조(정의)에 의하면, 사회보장이란 출산, 양육, 실업, 노령, 장애, 질병, 빈곤 및 사망 등의 사회적 위험으로부터 모든 국민을 보호하고 국민 삶의 질을 향상시키는 데 필요한 소득 · 서비스를 보장하는 사회보험, 공공부조, 사회서비스를 말한다.

이렇듯이 아동복지정책은 사회복지정책의 하위 개념으로 모든 국민이 대상이 아니라 아동에 대한 복지정책을 수립하는 것으로, 그 내용은 사회보장에서 제공하는 사회보험,

공공부조, 사회복지서비스 중 아동복지서비스 등으로 구성된다. 각각의 내용을 살펴보면 다음과 같다(김석준 외, 2018; 정옥분 외, 2021).

(1) 사회보험

「사회보장기본법」 제3조(정의)에 의하면, 사회보험이란 국민에게 발생하는 사회적 위험을 보험의 방식으로 대처함으로써 국민의 건강과 소득을 보장하는 제도를 의미한다. 즉, 사회적 위험(사망, 노령, 장애, 질병 등)으로부터 보호하기 위해서 강제적 가입방식으로 가입자가 일정한 기여금을 납부하고 위험이 발생할 경우 현금을 지급하여 모든 가입자에게 최저한의 기초생계를 유지할 수 있도록 소득을 보장해 주는 제도이다. 우리나라의 경우 사회보험은 국민연금, 건강보험, 장기요양보험, 산업재해보상보험, 고용보험이 있다. 사회보험제도의 재원은 가입자(본인), 고용주, 국가 등 3자 기여방식을 채택하며 관리는 국가가 담당하고 있으며, 급여는 피보험자의 보험료를 기준으로 지급하는 공적연금제도이다. 이러한 사회보험제도는 아동이 있는 가정을 특별한 대상으로 하지 않고 보험가입자의 소득보장을 제공함으로써 그 가정의 아동을 지원하는 제도라고 할 수 있다.

(2) 공공부조

「사회보장기본법」 제3조(정의)에 의하면, 공공부조(公共扶助)란 국가와 지방자치단체의 책임하에 생활 유지 능력이 없거나 생활이 어려운 국민의 최저생활을 보장하고 자립을 지원하는 제도를 의미한다. 공공부조는 사회보험과 달리 대상자가 기여금을 납부하지 않고 재원은 국가와 지방자치단체의 조세로 부담한다. 공공부조 대상자들은 최저수준 이하의 개인이나 가족에게 최저 생계비 미만의 수입만을 보조하는 방법으로 법에서 정한 적절한 부조 대상의 여 · 부를 판단하기 위하여 자산조사와 같은 일정한 심사를 받아야 한다. 우리나라의 경우 공공부조는 국민기초생활보장제도와 긴급복지지원제도가 있다. 여기서 국민기초생활보장제도는 최저생계비 이하의 저소득층에게 국가와 지방자치단체가 기초생활을 유지할 수 있도록 보장해 주는 제도이고, 긴급복지제도는 갑작스러운 주 소득자의 사망, 가출, 구금시설 수요, 휴 · 폐업 등으로 인한 소득상실, 중한 질병 등으로 생계유지가 곤란한 저소득층에게 생계지원과 의료지원 등 필요한 복지서비스를 지원하는 제도이다(정옥분 외, 2921).

아동복지 차원에서 아동이 있는 가정을 위한 공공부조는 「국민기초생활보장법」 제7조(급여의 종류)를 근거로 생계급여, 주거급여, 의료급여, 교육급여, 해산급여(解産給與), 장제급여(葬祭給與), 자활급여를 보장하고 있다. 아동복지를 위한 보호대상 아동의 범위는 시설에서 수용보호 되고 있는 아동과 소년소녀가정의 아동, 수급자의 소득인정액이 최저생계비 이하인 빈곤가정의 아동 등으로 생계급여와 의료급여, 교육급여 등을 받을 수 있다. 여기서 생계급여는 의복, 음식물 및 연료비와 그 밖에 일상생활에 기본적으로 필요한 금품을 지급하여 그 생계를 유지하게 하는 것이고, 의료급여는 건강한 생활을 유지하는 데 필요한 각종 검사 및 치료 등을 지급하는 것이고, 그리고 교육급여는 입학금, 수업료, 학용품비, 그 밖의 수급품을 지급하는 것으로 학교의 종류 · 범위 등에 관하여 필요한 사항은 대통령령으로 정하고 있다(「국민기초생활보장법」, 2022).

(3) 사회보장서비스

「사회보장기본법」 제3조(정의)에 의하면, 사회서비스란 국가 · 지방자치단체 및 민간부문의 도움이 필요한 모든 국민에게 복지, 보건의료, 교육, 고용, 주거, 문화, 환경 등의 분야에서 인간다운 생활을 보장하고 상담, 재활, 돌봄, 정보의 제공, 관련 시설의 이용, 역량 개발, 사회참여 지원 등을 통하여 국민의 삶의 질이 향상되도록 지원하는 제도를 의미한다. 이러한 차원에서 아동복지 관련 정책적 서비스는 「아동복지법」, 「장애아동 복지지원법」, 「영유아보육법」, 「입양특례법」, 「한부모가정지원법」, 「건강가정기본법」, 「다문화가족지원법」, 「아이돌봄 지원법」, 「청소년기본법」 등 아동과 관련된 법과 제도에 의해서 이루어지고 있다. 이러한 법과 제도에 따라 아동복지 정책적 서비스는 시설보호 아동, 장애아동, 다문화가정 아동, 빈곤아동, 한부모가정의 아동 등을 대상으로 아동 · 청소년 보호서비스, 아동학대 예방 및 방지 서비스, 발달재활 및 상담서비스, 산모신생아 건강관리지원서비스, 자립지원 서비스, 언어발달 지원서비스 등 여러 서비스사업을 시행하고 있으며, 「영유아보육법」과 「유아교육법」, 「초 · 중등교육법」에 따라 요보호아동이 아닌 일반아동을 대상으로 선택적 · 잔여적 · 사후적 개념의 상반되는 보편적 · 제도적 · 예방적 개념의 보육 및 교육사업도 강화하고 있다.

(4) 사회수당

사회수당은 대상자의 경제적 수준, 상황, 고용상태 등 어떤 조건과도 상관없이 한 국가의 전체 국민 또는 아동이나 노인, 장애인 등과 같은 특정 집단의 대상 모두에게 국가가 조세로 일정한 수준의 현금이나 경제적 서비스를 지원하는 보편적 차원의 사회보장제도를 의미한다(노명희 외, 2014). 이러한 사회수당은 경제적인 효과보다는 사회적 통합의 효과를 추구하며, 우리나라의 경우 아동양육에 따른 경제적 부담을 경감하고 아동의 기본적 권리와 복지증진을 위해 2018년 9월부터 도입하여 7세 미만의 모든 아동에게 지급되고 있다(정옥분 외, 2021).

4) 한국의 아동복지정책

우리나라 아동복지정책은 6 · 25(1950.06.25.~1953.07.27., 3년간)동란으로 인한 요보호아동(고아, 기아, 부랑아 등)을 구제하기 위한 생존권 보장을 우선으로 시행하는 복지서비스로 시작하였다. 이러한 차원에서 아동복지정책은 요보호아동을 대상으로 선별적 · 잔여적 · 사후적 · 치료적 개입방향으로 추진하였다. 그러나 현대사회는 아동권리와 복지의 중요성이 인식되고, 아동의 욕구는 다양해지고 복잡해짐에 따라 아동복지정책도 아동특성에 따라 개별화되고 다양한 욕구중심의 맞춤형 서비스 수준으로 추진되고 있다.

따라서 정부는 기존 아동복지에 대한 법과 제도의 한계점을 극복하고자 2011년 수요자 중심의 정책수립을 위해 아동의 양육 및 생활환경, 언어 및 인지발달, 정서적 · 신체적 건강, 아동안전, 아동학대 등 3년마다 아동의 종합실태를 조사하여 그 결과를 공표하고, 이를 아동정책 수립의 기초자료로 활용하도록 하였으며 5년마다 아동정책기본계획을 수립하도록 「아동복지법」을 개정하였다. 이러한 결과에 따라 정부는 아동정책조정위원회의 심의 · 의결을 거쳐 2015년 5월에 처음으로 "행복한 아동, 존중받는 아동"을 비전으로 하는 제1차 아동정책기본계획(2015~2019)을 아동 행복도 증진, 아동 최우선의 원칙 실현기반 조성 등의 핵심목표로 4개 추진영역 11개 중점과제, 5개의 시행기반을 수립하여 시행하였다. 제1차 아동정책기본계획(2015~2019)은 [그림 8-3]과 같다.

이후 제2차 아동정책기본계획(2020~2024)은 "아동이 행복한 나라"라는 비전과 아동권리의 존중 및 실천, 아동이 현재 행복을 누릴 수 있는 환경조성 등의 목표로 4개의 추진전략과 9개의 추진과제를 수립하여 시행하고 있다. 제2차 아동정책기본계획(2020~2024)은 [그림 8-4]와 같다(보건복지부, 2022).

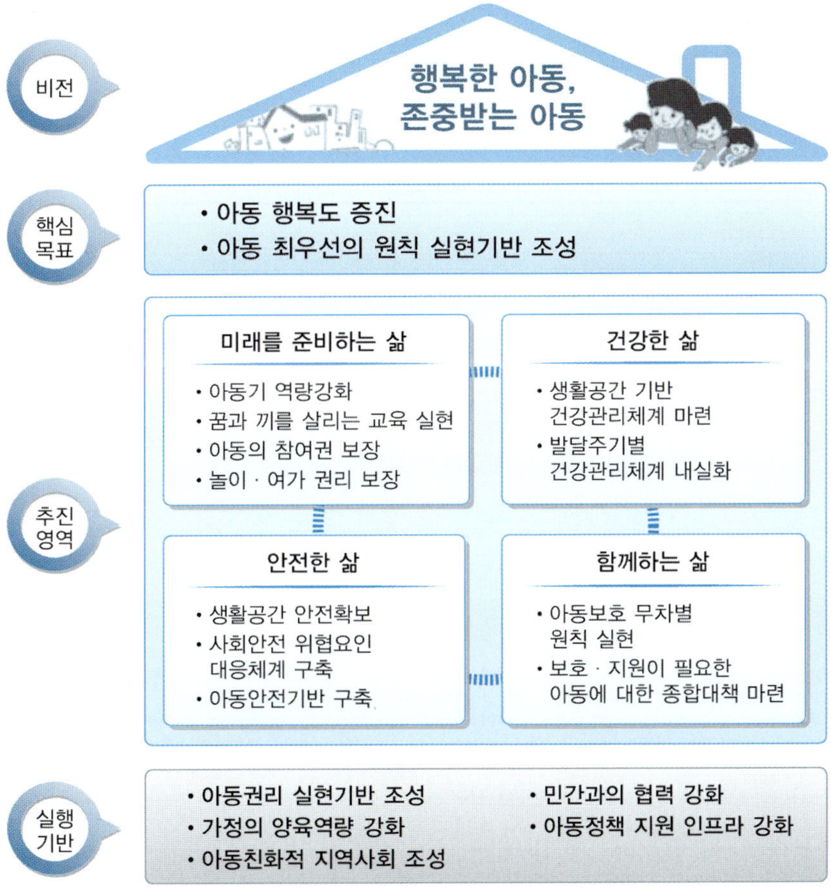

[그림 8-3] 제1차 아동정책기본계획(2015~2019)

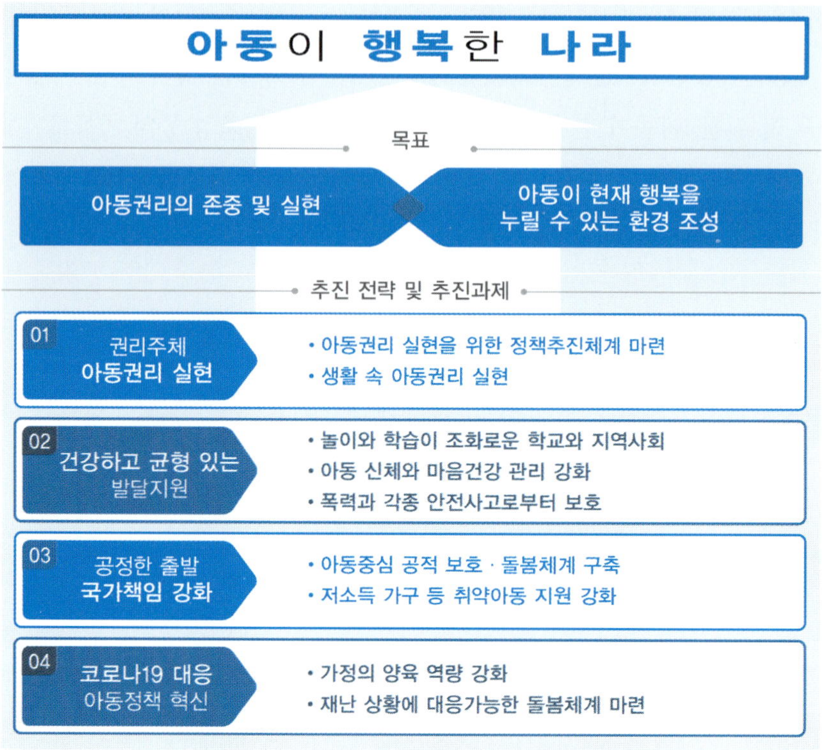

[그림 8-4] 제2차 아동정책기본계획(2020~2024)

8.2 아동복지 관련 법

아동복지 관련 법체계에서 가장 상위법은 「헌법」이고 이 「헌법」에 근거하여 사회보장서비스가 제공되는 근거의 「사회보장기본법」, 그리고 하위의 「사회복지사업법」 아래에 「아동복지법」이 있으며, 그 외 여러 가지 다양한 법들이 있다. 이러한 법들은 아동 및 가족의 욕구와 관련된 아동복지정책을 수립하는 데 근거가 되며 아동복지서비스를 제공하는 데 필요한 사회적 책임을 규정하고 있다. 아동복지 관련된 법은 〈표 8-1〉과 같다(주수길 외, 2020). 여기서는 아동복지에 기초가 되는 「아동복지법」과 일부 「영유아보육법」, 「청소년기본법」, 「한부모가족지원법」 등에 대해서 살펴본다.

〈표 8-1〉 아동복지 관련된 법

구분	법
아동복지 관련 법	「아동복지법」, 「영유아보육법」, 「입양특례법」, 「한부모가족지원법」, 「실종아동 등의 보호 및 지원에 관한 법률」, 「아동의 빈곤예방 및 지원 등에 관한 법률」, 「장애아동 복지지원법」, 「아동학대범죄의 처벌 등에 관한 특례법」, 「모자보건법」, 「보호시설에 있는 미성년자의 후견직무에 관한 법률」, 「건강가정기본법」, 「다문화가족지원법」, 「아이돌봄 지원법」, 「청소년기본법」, 「청소년복지 지원법」, 「청소년 보호법」, 「북한 이탈 주민의 보호 및 정착 지원에 관한 법률」, 「아동, 청소년의 성보호에 관한 법률」
공공부조, 사회서비스 관련법	「사회보장기본법」, 「사회복지사업법」, 「국민기초생활보장법」, 「장애인복지법」, 「윤락행위 방지법」
건강 및 보건의료 관련법	「국민건강보험법」, 「의료급여법」, 「정신보건법」, 「지역보건법」, 「보건소법」, 「학교보건법」, 「학교급식법」, 「학교안전사고예방 및 보상에 관한 법률」, 「자살예방 및 생명존중문화 조성을 위한 법률」
문화 관련법	「청소년활동 진흥법」, 「문화예술교육 지원법」, 「공연법」
교육 관련법	「교육기본법」, 「유아교육법」, 「초·중등 교육법」, 「장애인 등에 관한 특수교육법」
범죄 관련법	「소년법」, 「성매매방지 및 피해자보호 등에 관한 법률」, 「성폭력방지 및 피해자보호 등에 관한 법률」, 「성매매알선 등 행위의 처벌에 관한 법률」, 「가정폭력방지 및 피해자보호 등에 관한 법률」, 「학교폭력예방 및 대책에 관한 법률」
노동 관련법	「근로기준법」, 「직업안정법」, 「최저임금법」, 「장애인 고용촉진 및 직업 재활법」
법무 관련법	「민법」, 「민사소송법」, 「가족관계의 등록 등에 관한 법률」, 「가사소송법」, 「보호관찰 등에 관한 법률」, 「보호소년 등의 처우에 관한 법률」

1) 「아동복지법」

「아동복지법」은 1961년 「아동복리법」으로 처음 제정되어 요보호아동을 대상으로 구호적 성격이 강하였으나, 1981년 「아동복지법」으로 명칭 개정과 함께 전문이 개정되어 일반아동까지 그 대상을 확대하고 아동복지의 책임이 가족뿐만 아니라 국가에도 있음을 강조하고 있다. 'UN아동권리협약'에 비준한(1991.11.) 후 아동권리에 관한 국제협약의 기준에 미치지 못하는 영역들이 점검되면서 「아동복지법」은 여러 번 개정을 통해 수정·보완되어 왔다.

2000년에는 전문개정을 통해 아동의 권리와 안전 등 보편적 아동복지 측면을 강화하고 아동학대 관련 조항을 추가하였으며, 2004년에는 아동정책조정위원회를 두고 2005

년에는 가정위탁사업의 활성화를 위해 가정위탁의 정의 및 센터 설치와 관련된 내용 및 아동학대 신고 의무자 교육조항도 추가하였다. 2011년에는 전문개정을 통해 3년마다 아동의 양육 및 생활환경, 언어 및 인지발달, 정서적 · 신체적 건강, 아동안전, 아동학대 등 아동의 아동종합실태조사를 실시하여 기본계획과 시행계획에 반영하도록 하였다. 2014년에는 「아동학대범죄의 처벌 등에 관한 특례법」의 제정과 더불어 아동학대의 예방과 피해아동의 보호를 위한 부분이 확대되었고, 2016에는 아동 관련 정책의 효율화의 도모, 아동보호의 강화, 아동 보호기관 및 시설의 가능강화의 내용을 보완하였다(임경옥 외, 2018). 이러한 법의 개정은 아동복지서비스의 안정적 추진을 위한 근거와 아동정책을 효과적으로 수행하기 위한 정책적 기반을 마련함으로써 아동의 복리 증진을 통해 건강하고 행복하게 자랄 수 있도록 하는 것이다. 「아동복지법」의 주요 내용은 〈표 8-2〉와 같다(국회법률정보시스템, 2022).

〈표 8-2〉「아동복지법」의 주요 내용

구분	주요 내용
목적	제1조(목적) 이 법은 아동이 건강하게 출생하여 행복하고 안전하게 자랄 수 있도록 아동의 복지를 보장하는 것을 목적으로 한다.
기본 이념	제2조(기본이념) ① 아동은 자신 또는 부모의 성별, 연령, 종교, 사회적 신분, 재산, 장애유무, 출생지역, 인종 등에 따른 어떠한 종류의 차별도 받지 아니하고 자라나야 한다. ② 아동은 완전하고 조화로운 인격발달을 위하여 안정된 가정환경에서 행복하게 자라나야 한다. ③ 아동에 관한 모든 활동에 있어서 아동의 이익이 최우선적으로 고려되어야 한다. ④ 아동은 아동의 권리보장과 복지증진을 위하여 이 법에 따른 보호와 지원을 받을 권리를 가진다.
대상	제3조(정의) 이 법에서 사용하는 용어의 뜻은 다음과 같다. 1. "아동"이란 18세 미만인 사람을 말한다. 4. "보호대상아동"이란 보호자가 없거나 보호자로부터 이탈된 아동 또는 보호자가 아동을 학대하는 경우 등 그 보호자가 아동을 양육하기에 적당하지 아니하거나 양육할 능력이 없는 경우의 아동을 말한다. 5. "지원대상아동"이란 아동이 조화롭고 건강하게 성장하는 데에 필요한 기초적인 조건이 갖추어지지 아니하여 사회적 · 경제적 · 정서적 지원이 필요한 아동을 말한다. 7. "아동학대"란 보호자를 포함한 성인이 아동의 건강 또는 복지를 해치거나 정상적 발달을 저해할 수 있는 신체적 · 정신적 · 성적 폭력이나 가혹행위를 하는 것과 아동의 보호자가 아동을 유기하거나 방임하는 것을 말한다. 7의2. "아동학대관련범죄"란 다음 각 목의 어느 하나에 해당하는 죄를 말한다. 가. 「아동학대범죄의 처벌 등에 관한 특례법」 제2조제4호에 따른 아동학대범죄

전달 체계	제52조(아동복지시설의 종류) ① 아동복지시설의 종류는 다음과 같다. 〈개정 2021.12.21.〉 1. 아동양육시설: 보호대상아동을 입소시켜 보호, 양육 및 취업훈련, 자립지원 서비스 등을 제공하는 것을 목적으로 하는 시설 2. 아동일시보호시설: 보호대상아동을 일시보호하고 아동에 대한 향후의 양육대책수립 및 보호조치를 행하는 것을 목적으로 하는 시설 3. 아동보호치료시설: 아동에게 보호 및 치료 서비스를 제공하는 다음 각 목의 시설 가. 불량행위를 하거나 불량행위를 할 우려가 있는 아동으로서 보호자가 없거나 친권자나 후견인이 입소를 신청한 아동 또는 가정법원, 지방법원소년부지원에서 보호위탁된 19세 미만인 사람을 입소시켜 치료와 선도를 통하여 건전한 사회인으로 육성하는 것을 목적으로 하는 시설 나. 정서적 · 행동적 장애로 인하여 어려움을 겪고 있는 아동 또는 학대로 인하여 부모로부터 일시 격리되어 치료받을 필요가 있는 아동을 보호 · 치료하는 시설 4. 공동생활가정: 보호대상아동에게 가정과 같은 주거여건과 보호, 양육, 자립지원 서비스를 제공하는 것을 목적으로 하는 시설 5. 자립지원시설: 아동복지시설에서 퇴소한 사람에게 취업준비기간 또는 취업 후 일정 기간 동안 보호함으로써 자립을 지원하는 것을 목적으로 하는 시설 6. 아동상담소: 아동과 그 가족의 문제에 관한 상담, 치료, 예방 및 연구 등을 목적으로 하는 시설 7. 아동전용시설: 어린이공원, 어린이놀이터, 아동회관, 체육 · 연극 · 영화 · 과학실험전시 시설, 아동휴게숙박시설, 야영장 등 아동에게 건전한 놀이 · 오락, 그 밖의 각종 편의를 제공하여 심신의 건강유지와 복지증진에 필요한 서비스를 제공하는 것을 목적으로 하는 시설 8. 지역아동센터: 지역사회 아동의 보호 · 교육, 건전한 놀이와 오락의 제공, 보호자와 지역사회의 연계 등 아동의 건전육성을 위하여 종합적인 아동복지서비스를 제공하는 시설 9. 아동보호전문기관 10. 제48조에 따른 가정위탁지원센터 11. 제10조의2에 따른 보장원 12. 제39조의2에 따른 자립지원전담기관
내용	제2장 아동복지정책의 수립 및 시행 등(제7조~제14조) 제7조(아동정책기본계획의 수립) ① 보건복지부장관은 아동정책의 효율적인 추진을 위하여 5년마다 아동정책기본계획(이하 "기본계획"이라 한다)을 수립하여야 한다. 제10조(아동정책조정위원회) ① 아동의 권리증진과 건강한 출생 및 성장을 위하여 종합적인 아동정책을 수립하고 관계 부처의 의견을 조정하며 그 정책의 이행을 감독하고 평가하기 위하여 국무총리 소속으로 아동정책조정위원회(이하 "위원회"라 한다)를 둔다. 제10조의2(아동권리보장원의 설립 및 운영) ① 보건복지부장관은 아동정책에 대한 종합적인 수행과 아동복지 관련 사업의 효과적인 추진을 위하여 필요한 정책의 수립을 지원하고 사업평가 등의 업무를 수행할 수 있도록 아동권리보장원(이하 "보장원"이라 한다)을 설립한다. 제11조(아동종합실태조사) ① 보건복지부장관은 3년마다 아동의 양육 및 생활환경, 언어 및 인지 발달, 정서적 · 신체적 건강, 아동안전, 아동학대 등 아동의 종합실태를 조사하여 그 결과를 공표하고, 이를 기본계획과 시행계획에 반영하여야 한다. 다만, 보건복지부장관은 필요한 경우 보건복지부령으로 정하는 바에 따라 분야별 실태조사를 할 수 있다. 〈개정 2021.12.21.〉

	제3장 아동에 대한 보호서비스 및 아동학대의 예방 및 방지 제1절 아동보호서비스(제15조~제21조) 제2절 아동학대의 예방 및 방지(제22조~제29조의7) 제4장 아동에 대한 지원서비스 제1절 아동 안전 및 건강지원(제30조~제36조) 제2절 취약계층 아동 통합서비스지원 및 자립지원 등(제37조~제44조) 제3절 방과 후 돌봄서비스 지원〈신설 2019.15.〉(제44조의2) 제5장 아동복지시설(제45조~제58조) 제6장 보칙(제59조~제70조) 제7장 벌칙(제71조~제75조)
비용	제59조(비용 보조) 국가 또는 지방자치단체는 대통령령으로 정하는 바에 따라 다음 각 호의 어느 하나에 해당하는 비용의 전부 또는 일부를 보조할 수 있다. 1. 아동복지시설의 설치 및 운영과 프로그램의 운용에 필요한 비용 또는 수탁보호 중인 아동의 양육 및 보호관리에 필요한 비용 2. 보호대상아동의 가정위탁 보호에 따른 비용

2) 「영유아보육법」

「영유아보육법」은 1980년대 후반 기혼여성의 경제적 활동이 활발하게 이루어지게 되자 탁아에 대한 사회적 욕구가 증가하게 되면서, 영유아 및 가정의 복지증진을 위하여 1991년에 제정되어 2017년에 일부 개정되었다. 「영유아보육법」의 주요 내용은 〈표 8-3〉과 같다(국회법률정보시스템, 2022).

〈표 8-3〉 「영유아보육법」의 주요 내용

구분	주요 내용
목적	제1조(목적) 영유아(嬰乳兒)의 심신을 보호하고 건전하게 교육하여 건강한 사회 구성원으로 육성함과 아울러 보호자의 경제적·사회적 활동이 원활하게 이루어지도록 함으로써 영유아 및 가정의 복지 증진에 이바지함을 목적으로 한다.
보육 이념	제3조(보육 이념) ① 보육은 영유아의 이익을 최우선적으로 고려하여 제공되어야 한다. ② 보육은 영유아가 안전하고 쾌적한 환경에서 건강하게 성장할 수 있도록 하여야 한다. ③ 영유아는 자신이나 보호자의 성, 연령, 종교, 사회적 신분, 재산, 장애, 인종 및 출생지역 등에 따른 어떠한 종류의 차별도 받지 아니하고 보육되어야 한다.
대상	제2조(정의) 이 법에서 사용하는 용어의 뜻은 다음과 같다. 1. "영유아"란 6세 미만의 취학 전 아동을 말한다. 2. "보육"이란 영유아를 건강하고 안전하게 보호·양육하고 영유아의 발달 특성에 맞는 교육을 제공하는 어린이집 및 가정양육 지원에 관한 사회복지서비스를 말한다.

전달 체계	제6조(보육정책위원회), 제7조(육아종합지원센터), 제8조(한국보육진흥원의 설립 및 운영), 제10조(어린이집의 종류) 어린이집의 종류는 다음 각 호와 같다. 1. 국공립어린이집: 국가나 지방자치단체가 설치 · 운영하는 어린이집 2. 사회복지법인어린이집: 「사회복지사업법」에 따른 사회복지법인(이하 "사회복지법인"이라 한다)이 설치 · 운영하는 어린이집 3. 법인 · 단체 등 어린이집: 각종 법인(사회복지법인을 제외한 비영리법인)이나 단체 등이 설치 · 운영하는 어린이집으로서 대통령령으로 정하는 어린이집 4. 직장어린이집: 사업주가 사업장의 근로자를 위하여 설치 · 운영하는 어린이집(국가나 지방자치단체의 장이 소속 공무원 및 국가나 지방자치단체의 장과 근로계약을 체결한 자로서 공무원이 아닌 자를 위하여 설치 · 운영하는 어린이집을 포함한다) 5. 가정어린이집: 개인이 가정이나 그에 준하는 곳에 설치 · 운영하는 어린이집 6. 협동어린이집: 보호자 또는 보호자와 보육교직원이 조합(영리를 목적으로 하지 아니하는 조합에 한정한다)을 결성하여 설치 · 운영하는 어린이집 7. 민간어린이집: 제1호부터 제6호까지의 규정에 해당하지 아니하는 어린이집
내용	제1장 총칙(제1조~제9의3), 제2장 어린이집의 설치(제10조~제16조의2), 제3장 보육교직원(제17조~제23조의3), 제4장 어린이집 운영(제24조~제30조의3), 제5장 건강 · 영양 및 안전(제31조~제33조의4), 제6장 비용(제34조~제40조의2), 제7장 지도 및 감독(제41조~제49조의3), 제8장 보칙(제50조~제54조), 제9장 벌칙(제54조~제56조)
비용	제34조(무상보육) ① 국가와 지방자치단체는 영유아에 대한 보육을 무상으로 하되, 그 내용 및 범위는 대통령령으로 정한다. ② 국가와 지방자치단체는 장애아 및 「다문화가족지원법」 제2조제1호에 따른 다문화가족의 자녀의 무상보육에 대하여는 대통령령으로 정하는 바에 따라 그 대상의 여건과 특성을 고려하여 지원할 수 있다. ③ 제1항에 따른 무상보육 실시에 드는 비용은 대통령령으로 정하는 바에 따라 국가나 지방자치단체가 부담하거나 보조하여야 한다. ④ 보건복지부장관은 어린이집 표준보육비용 등을 조사하고 그 결과를 바탕으로 예산의 범위에서 관계 행정기관의 장과 협의하여 제3항에 따른 국가 및 지방자치단체가 부담하는 비용을 정할 수 있다. ⑤ 국가와 지방자치단체는 자녀가 2명 이상인 경우에 대하여 추가적으로 지원할 수 있다. ⑦ 보건복지부장관은 제4항에 따른 표준보육비용을 결정하기 위하여 필요한 조사를 3년마다 실시하며, 조사 결과를 바탕으로 제6조에 따른 중앙보육정책위원회의 심의를 거쳐 표준보육비용을 결정하여야 한다. 〈신설 2019.1.15.〉

3) 「청소년기본법」

「청소년기본법」은 바람직한 청소년을 육성하기 위해 1991년 12월에 제정되었다. 「청소년기본법」의 주요 내용은 〈표 8-4〉와 같다(국회법률정보시스템, 2022).

〈표 8-4〉「청소년기본법」의 주요 내용

<table>
<tr><th>구분</th><th>주요 내용</th></tr>
<tr><td>목적</td><td>제1조(목적) 이 법은 청소년의 권리 및 책임과 가정 · 사회 · 국가 · 지방자치단체의 청소년에 대한 책임을 정하고 청소년정책에 관한 기본적인 사항을 규정함을 목적으로 한다.</td></tr>
<tr><td>기본
이념</td><td>제2조(기본이념) ① 이 법은 청소년이 사회구성원으로서 정당한 대우와 권익을 보장받음과 아울러 스스로 생각하고 자유롭게 활동할 수 있도록 하며 보다 나은 삶을 누리고 유해한 환경으로부터 보호될 수 있도록 함으로써 국가와 사회가 필요로 하는 건전한 민주시민으로 자랄 수 있도록 하는 것을 기본이념으로 한다.
② 제1항의 기본이념을 구현하기 위한 장기적 · 종합적 청소년정책을 추진할 때에는 다음 각 호의 사항을 그 추진 방향으로 한다.
1. 청소년의 참여 보장
2. 창의성과 자율성을 바탕으로 한 청소년의 능동적 삶의 실현
3. 청소년의 성장 여건과 사회 환경의 개선
4. 민주 · 복지 · 통일조국에 대비하는 청소년의 자질 향상</td></tr>
<tr><td>정의</td><td>제3조(정의) 이 법에서 사용하는 용어의 뜻은 다음과 같다.
2. "청소년육성"이란 청소년활동을 지원하고 청소년의 복지를 증진하며 근로 청소년을 보호하는 한편, 사회 여건과 환경을 청소년에게 유익하도록 개선하고 청소년을 보호하여 청소년에 대한 교육을 보완함으로써 청소년의 균형 있는 성장을 돕는 것을 말한다.
3. "청소년활동"이란 청소년의 균형 있는 성장을 위하여 필요한 활동과 이러한 활동을 소재로 하는 수련활동 · 교류활동 · 문화활동 등 다양한 형태의 활동을 말한다.
4. "청소년복지"란 청소년이 정상적인 삶을 누릴 수 있는 기본적인 여건을 조성하고 조화롭게 성장 · 발달할 수 있도록 제공되는 사회적 · 경제적 지원을 말한다.
5. "청소년보호"란 청소년의 건전한 성장에 유해한 물질 · 물건 · 장소 · 행위 등 각종 청소년 유해 환경을 규제하거나 청소년의 접촉 또는 접근을 제한하는 것을 말한다.
6. "청소년시설"이란 청소년활동 · 청소년복지 및 청소년보호에 제공되는 시설을 말한다.</td></tr>
<tr><td>대상</td><td>제3조(정의) 이 법에서 사용하는 용어의 뜻은 다음과 같다.
1. "청소년"이란 9세 이상 24세 이하인 사람을 말한다. 다만, 다른 법률에서 청소년에 대한 적용을 다르게 할 필요가 있는 경우에는 따로 정할 수 있다.</td></tr>
<tr><td>전달
체계</td><td>제17조(청소년시설의 종류) 청소년활동에 제공되는 시설, 청소년복지에 제공되는 시설, 청소년보호에 제공되는 시설에 관한 사항은 따로 법률로 정한다.
「청소년활동 진흥법」 제10조(청소년활동시설의 종류) 청소년활동시설의 종류는 다음 각 호와 같다.
1. 청소년수련시설
가. 청소년수련관: 다양한 청소년수련거리를 실시할 수 있는 각종 시설 및 설비를 갖춘 종합수련시설
나. 청소년수련원: 숙박기능을 갖춘 생활관과 다양한 청소년수련거리를 실시할 수 있는 각종 시설과 설비를 갖춘 종합수련시설
다. 청소년문화의 집: 간단한 청소년수련활동을 실시할 수 있는 시설 및 설비를 갖춘 정보 · 문화 · 예술 중심의 수련시설
라. 청소년특화시설: 청소년의 직업체험, 문화예술, 과학정보, 환경 등 특정 목적의 청</td></tr>
</table>

	소년활동을 전문적으로 실시할 수 있는 시설과 설비를 갖춘 수련시설 마. 청소년야영장: 야영에 적합한 시설 및 설비를 갖추고, 청소년수련거리 또는 야영 편의를 제공하는 수련시설 바. 유스호스텔: 청소년의 숙박 및 체류에 적합한 시설 · 설비와 부대 · 편익시설을 갖추고, 숙식편의 제공, 여행청소년의 활동지원(청소년수련활동 지원은 제11조에 따라 허가된 시설 · 설비의 범위에 한정한다)을 기능으로 하는 시설 2. 청소년이용시설: 수련시설이 아닌 시설로서 그 설치 목적의 범위에서 청소년활동의 실시와 청소년의 건전한 이용 등에 제공할 수 있는 시설
내용	제1장 총칙(제1조~제8조의2), 제2장 청소년정책의 총괄 · 조정(제9조~제16조), 제3장 삭제, 제4장 청소년시설(제17조~제19조), 제5장 청소년지도자(제20조~제27조), 제6장 청소년단체(제28조~제41조, 제31조~제39조 삭제, 제42조~제46조의2 삭제), 제7장 청소년활동 및 청소년복지 등(제47조~제52조의3), 제8장 청소년육성기금(제53조~제56조), 제9장 보칙(제57조~제63조의2), 제10장 벌칙(제64조~제66조)
비용	**「청소년활동 진흥법」** 제32조(청소년이용시설) ① 청소년이용시설을 설치 · 운영하는 국가 · 지방자치단체 또는 그 밖의 공공기관 등은 그가 설치 · 운영하는 시설을 그 시설의 운영에 지장을 주지 아니하는 범위에서 청소년활동에 제공하여야 한다. ② 국가 또는 지방자치단체는 청소년이용시설을 설치 · 운영하는 개인 · 법인 또는 단체에 청소년활동 프로그램을 제공하거나 그 밖에 필요한 지원을 할 수 있다. ③ 국가 또는 지방자치단체는 예산의 범위에서 청소년이용시설의 운영에 필요한 경비의 일부를 보조할 수 있다.

4) 「한부모가족지원법」

「한부모가족지원법」은 1989년에 「모자복지법」으로 제정되어 2002년에 「모 · 부자복지법」으로 변경되고 이후 2007년에 동법으로 개정되었다. 처음 제정될 당시 「모자복지법」은 사회적 여건 변화로 인해 배우자의 사별 · 이혼 · 유기 · 별거, 기타 여러 가지 사유로 배우자가 없거나 있어도 장기간 근로능력이 상실함으로써 여성이 가계의 책임을 지고 살아가는 모자가정에 대한 사회적 대책의 필요성이 높아지면서 제정되었고, 이후 남성이 세대주인 부자가정에 대해서도 같은 지원을 위해 「모 · 부자복지법」으로 변경되었으며, 이후 「한부모가족지원법」으로 변경되었다. 「한부모가족지원법」의 주요 내용은 〈표 8-5〉와 같다(국회법률정보시스템, 2022).

〈표 8-5〉「한부모가족지원법」의 주요 내용

구분	주요 내용
목적	제1조(목적) 한부모가족이 안정적인 가족 기능을 유지하고 자립할 수 있도록 지원함으로써 한부모가족의 생활 안정과 복지증진에 이바지함을 목적으로 한다.
정의	제4조(정의) 이 법에서 사용하는 용어의 뜻은 다음과 같다. 1. "모" 또는 "부"란 다음 각 목의 어느 하나에 해당하는 자로서 아동인 자녀를 양육하는 자를 말한다. 가. 배우자와 사별 또는 이혼하거나 배우자로부터 유기(遺棄)된 자 나. 정신이나 신체의 장애로 장기간 노동능력을 상실한 배우자를 가진 자 다. 교정시설 · 치료감호시설에 입소한 배우자 또는 병역복무 중인 배우자를 가진 사람 라. 미혼자[사실혼(事實婚) 관계에 있는 자는 제외한다] 마. 가목부터 라목까지에 규정된 자에 준하는 자로서 여성가족부령으로 정하는 자 1의2. "청소년 한부모"란 24세 이하의 모 또는 부를 말한다. 2. "한부모가족"이란 모자가족 또는 부자가족을 말한다. 3. "모자가족"이란 모가 세대주[세대주가 아니더라도 세대원(世代員)을 사실상 부양하는 자를 포함한다]인 가족을 말한다. 4. "부자가족"이란 부가 세대주[세대주가 아니더라도 세대원을 사실상 부양하는 자를 포함한다]인 가족을 말한다. 5. "아동"이란 18세 미만(취학 중인 경우에는 22세 미만을 말하되, 「병역법」에 따른 병역의무를 이행하고 취학 중인 경우에는 병역의무를 이행한 기간을 가산한 연령 미만을 말한다)의 자를 말한다. 6. "지원기관"이란 이 법에 따른 지원을 행하는 국가나 지방자치단체를 말한다. 7. "한부모가족복지단체"란 한부모가족의 복지 증진을 목적으로 설립된 기관이나 단체를 말한다.
대상	제5조(지원대상자의 범위) ① 이 법에 따른 지원대상자는 제4조제1호 · 제1호의2 및 제2호부터 제5호까지의 규정에 해당하는 자로서 여성가족부령으로 정하는 자로 한다. ② 제1항에 따른 지원대상자 중 아동의 연령을 초과하는 자녀가 있는 한부모가족의 경우 그 자녀를 제외한 나머지 가족구성원을 지원대상자로 한다. 제5조의2(지원대상자의 범위에 대한 특례) ① 혼인 관계에 있지 아니한 자로서 출산 전 임신부와 출산 후 해당 아동을 양육하지 아니하는 모는 제5조에도 불구하고 제19조제1항제3호의 미혼모자가족복지시설을 이용할 때에는 이 법에 따른 지원대상자가 된다. ② 다음 각 호의 어느 하나에 해당하는 아동과 그 아동을 양육하는 조부 또는 조모로서 여성가족부령으로 정하는 자는 제5조에도 불구하고 이 법에 따른 지원대상자가 된다. 1. 부모가 사망하거나 생사가 분명하지 아니한 아동 2. 부모가 정신 또는 신체의 장애 · 질병으로 장기간 노동능력을 상실한 아동 3. 부모의 장기복역 등으로 부양을 받을 수 없는 아동 4. 부모가 이혼하거나 유기하여 부양을 받을 수 없는 아동 5. 제1호부터 제4호까지에 규정된 자에 준하는 자로서 여성가족부령으로 정하는 아동 ③ 국내에 체류하고 있는 외국인 중 대한민국 국적의 아동을 양육하고 있는 모 또는 부로서 대통령령으로 정하는 사람이 제5조에 해당하면 이 법에 따른 지원대상자가 된다.

전달 체계	제19조(한부모가족복지시설) ① 한부모가족복지시설은 다음 각 호의 시설로 한다. 1. 모자가족복지시설: 모자가족에게 다음 각 목의 어느 하나 이상의 편의를 제공하는 시설 가. 기본생활지원: 생계가 어려운 모자가족에게 일정 기간 동안 주거와 생계를 지원 나. 공동생활지원: 독립적인 생활이 어려운 모자가족에게 일정 기간 동안 공동생활을 통하여 자립을 준비할 수 있도록 주거 등을 지원 다. 자립생활지원: 자립욕구가 강한 모자가족에게 일정 기간 동안 주거를 지원 2. 부자가족복지시설: 부자가족에게 다음 각 목의 어느 하나 이상의 편의를 제공하는 시설 가. 기본생활지원: 생계가 어려운 부자가족에게 일정 기간 동안 주거와 생계를 지원 나. 공동생활지원: 독립적인 생활이 어려운 부자가족에게 일정 기간 동안 공동생활을 통하여 자립을 준비할 수 있도록 주거 등을 지원 다. 자립생활지원: 자립욕구가 강한 부자가족에게 일정 기간 동안 주거를 지원 3. 미혼모자가족복지시설: 미혼모자가족과 출산 미혼모 등에게 다음 각 목의 어느 하나 이상의 편의를 제공하는 시설 가. 기본생활지원: 미혼 여성의 임신 · 출산 시 안전 분만 및 심신의 건강 회복과 출산 후의 아동의 양육 지원을 위하여 일정 기간 동안 주거와 생계를 지원(제5조에 따른 지원대상자 중 미혼이 아닌 여성의 임신 · 출산 시 안전 분만과 출산 후 양육 지원을 포함한다) 나. 공동생활지원: 출산 후 해당 아동을 양육하지 아니하는 미혼모 또는 미혼모와 그 출산 아동으로 구성된 미혼모자가족에게 일정 기간 동안 공동생활을 통하여 자립을 준비할 수 있도록 주거 등을 지원 4. 일시지원복지시설: 배우자(사실혼 관계에 있는 사람을 포함한다)가 있으나 배우자의 물리적 · 정신적 학대로 아동의 건전한 양육이나 모의 건강에 지장을 초래할 우려가 있을 경우 일시적 또는 일정 기간 동안 모와 아동 또는 모에게 주거와 생계를 지원하는 시설 5. 한부모가족복지상담소: 한부모가족에 대한 위기 · 자립 상담 또는 문제해결 지원 등을 목적으로 하는 시설 ② 제1항제1호부터 제4호까지의 규정에 따른 복지시설의 입소기간 및 그 기간의 연장 등에 필요한 사항은 여성가족부령으로 정한다.
내용	제1장 총칙(제1조~제9조), 제2장 복지의 내용과 실시(제10조~제18조의2), 제3장 한부모가족복지시설(제19조~제24조의2), 제4장 비용(제25조~제26조), 제5장 보칙(제27~제31조)
비용	제25조(비용의 보조) 국가나 지방자치단체는 대통령령으로 정하는 바에 따라 한부모가족복지사업에 드는 비용을 보조할 수 있다.

8.3 아동복지의 전달체계

1) 아동복지 전달체계의 의미

아동복지의 목적은 요보호대상자뿐만 아니라 모든 아동에게 신체적 · 정신적 · 사회적으로 행복하고 만족스러운 삶을 보장해서 전인적인 성장 · 발달을 이루는 것이다. 이러한 목적을 달성하기 위해 시행하는 정책이나 행정, 아동복지서비스 등은 국가나 지방자치단체, 아동복지기관, 전문가 등에 의해 제공된다. 이러한 과정에서 아동의 복지수요를 수용하기 위해서는 합리적인 아동복지정책의 수립도 중요하지만 아동복지대상자가 어떠한 내용의 서비스를 어떤 경로를 통해 전달하는 것이 더 효과적인가 하는 아동복지 전달체계의 확립도 중요하다고 할 수 있다. 즉, 아동복지정책의 내용, 대상자의 선정이나 수혜자격요건의 설정, 수혜내용 등에 관한 정책의 실질적 집행은 아동복지 전달체계를 통해서 이루어지기 때문이다. 이러한 의미에서 아동복지 전달체계는 아동복지대상자에게 적합한 서비스를 가장 효율적으로 제공하기 위해 각 조직에 속한 인력이 아동복지대상자에게 제공하는 서비스의 중복과 누락을 방지하거나 자원의 낭비를 예방하는 성격과 밀접한 관련이 있으므로 아동복지 전달체계의 확립이 중요시된다.

아동복지 전달체계는 아동복지정책이 설정한 목적이나 목표를 효율적으로 달성하기 위하여 한정된 재원으로 가능한 아동의 복지증진을 극대화하기 위해 지역사회 내에 있는 복지서비스 공급자 간에 또는 복지서비스 공급자와 대상자 사이를 연결하기 위해 만들어진 조직적 연결망이다. 또한 아동복지정책에서 제공하는 급여 또는 서비스를 제공하기 위한 대상자의 선정이나 수혜자격 요건의 설정, 수혜내용 등을 결정하고 제공하는 모든 과정을 처리하는 것이라고 할 수 있다. 즉, 아동복지를 산출하는 공공(국가나 지방자치단체)기관이나 민간단체(아동복지시설, 아동보호전문기관, 가정위탁지원센터, 지역아동센터 등)의 상호 간의 관계와 아동복지대상자에게 효율적으로 전달하기 위해 필요한 공적 · 사적의 아동복지조직의 연결망을 의미한다.

우리나라의 공적인 아동복지 전달체계를 보면 아동복지정책은 보건복지부(「사회보장기본법」, 「사회복지사업법」, 「아동복지법」, 「국민기초생활보장법」, 「입양특례법」, 「영유아보육법」,

「장애아동복지지원법」 등)나 여성가족부(「건강가정기본법」, 「다문화가족지원법」, 「아이돌봄 지원법」 등)에서 주로 결정하고 집행기능은 행정안전부 산하의 광역시 · 도 → 시 · 군 · 구 → 읍 · 면 · 동으로 이루어져 가정 및 대상아동에게 최종적으로 전달되는 상의하달(上意下達) 수직적 구조로 되어 있다. 이러한 공적인 아동복지 전달체계가 실효성을 갖기 위해서는 다양한 형태로 존재하는 지역사회의 민간 아동복지기관 및 시설의 역할이 중요하다. 여기서 민간 아동복지 전달체계는 국가나 지방자치단체의 지원을 받아 공적인 전달체계와 함께 「아동복지법」상의 아동복지기관 및 시설(아동양육시설, 아동일시보호시설, 아동보호치료시설, 공동생활가정, 자립지원시설, 아동상담소, 아동전용시설, 지역아동센터, 아동보호전문기관, 가정위탁지원센터, 아동권리보장원, 자립지원전담기관)이다. 아동복지기관 및 시설은

[그림 8-5] 보건복지부 제1차관 조직도

주로 민간 전달체계로서 사회복지법인, 재단법인, 사단법인, 종교단체, 각종 사회단체 등이 운영주체가 되어 운영되고 있다. 이러한 민간 아동복지 전달체계를 통해 복지서비스의 중복과 누락을 방지하거나 자원의 낭비를 예방하여 보다 효율성을 높여야 할 것이다.

우리나라의 아동복지정책은 보건복지부의 제1차관 소속의 인구정책실 부서의 인구아동정책관과 보육정책관실에서 담당하고 있는데, 보건복지부 제1차관 조직도는 [그림 8-5]와 같다(보건복지부, 2024).

2) 아동복지 전달체계의 기능

아동복지의 효율성을 극대화하기 위해서는 아동복지 전달체계를 구성하는 각 단위의 아동복지기관 및 조직들이 적절한 기능을 수행해야 되는데, 펄만(Perlman)은 아동복지 전달체계의 기능을 다음과 같이 언급하고 있다(김현호 외, 2020).

① **초입(初入, 처음으로 들어감) 기능**: 아동복지 전달체계가 처음으로 아동복지를 제공하는 것으로 아동복지기관은 완전한 기능 및 과업수행을 위하여 대상자에게 이용 가능한 서비스에 대한 홍보와 교육, 대상자의 문제해결을 위하여 지역사회에 있는 다른 복지기관과 협력하는 기능이다.

② **책임 기능**: 아동복지기관은 대상자의 문제를 사정하고 이용 가능한 자원을 발굴하여 대상자가 이를 활용할 수 있도록 도와주거나 필요한 경우 타 기관에 의뢰하여 서비스를 받을 수 있도록 대상자의 권리를 보호하고 대변하는 책임자로서의 기능이다.

③ **서비스 제공 기능**: 아동복지기관은 대상자에게 제공하는 직 · 간접서비스나 재활서비스 등의 특정한 형태의 서비스를 제공하는 기능이다.

④ **계획 및 통제기능**: 아동복지기관은 대상자의 욕구 및 문제를 파악하여 그 대상자에게 욕구 및 문제를 해결할 수 있는 능력을 계획하거나 통제하는 기능이다. 문제해결을 위해 지역사회의 타 기관과 공동협력하거나 가능한 한 문제해결에 부합될 수 있도록 자체 서비스를 조정하는 기능도 포함된다.

Chapter 09

영유아보육 및 장애아동 통합보육

보육사업은 영유아의 전인적 발달을 도모하고 보호자의 복지를 증진시키는 목적이 있다. 이러한 목적에 따라 현대 영유아 보육사업은 가정의 구조적 요인(맞벌이가정, 한부모가정 등) 및 양육의 어려움으로 인해 영유아를 어린이집에 보내는 경우가 많다. 이러한 경우 영유아는 어려서부터 부모에 대한 애착형성의 어려움을 겪게 되어 인격형성에 부작용이 초래되거나 사회공통의 행동 특징 및 문화규범을 습득하는 데 어려움을 겪게 된다. 따라서 정부는 영유아의 심신을 보호하고 건전하게 교육하여 건강한 사회구성원으로 육성함과 아울러 보호자의 경제적 · 사회적 활동이 원활하게 이루어지도록 함으로써 영유아 및 가정의 복지 증진에 이바지하고자 표준보육과정을 도입하여 운영하고 있다. 이렇게 운영하는 과정에서 영유아의 보육 및 교육을 담당하는 어린이집에 대한 안전 및 환경, 보육교사의 자질이 중요시되고 있다. 이 장에서는 영유아보육과 장애아동 통합보육에 대해서 살펴본다.

9.1 영유아보육

보육사업은 시대의 상황에 따라 변화하고 있는데, 이러한 사업은 아동의 생존과 양육에 대한 아동의 복지권을 추구하는 것뿐만 아니라 여성과 가정 및 지역사회의 복지를 추구하는 복합적인 사회복지서비스이며, 보육시설은 이러한 목적을 수행하는 사회적 기능이라고 할 수 있다. 여기서는 보육의 개념, 의의, 목적과 목표, 내용 및 운영, 보육기관의 유형, 어린이집의 환경, 보육교사의 역할 등에 대해서 살펴본다.

1) 보육의 개념

보육(childhood care and education)은 어린 생명을 보호 및 육성하는 것과 영유아를 보호 및 교육하는 두 가지를 의미한다. 전통적인 보육과정은 영유아의 양육자였던 어머니의 경제활동이나 사회참여 등으로 가정에서 정상적인 양육을 받기 어려운 영유아를 하루 또는 일정 시간 동안 타인이 보호 · 교육하는 과정을 의미한다. 그러나 현대사회의 보육과정은 보편적 · 제도적 서비스로 영유아가 보호와 교육을 받을 권리를 지닌 주체로서 보호자가 누구든지 상관없이 영유아의 개성을 발달시키고 자아실현을 할 수 있는 기반을 닦을 수 있도록 평등하게 보호와 교육을 받을 기회를 제공하는 과정이다(이명희 외, 2012). 「영유아보육법」 제2조(정의)에 의하면 보육의 개념은 '보육이란 영유아를 건강하고 안전하게 보호 · 양육하고 영유아의 발달 특성에 맞는 교육을 제공하는 어린이집 및 가정양육 지원에 관한 사회복지서비스를 말한다.'로 정의하고 있다.

우리나라는 「영유아보육법」이 1991년에 제정되면서 보육은 보호하고 돌보아 줌(care)과 동시에 전인적인 발달을 도모하기 위한 교육(education)의 개념을 포함하는 것(educare)으로 변화하게 되었다. 이러한 변화 속에 명칭도 탁아시설에서 보육시설로 그리고 현재는 어린이집으로 변화했다. 현재 우리 사회는 자녀양육이 무엇보다도 중요하다고 인식하면서 자녀를 위한 교육에 많은 사교육비를 지출하고 있은 현실이다. 또한 사교육비 증가와 여성취업이 보편화되면서 나타나는 저출산은 심각한 사회문제로 대두되고 있다. 따라서 정부는 높은 사교육비 부담을 지원하고 출산을 장려하기 위해 전통적인 보육개념에 교육의 차원을 보다 강화하고, 보육의 대상도 취약계층으로 제한하지 않고 전체 영유아들을 대상으로 하는 보편주의적 정책을 추진하고 있다. 이러한 차원에서 영유아보육사업은 가족의 복지를 증진시키기 위해 영유아를 보호하고 교육하며 나아가 영유아의 전인적인 발달을 도모하기 위한 전반적인 활동과정이라 할 수 있다(김현호 외, 2019).

정부는 영유아의 보호 및 교육을 위한 전국 어린이집 표준보육과정을 개발 · 운영하고 있다. 여기서 어린이집 표준보육과정은 만 0~5세 취학 전 영유아들이 전국 어린이집에서 경험하게 될 질적인 보육과 교육을 국가수준에서 제공하는 보편적(전국 무상보육 및 교육)이고 공통적인 보육 및 교육의 목표와 내용을 제시한 것이다. 어린이집 표준보육과정은 만 0~1세 보육과정, 만 2세 보육과정, 그리고 만 3~5세 보육과정(누리과정)으로 구성된다. '누리'는 '세상'을 뜻하는 순수 우리말로 국가가 책임지는 보육 및 교육을 통해 만 3~5세 유아들이 어린이집(「영유아보육법」에 적용되는 영유아는 6세 미만의 취학 전 아동을 의미함)과 유치원(「유아교육법」에 적용되는 유아는 만 3세부터 초등학교 취학 전까지의 어린이를 의미함)에서 공통으로 운영되며, 행복한 세상을 열어 가고 생활 속에서 꿈과 희망을 마음껏 누리도록 하겠다는 의미를 담고 있다(서영숙 외, 2013). 이렇게 국가수준의 어린이집 표준보육과정을 시행함으로써 영유아의 전인적 발달과 우리 문화에 적합한 내용을 일관성 있고 연계적으로 실천하며, 궁극적으로 사회에서 추구하는 인간상을 구현하고 전국 어린이집의 질적 수준을 높이는 데 기여하고자 하는 것이다.

2) 보육의 의의

보육사업은 시대의 상황에 따라 변화하는데, 현대사회는 아동의 권리가 강화되고, 저출산이 증가하고, 가족의 형태나 구조가 변화하고, 양육자의 가치관 등이 변화하면서 더욱 중요시되고 필요한 요인이 되었다. 이러한 요인에 따라 보육의 의의를 아동발달, 가족복지, 국가 차원에서 살펴보면 다음과 같다(김석준 외, 2018).

① **아동발달 차원**: 아동은 어린이집이라는 사회화 기관에서 안전하게 보호받으면서 다양한 발달영역의 성장과 변화를 경험하게 되고, 또래관계 및 교사와의 관계를 통해 규범이나 규칙을 배우게 되어 사회성 발달을 향상시킬 수 있다는 것이다.

② **가족복지 차원**: 보육은 부모의 자녀양육 기능을 보충해 줌으로써 부모의 사회 · 경제적 활동을 원활하게 할 수 있어 가정의 경제적 안정과 긍정적 변화를 도모할 수 있다. 또한 올바른 양육정보를 제공함으로써 부모와 자녀가 함께 성장할 수 있는 기능적 가족을 기대할 수 있다는 것이다.

③ **국가 차원**: 보육사업을 통한 아동의 건강한 성장 · 발달과 기능적 가족생활을 유지하는 것은 한 사회의 안정을 위해 바람직하다. 또한 여성의 취업 확대는 국가의 경쟁력을 향상시킬 수 있을 뿐만 아니라 본인의 자아실현을 위해 도움이 될 수 있다는 것이다.

3) 보육의 목적 및 목표

보육의 목적은 「영유아보육법」 제1조(목적)에 의하면 '영유아의 심신을 보호하고 건전하게 교육하여 건강한 사회구성원으로 육성함과 아울러 보호자의 경제적 · 사회적 활동이 원활하게 이루어지도록 함으로써 영유아 및 가정의 복지증진에 이바지함을 목적으로 한다.'로 정의하고 있다. 또한 동법 제29조에 의하면 '보육과정은 영유아의 신체 · 정서 · 언어 · 사회성 및 인지적 발달을 도모할 수 있는 내용을 포함하여야 한다.'로 정의하고 있다. 이와 같은 내용을 근거로 영유아보육은 보육 · 교육 서비스를 통해 영유아가 심신을 건강하게 발달시키고 건강한 사회구성원으로 성장하는 데 그 목적이 있다고 할 수 있다. 따라서 영유아보육의 목적은 영유아의 심신 보호와 건전한 교육을 위하여 신체적 · 정서적 · 언어적 · 사회적 · 인지적 발달을 도모할 수 있는 보육 · 교육 서비스를 통해 건강한 사회구성원으로 육성함과 아울러 보호자의 경제적 · 사회적 활동이 원활하게 이루어지도록 함으로써 가정복지 증진에 이바지하는 데 있다고 할 수 있다. 이러한 목적에 부합되도록 하위 목표는 무엇을 위한 것인가, 누구를 위한 것인가, 어떻게 할 것인가 등 구체적으로 수립해야 한다(김현호 외, 2019).

① **무엇을 위한 것인가**에 대해서는 영유아의 전인적 발달과 영유아와 그 가족의 복지증진이라는 보육 · 교육목적의 실현을 위해 다음과 같은 내용의 목표를 설정해야 한다. 기본생활습관 형성, 건강한 신체적 성장, 건전한 자아의식의 형성, 타인과 외부에 대한 긍정적 관심과 신뢰감 형성, 창의적인 문제해결능력 증진, 자신의 생각에 대해 상황에 맞는 표현력 증진, 그리고 주변에 대한 탐구적 태도 함양 등을 들 수 있는데 상황에 따라 통합적으로 반영되도록 한다.

② **누구를 위한 것인가**에 대해서는 보육 · 교육대상이 만 0~1세 보육과정, 만 2세 보육과정, 그리고 만 3~5세 보육과정(누리과정) 등으로 만 0세에서 만 5세까지 연령에 따른 목표를 세워야 한다. 만 0~1세와 만 2세 보육과정의 목표는 〈표 9-1〉과 같고, 만 3~5세 보육과정(누리과정)에 따른 목표는 〈표 9-2〉와 같다.

〈표 9-1〉 만 0~1세와 만 2세 보육과정에 따른 목표

만 0~1세의 목표	만 2세의 목표
1) 건강하고 안전한 일상생활을 경험한다. 2) 감각 및 기본 신체운동 능력을 기른다. 3) 말소리를 구분하고 의사소통의 기초를 마련한다. 4) 친숙한 사람과 관계를 형성한다. 5) 아름다움에 관심을 가진다. 6) 보고, 듣고, 만지면서 주변 환경에 관심을 가진다.	1) 건강하고 안전한 생활습관의 기초를 마련한다. 2) 감각, 신체조절 및 기본운동 능력을 기른다. 3) 의사소통 능력의 기초를 기른다. 4) 나를 인식하고 다른 사람과 더불어 생활하는 경험을 한다. 5) 아름다움에 관심을 가지고 예술경험을 즐긴다. 6) 주변 환경에 호기심을 갖고 탐색하기를 즐긴다.

〈표 9-2〉 만 3~5세 보육과정(누리과정)에 따른 목표

1) 기본운동 능력과 건강하고 안전한 생활습관을 기른다. 2) 일상생활에 필요한 의사소통 능력과 바른 언어 사용 습관을 기른다. 3) 자신을 존중하고 다른 사람과 더불어 생활하는 능력과 태도를 기른다. 4) 아름다움에 관심을 가지고 예술 경험을 즐기며 창의적으로 표현하는 능력을 기른다. 5) 호기심을 가지고 주변세계를 탐구하며, 일상생활에서 수학적 · 과학적으로 생각하는 능력과 태도를 기른다.

③ **어떻게 할 것인가**에 대해서는 어떻게 해야 할 것인가에 대한 프로그램에 따라 다양할 수 있는데, 보육 · 교육 프로그램은 주제중심과 단원중심으로 구성한다. 주제중심과 단원중심의 목표는 〈표 9-3〉과 같다.

〈표 9-3〉 주제중심과 단원중심의 목표

주제중심	단원중심
〈목적〉 주제탐구활동 과정에서 다양한 표상활동을 통해 지식, 기술, 성향, 감정 등을 증진시킨다.	〈목적〉 다양한 주제에 대해 자유로운 선택활동을 통해 개괄적 지식을 함양한다.
〈목표〉 • 관심 주제에 대한 자발적 참여를 통한 지식 획득에 초점 • 주제탐구 과정에서의 다양한 표상기술 증진에 초점 • 주제탐구 과정에서의 바람직한 성향 개발에 초점	〈목표〉 • 무한한 가능성을 지닌 존재인 영유아의 가능성 발견에 초점 • 자신의 흥미에 따른 놀이활동의 진행으로 사회 · 언어 · 정서 · 인지 · 긍정적 자아 및 태도 함양에 초점 • 기본적인 감각과 운동기능을 통한 신체의 조화로운 발달에 초점

• 주제탐구 활동을 통한 긍정적 정서 증진 및 자존감 고양에 의한 삶에 대한 적극적 태도 함양에 초점	• 공동생활에 필요한 예절지도를 통해 자율성과 책임감 형성에 초점 • 타인의 말에 대한 올바른 경청태도 및 자신의 생각에 대해 적절한 표현력 증진에 초점 • 자연 및 사회현상에 대한 이해력과 논리적이고 과학적인 문제해결능력 형성에 초점

우리나라에서도 초기에는 영유아의 기본적인 욕구를 충족시키고, 안전하고, 건강하게 보호하고, 그리고 조화로운 발달을 촉진시킬 수 있는 교육을 하기 위하여 보육의 목표를 건강, 안전, 영양, 그리고 교육 등 4영역으로 제시하였다. 그러나 「영유아보육법」이 2004년 1월 개정되면서 표준보육과정을 6영역(기본생활, 신체운동, 의사소통, 사회관계, 예술경험, 자연탐구)으로 수립하여 2008년부터 모든 어린이집이 표준보육과정에 따라 운영되고 있다. 또한 제3차 어린이집 표준보육과정을 2013년 1월에 고시하여 3월부터 만 0~1세 보육과정, 만 2세 보육과정, 그리고 만 3~5세 보육과정(누리과정) 등으로 운영되고 있다. 만 0~1세와 만 2세 보육과정은 6영역(기본생활, 신체운동, 의사소통, 사회관계, 예술경험, 자연탐구)으로 구성 · 운영하고 만 3~5세 보육과정은 5영역(신체운동 · 건강, 의사소통, 사회관계, 예술경험, 자연탐구)으로 구성 · 운영하여 초등학교 교육과정과 연계되도록 하였다.

4) 보육의 내용 및 운영

우리나라는 제3차 어린이집 표준보육과정을 2013년 3월부터 전국 어린이집을 대상으로 구성 · 운영하고 있다. 보육과정은 만 0~1세 보육과정, 만 2세 보육과정, 그리고 만 3~5세 보육과정(누리과정) 등으로 운영하고 있는데, 표준보육과정의 내용은 연령(만 0~1세 영아, 만 2세 영아, 만 3~5세 유아) 및 수준(만 0~1세 영아 1, 2, 3, 4수준, 만 2세 영아 1, 2수준)에 따라 다르게 구성 · 운영하고 있다. 만 0~1세와 만 2세는 기본생활, 신체운동, 의사소통, 사회관계, 예술경험, 자연탐구 등 6개 영역으로 구성한다.

여기서 기본생활 영역은 영아가 사회생활의 기본이 되는 건강, 영양, 안전에 관한 기술을 습득하고 바르게 생활하는 태도를 기르는 영역으로 건강하게 생활하기, 안전하게 생활하기 등의 내용범주로 구성된다. 신체운동 영역은 영아가 다양한 신체활동을 통하여 자신의 신체에 대해 긍정적으로 인식하고, 일상생활에 필요한 기본운동 능력을 기르며, 신체활동에 즐겁게 참여할 수 있는 영역으로 감각과 신체 인식하기, 신체조절과 기본운동하기, 그리고 신체활동에 참여하기 등의 내용범주로 구성된다. 의사소통 영역은 영아가 듣고 말하는 것을 즐기며 상황에 맞게 의사소통 능력과 기초적인 읽고 쓰는 능력을 익히는 데 필요한 올바른 언어생활 태도와 능력을 기르는 영역으로 듣기, 말하기, 읽기, 그리고 쓰기 등의 내용범주로 구성된다. 사회관계 영역은 영아가 자신을 존중하고, 가족과 또래 및 공동체와 긍정적인 사회관계를 형성하며, 유능한 사회 구성원이 되기 위해 필요한 사회적 지식과 태도를 기르는 영역으로 나를 알고 존중하기, 나와 다른 사람의 감정 알기, 그리고 더불어 생활하기 등의 내용범주로 구성된다. 예술경험 영역은 영아가 사물이나 소리 · 자연 · 예술 작품의 아름다움에 관심을 가지고 탐색하며, 생각이나 느낌을 음악 · 동작 · 극 · 미술로 표현하고, 표현된 것들을 보고 즐김으로써 풍부한 감성 및 창의성을 기르는 영역으로 아름다움 찾아보기, 예술적 표현하기, 그리고 예술 감상하기 등의 내용범주로 구성된다. 그리고 자연탐구 영역은 영아가 다양한 감각을 이용하여 주변 사물과 환경을 지각하고 탐색하며, 이러한 과정에서 발생하는 의문점을 해결하는 데 필요한 수학적 · 과학적 기초능력을 기르는 영역으로 탐구하는 태도 기르기, 수학적 탐구하기, 그리고 과학적 탐구하기 등의 내용범주로 구성한다.

또한 만 3~5세 유아는 신체운동 · 건강, 의사소통, 사회관계, 예술경험, 자연탐구 등 5개 영역으로 구성된다. 여기서 신체운동 · 건강 영역은 유아가 자신의 신체를 인식하고 즐겁게 신체 활동에 참여함으로써 유아기에 필요한 기본 운동능력을 기르고, 건강 및 안전한 생활을 실천하는 영역으로 신체인식하기, 신체조절과 기본 운동하기, 신체활동에 참여하기, 건강하게 생활하기, 그리고 안전하게 생활하기 등의 내용범주로 구성된다. 사회관계 영역은 만 0~1세와 만 2세의 내용범주에 가족을 소중히 여기기와 사회에 관심 갖기가 추가된다. 그리고 의사소통, 예술경험, 자연탐구 영역은 만 0~1세와 만 2세, 만 3~5세 보육과정이 같은 내용범주로 구성되고 발달에 따라 내용상의 차이가 있다. 이렇게 5개 영역으로 구성된 만 3~5세 유아보육 과정은 「영유아보육법」과 「유아교육법」에 따라 전국 어린이집과 유치원이 공통으로 구성 · 운영되는 누리과정으로 운영된다. 만 0~1세와 만 2세 영아의 표준보육과정 내용과 만 3~5세 유아의 표준보육과정에 대한 내용은 만 3세, 만 4세, 만 5세로 분류하여 구성 · 운영하고 있으나, 영역별 내용범주와 내용은 유사하고 세부내용은 연령에 따라 차이가 있는데, 보육과정 교과목을 참조하면 된다.

어린이집에서 보육과정의 운영은 「영유아보육법」의 보육 이념과 목표 달성을 위하여 보육계획 수립, 보육과정 편성, 보육과정 실시, 보육과정 운영 평가, 그리고 가정 및 지역사회의 협력 과정 등으로 운영하는데, 각각에 대해서 살펴본다.

① 보육계획 수립은 영역별 목표와 내용에 따라 연령별 보육계획을 편성하고 운영하는데, 연간 · 월간 · 주간 · 일일 보육계획을 수립하되 계절이나 지역 내 특별행사 또는 어린이집의 환경 등을 고려한다. 특히, 일일 보육계획은 주간 보육계획에 기초하여 하루 일과의 시간대별로 진행될 개별 활동의 순서를 정하여 활동의 목표와 내용, 활동에 필요한 준비물 등을 기록한다. 어린이집 교사는 일과를 계획할 때 급 · 간식, 배변, 낮잠, 휴식 등 영유아의 신체적 요구를 고려해야 한다. 또한 동적활동과 정적활동, 실내 활동과 실외 활동, 개별 활동과 대 · 소집단 활동, 교사 주도 활동과 영유아 활동 등을 균형 있게 배치해야 한다.

② 보육과정 편성은 연령, 발달수준, 흥미, 장애 등 개인차와 가정환경을 반영하여 수준별 보육내용을 편성하고 각 어린이집과 지역사회의 특성을 고려한다.

③ 보육과정 실시는 보육목표와 내용에 적합한 보육활동을 다양하게 선정하여 통합적으로 운영하고 영역별 경험이나 활동을 균형 있게 제공한다.

④ 보육과정 운영 평가는 보육계획을 문서화하여 보육내용의 선정과 실시과정이 적절하였는가를 정기적으로 평가한다.

⑤ 가정 및 지역사회의 협력은 보육과정의 목표와 내용을 부모와 지역사회에 다양한 방법으로 알리고 보육과정 운영 시 부모가 적극적으로 참여할 기회를 제공함으로써 가정과 지역사회의 긴밀한 협조를 얻는다.

5) 보육기관의 유형

우리나라 어린이집의 유형은 「영유아보육법」 제10조(어린이집의 종류)에 따라 설립주체의 유형별로 국·공립어린이집, 사회복지법인어린이집, 법인·단체 등 어린이집, 직장어린이집, 가정어린이집, 협동어린이집, 민간어린이집 등 7가지로 나눈다. 특수보육유형으로는 영아전담보육, 장애아보육, 다문화아동보육, 방과 후 보육, 시간연장형보육, 휴일보육, 24시간보육 등으로 나눌 수 있다. 여기서 방과 후 보육사업은 방과 후에 보육과 교육을 위한 것으로 맞벌이가정 등의 아동에게 국가적 차원에서 필요한 돌봄을 제공하여 아동의 건강한 삶을 지원하기 위한 사업이다. 즉, 「영유아보육법」, 「유아교육법」, 「아동복지법」, 「저출산·고령사회기본법」, 「다문화가족지원법」, 「건강가정기본법」 등을 근거로 보건복지부, 교육부, 여성가족부 등에서 지원하고 있다. 보건복지부는 보육시설(어린이집)과 함께 지역아동센터(초등학생 대상), 드림스타트사업(기초생활수급자 및 자녀 대상) 등을 지원하며, 교육부는 3~5세 유아교육을 위한 유치원과 초등 방과 후 돌봄교실 등을 지원하고 있다. 이러한 어린이집의 유형에 따른 정의와 규모, 설치절차, 배치기준 등은 〈표 9-4〉와 같다(보건복지부 보육사업안내, 2024).

〈표 9-4〉 어린이집의 유형

구분	정의	규모	설치절차	배치기준	기타
국·공립	국가와 지자체가 설치 운영하는 어린이집 중에서 직장보육을 제외한 어린이집	상시 영유아 11인 이상(47㎡ 이상)	국가 및 자차체가 인가 절차 없이 설치, 보육정책위원회 심의	지역 내 보육수요를 감안하여 저소득층 등에 우선 배치	비영리법인, 개인 등에 위탁 운영
사회복지법인	사회복지법인이 설치하는 어린이집	상시 영유아 21인 이상(91㎡ 이상)	시장·군수·구청장이 인가	지역 내 보육수요를 감안하여 인가	매년 보육정책위원회의 심의로 설치 지역별 제한
법인·단체 등	사회복지법인을 제외한 각종 법인이나 단체 등이 설치하는 어린이집	상시 영유아 21인 이상(91㎡ 이상)	시장·군수·구청장이 인가	지역 내 보육수요를 감안하여 인가	매년 보육정책위원회의 심의로 설치 지역별 제한
민간	6개의 유형에 해당하지 않는 어린이집	상시 영유아 21인 이상(91㎡ 이상)	시장·군수·구청장이 인가	지역 내 보육수요를 감안하여 인가	매년 보육정책위원회의 심의로 설치 지역별 제한

가정	개인이 가정 또는 그에 준하는 곳에 설치 운영하는 어린이집	상시 영유아 5~20인 이하(18~86㎡ 이하)	시장 · 군수 · 구청장이 인가	지역 내 보육수요를 감안하여 인가	매년 보육정책위원회의 심의로 설치 지역별 제한
협동	보호자 15인 이상 조합을 결성하여 설치 운영하는 어린이집	상시 영유아 11인 이상(47㎡ 이상)	시장 · 군수 · 구청장이 인가	지역 내 보육수요 제한 없음(조합원 자녀 교육 목적)	보육아동을 둔 보호자와 보육교직원 11인 이상이 상호 출자하여 공동설립
직장	사업주가 근로자를 위하여 단독 또는 공동으로 설치하는 어린이집	상시 영유아 5인 이상(18㎡ 이상)	시장 · 군수 · 구청장이 인가	지역 내 보육수요 제한 없음(직장구성원 자녀 교육 목적)	-

6) 어린이집의 환경

어린이집은 대다수의 영유아가 종일보육 및 교육을 하는 장소이다. 영유아를 둘러싼 환경은 영유아의 성장과 함께 변화되어 직접적으로 발달에 도움을 준다. 따라서 어린이집의 환경은 가정과 같은 편안함을 제공하고 다양한 경험과 변화가 가능한 환경이 제공되어야 한다. 이러한 관점에서 영유아기 때 어린이집 환경은 발달 특성을 고려하여 안전하고 편안한 환경 속에서 주변의 사물과 상황을 적극적으로 탐색할 수 있는 환경이 제공되어야 한다. 어린이집의 물리적 환경은 영유아와 교사 모두에게 긍정적인 영향을 주기 때문에 영유아의 전인적 발달을 도와주고 그들의 생활경험을 풍부하게 하는 체계적이고 바람직한 물리적 환경을 제공해 주어야 한다.

피아제에 의하면 물리적 환경은 영유아의 인지발달에 매우 중요한 역할을 한다고 하였다. 실내 · 외 환경과 교재 · 교구 및 그 외의 다양한 놀잇감을 포함하는 물리적 환경은 지식을 구성하기 위한 도구로써 중요할 뿐만 아니라 획득된 지식을 견고히 하고, 익숙하게 사용하기 위해 반복적 경험과 연습을 제공하는 수단으로 활용되기도 하고, 그리고 지식을 활용하고 창의적으로 적용하기 위한 매체로서도 중요하다고 하였다. 따라서 영유아보육과정에서 어린이집 환경을 구성할 때 영유아를 위한 실내 환경은 다음과 같은 사항을 고려해야 한다(김현호 외, 2019).

① **정서적 안전감을 위해 가정과 같은 편안한 환경을 구성한다.** 영유아에게 친숙한 여러 가지 동물인형이나 장난감 등을 비치하여 편안하게 놀이를 할 수 있도록 한다.

② **건강 및 안전을 고려한 환경을 구성한다.** 영유아는 무엇이든 입으로 가져가려는 빨기 반응이 있으므로 위생적이고 청결한 환경을 제공하고, 장난감의 경우 무독성 물질로 네모나 삼각형의 모양보다 둥근 모양이나 천으로 된 것을 제공한다.

③ **다양한 감각기능 발달을 위한 적합한 교구를 제공한다.** 영유아는 자유롭게 이동하면서 여러 가지 물건이나 놀잇감을 탐색하기 때문에 스스로 놀이를 할 수 있는 다양한 기회를 제공한다.

④ **동적 · 정적 활동영역의 균형을 고려한 환경을 구성한다.** 낮은 오르기 기구, 밀고 당기는 놀잇감, 자동차, 흔들말 등을 제공하여 대근육 발달을 돕는 환경과 적절히 휴식할 수 있는 공간을 제공한다.

⑤ **발달적 특성을 고려한 흥미영역의 환경을 구성한다.** 만 1세 미만의 경우에는 기저귀 갈기, 수유, 손 씻기 등을 할 수 있는 환경과 기어다닐 수 있는 공간, 대 · 소근육 활동 공간, 탐색놀이 공간을 제공한다. 만 2세의 경우 역할과 쌓기 영역, 수 · 과학 영역 등 흥미영역을 제공한다.

또한 영유아보육과정에서 어린이집 환경을 구성할 때 영유아를 위한 실내 환경은 다음과 같은 사항을 고려해야 한다(이소희 외, 2010).

① **자율감을 증진시킬 수 있는 환경을 구성한다.** 영유아가 스스로 놀잇감을 쉽게 꺼낼 수 있고 주위의 도움 없이 스스로 정리정돈 할 수 있는 환경을 제공한다.

② **운동기회를 증진할 수 있는 환경을 구성한다.** 영유아의 신체적 운동에너지가 충분히 사용될 수 있도록 다양한 대 · 소근육 놀이기구를 제공하고 놀이 후 휴식할 수 있는 휴식공간을 제공한다.

③ **조작적 탐색을 증진시킬 수 있는 환경을 구성한다.** 영유아가 다양한 물체를 다

양한 방법으로 탐색하고 조작할 수 있는 다양한 놀잇감을 제공한다.

④ **자기조절 및 주도성을 증진시킬 수 있는 환경을 구성한다.** 영유아 자신이 스스로 행동을 조절할 수 있고 또래와 어울리면서 활동할 수 있도록 자율성을 보장하는 환경을 제공한다.

⑤ **또래와 놀이를 통해 학습경험을 증진시킬 수 있는 환경을 구성한다.** 사회는 혼자서 생활할 수 없고 가족, 또래, 공동체와 같이 관계를 맺고 있다는 것을 인식할 수 있도록 또래와 놀이할 수 있는 환경을 제공한다.

실외 환경은 영유아가 대근육 활동을 통한 신체적 발달에 도움을 주고, 스스로 자연을 탐색하고 호기심을 유발시킬 수 있는 기회를 제공하고, 그리고 또래와 함께 즐겁게 놀이를 하면서 사회성을 발달시킬 수 있도록 제공해야 한다. 따라서 영유아를 위한 어린이집의 실외 환경을 구성할 때는 다음과 같은 사항을 고려해야 한다. ① 영유아의 안전을 위해 환경적 요인(교통, 유해물질 등)을 고려하고, ② 영유아의 정서적 안정감을 줄 수 있는 편안한 색상 및 자연색의 사용을 고려하고, ③ 실내 공간과 연결이 용이하도록 하여 실내·외 이동이 편하도록 하고, ④ 영유아의 안전한 활동을 위해 교사가 항상 관찰할 수 있도록 구성하고, ⑤ 바닥은 각 영역별 특성을 고려하여 고무바닥, 모래, 잔디, 흙 등 다양한 질감의 재료를 사용하여 조화롭게 구성하고, ⑥ 미끄럼틀 등의 놀이기구가 있는 바닥은 안전을 고려하여 탄력 있는 바닥재를 사용하고, ⑦ 위험한 곳에는 안전대를 설치하여 영유아를 보호해야 한다.

7) 보육교사의 역할

어린이집에서 보육교사는 보육 및 교육의 질을 좌우하는 중요한 요소로 영유아 발달에 가장 많은 영향을 미친다. 특히 교사 대 영아의 비율, 집단 크기와 같은 시설의 구조적인 변인보다는 교사의 자격 및 자질, 교사훈련, 교사와 영아 간의 상호작용의 질과 같은 교사변인이 영아 발달에 중요한 요인으로 작용한다. 우리나라의 보육교사 대 영유아 비율은 만 1세 미만 영아(1 : 3), 만 1세 이상 만 2세 미만 영아(1 : 5), 만 2세 이상

만 3세 미만 영아(1 : 7), 만 3세 이상 만 4세 미만 유아(1 : 15), 그리고 만 4세 이상 만 5세 미만 유아(1 : 20)로 규정하고 영유아를 ±2명까지 허용하고 있다. 또한 표준보육과정에서는 6개의 영역별(기본생활, 신체운동, 사회관계, 의사소통, 자연탐구, 예술경험) 내용범주와 연령별(만 2세 미만 영아, 만 2세 영아, 만 3~5세 유아) 보육교사에 대한 지침이 규정되어 있다.

그렇지만 발달과정을 포함한 영유아기 때 보육교사의 역할에 대해서는 학자들 간의 다양한 견해를 가지고 있다. 예를 들면, 이영석 등(1997)은 영유아의 요구에 신속히 대처하고 반응하기, 따뜻한 신체 접촉하기, 그리고 개별적으로 상호작용하기 등을 언급했고, 임주희(2004)는 영유아와 신뢰 쌓아 가기, 비언어적으로 의사소통하기, 적극적인 상호작용과 개입하기, 기본 생활관 지도하기, 사회적 기술형성 돕기, 그리고 부모와 상호작용하기 등을 언급했고, 이경하와 임영심(2006)은 양육자의 역할 담당하기, 환경 제공하기, 놀이 제공하기, 감독하기, 그리고 연구자의 역할 포함 등을 언급했다.

이와 같이 영유아기 때 보육교사는 놀이 환경을 제공하거나 개별적인 상호작용을 하는 역할뿐만 아니라 애착을 형성하거나 따뜻한 신체적 접촉을 많이 하는 양육자로서의 역할이 강조되고 있다. 따라서 영유아기 때 보육교사의 역할은 다음과 같다(김현호 외, 2019).

① **양육자로서의 역할이다.** 보육교사는 부모와 같은 양육자로서 생리적 · 신체적 · 정서적 욕구를 충족시켜 주어야 한다. 특히 식사, 수면, 배설, 청결, 그리고 건강 및 안전에 세심한 배려를 해야 하고, 안정된 애착을 형성할 수 있도록 신체적 접촉을 많이 해서 정서적으로 안정을 갖도록 해야 한다.

② **환경제공자로서의 역할이다.** 보육교사는 영유아기 때 발달과 학습과정을 이해하고 발달수준에 적합한 교재 · 교구를 사용하여 다양한 탐구활동을 할 수 있도록 환경을 제공해야 한다.

③ **모델로서의 역할이다.** 보육교사는 영유아의 또래관계나 사회성 발달에 모델이 될 수 있도록 긍정적인 행동과 언어로 상호작용을 해야 한다.

④ **관찰자의 역할이다.** 보육교사는 발달수준이나 개인적인 특성을 고려하여 개인차에 따른 관찰이 필요하다. 특히 영유아의 건강상태, 행동, 생각, 그리고 느낌 등을

관찰하여 기록하고 지속적인 관찰을 통해 대처해야 한다.

⑤ **부모 및 지역사회의 교류자로서의 역할이다.** 보육교사는 부모와 보육시설 간의 신뢰를 형성하기 위해 긍정적인 의사소통을 하고 부모의 요구를 이해하고 지원해 주기 위해 노력해야 한다. 또한 지역사회 내의 다양한 자연환경이나 시설을 연계하여 프로그램을 운영하고 지역사회의 지원을 얻을 수 있도록 해야 한다.

9.2 장애아동 통합보육

현대사회는 선천적으로 타고난 장애요인 이외에 각종 사고나 약물남용, 공해 등 장애 유발 요인이 증가하면서 장애인구도 증가하고 있다. 이러한 시대적 상황에 따라 장애아에 대한 복지도 가족 내에서 이루어져야 한다는 기존의 인식에서 벗어나 점차 국가적 · 사회적 차원에서 이루어져야 한다는 인식이 확산되고 있다. 여기서는 장애아동의 개념과 유형 및 복지, 장애아동 통합보육의 개념과 필요성 및 의의 등에 대해서 살펴본다.

1) 장애아동의 개념

일반적으로 장애는 신체적 · 정신적 결함에 의하여 일상생활이나 사회생활에 불편함을 가진 것으로 규정하지만, 사회적 · 문화적 · 경제적 여건과 수준에 따라 다르게 정의하고 있다. 즉, 장애를 규정하는 절대적 기준이 있는 것이 아니라 사회의 규범적 수준에 따라 다른 기준이 적용되고 있다. 우리나라 「장애인복지법」 제2조(정의)에 의하면, '장애인은 신체적 · 정신적 장애로 오랫동안 일상생활이나 사회생활에서 상당한 제약을 받는 자를 말한다.'라고 정의하고 있다. 그리고 신체적 장애란 주요 외부 신체기능의 장애나 내부기관의 장애 등을 의미하고 정신적 장애란 발달장애 또는 정신질환으로 발생하는 장애를 의미한다. 따라서 장애의 정의는 신체적 · 정신적 장애라는 의학적 분류와 일상생활 또는 사회생활에 제약을 받고 있는 상태라는 두 가지 조건으로 규정하고 있다(정일교 외, 2022).

그러나 장애의 정의는 국가에 따라 주관적으로 정의하고 있으나 의학적 개념에 의한 분류보다는 직업능력, 일상생활과 사회생활에 제약을 받고 있는 상태에 따라 더 많이 정의되고 있다. 이러한 맥락에 따라 세계보건기구(WHO)는 1980년에 국제장애분류(ICIDH-1, International Classification of Impairments, Disabilities, and Handicaps) 기준을 세 가지 차원으로 제시하였다. 즉, 기능장애(impairments)는 사고나 질병 등에 의해 심리적·생리적·해부학적 구조나 기능의 상실이나 이상을 의미하고, 능력장애(disabilities)는 개인 수준의 동작과 행위능력의 저하나 상실(식사, 배변, 옷 갈아입기 등의 신변동작과 의사소통 활동 등이 잘 되지 않는 상태)을 의미한다. 그리고 사회적 분리(handicaps)는 기능장애와 능력장애에서 발생하는 불이익을 의미하는 것으로 환경개선(가옥의 개조, 교육기회의 확대, 직업적 자립의 원조, 경제적 자립의 보장 등) 통한 지원이 필요한 상태를 의미한다. 또한 WHO는 1997년에 ICIDH-1을 포함한 활동 제한(일상생활 활동의 수행에서 활동의 지속성이나 제한 사항), 참여 제한(건강 조건, 상황 요인과 관련한 생활 상황에서의 개인의 참여 정도)을 추가하여 ICIDH-2(International Classification of Impairments, Activities, and Participation: A manual of dimensions of disabilities and functioning) 기준을 제시하였다. 이후 WHO는 2001년 5월에 건강 상태와 환경적 요인의 상호작용 결과로 보는 ICIDH-2를 포함하여 환경적 측면을 지향하는 ICF(International Classification of Functioning, Disability and Health) 기준을 제시하였다(정일교 외, 2022).

WHO에서 정의하는 것처럼 장애에 대한 정의는 사회 변화, 시대의 상황이나 여건 등에 따라 다양하게 정의되지만, 장애아동은 「장애아동 복지지원법」 제2조(정의)에 따라 18세 미만의 사람 중 「장애인복지법」 제32조(장애인 등록)에 따라 등록한 장애인을 말하며, 다만 6세 미만의 아동으로서 장애가 있다고 보건복지부장관이 별도로 인정한 사람까지 포함한다고 명시되어 있다. 6세 미만의 아동을 별도로 인정한 이유는 영유아들이 성장·발달에 있어 개인차가 크고 변화의 가능성이 많은 시기이므로 이 시기에 장애라는 낙인을 부여하는 것이 부적절하기 때문이다(임경옥 외, 2018).

2) 장애아동의 유형

장애아동에 대한 장애의 유형은 장애부위, 장애정도, 발생원인 등 장애에 부수된 신체적 · 정신적 조건에 따라 나라마다 유형이 다양하고 차이가 있지만, 우리나라 「장애인복지법」과 「장애인 등에 대한 특수교육법」 등에서 장애인을 다양한 유형으로 분류하고 있다. 「장애인복지법」 제2조(정의)에 의하면, 장애유형을 신체적 장애와 정신적 장애로 분류하고 있으며, 세부적으로 15개 유형으로 분류한다. 그리고 장애등급은 1급에서 6급까지 분류하였으나 2019년 7월 1일 「장애인복지법」이 개정되어 '장애의 정도가 심한 장애인'(종전 1~3급)과 '장애의 정도가 심하지 않은 장애인'(종전 4~6급)으로 단순하게 구분하고 있다. 장애의 종류 및 기준에 따른 장애인은 〈표 9-5〉와 같다.

〈표 9-5〉 장애의 종류 및 기준에 따른 장애인〈개정 2021. 4. 13.〉

<table>
<tr><th>대분류</th><th>중분류</th><th>소분류</th><th>장애인</th></tr>
<tr><td rowspan="3">신체적 장애</td><td rowspan="3">외부신체 기능장애</td><td>지체장애인</td><td>가. 한 팔, 한 다리 또는 몸통의 기능에 영속적인 장애가 있는 사람
나. 한 손의 엄지손가락을 지골(指骨: 손가락 뼈) 관절 이상의 부위에서 잃은 사람 또는 한 손의 둘째 손가락을 포함한 두 개 이상의 손가락을 모두 제1지골 관절 이상의 부위에서 잃은 사람
다. 한 다리를 가로발목뼈관절(lisfranc joint) 이상의 부위에서 잃은 사람
라. 두 발의 발가락을 모두 잃은 사람
마. 한 손의 엄지손가락 기능을 잃은 사람 또는 한 손의 둘째 손가락을 포함한 손가락 두 개 이상의 기능을 잃은 사람
바. 왜소증으로 키가 심하게 작거나 척추에 현저한 변형 또는 기형이 있는 사람
사. 지체(肢體)에 위 각 목의 어느 하나에 해당하는 장애정도 이상의 장애가 있다고 인정되는 사람</td></tr>
<tr><td>뇌병변 장애인</td><td>뇌성마비, 외상성 뇌손상, 뇌졸중(腦卒中) 등 뇌의 기질적 병변으로 인하여 발생한 신체적 장애로 보행이나 일상생활의 동작 등에 상당한 제약을 받는 사람</td></tr>
<tr><td>시각장애인</td><td>가. 나쁜 눈의 시력(공인된 시력표에 따라 측정된 교정시력을 말한다. 이하 같다)이 0.02 이하인 사람
나. 좋은 눈의 시력이 0.2 이하인 사람
다. 두 눈의 시야가 각각 주시점에서 10도 이하로 남은 사람
라. 두 눈의 시야 2분의 1 이상을 잃은 사람
마. 두 눈의 중심 시야에서 20도 이내에 겹보임[복시(複視)]이 있는 사람</td></tr>
</table>

		청각장애인	가. 두 귀의 청력 손실이 각각 60데시벨(dB) 이상인 사람 나. 한 귀의 청력 손실이 80데시벨 이상, 다른 귀의 청력 손실이 40데시벨 이상인 사람 다. 두 귀에 들리는 보통 말소리의 명료도가 50% 이하인 사람 라. 평형 기능에 상당한 장애가 있는 사람
		언어장애인	음성 기능이나 언어 기능에 영속적으로 상당한 장애가 있는 사람
		안면장애인	안면 부위의 변형이나 기형으로 사회생활에 상당한 제약을 받는 사람
	내부기관 장애	신장장애인	신장의 기능장애로 인하여 혈액투석이나 복막투석을 지속적으로 받아야 하거나 신장기능의 영속적인 장애로 인하여 일상생활에 상당한 제약을 받는 사람
		심장장애인	심장의 기능부전으로 인한 호흡곤란 등의 장애로 일상생활에 상당한 제약을 받는 사람
		호흡기 장애인	폐나 기관지 등 호흡기관의 만성적 기능부전으로 인한 호흡기능의 장애로 일상생활에 상당한 제약을 받는 사람
		간장애인	간의 만성적 기능부전과 그에 따른 합병증 등으로 인한 간기능의 장애로 일상생활에 상당한 제약을 받는 사람
		장루·요루 장애인	배변기능이나 배뇨기능의 장애로 인하여 장루(腸瘻) 또는 요루(尿瘻)를 시술하여 일상생활에 상당한 제약을 받는 사람
		뇌전증 장애인	뇌전증에 의한 뇌신경세포의 장애로 인하여 일상생활이나 사회생활에 상당한 제약을 받아 다른 사람의 도움이 필요한 사람
정신적 장애	발달장애	지적장애인	정신 발육이 항구적으로 지체되어 지적 능력의 발달이 불충분하거나 불완전하고 자신의 일을 처리하는 것과 사회생활에 적응하는 것이 상당히 곤란한 사람(지능지수가 70 이하인 사람)
		자폐성 장애인	소아기 자폐증, 비전형적 자폐증에 따른 언어·신체표현·자기조절·사회적응 기능 및 능력의 장애로 인하여 일상생활이나 사회생활에 상당한 제약을 받아 다른 사람의 도움이 필요한 사람
	정신장애인		다음 각 목의 장애·질환에 따른 감정조절·행동·사고 기능 및 능력의 장애로 일상생활이나 사회생활에 상당한 제약을 받아 다른 사람의 도움이 필요한 사람 가. 지속적인 양극성 정동장애(情動障碍, 여러 현실 상황에서 부적절한 정서 반응을 보이는 장애), 조현병, 조현정동장애(調絃情動障碍) 및 재발성 우울장애 나. 지속적인 치료에도 호전되지 않는 강박장애, 뇌의 신경학적 손상으로 인한 기질성 정신장애, 투렛장애(Tourette's disorder) 및 기면증

또한 「장애인 등에 대한 특수교육법」에는 장애아동의 유형은 명시되어 있지 않고 장애영역별로 구분하고 있다. 「장애인 등에 대한 특수교육법 시행령」 제10조(특수교육대상자의 선정)에 언급한 특수교육대상자 선정 기준은 〈표 9-6〉과 같다.

〈표 9-6〉 특수교육대상자 선정 기준〈개정 2022. 6. 28.〉

특수교육대상자	선정 기준
시각장애	시각계의 손상이 심하여 시각기능을 전혀 이용하지 못하거나 보조공학기기의 지원을 받아야 시각적 과제를 수행할 수 있는 사람으로서 시각에 의한 학습이 곤란하여 특정의 광학기구 · 학습매체 등을 통하여 학습하거나 촉각 또는 청각을 학습의 주요 수단으로 사용하는 사람
청각장애	청력 손실이 심하여 보청기를 착용해도 청각을 통한 의사소통이 불가능 또는 곤란한 상태이거나, 청력이 남아 있어도 보청기를 착용해야 청각을 통한 의사소통이 가능하여 청각에 의한 교육적 성취가 어려운 사람
지적장애	지적 기능과 적응행동상의 어려움이 함께 존재하여 교육적 성취에 어려움이 있는 사람
지체장애	기능 · 형태상 장애를 가지고 있거나 몸통을 지탱하거나 팔다리의 움직임 등에 어려움을 겪는 신체적 조건이나 상태로 인해 교육적 성취에 어려움이 있는 사람
정서 · 행동장애	장기간에 걸쳐 다음 각 목의 어느 하나에 해당하여, 특별한 교육적 조치가 필요한 사람 가. 지적 · 감각적 · 건강상의 이유로 설명할 수 없는 학습상의 어려움을 지닌 사람 나. 또래나 교사와의 대인관계에 어려움이 있어 학습에 어려움을 겪는 사람 다. 일반적인 상황에서 부적절한 행동이나 감정을 나타내어 학습에 어려움이 있는 사람 라. 전반적인 불행감이나 우울증을 나타내어 학습에 어려움이 있는 사람 마. 학교나 개인 문제에 관련된 신체적인 통증이나 공포를 나타내어 학습에 어려움이 있는 사람
자폐성장애	사회적 상호작용과 의사소통에 결함이 있고, 제한적이고 반복적인 관심과 활동을 보임으로써 교육적 성취 및 일상생활 적응에 도움이 필요한 사람
의사소통장애	다음 각 목의 어느 하나에 해당하여 특별한 교육적 조치가 필요한 사람 가. 언어의 수용 및 표현 능력이 인지능력에 비하여 현저하게 부족한 사람 나. 조음능력이 현저히 부족하여 의사소통이 어려운 사람 다. 말 유창성이 현저히 부족하여 의사소통이 어려운 사람 라. 기능적 음성장애가 있어 의사소통이 어려운 사람
학습장애	개인의 내적 요인으로 인하여 듣기, 말하기, 주의집중, 지각(知覺), 기억, 문제 해결 등의 학습기능이나 읽기, 쓰기, 수학 등 학업 성취 영역에서 현저하게 어려움이 있는 사람

건강장애	만성질환으로 인하여 3개월 이상의 장기입원 또는 통원치료 등 계속적인 의료적 지원이 필요하여 학교생활 및 학업 수행에 어려움이 있는 사람
발달지체	신체, 인지, 의사소통, 사회 · 정서, 적응행동 중 하나 이상의 발달이 또래에 비하여 현저하게 지체되어 특별한 교육적 조치가 필요한 영아 및 9세 미만의 아동
두 가지 이상 중복된 장애	다음 각 목의 구분에 따른 장애를 지닌 사람으로서 제1호부터 제6호까지의 규정에 따른 특수교육대상자에 대한 각각의 교육지원만으로 교육적 성취가 어려워 특별한 교육적 조치가 필요한 사람 가. 중도중복(重度重複)장애: 다음의 구분에 따른 장애를 각각 하나 이상씩 지니면서 각각의 장애의 정도가 심한 경우. 이 경우 장애의 정도는 법 제14조제1항에 따른 선별검사의 결과, 제9조제4항에 따라 제출한 진단서 및 「장애인복지법 시행령」 제2조제2항에 따른 장애의 정도 등을 고려하여 정한다. 1) 지적장애 또는 자폐성장애 2) 시각장애, 청각장애, 지체장애 또는 정서 · 행동장애 나. 시청각장애: 시각장애 및 청각장애를 모두 지니면서 시각과 청각에 의한 학습이 곤란하고 의사소통 및 정보 접근에 심각한 제한이 있는 경우

3) 장애아동의 복지

우리나라 「장애아동 복지지원법」 제2조(정의)에 의하면, '장애아동 복지지원이란 국가와 지방자치단체가 장애아동의 특별한 복지적 욕구에 따라 의료비지원, 보육지원, 가족지원 및 장애아동의 발달에 필요한 지원 등 다양한 인적 · 물적 자원을 제공하는 것을 말한다.'고 정의하고 있다. 이러한 법적 · 제도에 따른 장애아동의 복지서비스를 살펴보면 다음과 같다.

(1) 장애아동 수당 및 양육수당 지원

장애아동 수당은 「장애인복지법」 제50조(장애아동수당과 보호수당)를 근거로 장애로 인하여 생활이 어려운 장애아동의 생활을 안정시키기 위해 복지증진 및 사회통합을 위하여 보호자의 경제적 수준 및 장애아동의 장애정도를 고려하여 매월 일정 금액을 수당으로 지급한다. 수급대상자는 만 18세 미만의 등록 장애인으로 국민기초생활보장 수급자 및 차상위계층이다. 2022년에는 2021년 대비 생계 · 의료급여 수급자 재가 대상자가 중증은 2만원이 오른 22만원이고, 경증은 1만원이 오른 21만원이다. 2024년에도 2022년도에 오른 〈표 9-7〉과 같이 지급하고 있다. 장애아동 수당 매월 금액은 〈표 9-7〉과 같다.

〈표 9-7〉 장애아동 수당 매월 금액

구분	생계 · 의료급여 수급자(재가)	생계 · 의료급여 수급자(시설)	주거 · 교육급여 수급자 및 차상위계층
장애의 정도가 심한 장애인(중증)	20→22만원	7→9만원	15→17만원
장애의 정도가 심하지 않은 장애인(경증)	10→11만원	2→3만원	10→11만원

또한 양육수당은 어린이집이나 유치원, 특수교육, 종일제 아이돌봄서비스를 이용하지 않는 가정양육 아동에게 부모의 양육비용에 대한 경제적 부담을 줄여 주고, 정부지원의 형평성 문제를 해소하고, 재가아동의 건강한 성장 · 발달을 지원하기 위해 매월 지급하는 수당이다(양육수당 지원 아동이 해외에 90일 이상 체류하는 경우에는 「영유아보육법」 제34조의2 제3항에 따라 양육수당 지원이 정지됨). 지원대상은 양육수당 신청일 기준 취학 전 만 86개월 미만 아동의 경우, 장애아동 양육수당 장애인으로 등록된 미취학 아동 중 만 86개월 미만의 경우, 농어촌 양육수당 농어촌 지원 자격 요건을 갖춘 미취학 아동 중 만 86개월 미만의 경우이다. 지급 금액은 일반아동의 경우 12개월 미만 월 20만원, 24개월 미만 월 15만원, 36개월 미만 ~ 48개월 미만 월 10만원, 48개월 이상 ~ 86개월 미만 월 10만원이 지급된다. 장애아동의 경우는 36개월 미만 월 29만원, 36개월 이상 ~ 86개월 미만 월 10만원이 지급된다.

(2) 장애아동 발달재활서비스

장애아동 발달재활서비스는 2012년 8월에 시행된 「장애아동 복지지원법」 제21조(발달재활서비스지원)를 근거로 장애아동의 인지, 의사소통, 적응행동, 감각 · 운동 등의 기능 향상과 행동발달을 위하여 적절한 서비스를 지원하고 정보를 제공하는 것을 의미한다. 또한 과중되는 발달재활서비스 비용으로 인해 장애아동 양육 가정의 경제적 부담을 경감시키기 위한 목적도 있다. 기존에는 장애아동 발달재활서비스사업이 「장애인복지법」

에 근거하여 2009년부터 '장애아동재활치료사업'으로 시행되었으나 의료적 개념의 치료와 장애인복지 개념의 재활 개념을 명확히 하기 위한 개념으로 발달재활서비스로 명명(命名, 사람 · 사물 · 사건 따위에 이름을 지어 붙임)되었다. 여기서 치료는 의료적 개념으로 일정한 처치와 돌봄을 통해 질환을 완치하거나 없을 때까지 신체기능을 유지시키거나 불편함을 최소화하는 것이고, 재활은 장애인복지 개념을 중심으로 형성된 개념으로 장애인으로 하여금 신체적 · 심리적 · 사회적 생활능력을 회복시켜 독립생활을 가능하게 하는 것이라고 할 수 있다. 즉, 신체적 · 정신적 기능장애의 회복뿐만 아니라 이로 인해 유발되는 일상생활의 장애도 제거하는 것을 의미한다(정옥분 외, 2021).

발달재활치료에는 운동치료, 작업치료, 언어치료, 심리치료, 미술치료, 행동치료 등이 있을 수 있다. 예를 들어, 장애아동에게 제공되는 발달재활서비스를 치료내용과 방법 등에 따라 구분하면, 우리나라 「의료법」 체계에 근거하여 의사의 지도가 필요한 물리치료와 작업치료는 의료적 재활에 해당하고, 운동치료 · 언어치료 · 심리치료 · 미술치료 · 행동치료 등은 비의료적 성격의 재활치료로 구분할 수 있는데, 장애아동 발달재활서비스는 비의료적 재활치료만을 대상으로 한다(정옥분 외, 2021).

장애아동 발달재활서비스 대상자는 만 18세 미만의 「장애인복지법」상 등록된 장애아동으로 시각 · 청각 · 언어 · 지적 · 자폐성 · 뇌병변 장애아동 및 장애가 예견되는 만 6세 미만의 아동을 둔 가정이며[장애인 2명 이상 가구, 부모 중 1명 이상이 중증장애인 가정에 대해 시 · 군 · 구청장이 지원 필요성 인정 시 지원가능(본인부담금 8만원)], 기준 중위소득 180% 이하 가정에 대하여 소득별로 매월 22만원의 바우처 카드로 차등 지원하고 있다. 단, 대상 장애아동이 「초 · 중등교육법」에 따른 학교에 재학 중인(휴학생 제외) 경우에는 만 20세가 되는 달까지 지원을 연장하되, 만 20세가 되기 전에 학교를 졸업하는 경우에는 졸업하는 달까지 재학증명서 첨부 시 인정한다. 발달재활서비스 대상자에게 매월 지급하는 바우처 카드의 금액은 〈표 9-8〉과 같다.

〈표 9-8〉 바우처 카드의 금액

소득기준	바우처 금액 (A=B+C)	정부 지원 바우처(B)	본인 부담 본인부담금(C)
기초생활수급자(다형)	22만원	22만원	면제
차상위 계층(가형)		20만원	2만원
차상위 초과 기준중위소득 65% 이하(나형)		18만원	4만원
기준중위소득 65% 초과 120% 이하(라형)		16만원	6만원
기준중위소득 120% 초과 180% 이하(마형)		14만원	8만원

장애아동 발달재활서비스 내용은 언어 · 청능, 미술 · 음악 · 행동 · 놀이 · 심리운동 · 재활심리, 감각 · 운동 등 발달재활서비스를 제공하는 것과 장애 조기 발견 및 발달진단 서비스, 중재를 위한 부모상담서비스 등을 제공하며, 의료적 행위인 물리치료와 작업치료 등의 의료기관에서 행해지는 의료지원은 불가하다.

(3) 언어발달지원서비스

언어발달지원서비스는 장애부모의 자녀에게 필요한 언어발달지원서비스를 제공하여 아동의 건강한 성장 · 발달 지원 및 장애가족의 자체 역량을 강화하기 위한 것을 의미한다. 언어발달지원서비스 대상자은 만 10세 미만의 비장애아동(한쪽 부모가 시각 · 청각 · 언어 · 지적 · 자폐성 · 뇌병변 등록장애인)으로 양쪽 부모가 시각 · 청각 · 언어 · 지적 · 자폐성 · 뇌병변 등록장애인 경우 우선 지원하며, 기준 중위소득 120% 이하 가정에 소득별로 차등 지원한다. 언어발달지원서비스 내용은 언어발달진단서비스로 언어재활, 청능재활 등 언어재활서비스와 독서 · 수화 · 놀이 지도이며, 교과목 수업에 해당하는 논술 및 학습지도나 학습지를 사용한 지도 등은 불가능하다(주수길 외, 2020). 언어발달지원서비스 대상자에게 매월 지급하는 바우처 카드의 금액은 〈표 9-9〉와 같다.

〈표 9-9〉 바우처 카드의 금액

소득기준	바우처 금액 (A=B+C)	정부 지원 바우처(B)	본인 부담 본인부담금(C)
기초생활수급자(다형)	22만원	22만원	면제
차상위 계층(가형)		20만원	2만원
차상위 초과 기준중위소득 65% 이하(나형)		18만원	4만원
기준중위소득 65% 초과 120% 이하(라형)		16만원	6만원

(4) 장애아동가족 양육지원서비스

장애아동가족 양육지원서비스는 「장애아동 복지지원법」 제23조(가족지원)와 제24조(돌봄 및 일시적 휴식지원 서비스지원)를 근거로, 장애아동가족의 일상적인 양육부담을 경감하고 보호자의 정상적인 사회활동을 돕기 위하여 돌봄 및 일시적 휴식지원 서비스를 제공하는 것을 의미한다. 장애아동 양육자는 장애아동을 상시 돌보아야 하는 부담이 있다. 양육자의 질병, 집안의 경조사 등 긴급한 경우 장애아동을 맡길 만한 서비스가 없고, 상시적인 돌봄 부담으로 비장애 형제자매 등 다른 가족에게 필요한 가족기능이 제대로 수행되지 못하는 데 따른 가족갈등의 문제가 발생한다. 이러한 부담을 경감시켜 주기 위해 장애아동이 있는 가정에 지역사회 내 자원봉사자 등을 돌보미로 활용하여 이웃과 함께하는 가족돌봄문화 정착 및 장애아동에 대한 사회적 인식의 전환을 시도하려는 서비스이다.

장애아동가족 양육지원서비스 내용은 돌봄 서비스와 휴식 지원 프로그램 두 가지가 있다. 돌봄 서비스 지원대상은 만 18세 미만의 정신지체, 발달장애, 뇌병변 장애아동 등 모든 중증 장애아와 생계·주거를 같이하는 가정 중 기준 중위소득 120% 이하인 가정(중위 소득기준 120% 초과 가정은 본인부담 40%(4,510원), 연간 840시간 초과 시 11,280원 전액 자부담)은 본인부담금이 없고, 지원 시간은 2021년 연간 720시간에서 2022년 연간 840시간(시간당 돌봄 단가: 11,280원)으로 확대하였다. 또한 840시간을 초과할 경우 전액 자부담으로 진행한다(보건복지부, 2022). 휴식 지원 프로그램은 만 18세 미만의 모든 장애아 가족으로 돌봄 서비스를 받지 않아도 참여 가능하지만 돌봄 서비스를 받는 가정을 우선

지원한다. 휴식 지원 프로그램의 내용은 가족관계 회복 및 돌봄노동 분담을 위해 장애가족 문화교육 프로그램, 휴식박람회, 가족캠프 등 휴식 프로그램과 돌보미를 통한 장애아가족 상담서비스와 생활지도 및 자조모임 등을 지원한다. 또한 가족상담(치료) 프로그램이나 가족교육 프로그램(부모교육, 비장애 형제자매교육, 가족관계 개선) 등의 프로그램을 운영한다(김미영, 2020).

4) 장애아동 통합보육의 개념

장애아동 통합보육은 일반영유아들을 대상으로 한 프로그램 안에 장애영유아를 함께 배치하여 보육하는 것이다. 이는 완전통합 또는 부분통합으로 장애영유아가 일반영유아의 학습에 배치되는 프로그램으로 적당한 수의 장애영유아를 환경적, 교육적, 사회적으로 일반영유아와 함께 통합하여 보육하는 것을 의미한다. 우리나라의 「장애인 등에 대한 특수교육법」 제2조(정의)에 의하면 '통합교육이란 특수교육(특수교육대상자의 교육적 요구를 충족시키기 위하여 특성에 적합한 교육과정 및 특수교육 관련서비스 제공을 통하여 이루어지는 교육) 대상자가 일반학교에서 장애유형 · 장애정도에 따라 차별을 받지 아니하고 또래와 함께 개개인의 교육적 요구에 적합한 교육을 받는 것을 말한다.'라고 언급하고 있어 통합보육의 법적 바탕이 되고 있다.

통합보육의 개념은 정상화, 주류화, 최소제한 환경 등의 개념을 포함하면서 그 의미를 보다 확장시킨 것이라고 할 수 있으며, 장애영유아들이 일반영유아와 동등한 보육의 기회를 누려야 한다는 인간의 존엄성과 평등성에 기초한다고 할 수 있다. 여기서 정상화는 모든 장애인이 가능한 정상의 교육환경과 생활환경을 가져야 한다는 견해로 교육에만 해당하는 것이 아니라 일상적인 모든 환경에서 정상화를 의미한다. 즉, 특수영유아도 정상적인 사회 환경 속에서 그 구성원으로 성장하고 적절히 행동하며, 상황에 적응하도록 일반인과 같은 환경에서 가르쳐야 한다는 것이다. 주류화는 특수영유아를 일반영유아의 프로그램에 배치하는 것을 말하는 것으로 단순히 일반 프로그램에 배치하는 것이 아니라 특수영유아의 장애 정도에 따라 일반영유아와의 사회적 접촉이나 학습활동을 같이 하는 것 등을 말한다. 최소제한 환경은 특수영유아를 정상적인 환경으로부터 제외시키지 않으면서 특수영유아의 요구에 적합한 교육을 시키자는 개념으로, 단순히 특수영유아를 정상 환경에 물리적으로 배치하는 것이 아니라 특수영유아의 필요에 따른 서비스를 제공하면서 일반영유아와 같은 환경에서 활동하는 것이다.

홍순옥(1996)은 '통합보육은 장애아의 독특한 보육적 요구를 충족시키기 위해 최선의 보육환경을 조성하는 것이며 이러한 통합보육은 정당화와 사회통합의 이념을 포함하는 것이다'라고 하였다. 또한 카프만 등은 '통합교육은 장애아를 일반 교육환경에 물리적으로 통합(시간적 통합)하는 것 외에도 학문적(교수 활동적 통합), 사회적(사회적 통합)으로도 통합하는 것을 의미한다.'라고 정의하였다(Kaufman et al., 1981). 여기서 시간적 통합이란 일정 시간 동안 일반영유아와 함께 동일한 교육환경에 배치하는 것을 의미하며, 교수활동적 통합이란 일반 교육환경의 교수활동에 참여하는 것을 의미하고, 그리고 사회적 통합은 교사와 또래들로부터 학급의 구성원으로 수용되는 것을 의미한다고 하였다. 진정한 의미에서의 통합이 이루어지기 위해서는 이 세 가지 형태의 통합이 모두 이루어지는 것을 의미한다.

최근에는 통합보다는 포함의 개념으로서의 통합교육이 강조되고 있는데, 두 개의 분리된 집단이 하나로 합쳐지는 과정으로서의 인식이 아닌 처음부터 서로 포함되어 있는 하나의 집단으로 인식하고 함께 교육한다는 개념으로 변화해 가는 것이라고 할 수 있다.

5) 장애아동 통합보육의 필요성

장애아동 통합보육의 필요성을 사회-윤리적인 측면, 경제적 측면, 발달적 측면에서 살펴보면 다음과 같다.

① **사회 · 윤리적인 측면**: 장애아동 통합보육을 통해서 장애영유아에 대한 사회적 태도를 긍정적으로 변화시킬 수 있고, 분리교육으로 인하여 일어나는 장애영유아에 대한 부정적 영향을 감소시킬 수 있으며, 장애영유아들도 권리를 인정받고 사회에서 적절히 통합되어 살아가도록 최대한의 도움을 받기 위해서 필요하다. 또한 일반영유아도 더불어 사는 사회에서 바람직한 사회 구성원으로 성장하는 데 장애

영유아에 대한 긍정적 태도를 가질 수 있는 기회를 제공할 수 있기 때문에 필요하다.

② **경제적 측면**: 장애아동 통합보육을 생각할 때 기존의 유치원이나 보육시설(어린이집)에 장애영유아를 통합하는 것이 장애영유아를 위한 시설을 새로 만드는 것보다 더욱 경제적 효과가 있다. 또한 많은 수의 장애영유아가 교육적인 혜택을 받지 못하고 있는 실정을 고려할 때, 장애영유아가 거주하고 있는 지역사회의 일반영유아 프로그램에 장애영유아를 통합하는 것이 더욱 경제적일 것이다.

③ **발달적 측면**: 일반영유아나 장애영유아의 영유아기 놀이행동은 발달의 모든 영역, 즉 인지적 · 언어적 · 사회적 · 정서적 발달을 촉진한다. 놀이를 통해 영유아는 의사소통, 사회화, 주변 환경에 대한 적응, 자신과 타인에 대한 이해를 갖게 되므로 생활에 필요한 사회화 기술을 연습하는 데 있어서 중요한 역할을 한다.

6) 장애아동 통합보육의 의의

장애아동 통합보육의 의의를 일반영유아, 장애영유아, 부모의 측면에서 살펴보면 다음과 같다(김석준 외, 2018).

① **일반영유아 측면**: 장애아동 통합보육은 일반영유아로 하여금 장애아에 대해 자신이 도울 수 있는 부분을 발견하게 되고 그 역할을 수행하는 과정에서 자아존중감과 이타심을 발달시킨다. 또한 장애아에 대한 올바른 인식을 심어 주고 이러한 인식은 장애아를 이해하고 수용할 뿐만 아니라 함께 상호작용하는 기회가 될 수 있다.

② **장애영유아 측면**: 장애아동 통합보육 상황에서 모방을 통한 또래와의 상호활동은 장애아의 사회화 과정에 주요한 역할을 한다. 일반영유아와의 상호작용 경험을 통해 문제해결 능력을 키울 수 있으며, 의사소통 능력이나 언어표현 능력을 향상시킬 수 있다. 또한 부족한 교육시설에 의한 교육기회의 박탈을 극복할 수 있으며 이러한 계기를 통해 전반적인 발달을 기대할 수 있을 것이다.

③ **부모의 측면**: 장애아의 부모들은 일반영유아를 위한 환경 속에서 성공적으로 기

능하는 자신의 자녀들을 통해 장애아에 대한 긍정적인 태도를 갖게 되며 장애아의 성취를 특수한 사회가 아니라 현실 곳곳에서 파악할 수 있다. 그리고 장애아 부모는 자신의 자아인식이 증진되는 효과를 얻을 수 있으며, 일반영유아 부모는 자녀에게 인간발달의 차이를 인식시킬 수 있고 장애아 가족의 욕구에 대한 관심이 증가될 수 있을 것이다.

Chapter

10

위기 및 다양성에 따른 지역사회보호

현대사회는 가정의 개념, 생활주기, 제도, 역할, 유형(구조, 형태) 등이 변화하면서 다변화되고 있다. 즉, 고령의 독거노인 세대와 결혼을 하지 않는 젊은 청년층의 1가구 세대, 다문화가정 등이 증가하고 있는 현실이다. 또한 결혼한 가정의 경우도 무자녀이거나 자녀 수가 감소하고 여성의 경제활동 참여로 맞벌이가 증가하고 있다. 가정에 대한 사회지원체계는 가정의 구조(한부모가정, 미혼모가정, 무자녀가정, 노인가정), 가정구성원의 특성(재혼가정, 입양가정, 위탁가정, 국제결혼가정), 가족의 생활양식(맞벌이가정, 주말가정, 기러기가정), 그리고 탈근대(미혼모독신가정, 공동체가정, 동성애가정) 등의 네 가지 현상으로 이해할 수 있다. 이러한 현상에 따른 사회적 문제는 가정자원에 관한 경제적 문제, 가정생활에서의 정서적 문제, 삶의 질 관련 위기적 문제 등이 있을 수 있다. 이러한 문제는 가정의 다양한 형태와 상황에 따라 가정에 여러 가지 문제가 나타날 수 있지만 대표적인 가정의 문제는 한부모가정과 조손가정 등의 자원부족에 따른 경제적 부양능력 문제, 맞벌이가정의 가사분담과 자녀양육 등을 둘러싼 부부간 역할 갈등 및 역할 과중문제, 핵가정과 확대가정의 갈등관계 문제, 아동학대나 노인학대 등 가정 내 폭력문제, 가정구성원의 알코올중독이나 인터넷중독의 문제, 다문화가정 내 문화충돌 및 역할에 대한 갈등문제, 치매노인 · 장애인 · 만성질환자 등을 돌보는 과정에서 사회적 · 심리적 · 경제적 고통 등이 있을 수 있다. 따라서 다양한 사회지원 측면에서 가정의 소득지원, 법적 · 제도적 지원, 사회지원, 가족관계 및 기능유지 지원 등의 지원방안들이 필요하다고 할 수 있다(김성철 외, 2020). 이러한 필요 사항에 있어서 빈곤가정의 아동, 다문화가정의 아동, 알코올 의존 가정의 아동, 학대가정의 아동, 장애가정의 아동이나 장애아동, 입양가정의 아동, 위탁가정의 아동, 조손가정의 아동, 한부모가정의 아동, 북한이탈가정의 아동 등이 있을 수 있는데, 이 장에서는 빈곤가정의 아동, 한부모가정의 아동, 조손가정 및 소년소녀가정의 아동, 북한이탈가정의 아동을 포함한 다문화가정의 아동 등 일부 가정에 대한 아동복지를 살펴본다.

10.1 빈곤가정의 아동복지

빈곤은 인간의 성장 · 발달에 부정적인 영향을 미치므로 어느 시대나 주요한 사회적 문제로 다루었다. 특히 성인에 비해 미성숙한 아동은 영양소 공급에 중요한 시기이다. 빈곤가정에서 성장 · 발달한 아동의 경우 그렇지 않은 가정의 아동보다 신체적 · 인지적 · 정서적 발달 측면에서 낮은 수준의 성취로 보이는 것으로 나타났다(Duncan et. al., 1994). 또한 빈곤가정의 아동은 사회구성원으로서 건강하게 성장 · 발달하기 위한 경제적 · 사회적 기회의 박탈가능성이 높으며, 빈곤의 부정적인 영향이 성인기에도 나타나는 빈곤의 대물림 가능성이 높은 것으로 나타났다(Becker, 1981; 김미영, 2020). 여기서는 빈곤의 개념, 빈곤아동의 개념, 특징, 복지 등에 대해서 살펴본다.

1) 빈곤의 개념

빈곤(poverty)은 생활환경과 밀접한 관련이 있기 때문에 인류의 역사가 시작된 이래로 어느 시대나 사회적 문제가 되어 왔다. 빈곤의 사전적 정의는 "기본적 욕구를 충족시킬 수 있는 생활수단이 부족한 상태"를 의미하는데, 여기서 기본적 욕구란 협의의 개념으로는 생존을 위한 필수적인 욕구를 의미하며 광의의 개념으로는 공동체의 일반적인 생활수준을 반영하는 것으로 정의한다(브리태니커사전, 2015; 임경옥 외, 2018). 또한 빈곤은 생활에 필요한 물자가 없거나 부족한 상태 또는 일반적으로 기본수요의 부족 현상으로 생활필수품의 결핍과 그 결핍으로 인한 육체적 · 정신적 불안감을 포함하는 생활상태로 정의되고 있다(황해익 외, 2017). 통상적으로 빈곤은 개인이 생물학적 생존을 유지하는 데 필요한 최소한의 물질적 자원이 결핍된 상태를 의미하며, 나아가 문화적 · 정신적 생활에 의한 욕구가 결핍된 상태까지를 포함한다. 즉, 물질적 자원의 부족만을 의미하는 것이 아니라 교육 · 의료 · 계층 이동의 기회 등 여러 가지 사회적 가치의 분배에 있어서 불평등을 포함하는 동시에 개인의 심리적 차원에 있어서의 박탈과 문화적 가치로부터의 소외 등을 의미하는 포괄적인 개념을 의미한다(김성철 외, 2020).

이러한 빈곤은 그 개념에 대해 명확히 정의 내리기 어려우며 시대와 국가 및 학자들에 따라 다양하게 정의되고 있는데, 각 국가와 사회 그리고 개인이 갖고 있는 가치와 기준에 따라 빈곤의 개념이 달라질 수 있다. 빈곤은 필요한 자원과 기본적 욕구를 어떻게 설정하느냐에 따라 빈곤을 측정하는 방법이 달라지는데, 일반적으로 빈곤은 절대적 빈곤과 상대적 빈곤으로 구분하는 객관적 빈곤이 있으며, 객관적 기준 없이 개인의 주관적 판단에 기준 한 주관적 빈곤이 있을 수 있으며, 최근에는 능력접근도 등장하였다. 각각에 대해서 살펴보면 다음과 같다(김석준 외, 2018; 김성철 외, 2020; 김미영, 2020).

(1) 절대적 빈곤

절대적 빈곤은 신체적 생존을 위해 필요한 욕구를 말하는 것으로 흔히 언급되는 의식주상에서의 결핍에 무게를 둔다. 즉, 생활자원이 절대적 기준인 빈곤선 또는 최저생계비에 도달하지 못할 때의 상태를 의미한다. 여기서 빈곤선(poverty line, poverty threshold)은 해당 국가에서 적절한 생활수준을 수행하는 데 필요한 최소 소득수준을 의미한다. 또한 최저생계비는 국민이 건강하고 문화적인 생활을 유지하기 위해 소요되는 최소한의 비용을 의미한다.

따라서 절대적 빈곤은 기본적 생존에 대한 욕구 충족이라는 측면에서 파악하며, 이러한 생활을 유지할 수 있는 최소한의 소득을 빈곤선으로 추정하게 된다. 일반적으로 개별가구의 경제적 능력을 나타내는 지표로는 소득수준, 재산수준, 소득인정액, 소비수준 등이 있다(김성철 외, 2020). 저개발 국가의 경우는 절대적 빈곤과 경제적 빈곤이 더 중요한 빈곤의 개념으로 인식한다.

(2) 상대적 빈곤

상대적 빈곤은 한 사회의 전반적인 생활수준에 무게를 두고 전체 국민의 복지나 소득기준과 비교하여 상대적인 저소득층을 판단함으로써 빈곤의 정의를 내리는 것이다. 즉, 다른 사람과 비교해 상대적으로 적게 가지고 있는 상태를 의미하며 상대적으로 낮은 수준의 계층을 빈곤층으로 정의한다. 따라서 상대적 빈곤은 개인 또는 한 가구가 생존을 유지할 수 있는 소득이 되어도 소속되어 있는 사회 내의 평균소득이나 중위소득에 비해 상대적으로 낮아 상대적 박탈감을 갖게 되는 상태이다. 이러한 상대적 빈곤은 소득, 권력, 기회 등의 포괄적인 가치의 상대적 박탈을 포함하며, 빈곤을 물질적 개념에만 한정하지 않고 그 사회의 구성원들이 통상적으로 참여하는 사회, 문화, 경제적 활동 참여 등도 빈곤의 개념에 포함하고 있다. 전반적으로 경제 · 사회적 수준이 향상된 선진국의 경우는 상대적 빈곤과 심리적 빈곤에 대한 관심이 증가하고 있다.

상대적 빈곤을 측정하는 방법은, ① 그 국가의 전체 구성원 또는 가족의 중위소득 50% 이하를 빈곤층으로 간주하는 것으로 가장 보편적 방법이다. ② 한 사회의 소득분배 분포상 가장 낮은 일정 비율인 10% 또는 20% 이하의 사람들을 빈곤한 것으로 간주한다. ③ 통상적인 소득 이외의 기타 요건들을 고려하여 빈곤을 복합적으로 측정하는 것인데, 어느 지역의 통상적인 생활양식에 속하지 못하는 경우를 빈곤으로 간주하는 것 등이다. 이러한 방법들은 빈곤층과 그 이외의 사회구성원들 간의 차이를 쉽게 반영해 주는 동시에 국가 간의 빈곤층 소득 및 생활상태를 비교하는 데 도움이 된다. 또한 사회적 박탈, 결핍 또는 불평등이라는 빈곤의 한 측면을 잘 반영하고 소득 자료로부터 쉽게 계산할 수 있고, 한 사회의 경제수준 변화를 알 수 있다는 장점이 있다(김성철 외, 2020).

(3) 주관적 빈곤

주관적 빈곤은 빈곤에 처한 당사자가 빈곤을 체감하는 수준에서 객관적 기준이 없이 당사자의 주관적인 판단에 따라 정의한다. 즉, 자신이 일상생활에 문제가 없어도 충분히 갖고 있지 않다고 느끼며 자신의 주관적 판단에 따라 빈곤하다고 느끼는 것이다. 예를 들어, 큰 집에서 전세를 살아도 자기 집이 없어서 빈곤하다고 하거나 자녀에게 사교육을 시키지 못해서 빈곤하다고 하는 경우가 있을 수 있다.

(4) 능력접근

빈곤에 대한 능력접근은 경제학자 아마르티아 센(Sen)에 의해 제시되었는데, 센은 개개인이 처한 조건은 서로 다르기 때문에 이를 고려하여 빈곤의 기준을 설정하고 측정하는 것이 바람직하다고 하였다. 그는 물질적 자원의 풍요는 단지 빈곤을 해소할 수 있는 가능성만 있을 뿐 실제 개인과 가구의 빈곤을 결정하는 핵심적 요소는 인타이틀먼트

(entitlement)라고 하였다. 여기서 인타이틀먼트는 개인 또는 집단에 일정한 권리나 자격을 주는 것으로 빈곤은 민주적 권리의 결여를 의미한다고 할 수 있다. 이러한 센의 능력접근 개념의 장점은 빈곤층을 지원하는 데 있어서 현금급여 외에 일자리를 포함한 사회에 참여할 수 있는 권리나 자격을 주는 인타이틀먼트가 중요하다는 것이다(김성철 외, 2020).

2) 빈곤아동의 개념

빈곤아동은 18세 미만의 아동이 일상적인 생활여건과 자원이 결핍하여 사회적·경제적·문화적 불이익을 받는 빈곤한 상태를 의미한다. 또한 생활여건과 자원결핍으로 인한 복지·교육·문화 등의 격차 해소를 위하여 지원이 필요한 아동을 의미한다(「아동의 빈곤예방 및 지원 등에 관한 법률」 제3조 제2항 제3항, 2022). 이러한 의미는 아동 자신이 빈곤하기보다는 아동이 속한 원가정이나 대리가정이 빈곤할 경우 빈곤아동이라 칭한다. 빈곤아동의 기준은, ①「아동복지법」 제3조 제4호 및 제5호에 따른 보호대상 및 지원대상 아동, ②「국민기초생활보장법」 제2조 제2호에 따른 수급자인 아동, ③「한부모가족지원법」 제4조 제2호에 따른 한부모가족의 아동, ④「다문화가족지원법」 제2조 제1호에 따른 다문화가족의 아동으로 복지·교육·문화 등의 격차를 해소하기 위하여 사회적·경제적·문화적 지원이 필요하다고 보건복지부장관이 인정하는 아동이다.

3) 빈곤아동의 특징

아동기의 빈곤은 단순한 경제적 차원의 문제를 넘어 아동의 신체적·인지적·사회적 성장·발달에 부정적인 영향을 미치며, 부정적인 요소는 성인기의 생산성에 영향을 미쳐 아동의 삶의 질에 총체적으로 영향을 미친다(김미영, 2020). 빈곤의 영향에 따른 빈곤아동의 특징은 다음과 같다(박정란 외, 2001; 주수길 외, 2020).

① 빈곤아동은 경제적 스트레스를 안고 있으며 주로 긴장 상태에 놓여 있다. 만성적 긴장으로 인해 심리적 불안이 인성구조의 중심을 이룸으로써 대체로 사회적응력

이 부족하다(학교 부적응, 집단따돌림 등).

② 빈곤아동은 가족관계가 원만하지 못하여 다른 계층의 아동보다 거부감, 소외감, 적대감 등이 더 나타나고 자신이나 가족, 사회에 대한 부정적 태도를 가지며 파괴적 행동에 빠지기 쉽다.

③ 빈곤아동은 어머니의 연령이 낮은 경우 육아 지식의 부족으로 인해 제대로 양육되지 못하여 심리적 불안감이 높을 수 있다.

④ 빈곤아동은 인지적 · 사회적 발달장애를 보이거나 주의가 산만하고 인내심이 부족하다.

⑤ 빈곤아동은 가정과 지역사회로부터 바람직한 인간관계 모델을 제공받을 수 있는 기회가 부족하기 때문에 대인관계 형성에 어려움이 있다.

⑥ 빈곤아동 가정의 낮은 사회경제적 지위는 낮은 지적 수준을 갖게 하고 그로 인하여 학교에 부정적 태도를 초래하며 불량 또래친구를 사귀게 되어 비행에 빠지기 쉽다.

⑦ 빈곤아동은 출생 시 건강 상태가 좋지 않으며 한부모가정과 같은 가족 형태적 결손과 알코올이나 정신질환, 폭력과 같은 가정환경의 문제를 가질 수 있다.

⑧ 빈곤아동은 빈곤지역 하위문화에 적응함으로써 추후에 생활 조건을 향상시키거나 발전을 도모하려는 동기가 낮다.

4) 빈곤아동의 복지

빈곤아동의 복지서비스는 「아동복지법」, 「국민기초생활보장법」, 「한부모가족지원법」, 「다문화가족지원법」 등을 근거로 하고 있다. 「아동복지법」에서는 아동보호서비스, 아동학대 예방 및 방지, 아동 안전 및 건강 지원, 아동복지시설 지원 등을 하고, 「국민기초생활보장법」에서는 수급자 가정의 아동과 시설보호아동에 대하여 생계 · 교육 · 의료 · 주거 급여를 지원하고 있다. 즉, 중위소득의 50% 이하 가구에는 교육급여를, 45% 이하 가구에는 주거급여를, 40% 이하 가구에는 의료급여를, 30% 이하 가구에는 생계급여를 지급하고 있다. 여기서 중위소득은 「통계법」 제27조에 따라 통계청이 공표하는 통계자료의 가구 경상소득(근로소득, 사업소득, 재산소득, 이전소득 등을 합산한 소득)의 중간값에 최근 가구소득 평균 증가율, 가구 규모에 따른 소득수준의 차이 등을 반영하여 가구별로 산정한 소득이다. 「한부모가족지원법」에서는 생계비, 아동교육 지원비, 아동양육비, 입학금 및 수업료, 학용품비와 그 밖에 교육에 필요한 비용을 지원한다. 「다문화가족지원법」에서는 아동보육과 교육 등을 지원한다. 이러한 법에 준하여 운영되고 있는 센터는 드림스타트센터와 방과 후 돌봄을 지원하는 지역아동센터 등이 있으며, 아동발달지원계좌 지원사업, 결식아동 급식 지원사업, 방과 후 아카데미, 그리고 교육부에서 주관하는 초등돌봄교실과 다함께 돌봄센터 등이 있다. 각각에 대해서 살펴보면 다음과 같다(임경옥 외, 2018; 김미영, 2020).

(1) 드림스타트센터

드림스타트센터는 빈곤아동을 대상으로 예방적인 인적 자본 개발을 통하여 공평한 출발 기회를 보장해 나가는 드림스타트 사업을 진행한다. 드림스타트 사업은 2004년 민간단체에서 위스타트(We start, 우리 모두가 나서서 아이들의 새로운 삶의 출발을 돕자는 의미로 빈곤아동의 가난에 대한 대물림을 끊자는 것) 사업으로 시작하여 2007년 국가의 정책으로 드림스타트(Dream start) 사업으로 변경하였다. 이러한 사업은 빈곤아동들을 대상으로 하는 통합적 아동보호서비스로 그들의 신체적 · 정서적 · 사회적 능력 등 전인적 발달을 지원하는 사업이다. 즉, 빈곤아동들을 대상으로 아동기에 빈부 격차로 발생할 수 있는 발달의 격차를 줄이기 위해 제공되는 맞춤형 통합서비스로 아동의 잠재능력을 키워 빈곤의 고리를 끊을 수 있도록 지원하는 프로그램이다. 이러한 사업은 미국의 헤드스타트(Head start, 1984년 존슨행정부에서 시작, 빈곤아동을 대상으로 언어 · 보건 · 정서 등을 조기에 포괄적으로 개입하는 프로그램)와 영국의 슈어스타트(Sure start, 1997년 시작, 빈곤이나 소외지역 아동뿐만 아니라 모든 아동에게 공정한 출발을 보장) 등과 맥을 같이하고 있다. 드림스타트센터는 현재 전구 시 · 군 · 구에 각각 1개소씩 설치 · 운영되고 있는데, 센터의 구성 및 내용은 〈표 10-1〉과 같다(주수길 외, 2020; 보건복지부, 2024).

〈표 10-1〉 드림스타트센터의 구성 및 역할

구분	분야	구성		내용
		공무원	민간	
팀장 (운영 및 관리 총괄)	행정, 사회복지, 간호 · 보건	6급 이상 1인, 공무원		• 시군구 드림스타트 사업 운영 및 행정 · 예산 관리 총괄 • 취약계층 아동가구 조사, 서비스 기획 · 조정 및 서비스 제공 총괄 • 지역사회자원 발굴 및 행동e음 승인 및 자원 총괄 관리 • 방과 후 돌봄서비스 아동 배치, 업무관련 협의회 참석, 통합사례관리 등
건강 담당	간호 · 보건	1명	1명	• 건강 · 영양 등 방문 보건서비스 지원, 지역 내 보건 연계망 구축 • 의료 개입 및 응급 지원서비스 등, 통합사례관리
복지 담당	사회복지	1명	1명	• 정서 · 사회성 발달 프로그램 지원, 자원봉사자 및 학교연계 프로그램 관리 등, 통합사례관리
보육 · 교육 담당	보육 · 보건	1명	1명	• 보육/조기교육 프로그램 지원, 가정방문 조기교육 수행 · 관리 등, 통합사례관리

드림스타트 사업의 대상은 0세(임산부) ~ 만 12세(초등학생 이하) 아동 및 그 가족을 대상으로 국민기초생활수급 및 차상위계층 가정, 보호대상 한부모가정(조손가정 포함), 학대 및 성폭력 피해아동 등이다. 또한 만 12세 이상 아동 중 위기개입이나 집중사례관리 등급에 해당하여 지속적인 사례관리가 필요하다고 인정하는 경우에는 사례회의 및 자치단체장의 승인을 거쳐 최대 15세까지 가능하다(보건복지부, 2022). 드림스타트 사업의 추진방향 및 서비스 내용은 〈표 10-2〉와 같다(김미영, 2020; 보건복지부, 2024).

〈표 10-2〉 드림스타트 사업의 추진 방향 및 서비스 내용

구분	내용
사업 대상	• 저소득 및 결손가정 등 취약계층 가정의 만 12세 이하 아동, 임산부, 가족
추진 방향	• 빈곤아동 개인의 능력 향상 및 기회 평등 보장 • 빈곤아동과 그 가족에게 건강 · 복지 · 보육 등을 통한 맞춤형 전문서비스를 제공하여 문제를 조기 진단 및 개입하는 예방적 서비스 체계 강화 • 시 · 군 · 구 드림스타트 전담팀 구성 등 공적전달체계 중심으로 추진 • 보건소, 사회복지관 등 빈곤가정 지원을 위한 지역사회 자원개발 및 자원 간 협력 · 연계 체계 구축

서비스 내용	• 저소득 가정의 아동과 가족, 임산부를 대상으로 사례관리를 실시하며 문제를 조기 진단하고 보건·복지·보육 등 통합서비스 연계 지원 • 아동발달 영역(신체/건강, 인지/언어, 정서/행동) 및 발달연령을 고려해서 전문화된 서비스 지원을 통한 전인적 발달 도모 • 서비스 유형을 기본·필수·선택 서비스로 구분하고 기본 및 필수 서비스 중심으로 운영 • 아동별·가족별 욕구와 여건을 진단하여 필요한 서비스를 지역사회자원으로 연계하여 맞춤형 서비스 제공

(2) 지역아동센터(방과 후 돌봄 지원)

지역아동센터는 아동의 건강한 성장·발달뿐만 아니라 가족기능을 강화하며 지역사회 내 아동의 방과 후 돌봄을 지원하는 센터로 빈곤아동을 우선으로 하고 있다. 즉, 지역사회에서 방과 후 돌봄이 필요한 아동의 건전육성을 위하여 보호·교육, 건전한 놀이와 오락의 제공, 보호자와 지역사회의 연계 등 종합적인 복지서비스 제공을 목적으로 「아동복지법」 제50조~제52조, 제54조~제75조(설치근거)에 따라 설립된 시설이다(보건복지부 지역아동센터 지원 사업안내, 2024). 또한 지역사회에서 취약계층의 아동들이 가정의 빈곤이나 부모의 가출, 맞벌이 등에 의하여 적절한 보호를 받기 어려운 환경에 놓였을 때 이들에게 적절한 아동보호(안전한 보호, 급식 등)와 교육기능(일상생활 지도, 학습능력 제고 등), 정서적 지원(상담 및 가족지원), 문화서비스(체험활동, 공연 등) 등을 제공한다.

따라서 지역아동센터는 단순히 취약계층의 빈곤아동을 보호 및 양육하는 역할을 넘어 빈곤을 예방하는 의미가 있으며, 빈곤아동의 양육과 교육에 대해 부모와 지역사회의 책임이 균형과 조화를 이루는 지역사회보호의 책임에 의미가 있다고 할 수 있다. 이러한 지역아동센터는 1980년대 중반 빈곤지역과 농산어촌 중심의 공부방 활동을 종교단체나 민간단체 중심으로 시작하여, 2003년 「아동복지법」이 개정되면서 2004년 7월부터 시행되어 아동복지시설로 법제화되었다. 법제화되면서 지역아동센터는 취약계층 아동의 지역사회보호를 위하여 아동의 권리보장과 안전한 보호, 급식지원 등으로 결식을 예방하고 그들의 학습능력 제고, 학교 부적응 해소, 일상생활 지도, 학교생활의 유지 및 적응력 강화 등의 기능을 제공하고 있다. 또한 문화적으로 소외되어 있는 아동에게 다양한 문화체험을 제공하고 있다. 이러한 지역아동센터의 연도별 추진경과는 〈표

10-3〉과 같다(보건복지부 지역아동센터 지원 사업안내, 2024).

〈표 10-3〉 지역아동센터의 연도별 추진경과

연도	내용
2004년	• 「아동복지법」을 개정하여 지역아동센터(구, 공부방)를 아동복지시설로 법제화 - 총 895개소 시설에 23,347명의 아동서비스 지원
2005년	• 지역아동센터의 양적 증가 및 확대 운영 - 전국 1,709개소로 확대운영(총 43,749명 아동지원)
2006년	• '지역아동정보센터' 설치 · 운영('06.1.) - 조사연구사업, 교육사업, 정보제공사업 등 종합적 운영 · 지원 추진 • 「건축법 시행령」 개정으로 설치가능 건축물 용도 확대('06.6.) - 노유자시설(교육연구 및 복지시설, 8개 용도) → 제1종 근린생활시설(15개 용도)
2007년	• 아동복지교사 지원사업 실시 및 '아동복지교사지원센터' 설치 · 운영('07.1.) - 전문분야별 교육프로그램 지원을 위해 7개월간 2,700명 아동복지교사 파견 - 사업운영체계로 '아동복지교사지원센터(중앙 1, 권역 14)'를 설치 · 운영
2008년	• 지역아동센터 시범평가 실시('08.8.) • 아동복지교사 지원사업 계속사업으로 확대 · 운영
2009년	• 전국 지역아동센터 평가 진행(총 3,224개소) 및 컨설팅사업 실시 • 종사자 역량강화를 위한 교육 실시(총 7,700명) • 「건축법」시행령 별표1 개정으로 건축물용도 확대('09.7.) - 1종 근린생활시설 → 1종 근린생활시설, 단독주택, 공동주택
2010년	• 지역아동센터 평가우수시설 운영비 추가지원(916개소, 월 30만원) • 사회복지시설정보시스템 활용 의무화('10.1.)
2011년	• '지역아동센터지원단(중앙 1개소, 시도 15개소)' 통합 설치 · 운영 • 지역아동센터 평가우수시설 인센티브(총 500개소, 월 898천원)
2012년	• '지역아동센터평가센터' 설치 및 3년 주기 제1기 평가체계 구축 • 평가우수시설 인센티브를 기능강화사업(거점형, 특수목적형)으로 변경 • 학교의 주 5일제 전환에 따른 지역아동센터 토요운영 지원 • 「아동복지법」 시행령 · 시행규칙 개정을 통한 종사자 자격기준, 시설 설치기준 강화('12.8.) • 방과후 돌봄서비스 관계 부처 간(보건복지부, 교육부, 여성가족부, 안전행정부) 업무 협약 체결('12.10.)
2013년	• 신규시설장의 현장실습 · 컨설팅 참여의무화 • 방과 후 돌봄서비스 연계로 종합적 지원 · 관리체계 마련 • 지역아동센터 맞춤형 사회복지시설정보시스템 고도화 구축
2014년	• 지역아동센터 1기('12~'14년) 시설평가 완료 • 표준 프로그램 개발 • 지역아동센터 아동패널 구축 및 구사

2015년	• 지역아동센터 2기('15~'17년) 평가지표 마련 • 지역별 돌봄계획 지표개발 • 사회복지시설정보시스템 전국실태조사 탑재
2016년	• 지역아동센터 신규 및 기존 종사자 교육과정 차별화로 의무교육 강화 • 지역별 돌봄계획 수립 지원을 위한 시도별 컨설팅 실시 • 방과 후 돌봄 연계체계 활성화 방안 마련
2017년	• 지역아동센터 2기('15~'17년) 시설평가 완료 • 우수 지역아동센터 지원방안 마련 • 지역아동센터 3기('18~'20년) 평가지표 마련
2018년	• 지역아동센터 이용아동 기준 개선(일반아동 이용비율 확대) • 중앙평가위원회 구성 및 운영
2019년	• 지역아동센터 이용아동 기준 개선(일반아동 이용비율 확대) • 지역아동센터 운영비(3,096백만원) 및 공기청정기 지원(809백만원) 추경 편성 • 지역아동센터 환경개선비 신규 지원(9,600백만원)
2020년	• 지역아동센터 32('18~'20년) 시설평가 완료 • 지역아동센터 공공성 강화 시범사업 실시(150개소) • 지역아동센터 등하원 안심알림이 구축 개시
2021년	• 지역아동센터 돌봄인력 한시 지원 242억원 추가 편성
2022년	• 지역아동센터 이용아동 기준 개선(일반아동 이용비율 확대, 우선돌봄아동 선정기준 개선) • 비영리법인화 시 시설기준 요건 완화(「이동복지법 시행규칙」 개정)
2023년	• 지역아동센터 4기('21~'23년) 시설평가 완료 • 인건비 및 운영비 보조금 분리 교부 • 운영시간 연장(20시까지) 돌봄공백 방지

출처: 보건복지부 지역아동센터 지원 사업안내(2024).

위와 같이 지역아동센터는 2004년 「아동복지법」 개정으로 지역사회의 공부방이 아동복지시설로 법제화되면서 2011년에는 통합적인 관리와 지원을 효율적으로 수행하기 위하여 '지역아동정보센터'와 '아동복지교사지원센터'를 '지역아동센터지원단(중앙 1개, 시도 15개소)'으로 통합하여 운영하고 있다. 여기서 지역아동센터시도지원단은 지역아동센터의 종사자 교육, 컨설팅 등 시설운영 지원, 정보시스템 운영·관리 및 평가사업 등 지원, 시·도 특성에 따른 홍보, 정보관리, 민간자원 개발·연계 및 네트워크 구축 등 지역아동센터 지원, 시·도 방과 후 돌봄서비스 추진 업무 지원 등의 역할을 수행한다.

① 지역아동센터의 설치

지역아동센터는 공부방이 「아동복지법」 개정으로 2004년 7월부터 아동복지시설로 법제화되면서 동법 제50조에 따라 국가 또는 지방자치단체는 아동복지시설을 설치할 수 있으며 국공립시설 사회보장정보시스템(행복e음) 등록 절차에 따라 사회복지시설대장에 등록하여야 한다. 또한 국가 지방자치단체 외의 자(者, 개인 또는 법인)는 관할 시장 · 군수 · 구청장에게 신고하고 설치할 수 있는데, 설치 · 신고하려는 자는 신고서 제출 전에 관할 시 · 군 · 구청장과 사전협의 후 설치 · 신고할 수 있도록 하며, 아동복지시설 설치신고서를 작성하여 제출한다. 사전협의 이유는 소규모 아동 이용시설로 지역 내 돌봄서비스 접근성이 담보될 수 있어야 하며, 아동의 집에서 근거리에 위치하여 이용의 편리성이 제공될 수 있어야 하기 때문이다. 또한 명칭은 00지역아동센터 또는 지역아동센터00로 표기하며, 운영비는 초기 2(24개월)년간은 자비로 운영하고 2년 경과 후 진입평가 및 지자체 평가를 받아 결과에 따라 운영비를 지원받는다.

지역아동센터의 시설은 사무실 · 조리실 · 식당 및 집단지도실을 각각 갖추되, 해당 시설을 모두 합한 면적이 전용면적 82.5㎡ 이상이고, 아동 1명당 전용면적 3.3㎡ 이상이어야 하고, 집단지도실은 2개실 이상을 갖추어야 한다. 전용면적은 사무실 · 조리실 · 식당 및 집단지도실만 포함되고 화장실은 전용면적에 포함되지 않는다.

지역아동센터의 종사자 배치기준에서 아동 30명 이상 센터는 시설장 1명, 생활복지사 2명(아동 50명 초과 시 1명 추가), 영양사 1명(아동 50명 이상인 경우만 해당)이고, 아동 30명 미만 10명 이상 센터는 시설장 1명, 생활복지사 1명이다. 또한 아동 10명 미만의 센터는 시설장 1명이 운영하였으나 「아동복지법 시행령」 제52조 및 별표11, 부칙 제4조에 따라 아동 10인 미만 시설 배치기준이 삭제되어 기존 시설은 인정되나 2012년 8월 5일부터 10인 미만 시설은 신규 설치할 수 없으며, 기존 아동 10인 미만 센터는 10인 이상 센터로 변경 가능하다.

지역아동센터의 종사자 자격기준에서 총괄업무를 담당하는 시설장은, ① 「사회복지사업법」에 따른 사회복지사 2급 이상의 자격 취득 후 아동과 관련된 사회복지사업에 3년 이상 또는 사회복지사업에 5년 이상 종사한 경력이 있는 사람, ② 학대아동보호사업과 관련된 기관에서 3년 이상 근무한 경력이 있는 사람, ③ 7급 이상 공무원으로서 국가나 지방자치단체에서 사회복지사업에 관한 행정업무에 5년 이상 종사한 경력이 있는 사람, ④ 「의료법」에 따른 의사 · 한의사 또는 치과의사 면허 취득 후 3년 이상 진료 경력이 있는 사람, ⑤ 「정신보건법」에 따른 정신보건전문요원 자격 취득 후 사회복지사업에 5년 이상 종사한 경력이 있는 사람, ⑥ 「영유아보육법」에 따른 보육교사 1급 자격 취득 후 사회복지사업에 5년 이상 종사한 경력이 있는 사람, ⑦ 유치원, 초등학교 또는 중학교 교사 자격증 취득 후 사회복지사업에 5년 이상 종사한 경력이 있는 사람, ⑧ 직업훈련교사, 간호사, 영양사 자격 취득 후 사회복지사업에 5년 이상 종사한 경력이 있는 사람 등이 할 수 있다.

지역아동센터에서 이용 아동의 활동을 전담하는 생활복지사는, ① 「사회복지사업법」에 따른 사회복지사 2급 이상 자격이 있는 사람, ② 유치원, 초등학교 또는 중학교 교사 자격이 있는 사람, ③ 「영유아보육법」에 따른 보육교사 1급 자격이 있는 사람 등이 할 수 있다. 또한 아동복지교사는 센터를 이용하는 아동의 다양한 활동을 지원하는 교사로서 자치단체에서 세부영역별(아동지도교사, 기초영어교사, 독서지도교사, 예체능 활동교사 등)로 전일제와 시간제로 구분하여 선발해서 파견한다.

② 지역아동센터의 운영

지역아동센터의 이용 대상자는 「아동복지법」에 따른 만 18세 미만의 돌봄취약아동과 일반아동을 대상으로 한다. 여기서 돌봄취약아동은 국민기초생활보장 수급권자가정아동, 차상위계층가정아동, 한부모가정아동, 조손가정아동, 다문화가정아동, 장애가정아동, 기타 승인아동(일반아동이나 부모의 가출 · 행방불명 · 별거 중인 자녀, 보호자의 질병, 보호자의 실직으로 가정 내 돌봄이 열악한 경우, 귀가 후 장시간 홀로 남겨지는 경우 등)으로 보호가 필요한 아동이다. 또한 일반아동은 3명 이상 다자녀 가족의 아동 및 맞벌이 가정의 아동을 의미한다. 이용 대상자 중 돌봄취약아동은 신고정원의 80% 이상을 일반아동은 20% 범위 내에서 등록이 가능하며 도서 · 벽지 지역은 돌봄취약아동이 신고정원의 60% 이상이어야 한다. 지역아동센터의 이용절차는 [그림 10-1]과 같다(보건복지부 지역아동센터 지원 사업안내, 2024).

절차	보호자, 읍·면·동, 센터 등	시·군·구		센터	시·군·구	센터	시·군·구
	돌봄서비스 신청 →	자격 확인 →	돌봄서비스 이용결정 →	아동입소 승인요청 →	이용 승인 →	서비스 제공 →	사후관리 또는 확인

[그림 10-1] 지역아동센터의 이용절차

이용절차에서 보호자, 읍 · 면 · 동장 또는 지역아동센터는 돌봄서비스를 희망하는 아동에 대해 보호자가 작성한 '방과 후 돌봄서비스 제공 · 변경 신청서'와 구비서류(건강보험료 납부확인서, 수급자 증명서, 한부모가족 증명서, 차상위계층 확인서 등 상담 후 해당자에게 필요한 서류)를 시 · 군 · 구청에 제출한다. 시 · 군 · 구는 제출받은 서류를 보호자와 협의하여 희망하는 지역아동센터에 입소할 수 있도록 결정하여 7일 이내(연장불가) '돌봄서비스 결정통지서'를 보호자에게 통보하고, 지역아동센터에 아동 배치를 공문으로 발송한다.

지역아동센터는 돌봄서비스 이용결정 아동에 대해 보호자에게 '응급처치동의서'의 동의를 받고 시설정보시스템에 해당아동을 등록 · 보고 후 서비스를 진행한다. 지역아동센터의 운영시간은 월~금요일을 포함하여 주 5일, 1일 8시간 이상을 상시 운영하고 있는데, 학교의 학기 중 필수운영 시간(14:00~19:00) 또는 방학기간 중 필수운영 시간(12:00~17:00)으로 운영하고 필수시간을 포함해서 8시간 이상 운영을 원칙으로 한다. 또한 「초 · 중등 교육법」에 따라 재해 등의 긴급한 사유로 초 · 중 · 고등학교 등의 휴업명령이나 휴교처분이 이루어진 경우에는 센터의 휴무를 원칙으로 하고, 휴무에 대한 사항을 보호자 및 이용아동 등에게 알려야 한다.

③ 지역아동센터의 프로그램

지역아동센터의 운영 프로그램은 보호 · 교육 · 문화 · 정서지원 · 지역사회 영역으로 구성되는 기본프로그램과 지역사회 특수성 및 주요대상의 특성을 고려한 맞춤형 특화프로그램으로 구성된다. 기본프로그램은 〈표 10-4〉와 같다(보건복지부 지역아동센터 지원사업안내, 2024).

〈표 10-4〉 지역아동센터의 기본프로그램

영역 (대분류)	세부영역 (중분류)	세부프로그램 (소분류)	프로그램 예시 (시설별 선택 운영)
보호	생활	일상생활관리	센터생활적응지도, 일상생활지도, 일상예절교육, 부적응아동지도 등
		위생건강관리	위생지도, 건강지도 등
		급식지도	급식지도, 식사예절교육 등
	안전	생활안전지도	저녁돌봄 등
		안전귀가지도	안전귀가지도, 생활안전지도, 어린이통학버스 운행 등
		5대 안전의무교육	교통안전, 실종유괴예방, 약물오남용예방, 재난대비, 성폭력예방 등
교육	학습	숙제지도	숙제지도, 학교생활관리 등
		교과학습지도	수준별 학습지도, 온라인교육(IPTV 학습 등), 학습부진아 특별지도 등
	특기적성	예체능활동	미술, 음악, 체육지도 등
		적성교육	진로지도, 적성교육(독서, 요리, 과학 등) 등
	성장과 권리	인성 · 사회성 교육	인성교육, 사회성교육 등
		자치회의 및 동아리 활동	자치회의, 동아리 활동 등
문화	체험활동	관람 · 견학	공연 및 연극 관람, 박물관 견학 등
		캠프 · 여행	체험활동, 캠프 및 여행 등
	참여활동	공연	공연 등
		행사(문화/체육 등)	전시회, 체육대회 등
정서지원	상담	연고자 상담	부모 및 가족상담, 연고자 상담 등
		아동상담	아동상담 등
		정서지원 프로그램	정서지원 프로그램 등
	가족지원	보호자교육	보호자교육 등
		행사 · 모임	부모소모임, 가정방문 등
지역사회 연계	홍보	기관홍보	기관홍보 등
	연계	인적연계	자원봉사활동, 인적결연후원, 후원자관리 등
		물적연계	지역조사와 탐방, 전문기관 연계, 복지단체 연계 등

출처: 보건복지부 지역아동센터 지원 사업안내(2024).

(3) 아동발달지원계좌 지원사업

아동발달지원계좌(디딤씨앗통장사업, CDA: Child Development Account)는 만 18세 미만의 아동복지시설(아동양육시설, 공동생활가정) 보호아동, 가정위탁 보호아동, 장애인생활시설 보호아동, 소년소녀가정 아동, 일부 기초생활수급가구(만 12세 이상 만 18세 미만의 중위소득 40% 이하의 수급 가구) 아동에게 퇴소 이후나 성인이 되어서 빈곤의 대물림을 방지하기 위해 2007년 4월부터 지원하고 있다. 보호대상아동이 후원자나 보호자의 도움으로 월 5만원 범위에서 매월 정립하면 정부에서 1 : 2 매칭(2022년 정부에서 최대 10만원 지원, 디딤씨앗지원사업단 아동권리보장원으로 이관)으로 지원하고 있다. 이러한 디딤씨앗통장사업은 18세 이후 사회진출 시 학자금, 기술자격 및 취업훈련 비용, 창업지원금, 주거마련지원, 의료비지원, 결혼지원 등 자립자금으로 사용할 수 있도록 하는 것이다. 2021년 말 아동 유형별 디딤씨앗통장 가입현황은 총계 68,481명(100%)으로 시설보호아동 11,610명(17%), 일시보호아동 336명(1%), 가정위탁보호아동 6,571명(10%), 소년소녀가정아동 12명(0%), 공동생활가정아동 2,897명(4%), 장애인시설아동 994명(1%), 가정복귀아동 2,249명(3%), 기초생활수급가정아동 43,812명(64%)이다(아동권리보장원, 2024).

(4) 결식아동 급식 지원사업

결식아동 급식 지원사업은 아동이 가정빈곤, 가족해체, 소년소녀가장, 부모(보호자)의 실직 · 질병 · 가출 및 직업적 특성, 아동학대 · 방임 · 유기 및 부양기피 · 거부 등 그 밖에 여러 가지 사정으로 제대로 보살핌을 받지 못하거나 끼니를 거르는 아동에 대하여 그들의 건강한 성장 · 발달을 위하여 식사를 제공하거나 식사를 할 수 있도록 관련 식품 등을 지원하는 것이다. 이러한 사업의 목적은 저소득 가정의 아동들이 건강하게 자랄 수 있도록 급식지원을 통해 결식예방 및 영양개선을 제공하는 것으로 국가와 지방자치단체는 아동의 건강 증진과 체력 향상을 위하여 급식지원 등을 통한 결식예방 및 영양개선에 관한 사항을 지원해야 한다는 「아동복지법」 제35조(건강한 심신의 보전)를 근거로 하고 있다(국회법률정보시스템, 2024).

결식아동 급식 지원 대상은 다음 각 호의 사유에 해당하여 보호자의 식사제공이 어려워 결식우려가 있는 아동으로, ① 「국민기초생활보장법」 제2조제2호에 따른 수급자

가구의 아동, 차상위계층 아동, ② 「한부모가족지원법」 제5조에 따른 지원대상자가 양육하는 아동, ③ 「긴급복지지원법」 제5조에 따른 긴급복지 지원대상 가구의 아동, ④ 보호자가 사망, 가출, 행방불명, 구금시설에 수용되는 등의 사유로 보호가 필요한 아동, ⑤ 보호자의 사고, 급성질환, 만성질환 등의 사유로 보호자의 양육능력이 미약한 가구의 아동, ⑥ 기준중위소득 52% 이하인 가구의 아동, ⑦ 위 각호에는 해당되지 않으나 담임교사, 사회복지사, 이 · 통 · 반장, 시 · 군 · 구 담당공무원들이 추천하는 자로서 아동급식위원회에서 급식지원이 필요하다고 결정한 아동, ⑧ 지역아동센터, 사회복지관 등의 아동복지프로그램 이용아동 등이다. 이러한 아동들은 조식 · 중식 · 석식 중 아동별 특성에 따라 급식형태를 선택하여 지원하고 있는데, 취학아동의 경우 중식은 학기 중에는 「학교급식법」에 따라 학교급식으로 지원하고, 조식 · 석식과 방학 중 중식은 2005년부터 지방자치단체에 이관되어 아동의 특성과 지역 여건에 따라 다양한 급식방법(가맹 음식점, 도시락 배달, 편의점 급식, G드림 카드 등)으로 지원하고 있다.

(5) 방과 후 아카데미

방과 후 아동보호사업으로는 교육부 소관의 초등돌봄교실, 보건복지부 소관의 지역아동센터, 여성가족부 소관의 청소년 방과 후 아카데미가 있다. 이 중 청소년 방과 후 아카데미는 2005년 9월부터 46개소에서 국가 시범사업으로 시작하여 2006년에 전국으로 확대하였으며 현재는 340개소가 운영되고 있다(청소년 방과 후 아카데미, 2024). 청소년 방과 후 아카데미는 전국 시 · 군 · 구의 청소년 수련시설(청소년수련관, 청소년문화의 집) 기반으로 방과 후 돌봄이 필요한 청소년(초등 4학년 ~ 중등 3학년)의 자립역량을 개발하고 건강한 성장 · 발달을 지원하고자 방과 후 학습지원, 전문체험 활동, 학습 프로그램, 생활지원 등 종합서비스를 제공하는 국가정책지원 사업이다. 이러한 사업은 「청소년 기본법」 제48조의1(청소년 방과 후 활동의 지원)에 근거를 두고 있으며, 목적은 민주시민으로서의 정의 · 권리 · 의무 · 책임을 배우는 전인적 성장 · 발달을 도모하고, 맞벌이 · 한부모 가정 등 돌봄이 필요한 가정에 교육복지 지원을 통해 청소년의 성장기반 마련과 지역사회 네트워크를 통한 다양한 인적자원 활용 등이다.

추진 방향은 지역사회에서의 청소년활동 · 복지 · 보호체계 역할 수행으로 방과 후 돌봄 사각지대 청소년 지원을 위한 다양한 지원과 프로그램 운영, 청소년의 성장·발달에 부합하고 청소년·학부모의 눈높이에 맞는 과정 운영 등 학교와 지역사회의 상호 신뢰 및 연계를 강화하고 다양한 지역사회 인적·물적 자원을 연계하여 종합서비스를 제공하며, 지역사회 공공기관, 사회단체, 기업, 개인 등의 물품지원 및 후원, 자원봉사, 재능기부 등 다양한 자원 연계 활용을 추진하고 있다.

운영 방법은 개소당 60명, 40명, 30명 등으로 편성하여 1일 5시간 이내, 토요일과 방학을 포함하여 지도자 전담인력, 전문프로그램 강사, 자원봉사 인력풀을 활용하고 있다. 지원내용은 〈표 10-5〉와 같고 운영체계는 [그림 10-2]와 같다(www.youth.go.kr, 청소년 방과 후 아카데미, 2024).

〈표 10-5〉 청소년 방과 후 아카데미 지원내용

<table>
<tr><th>구분</th><th colspan="2">세부 내용</th></tr>
<tr><td rowspan="8">체험·
역량강화
활동</td><td>주중 체험활동</td><td>• 강습 형태가 아닌 체험활동 위주로 청소년들의 창의·인성 함양을 위한 다양한 체험활동 프로그램 운영(예술체험활동, 과학체험활동, 직업개발활동, 봉사활동, 리더십개발활동 등)</td></tr>
<tr><td>진로개발을 역량 프로그램(진로체험)</td><td rowspan="2">• 강습 형태가 아닌 전문적인 체험활동으로 운영
• 청소년 주도의 프로젝트(PBL, Program-Based Learning)
• 역량강화는 별도의 편성이 아닌, 체험활동 또는 학습지원 프로그램 편성에 반영하여 구성</td></tr>
<tr><td>창의·융합 프로그램</td></tr>
<tr><td>주말체험활동
(분기별 1회 급식포함 5시수)</td><td>• 주말체험활동과정 운영 시 외부활동 권장
* 외부는 단순히 운영시설의 건물 밖 공간을 의미하는 것만이 아니라, 다양한 테마활동이 가능한 외부현장(시설, 공간)을 의미함</td></tr>
<tr><td>지역사회 참여활동</td><td>• 방과 후 아카데미 자체기획으로 청소년들이 지역사회에서 봉사활동을 하거나, 지역에서 개최하는 각종 지역행사에 의미 있는 역할을 담당하여 참여하는 활동으로 주말체험활동과 연계하여 편성</td></tr>
<tr><td>주중자기개발활동과정
(필요시 1회당 2시수 이상)</td><td>• 청소년들이 중심이 되어 진행하는 활동
(자치활동, 동아리활동 등)
• 각 운영기관에서 자유롭게 편성하여 운영하는 과정
• 실무자가 중심이 되어 운영하는 프로그램</td></tr>
<tr><td>특별지원</td><td>• 청소년캠프(방학), 부모(보호자) 교육, 초청인사 특별강의, 발표회 등</td></tr>
</table>

<table>
<tr><td rowspan="2">학습지원</td><td>보충학습지원</td><td>• 청소년들의 자율적인 숙제, 보충학습지도, 독서지도 등의 프로그램 위주로 운영</td></tr>
<tr><td>교과학습</td><td>• 전문 강사진의 교과학습 중심의 학습지원</td></tr>
<tr><td>생활지원</td><td colspan="2">• 급식, 상담, 건강관리, 생활일정 관리(메일링서비스) 등의 생활지원</td></tr>
</table>

[그림 10-2] 청소년 방과 후 아카데미 운영체계

(6) 초등돌봄교실과 다함께 돌봄센터

초등돌봄교실은 교육부 주관으로 2004년 초등 저학년을 중심으로 시범적으로 운영되다 돌봄에 대한 사회적 욕구가 증가하고 초등돌봄교실에 대한 중요성이 강조되면서 점점 확대되어 2015년 이후 돌봄이 필요한 학생들을 대상으로 운영하고 있다. 즉, 초등학생을 대상으로 돌봄 사각지대를 해소하고자 정규수업 외에 저학년은 초등돌봄교실, 고학년은 방과 후 교육연계형 돌봄서비스를 제공하는 것이다. 저소득층가정, 맞벌이가정, 한부모가정, 다자녀가정 등의 자녀들을 대상으로 무상돌봄을 제공하고 있다.

다함께 돌봄센터는 보건복지부 주관으로 「아동복지법」에 따라 12세 미만을 대상으로 지역사회 내 공공시설 공간 및 민간 자원을 활용하여 지역사회에서 자발적이고 주도적으로 아동 돌봄체계를 구성하여 운영한다. 즉, 지역사회 내 자원과 돌봄 수요에 맞춘 아동 돌봄계획을 수립하여 돌봄 사각지대를 해소하는 데 목적이 있다(「아동복지법」 제44

조의2). 운영은 돌봄이 필요한 6세~12세 미만 아동들을 대상으로 상시 돌봄(종일 돌봄, 시간제 돌봄), 일시 돌봄(비정기적 돌봄)으로 수요자 선호에 따라 돌봄 프로그램을 운영한다.

10.2 한부모가정의 아동복지

현대사회는 급속한 사회변화에 따라 가정의 구조가 한부모가정, 미혼모가정, 무자녀가정, 노인가정 등이 증가하고 있다. 특히 이혼과 별거, 미혼모의 증가는 한부모가정 및 조손가정을 등장하게 한 주요 요인이며, 이는 자연스럽게 아동의 문제로 이어질 가능성이 있다. 여기서 한부모가정은 편부가정 또는 편모가정이라는 한쪽이 없는 불완전한 가정을 의미하거나 구조적으로 결손가정이라는 부정적 편견을 갖기 때문에 '온전하면서 하나이다.'라는 의미로 민간단체인 한국여성민우회에서 처음으로 한부모가정이란 용어를 사용하였다. 이러한 한부모가정은 가정의 경제적 어려움이나 자녀의 보호·양육에 있어 부나 모의 역할 부재로 인해 아동의 문제가 발생할 수 있다는 것이다. 여기서는 한부모가정의 개념, 한부모가정 지원대상자의 범위, 한부모가정의 특징, 한부모가정 아동의 복지, 한부모가정의 복지시설 등에 대해서 살펴본다.

1) 한부모가정의 개념

한부모가정은 정상적인 부부가 혼인신고를 한 후 자녀를 낳고 출생신고를 한 후에 사별이나 이혼, 별거 등의 이유로 부모 중 한 사람이 18세 미만의 아동과 같이 생활하는 가정으로 부자가정 또는 모자가정을 의미하기도 한다. 복지서비스는 법적으로 제공되는 정책에 의해서 실행되기 때문에 한부모가정의 생활안정과 복지증진을 위해 마련된 「한부모가족지원법」에서 정의된 용어는 〈표 10-6〉과 같다(국회법률정보시스템, 2024).

〈표 10-6〉「한부모가족지원법」에서 정의된 용어

제4조(정의) 이 법에서 사용하는 용어의 뜻은 다음과 같다. 〈개정 2008.2.29., 2010.1.18., 2011.4.12., 2012.2.1., 2014.1.21.〉

1. "모" 또는 "부"란 다음 각 목의 어느 하나에 해당하는 자로서 아동인 자녀를 양육하는 자를 말한다.
   가. 배우자와 사별 또는 이혼하거나 배우자로부터 유기(遺棄)된 자
   나. 정신이나 신체의 장애로 장기간 노동능력을 상실한 배우자를 가진 자
   다. 교정시설·치료감호시설에 입소한 배우자 또는 병역복무 중인 배우자를 가진 사람
   라. 미혼자[사실혼(事實婚) 관계에 있는 자는 제외한다]
   마. 가목부터 라목까지에 규정된 자에 준하는 자로서 여성가족부령으로 정하는 자

1의2. "청소년 한부모"란 24세 이하의 모 또는 부를 말한다.

2. "한부모가족"이란 모자가족 또는 부자가족을 말한다.
3. "모자가족"이란 모가 세대주[세대주가 아니더라도 세대원(世代員)을 사실상 부양하는 자를 포함한다]인 가족을 말한다.
4. "부자가족"이란 부가 세대주[세대주가 아니더라도 세대원을 사실상 부양하는 자를 포함한다]인 가족을 말한다.
5. "아동"이란 18세 미만(취학 중인 경우에는 22세 미만을 말하되, 「병역법」에 따른 병역의무를 이행하고 취학 중인 경우에는 병역의무를 이행한 기간을 가산한 연령 미만을 말한다)의 자를 말한다.
6. "지원기관"이란 이 법에 따른 지원을 행하는 국가나 지방자치단체를 말한다.
7. "한부모가족복지단체"란 한부모가족의 복지 증진을 목적으로 설립된 기관이나 단체를 말한다.

〈표 10-6〉과 같이 한부모가족이란 모자가족 또는 부자가족을 구성하는 가족을 의미하며, 한부모는 배우자와 사별 또는 이혼하거나 배우자로부터 유기된 자, 정신이나 신체의 장애로 장기간 노동능력을 상실한 배우자를 가진 자, 교정시설·치료감호시설에 입소한 배우자 또는 병역복무 중인 배우자를 가진 사람, 미혼자 등 폭넓게 포함하고 있다. 즉, 양쪽 부모 중 어느 한 사람이 아동을 보호·양육에 사실상 참여하지 않는 가족이라는 의미가 있기 때문에 부모 이외에 조부모나 친·인척 등 다른 가족이 함께 거주하더라도 한부모가족에 해당한다고 할 수 있다(황해익 외, 2017).

2) 한부모가정 지원대상자의 범위

한부모가정을 위한 지원대상자의 범위는 「한부모가족지원법」에 따라 〈표 10-7〉과 같다(국회법률정보시스템, 2024).

〈표 10-7〉「한부모가족지원법」에 따른 지원대상자의 범위

제5조(지원대상자의 범위 〈개정 2014.1.21.〉) ① 이 법에 따른 지원대상자는 제4조제1호·제1호의2 및 제2호부터 제5호까지의 규정에 해당하는 자로서 여성가족부령으로 정하는 자로 한다. 〈개정 2008.2.29., 2010.1.18., 2011.4.12., 2014.1.21.〉 ② 제1항에 따른 지원대상자 중 아동의 연령을 초과하는 자녀가 있는 한부모가족의 경우 그 자녀를 제외한 나머지 가족구성원을 지원대상자로 한다. 〈신설 2011.4.12., 2014.1.21.〉 제5조의2(지원대상자의 범위에 대한 특례 〈개정 2014.1.21.〉) ① 혼인 관계에 있지 아니한 자로서 출산 전 임신부와 출산 후 해당 아동을 양육하지 아니하는 모는 제5조에도 불구하고 제19조제1항 제3호의 미혼모자가족복지시설을 이용할 때에는 이 법에 따른 지원대상자가 된다. 〈개정 2011.4.12., 2014.1.21., 2018.1.16.〉 ② 다음 각 호의 어느 하나에 해당하는 아동과 그 아동을 양육하는 조부 또는 조모로서 여성가족부령으로 정하는 자는 제5조에도 불구하고 이 법에 따른 지원대상자가 된다. 〈개정 2008.2.29., 2010.1.18., 2011.4.12., 2014.1.21.〉 1. 부모가 사망하거나 생사가 분명하지 아니한 아동 2. 부모가 정신 또는 신체의 장애·질병으로 장기간 노동능력을 상실한 아동 3. 부모의 장기복역 등으로 부양을 받을 수 없는 아동 4. 부모가 이혼하거나 유기하여 부양을 받을 수 없는 아동 5. 제1호부터 제4호까지에 규정된 자에 준하는 자로서 여성가족부령으로 정하는 아동 ③ 국내에 체류하고 있는 외국인 중 대한민국 국적의 아동을 양육하고 있는 모 또는 부로서 대통령령으로 정하는 사람이 제5조에 해당하면 이 법에 따른 지원대상자가 된다. 〈개정 2014.1.21., 2020.10.20.〉

〈표 10-7〉과 같이 우리나라에서 한부모가족으로 지원을 받을 수 있는 대상자는 18세 미만의 아동(취학 중인 경우에는 22세 미만)을 보호·양육하는 모자가족, 부자가족, 조손가족, 미혼모 한부모가족, 미혼부 한부모가족, 청소년 한부모가족, 대한민국 국적 배우자와 결혼하여 우리나라 국적을 소유한 자녀를 보호·양육하는 국내 체류 외국인 한부모가족 등이 포함되어 폭넓게 복지서비스를 제공하고 있다.

3) 한부모가정의 특징

한부모가정은 그 발생 배경 때문에 부모와 자녀 모두 신체적·정서적·사회적인 어려움을 겪게 된다. 이혼한 부모의 상당수는 불안감, 배신감, 상실감, 분노감, 좌절감, 실패감, 우울감, 낮은 자존감 등 정서적으로 어려움을 겪는다. 또한 아버지나 어머니의 부재로 인해 자녀와 부모 모두 심리적·정서적 제약과 박탈감을 느끼거나 결손가정이라는 사회적 편견과 그에 따른 차별을 경험하기도 한다. 즉, 가족의 해체라는 가족구조

의 변화로 신체적 · 정서적 · 심리적 어려움과 더불어 사회적 편견과 차별을 겪는 경우가 많다(김석준 외, 2018).

일반적으로 한부모가정 부모는 자녀의 보호 · 양육과 관련하여 여러 가지 문제를 경험하게 되는데, 일반가정에 비해 빈곤 등의 경제적 어려움, 자녀의 보호 · 양육과 훈육의 부재에서 오는 부적응 등의 심리적 · 정서적 어려움이 있으며, 이러한 문제들이 복합적으로 나타나는 이중의 어려움을 겪게 된다. 특히, 부모의 사별이나 이혼 경우의 자녀는 부모에 대한 그리움을 느끼고 감정 조절의 어려움을 겪으며, 청소년의 경우 부모의 관심이 소홀해지고 행동에 대한 통제와 감독이 약화되면서 가출이나 비행의 가능성이 증가하는 것으로 나타났다. 또한 가족체계가 붕괴되어 자녀들이 두려움과 공격성을 나타내고 학교생활에도 잘 적응하지 못하며 정서적 · 행동적 어려움을 겪어 성장 · 발달에 위기를 겪을 수도 있다(노명희 외, 2014). 이러한 특징을 모자가정과 부자가정으로 나누어 살펴보면 다음과 같다(김석준 외, 2018).

① 한부모 모자가정의 특징

한부모 모자가정의 가장 큰 문제는 경제적 문제로 어머니의 경우 낮은 임금 때문에 경제적으로 한부모 부자가정보다 어려움을 더 겪게 된다. 또한 어머니의 경우 아버지의 부재로 인한 가족 내에서 역할과 지위변화에 적응해야 하는데, 자녀가 아들일 경우 남성성의 부재로 남아의 성역할 모델의 결핍을 겪게 된다. 결혼에 실패했다는 것에 대한 분노와 좌절, 사회적 편견이 우울증으로 악화될 수 있다. 따라서 한부모 모자가정을 위해서는 경제적 어려움을 최소화할 수 있는 물품지원 등의 서비스와 함께 사회적 편견 및 정서적 불안을 해소할 수 있는 상담 프로그램 등이 필요하다.

② 한부모 부자가정의 특징

한부모 부자가정은 경제적인 문제보다 생계부양자와 보호자로서의 부모역할을 동시에 감당하는 것에 대한 어려움을 겪는다. 또한 자녀가 딸인 경우 어머니의 부재로 인한 어려움을 겪을 수 있다. 아버지의 경우 심리적으로 결혼에 실패했다는 처지에 대한 좌절과 상대가 떠나간 것으로 인하여 인간에 대한 배신감과 분노를 가질 수 있다. 따라서 한부모 부자가정을 위해서는 가사역할 수행상의 문제해결을 위한 서비스가 필요하다.

4) 한부모가정 아동의 복지

우리나라에서 한부모가정의 생활안정과 자립기반 조성을 위해 그 가정의 아동에게 지원하는 복지는 「한부모가족지원법」, 「기초생활보장법」, 「초중등교육법」, 「양육비 이행확보 및 지원에 관한 법률」 등에 근거하여 여성가족부, 보건복지부, 교육부 등의 중앙정부와 지방자치단체에서 시행되고 있다. 저소득 한부모가정의 아동을 위한 복지는 임신 · 출산 지원(미혼모자 시설), 양육비, 병원진료비, 생필품 등을 비롯한 교육비, 생계비, 직업교육 등이 지원 · 제공되고 있는데, 한부모가정 및 아동의 복지서비스 내용은 〈표 10-8〉과 같고, 선정기준은 〈표 10-9〉와 같다(여성가족부, 2024).

〈표 10-8〉 한부모가정 및 아동의 복지서비스 내용

사업명	지원내용
한부모가족 자녀 아동양육비 등 지원	• 아동양육비: 만 18세 미만 아동에게 월 20만원 지원 • 추가 아동양육비: 조손 및 만 35세 이상 미혼 한부모가족의 5세 이하 아동에게 월 5만원 지원, 만 25~34세 한부모가족의 아동에게 월 5~10원 지원 • 학용품비: 중학생 · 고등학생 자녀에게 연 8.3만원 지원 • 생활보조금: 복지시설 입소가구에게 월 5만원 지원
청소년 한부모가족 자립지원(모 또는 부의 연령이 만 24세 이하)	• 아동양육비: 월 35만원 • 검정고시 등 학습지원: 연 154만원 이내 • 고교생 교육비: 연 500만원 이내 • 자립촉진수당: 월 10만원
17개 권역별 미혼모 · 부자 지원기관 운영	• 미혼모 · 부의 임신 · 출산 · 자녀양육을 위한 초기 지원, 교육 · 문화 프로그램, 자조모임, 상담 및 정보제공 등
한부모가족 무료법률구조 지원	• 한부모가족 대상 법률상담, 소송대리, 기타 법률사무 등 무료법률구조 지원

〈표 10-9〉 한부모가정 및 아동의 복지서비스 대상의 선정기준

<table>
<tr><td rowspan="4">선정 기준</td><td rowspan="3">소득인정액 기준</td><td>• 지원가구의 소득인정액이 다음의 선정기준 이하인 경우
- 한부모 및 조손가족: 기준 중위소득 60% 이하(급여지급 기준은 52% 이하)
- 청소년 한부모가족: 기준 중위소득 60% 이하(급여지급 기준은 60% 이하)
- 소득인정액 = 소득평가액 + 재산의 소득환산액</td></tr>
<tr><td>• 소득평가액 = 실제소득 − 가구특성별 지출비용 − 근로소득공제
- 실제소득: 근로소득, 사업소득, 재산소득, 공적이전소득, 사적이전소득, 지원기관 확인소득</td></tr>
<tr><td>• 재산의 소득환산액 = (재산의 종류별 가액 − 기본재산액 − 부채) × 재산의 종류별 소득환산율
- 재산의 종류: 일반재산(주거용재산), 금융재산, 자동차, 기타 산정되는 재산
- 기본재산액: 대도시(6,900만원), 중소도시(4,200만원), 농어촌(3,500만원)
- 소득환산율: 주거용재산(월 1.04%), 일반재산(월 4.17%), 금융재산(월 6.26%), 자동차(월 100%)</td></tr>
<tr><td>부양의무자 기준</td><td>• 원칙적으로 부양의무자 기준을 적용하지 않음
- 조손가족의 경우는 손자녀 친권자(아동의 부모)의 부양능력 유무 확인</td></tr>
</table>

이 외에 「양육비 이행확보 및 지원에 관한 법률」 제7조에 따라 한국건강가정진흥원 내에 양육비이행관리원을 두어 양육비 이행 지원에 대한 종합서비스를 제공하고 있다. 양육비이행관리원은, ① 비양육부·모와 양육부·모의 양육비와 관련한 상담, ② 양육비 이행 촉진을 위한 비양육부·모와 미성년 자녀의 면접교섭 지원, ③ 양육비 청구 및 이행확보 등을 위한 법률지원, ④ 한시적 양육비 긴급지원, ⑤ 합의 또는 법원의 판결에 의하여 확정된 양육비 채권 추심지원 및 양육부·모에게 양육비 이전, ⑥ 양육비 채무 불이행자에 대한 제재조치, ⑦ 양육비 이행의 실효성 확보를 위한 제도 등 연구, ⑧ 자녀양육비 이행과 관련한 교육 및 홍보, ⑨ 그 밖에 양육비 채무 이행확보를 위하여 필요한 업무 등을 담당한다. 2015년 3월에 설치된 양육비이행관리원 설치 전과 설치 후의 서비스 내용은 [그림 10-3]과 같다(여성가족부, 2024).

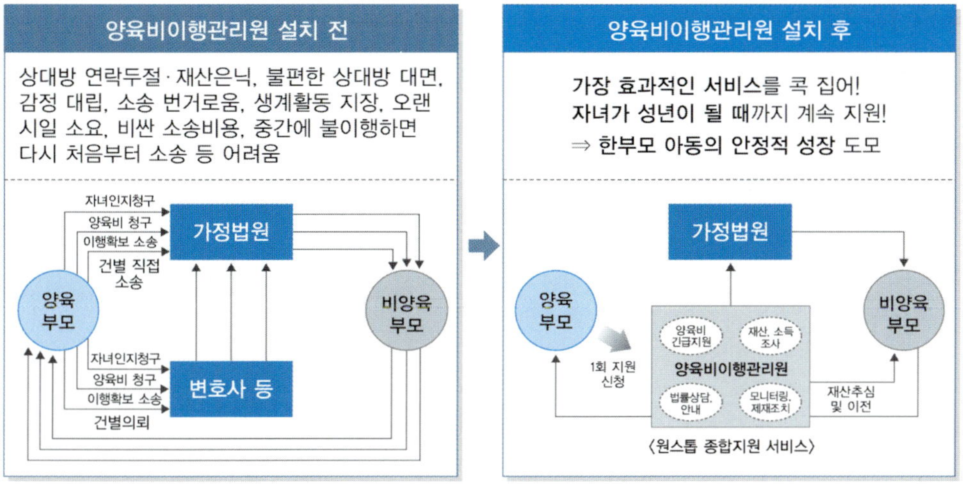

[그림 10-3] 양육비이행관리원 설치 전과 설치 후의 서비스 내용

5) 한부모가정의 복지시설

한부모가족복지시설은 생활이 어려운 한부모가족을 일정기간 양질의 복지서비스를 제공하여 안정적으로 보호함으로써 자립기반을 조성할 수 있도록 지원하는 시설이다. 기준 중위소득의 일정 비율 이하인 한부모가족에게 주거를 지원하고, 미혼모시설에서는 간호사의 의료서비스, 해산 등 돌봄서비스를 제공하며, 심리치료 및 상담 등을 지원한다. 이러한 한부모가족복지시설은 2021년 12월 기준 전국에 131개소가 운영되고 있는데, 모자가족복지시설 46개소(기본생활지원 42개소, 공동생활지원 2개소, 자립생활지원 2개소), 부자가족복지시설 3개소(기본생활지원 2개소, 공동생활지원 2개소), 미혼모자가족복지시설 64개소(기본생활지원 23개소, 미혼모자 공동생활지원 39개소, 미혼모 공동생활지원 2개소), 일시지원복지시설 9개소, 한부모가족 복지상담소 9개소 등이 운영되고 있다(여성가족부 2022년 한부모가족사업안내 지침, 2022). 「한부모가족지원법」 제19조(한부모가족복지시설)에 의한 한부모가족복지시설은 〈표 10-10〉과 같다(국회법률정보시스템, 2024).

〈표 10-10〉 한부모가족복지시설

시설유형	지원내용
1. 모자가족 복지시설	가. 기본생활지원: 생계가 어려운 모자가족에게 일정 기간 동안 주거와 생계를 지원 나. 공동생활지원: 독립적인 생활이 어려운 모자가족에게 일정 기간 동안 공동생활을 통하여 자립을 준비할 수 있도록 주거 등을 지원 다. 자립생활지원: 자립욕구가 강한 모자가족에게 일정 기간 동안 주거를 지원
2. 부자가족 복지시설	가. 기본생활지원: 생계가 어려운 부자가족에게 일정 기간 동안 주거와 생계를 지원 나. 공동생활지원: 독립적인 생활이 어려운 부자가족에게 일정 기간 동안 공동생활을 통하여 자립을 준비할 수 있도록 주거 등을 지원 다. 자립생활지원: 자립욕구가 강한 부자가족에게 일정 기간 동안 주거를 지원
3. 미혼모자 가족복지 시설	가. 기본생활지원: 미혼 여성의 임신·출산 시 안전 분만 및 심신의 건강 회복과 출산 후의 아동의 양육 지원을 위하여 일정 기간 동안 주거와 생계를 지원(제5조에 따른 지원대상자 중 미혼이 아닌 여성의 임신·출산 시 안전 분만과 출산 후 양육 지원을 포함한다) 나. 공동생활지원: 출산 후 해당 아동을 양육하지 아니하는 미혼모 또는 미혼모와 그 출산 아동으로 구성된 미혼모자가족에게 일정 기간 동안 공동생활을 통하여 자립을 준비할 수 있도록 주거 등을 지원
4. 일시지원 복지시설	배우자(사실혼 관계에 있는 사람을 포함한다)가 있으나 배우자의 물리적·정신적 학대로 아동의 건전한 양육이나 모의 건강에 지장을 초래할 우려가 있을 경우 일시적 또는 일정 기간 동안 모와 아동 또는 모에게 주거와 생계를 지원하는 시설
5. 한부모가족 복지상담소	한부모가족에 대한 위기·자립 상담 또는 문제해결 지원 등을 목적으로 하는 시설

* 한부모가족복지시설의 입소기간 및 그 기간의 연장 등에 필요한 사항은 여성가족부령으로 정한다.

동법 시행규칙 제9조의7(입소기간)에 의하면, 한부모가족복지시설의 입소 대상자의 입소기간 및 그 기간의 연장은 〈표 10-11〉과 같다(국회법률정보시스템, 2024).

〈표 10-11〉 입소 대상자의 입소기간 및 그 기간의 연장

시설유형		입소대상	입소기간 (연장 가능기간)
1. 모자가족 복지시설 2. 부자가족 복지시설	가. 기본생활 지원	만 18세 미만의 자녀를 양육하는 무주택 모자 또는 부자가족	3년(2년)
	나. 공동생활 지원	독립적인 가족생활이 어렵고 일정기간 공동으로 가정을 이루어 생활하면서 자립을 준비하는 모자 또는 부자가족	2년(2년)

	다. 자립생활 지원	만 18세 미만의 자녀를 양육하는 무주택 모자 또는 부자가족, 기본생활지원형에서 퇴소한 후 자립준비가 미흡한 모자 또는 부자가족	3년(2년)
3. 미혼모자 가족복지 시설	가. 기본생활 지원	미혼의 임신여성 및 출산 후 지원을 요하는 여성	출산 전 · 후 1년(6개월)
	나. 공동생활 지원	2세 미만의 영유아를 양육하는 미혼모, 출산 후 해당 아동을 양육하지 않는 미혼모	2년(1년, 다만, 출산 후 해당 아동을 양육하지 않는 미혼모의 경우 6개월)
4. 일시지원복지시설		배우자의 학대로 인하여 아동의 건전양육과 모의 건강에 지장을 초래할 우려가 있는 모와 아동	6개월(6개월)
5. 한부모가족복지상담소		한부모가족에 대한 위기 · 자립 상담 및 문제해결 지원	이용시설

* 입소기간을 연장받을 수 있는 경우
가. 모 또는 부가 「고등교육법」에 따른 대학 이하의 학교에 재학 중인 경우
나. 모 또는 부가 「학원의 설립 · 운영 및 과외교습에 관한 법률」에 따라 등록된 학원에서 교육 중인 경우
다. 모 또는 부가 「양성평등기본법」 제47조에 따른 여성인력개발센터 또는 「근로자직업능력 개발법」에 따른 직업능력개발훈련시설에서 교육 · 훈련 중인 경우
라. 특별자치시장 · 특별자치도지사 · 시장 · 군수 · 구청장이 장애 · 질병 등의 이유로 입소기간의 연장을 인정하는 경우

10.3 조손가정 및 소년소녀가정의 아동복지

1) 조손가정의 아동복지

조손가정은 손자녀가 부모의 이혼, 유기, 행방불명, 실종, 사망, 경제적 사유 등으로부터 직접 양육 · 보호를 받을 수 없는 상황에서 조부모(친조부모, 외조부모)에게 양육 · 보호되고 있는 가정을 의미하며, 조손가정 아동은 조부모와 만 18세 미만의 아동으로 구성된 가정에서 양육 · 보호되고 있는 아동을 의미한다. 보통 조손가정은 양육 · 보호와 조부모 동거 유형으로 분류되는데, 양육 · 보호 유형은 부모의 사망, 가출, 이혼 및 재

혼, 별거 등으로 부모역할을 할 수 없을 때 조부모가 부모역할을 수행하며 법적 권한이나 책임을 가지며 유일한 보호자로서 손자녀를 양육 · 보호하는 형태이고, 반면에 조부모 동거 유형은 부모의 취업 등으로 인해 조부모가 일시적 또는 특정기간(예: 돌 전까지, 또는 초등입학 전까지 등)까지 손자녀를 양육 · 보호하는 형태이다. 이러한 유형에 따라 복지서비스 대상은 양육 · 보호 유형으로 조부모가 생계를 책임지며 만 18세 미만의 손자녀를 양육 · 보호하는 조손가정만을 대상으로 하고 있다(김미영, 2020).

우리나라에서 이러한 조손가정은 통계청 자료에 따르면 2016년 109,241가구(287,899명), 2017년 112,578가구(296,667명), 2018년 113,297가구(298,037명), 2019년 114,211가구(300,200명), 2020년 117,705가구(308,391명), 2021년 118,907가구(309,840명)로 해마다 증가하는 추세이다(통계청, 2022). 이렇게 조부모에게 양육 · 보호되는 주된 이유는 친부모의 이혼과 재혼에 따른 가족해체의 경우가 가장 많았고, 친부모의 사망, 친부모의 가출 및 실종의 순으로 나타났다(주수길 외, 2020). 실태조사 등에 따르면 조부모의 취업형태가 안정적인 소득원이 될 수 없으며 조손가정 대부분은 개인이나 가구의 소득이 최저생활을 하는 데 필요한 최저생계비 이하의 빈곤가정이라는 것이다. 조부모의 건강상태는 6개월 이상 만성질환을 앓고 있는 경우가 40.8%로 나타났고, 크고 작은 질병에 시달리는 경우가 33.1%로 나타나 전반적으로 건강하지 못한 상태를 보이고 있다(김미영, 2020). 따라서 조손가정의 조부모들은 노년의 발달단계와 맞지 않는 손자녀의 양육 · 보호에 따른 역할의 혼란 및 역할부담, 경제적 어려움, 손자녀를 돌보는 체력의 한계나 건강상의 문제, 사회활동 기회 제한 등의 어려움이 있을 수 있다. 또한 손자녀들은 친가정에서 성장 · 발달하는 아동들과 달리 심리 · 정서적으로 어려움을 겪을 수 있는데, 가족해체라는 비정상적인 상황을 경험함으로써 정서적 불안이나 우울, 심리적 위축 등으로 인하여 학교 부적응이나 왕따, 폭력, 비행 등 문제가 있을 수 있다.

현재 우리나라에서는 조손가정만을 대상으로 하는 별도의 복지서비스는 없다. 그렇지만 저소득 빈곤가정의 경우는 「국민기초생활보장법」에 따라 기초생활수급자로 지정되어 생계급여, 의료급여, 교육급여, 주거급여, 해산급여, 장제급여, 자활급여 등 7종의 급여를 받을 수 있으며, 저소득 손자녀를 위한 드림스타트사업, 아이돌봄지원사업, 지역아동센터 지원사업 등의 사업에 참여할 수 있다. 「아동복지법」에 따라 가정위탁보호아동으로 지정되면 손자녀는 〈표 12-2〉와 같은 가정위탁보호의 복지서비스를 받을 수 있다. 또한 조손가정은 2007년에 「한부모가족지원법」이 개정되면서 이 법에 의한 보호 대상자에 포함되어 손자녀들이 학습 · 정서 지원, 생활가사 지원, 교육 · 문화 지원, 주거환경 지원 등을 받을 수 있다(주수길 외, 2020).

2) 소년소녀가정의 아동복지

우리나라에서 소년소녀가정 지원은 1980년대 중반 미성년 세대주(가장)에 대한 관심이 매스컴에 자주 등장하면서 시작되었다. 1984년 당시 보건사회부에서 십대가장 실태 파악에 이어 지원계획을 수립하고 1985년부터 결연사업을 수행하면서 정부지원사업을 실시하게 되었다. 소년소녀가정의 가정위탁(대리양육가정, 친 · 인척가정, 일반가정) 전환 추진은 1990년 'UN 아동권리협약'에 서명하고 1991년에 비준하여 당사국이 되면서이다. 1994년 1차 국가보고서를 UN에 제출하고 1996년 UN 권리위원회의 심의 결과에 따른 것이다. 즉, 소년소녀가정제도가 아동에게 과중한 책임과 외부 노출을 피하는 보호 형태를 취하게 되는 불합리성과 대리가정보호서비스 미비 등 14개 조항에 대해서 시정을 권고받았다. 이에 1999년 15세 미만의 아동단독세대의 소년소년가정 지정을 제한하고(다만 15세 이상인 형제, 자매가 1인 이상 포함된 세대로서 당해 아동이 지역사회 내에서 독립적으로 오랫동안 생활해 왔고 동거하지는 않으나 주변에 친 · 인척 등이 거주하여 수시로 보호를 받고 있어 가정위탁이나 시설 입소가 적절하지 않다고 판단되는 때에는 예외적으로 지정), 2000년도 「아동복지법」을 개정하면서 강원도에 가정위탁지원센터 시범 운영을 시작하여 소년소녀가정을 가정위탁으로 전환하게 되었다(주수길 외, 2020). 이러한 과정에서 소년소녀가정은 대리양육가정, 친인척가정, 일반가정위탁 등 위탁가정을 발굴하여 가정위탁보호로 전환하는 계기가 되면서, 2003년에 전국 16개 시 · 도에 가정위탁지원센터(총 17개소)를 설치하여 가정위탁사업을 운영하고 있다(김미영, 2020). 현재는 전국 17개 시 · 도에 18개소(경기남부, 경기북부 2개소, 전남, 전남동부 2개소, 세종 미설치) 가정위탁지원센터를 설치 운영하고 있다(아동권리보장원, 2024).

소년소년가정의 복지 지원은 「국민기초생활보장법」에 의한 생계급여 및 교육급여가 있으며 의료급여를 지급하고 있다. 또한 부가급여로 1인 월 20만원 이상(권고, 지방이양) 지급하며 집이 없는 경우 국토교통부에서 임차전용면적 85㎡ 이하의 임대주택이나 입반주택 전세자금 및 공공임대주택 임대보증금을 지원하고 있다. 그렇지만 현재 소년소녀가정 지정을 제한하고 가정위탁보호로 전환하고 있지만 아직까지 소년소녀가정이 존재하는 이유는, ① 클라이언트의 자기결정권을 존중하여 혼자 생활할 수 있는 고등학생 가정 등에 대해서는 가정위탁보호 전환을 하지 않는 경향이 있고, ② 친·인척이라도 가정위탁을 통해 아동을 맡으려 하지 않는 경향이 있어 위탁가정 발굴에 대한 어려움이 있다는 것이다. 2016년 소년소녀가정 아동은 92명(남 43명, 여 49명, 0~11세 1명, 12~14세 4명, 15~17세 41명, 18세 이상 46명), 2017년 59명, 2018년 33명, 2019년 17명, 2020년 6명 등으로 점차 감소하고 있다. 이렇듯이 보건복지부는 소년소녀가정 신규 지정 제한 조치를 시행하고 있어 나중에는 소년소녀가정이 사라질 것이다(주수길 외, 2020; 보건복지부 아동분야 사업안내, 2024).

10.4 다문화가정의 아동복지

다문화(multi culture)는 다양한 나라의 생활양식으로 정의되는데, 다양한 인종의 다양한 문화가 공존하는 것이라고 할 수 있다. 여기서 문화는 인간의 사고, 의사소통, 행동, 관습, 신념과 가치 그리고 인종적, 민족적, 종교적 또는 사회적인 집단을 포함하는 인간 행동의 통합된 형태를 의미한다. 이러한 문화는 사회화과정을 통해 한 세대에서 다음 세대로 전수되는데, 한 개인의 행동과 경험이 모든 측면에 영향을 미쳐 문화로 이어진다. 따라서 인간은 삶의 문제를 인식하고 경험하고 해결하는 방식도 그 사람이 속한 특정 문화적 맥락의 영향을 받으면 성장하게 된다(엄명용 외, 2020).

21세기는 다문화시대라고 할 수 있는데, 문화는 사회구성원들 간에 공유되고 사람이 사회 속에서 성장하면서 학습을 통해 습득되는 모든 영역에 걸쳐 전체적으로 영향을 미치며 정체되어 있지 않고 계속해서 변화하는 특성이 있다. 지금까지 인류는 국가별,

인종별, 성별, 집단별 등 다양한 문화유형이 만들어지고 축적되어 왔다. 이러한 문화적 맥락에 따라 다문화는 다문화주의라고도 할 수 있는데, 다문화주의(multi-culturalism)는 한 사회 내에 존재하는 다양한 인종이나 민족 집단이 하나의 문화에 동요되지 않고 서로 존중하며 공존하는 생활공동체라 할 수 있다.

이러한 용어는 1965년 "The Canadian Commission on Bilingualism and Biculturalism" 보고서에서 캐나다 사회 내의 다양한 사람들을 대표하기 위해 처음 사용되었으며(최혜지 외, 2013), 캐나다는 1971년에 서구 국가들 중에서 처음으로 채택하여 소수인종집단의 문화보호와 평등한 기회를 확장하는 방향으로 전개되었다(엄명용 외, 2021). 미국의 경우는 1991년 이후에 다문화주의라는 용어를 활발히 사용하기 시작하였으며, 한국에서는 2000년대 들어 본격적으로 논의되기 시작하였다(최혜지 외, 2013). 먼저 다문화주의를 채택하고 있는 캐나다, 미국, 인도, 중국, 싱가포르와 같은 나라는 실제로 단일 민족이 아니라 여러 민족과 여러 인종, 다양한 언어들이 섞여 있는 나라이기 때문에 다문화를 인정하고 또한 교육을 시키지 않으면 안 되었다.

한국의 경우는 경제성장에 따라 유입되고 있는 외국인 근로자나 국제결혼을 통해 유입되고 있는 이주여성들에 대한 배타적 차별과 편견을 없애자는 뜻으로 사용되고 있는 사회적 운동이기도 하다. 따라서 한국에서는 다문화주의를 다문화사회와 다문화가정이란 용어로 혼용되어 사용하기도 한다. 여기서 다문화사회(multi-cultural society)는 한 사회 내에서 여러 인종 또는 민족이 함께 어울려 사는 사회를 의미한다. 즉, 국민으로서 누릴 수 있는 사회 · 경제 · 정치 · 문화적 권리를 취득하고 향유하는 데 인종과 민족이 차별이 없는 사회를 의미한다. 또한 다문화가정(multi-cultural family)은 우리 사회에 거주하고 있는 외국인 근로자나 외국인들이 국제결혼 등을 통하여 서로 다른 인종의 상대를 만나 결혼한 가정을 의미한다. 다문화가정은 그 가족 내 구성원의 인종 간 차별성과 한 가정 내 두 개 이상의 서로 다른 문화가 만난다는 특징이 있다. 여기서는 다문화가정의 형성, 다문화가정의 문제, 다문화가정 지원 및 전달체계, 다문화가정 자녀의 유형 및 현황, 다문화가정 아동의 문제점 등에 대해서 살펴본다.

1) 다문화가정의 형성

한국사회는 1990년대 중·후반을 기점으로 다문화사회로 접어들기 시작했다. 이는 세계화에 따라 인구의 국가 간 이동이 활발해지면서 나타나는 현상이지만, 한국에서는 주로 혼인 적령기를 놓친 농촌지역의 미혼 남성 위주로 국제결혼이 이루어지면서 시작됐다(이현주, 2013). 한국에서 여성 결혼 이민자의 증가는 세 단계를 거쳐 확산되었다. 1990년대 초 중국과 수교 이후 조선족 여성들이 대거 유입한 것이 첫 단계이며, 일본과 필리핀, 한족 등 특정 종교의 신도로, 또는 더 나은 삶의 조건을 찾아 한국 남성과 결혼한 것이 두 번째 단계이며, 2000년 이후 필리핀, 베트남 등을 중심으로 한 동남아 여성들이 사설 결혼 중개업체를 통해 대거 입국하고 있는 것이 세 번째 단계이다(설동훈 외, 2005). 결혼 이주 여성의 한국 체류 목적은 한국인과의 혼인을 통해 한국사회에 편입하여 구성원이 되는 것이다. 또한 한 가정의 아내이자 2세를 출산하여 한국인 남편과 함께 아동을 양육해야 하는 모성의 역할도 수행해야 하는 것이다(이현주, 2013). 그래서 그들의 결혼생활은 언어 소통의 어려움뿐만 아니라 사회적 편견, 문화의 차이에서 오는 혼란, 육아 및 자녀 교육에서 겪는 곤란, 부부 갈등 등의 문제를 겪게 된다.

2) 다문화가정의 문제

다문화가정이나 다문화사회의 문제는 개인 적응의 문제로 언어적 소통의 문제, 문화적 적응의 문제, 가족 적응의 문제로 가족관계 및 생활의 문제, 자녀 양육 및 교육의 문제, 그리고 사회 적응의 문제로 편견과 차별의 문제, 소외와 갈등의 문제 등이 있을 수 있다. 다문화가정이나 다문화사회의 문제를 해결하기 위해 다문화사회복지실천이 필요하다. 럼(Lum)은 다문화사회복지실천을 사람들 사이에 존재하는 다양성과 차이점을 존중하고 원조관계에서 작용하는 문화적 요소를 인식하는 사회복지실천이라고 정의하였다(Lum, 2003). 그는 다문화사회복지실천의 목표는 민족적 정체성과 사회경제적 지위로 인해 차별받아 온 개인, 가족, 지역사회를 대상으로 이들과 사회 환경과의 상호작용을 촉진하여 심리사회적 기능을 향상시키는 것이라고 하였다. 또한 수(Sue)는 다문화

사회복지실천을 클라이언트의 문화적 가치관과 삶의 경험에 일치되는 원조 목표를 세우고 원조방식을 활용하는 것이라고 하였다(Sue, 2010). 따라서 다문화복지실천은 클라이언트의 개인 경험과 문화적 가치를 고려한 사정을 통해 개입목표를 설정하고, 그의 정체성을 보편적 차원에서 인식하고 문화 특수적인 전략의 사용과 실천과정을 옹호하는 것을 포함하며 아동의 건전한 발달을 위하여 복지차원의 실천을 해야 할 것이다. 결혼 이주 여성들이 겪는 부부 관계, 부모 역할 및 부모자녀 관계 등의 문제를 살펴보면 다음과 같다.

(1) 다문화가정 부부 관계의 문제

국제결혼을 통해 한국에 거주하고 있는 여성 결혼 이민자는 자국 문화와 한국 문화의 차이, 언어 소통의 어려움, 생활습관 및 사고방식의 차이를 경험하게 된다. 결혼 초기에는 한국어를 잘 구사하기 어렵기 때문에 부부간, 가족 간에 오해가 생기기 쉽다. 또한 전통적으로 남편 중심적인 생활문화를 가지고 있는 한국에서 가족 내 문화 충돌을 일으키기도 한다. 또한 이 여성들은 대부분 가정주부로 지내거나 남편과 함께 농사일을 하므로 한국사회에 참여할 기회가 거의 없는데, 주위의 다른 사람들과 어울리거나 사회활동을 하지 못한 채 주로 남편이나 시집 식구와만 지내기 때문에 한국 문화와 사회에 적응하는 것이 더욱 어려워진다(김이선 외, 2006; 송미경 외, 2008). 또한 결혼 이주 여성들은 시부모와 의사소통하기 어렵고 시부모의 간섭을 받을 수 있다.

특히, 결혼 이주 여성의 출신 국가가 한국 사회보다 경제적 수준이 낮을 경우, 이에 대한 편견으로 상처를 받기도 한다(설동훈 외, 2005). 또한 이들의 국제결혼 동기 중 큰 요인이 본국 가족들에게 경제적으로 도움을 주고 싶은 것도 있으나, 기대했던 것과 달리 한국에서의 가정 내 경제 수준은 낮은 편으로 이로 인해 부부 갈등이 발생할 가능성도 있다(이혜경, 2005). 결혼 이주 여성들은 이와 같은 어려움을 해결하기 위해 모국에 있는 친구나 가족들에게 하소연하는 경우가 많았으나(김갑성, 2006), 배우자와 보내는 시간이 가장 많고 가까이에서 도움을 줄 수 있는 대상이 배우자이기 때문에 배우자와의 만족도가 다문화 가족에게 매우 중요한 요인으로 작용한다(김현수 외, 2012). 또한 남편의 지지와 이해뿐만 아니라 시집 식구들의 이해와 노력도 이주 여성들이 한국 생활에 적응하며 겪는 스트레스를 경감시킬 수 있는 것으로 나타났다. 그래서 다문화 가정 이주 여성이 한국 사회의 구성원으로서 가정을 꾸리고 사회에 통합되기 위해서는 그 가정의 정서, 심리, 문화적 적응에 대한 관심과 노력이 지속적으로 필요하다(노하나, 2007).

다문화가정 부부가 문화적 차이와 가족 내 갈등을 겪는 것은 사실이나, 부부가 다문화 가정의 정체성을 확립하고 긍정적인 미래 계획을 세우면서 지역사회에 참여하면 안정적으로 적응할 수도 있다. 이러한 성공적인 적응을 위해서는 다문화주의에 대한 이해를 함께하며 서로 맞춰 가는 것이 필요하다. 다문화가정 부부의 성공적인 적응 과정은 〈표 10-12〉와 같다(강유미 외, 2010).

〈표 10-12〉 다문화가정 부부의 성공적인 적응 과정

적응 과정	내용
문화 차이와 갈등 단계	국제결혼 이후 결혼생활을 시작하면서 현실을 알게 되는 단계이다. 결혼 전 한국에 대해 가졌던 막연한 동경과 달리 언어가 통하지 않아 생활에서 어려움을 느끼고 외국인이라는 편견적인 시선과 차별을 당하고 남편의 환경과 성격도 결혼 전 생각과 달라 갈등을 겪는 단계이다. 결혼 전 정보가 얼마나 충분하고 배우자와 얼마나 동질성을 가지고 있었는가에 따라 문화 차이와 갈등의 양이 다르다.
이해하고 노력하는 단계	문화 차이를 줄이기 위해 외국인으로 느끼는 고충을 이해하고 서로 다름을 인정하며 개방적인 자세를 갖고 천천히 적응해 갈 수 있도록 배려해 주며 서로 다른 문화를 배우고 노력하는 단계이다.
서로 맞추어 가는 단계	부부간에 문제나 오해가 발생하면 적극적인 대화를 시도함으로써 문제를 해결하고 긍정적으로 행동을 바꾸며 서로 맞추어 가는 단계이다. 배우자의 지지, 가족의 지지, 사회적 지지가 매우 중요한 요소로 작용한다.
안정된 적응 단계	부부가 결속력이 강해지며 가족 정체성이 강화되는 단계로, 부부는 함께 긍정적인 미래를 설계하고 가족과 사회의 공동체 구성원으로 사회에 참여하는 모습을 보인다.

(2) 다문화가정 부모 역할 및 부모 · 자녀 관계의 문제

다문화가정의 외국인 여성들은 한국사회에 적응하는 시기와 자녀 육아의 시기가 겹치는 경우가 많다. 특히 중매업체를 통해 교제 기간 없이 결혼한 후 바로 한국에 입국한 경우에는 배우자와의 문화 차이와 언어 이해의 어려움으로 자녀 양육에도 이중적으로 어려움을 겪게 된다(조미영, 2010). 게다가 육아에 대한 준비가 충분치 않은 결혼 초기에 아이를 가질 경우, 자녀 육아 시기와 문화 적응 시기가 겹쳐 혼란이 가중될 수 있다. 또한 한국사회는 자녀 양육 문제에서 아버지의 역할보다는 어머니의 역할에 더 많은 비중을 두기 때문에 결혼 이주 여성은 육아의 고충도 함께 경험하게 된다(이현주, 2013). 이러한 어려움은 자녀의 성장 과정에 필요한 발달과업을 이해하고 지원하는 것에 대한 어려움으로도 이어질 수 있다. 예를 들어, 자녀의 발달 단계에 적합한 놀이감이나 책을 구입하는 것에 대한 정보가 부족할 수 있다(노미향, 2009). 또한 자녀의 발달과업이 이주 여성의 출신국에서 나타나는 모습과 달라 자녀와 갈등이 생기기도 한다.

따라서 다문화가정의 자녀들은 아동기에서 청소년기로 성장하는 과정에서 학업, 또래 · 친구관계, 정체성 등의 발달 과제와 더불어 부모에게조차 이해받지 못하는 이중 부담을 갖기도 한다(조미영, 2010). 한편으로 다문화가정 여성의 자녀에 대한 애착은 높은 편인데, 결혼 후 한국에 와서 자신에게 일어난 가장 좋은 일을 자녀의 출생이라 꼽는 여성이 많았고, 한국 생활을 하는 데 자녀가 심리적 거점이자 희망이 되는 것으로 나타났다(송미경 외, 2008). 또한 자녀 관련 문제를 의논하는 상대로 남편이나 시집 식구, 친정 부모나 친구를 이용하고 있어 다문화가정 여성들에게 사회적 지지가 중요함을 알 수 있다.

다문화가정에서 부모 역할에 대해 다문화가정 여성들은 '한국에서의 적응 돕기'와 '좋은 부모 되기'라고 생각하고 있는 것으로 나타났다. 자신이 자라 온 문화권에 대해 교육하는 것도 필요하지만 자녀가 한국 사회에 적응하고 교육에 잘 따라가도록 돕는 것을 우선시하는 것을 볼 수 있다(송미경 외, 2008). 자녀들이 초등학교에 입학하면 다문화가정에 위기가 올 수 있는데, 자녀들이 혼혈인에 대한 차별적 문화를 맞닥뜨릴 가능성이 높기 때문이다. 이로 인해 다문화가정 자녀는 외모에 예민한 반응을 보이게 되고, 부모가 이에 적절하게 대처할 수 있는지, 사회적 지지망을 활용할 수 있는지 여부가 다문화가정 자녀의 학교 및 사회 적응에 영향을 줄 수 있다. 다문화가정 여성의 자녀 및 가족의 양육 경험에 나타난 현상은 [그림 10-4]와 같다(한상영, 2011).

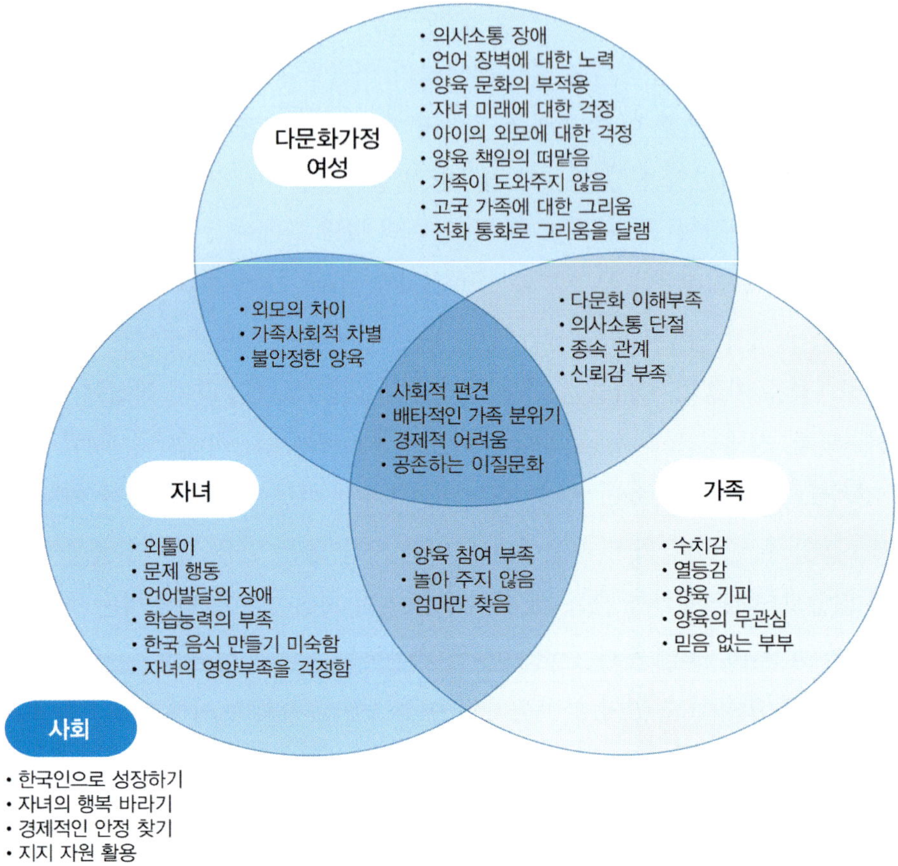

[그림 10-4] 다문화가정 여성의 자녀 및 가족의 양육 경험에 나타난 현상

3) 다문화가정의 지원

한국의 경우 위기를 겪고 있는 다문화가정을 위해 「다문화가족지원법」(2008년 3월 제정)에 따라 여성가족부가 주관하여 다문화가족지원센터가 시 · 군 · 구에 설치 · 운영되고 있다. 또한 「다문화가족지원법」 제2조의2(다문화가족 지원을 위한 기본계획의 수립)에 따라 여성가족부장관은 5년마다 다문화가족정책에 관한 기본계획을 수립하여 다문화가족에 대한 지원을 하고 있다. 제1차 다문화가족정책 기본계획(2010~2012년), 제2차 다문화가족정책 기본계획(2013~2017년), 제3차 다문화가족정책 기본계획(2018~2022년)이 시행되었으며, 제4차 다문화가족정책 기본계획(2023~2027년)의 비전(다문화가족과 함께 성장하는 조화로운 사회), 2대 목표(다문화 아동 · 청소년의 동등한 출발, 다문화가족의 안정적 생활환경 조성), 정책과제(대과제 4개, 중과제 14개)는 [그림 10-5]와 같다(여성가족부, 2024).

비전	다문화가족과 함께 성장하는 조화로운 사회	
목표	다문화 아동 · 청소년의 동등한 출발선 보장	다문화가족의 안정적 생활환경 조성

대과제	중과제
다문화 아동 · 청소년 성장단계별 맞춤형 지원	① 영유아 자녀양육 지원 ② 학령기 다문화 아동 학습역량 제고 ③ 다문화 청소년 진로개발 지원 ④ 다문화 아동 · 청소년의 정서안정 기반 조성
결혼이민자 정착주기별 지원	① 건전한 국제결혼 환경 조성 ② 다문화가족 가구상황별 맞춤형 지원 ③ 결혼이민자 경제활동 참여 확대 ④ 가정폭력 예방 및 피해자 보호
상호존중에 기반한 다문화 수용성 제고	① 다문화 이해교육 확대 ② 다양성 존중 인식 확산 ③ 다문화가족 사회참여 활성화
다문화가족정책 추진기반 강화	① 다문화가족정책 환류 시스템 구축 · 운영 ② 다문화가족 지원 서비스 접근성 제고 ③ 다문화가족정책 협력체계 강화

[그림 10-5] 제4차 다문화가족정책의 기본계획(2023~2027)

제4차 다문화가족정책 기본계획은 다문화가족과 함께 성장하는 조화로운 사회구성이라는 비전으로 대과제에 따른 각각의 중과제를 실행하여 다문화가족 삶의 질을 향상시키고 있다. 즉, [그림 10-5]와 같이 다문화가족정책의 기본계획에 따라 결혼이민자가 자녀 양육에 어려움을 겪지 않도록 단계별 부모교육을 제공하고 지역사회 내 돌봄품앗이 활동 지원 및 공동육아나눔터 확대 등 자녀돌봄을 지원하고 가족센터(다문화가족지원센터를 통합)에서 자녀 생활지도 서비스 및 언어발달 상태에 맞춘 언어교육 등을 제공하고 있다. 또한 학령기 다문화 아동 학습역량 제고를 위해 초등하교 입학 전 · 후 기초학습 지원 확대 및 서비스 접근성을 제고하고, 다문화 청소년 진로개발 지원으로 가족센터 내 청소년 상담사를 통한 진로컨설팅 확대 및 대학생 멘토링 연계 등 다양한 청소년 진로프로그램을 운영하며 이중언어 교실을 운영하여 우수학습자를 적재적소에 활용하고 있다.

4) 다문화가정 자녀의 유형

다문화가정 자녀는 다문화가정에서 태어나 생활하는 자녀들을 의미한다. 즉, 다양한 인종의 다양한 문화가 공존하는 가정에서 생활하는 자녀이다. 한국 사람과 다른 민족의 문화적 배경을 가진 사람들이 포함된 가정에서 태어나 생활하는 자녀로 모든 사람을 지칭할 경우에는 '다문화인'이라는 용어를 사용한다. 한국의 경우는 국제결혼가정 자녀, 외국인근로자 가정의 자녀, 북한이탈가족의 자녀 등이 다문화자녀라고 할 수 있다(오윤선 외, 2020). 다문화가정 자녀의 유형은 중도입국(한민족)가정 자녀, 북한이탈가정 자녀, 국제결혼가정 자녀, 외국인근로자가정 자녀, 재외동포가정 자녀, 기지촌 외국여성가정 자녀 등으로 분류할 수 있다(성열준 외, 2016; 오윤선 외, 2020).

① 중도입국(한민족)가정 자녀: 한국이 아닌 나라에서 태어나 도중에 부모와 함께 한국으로 입국한 자녀를 의미한다(부모가 본국에서 결혼하거나 재혼하여 한국으로 이주한 경우, 부모가 한국 국적을 취득하여 한국으로 이주한 경우). 이러한 경우 국내 입국 시 외국국적이나 특별귀화를 통해 한국 국적으로 전환이 가능하다. 특히 중국의 조선족 자녀나 중앙아시아와 러시아의 고려인 자녀들이 대표적이다. 본래 뿌리는 한민족이지만 구한말 이후 선조들의 이주로 중국과 러시아 지역에서 태어나 한민족 문화권에서 생활한 자녀들이다. 한민족 자녀들은 부모의 이주, 취업 등의 이유로 다시 한국에 정착하게 된 경우이며, 중국어나 러시아어, 한국어를 잘하고 양 문화에 유연하게 적응할 수 있는 경우가 많다. 이러한 자녀들은 국내에 정착한 부모의

경제 · 사회적 상황에 따라 안정적으로 정착할 수도 있지만 그렇지 않고 적응에 어려움을 겪을 수도 있다.

② 북한이탈가정 자녀: 북한에서 한국으로 이주한 가정의 자녀나 북한에서 넘어온 탈북한 자녀를 의미한다(아버지와 어머니가 한국으로 이주한 경우, 북한에서 한국으로 이주한 여성이나 남성이 한국인 배우자와 결혼한 경우). 남북한이 분단된 이후 70년간 형성된 문화적 차이로 북한식 언어와 생각, 행동양식이 나타나고 있다. 그래서 학교에서 수업하는 것, 또래 · 친구 사귀는 것, 진로 선택하는 것 등에서 남한사회에서 적응하는 데 많은 어려움을 겪고 있다. 그러나 북한이탈가정 자녀들이 남한사회에 잘 적응하여 건강하게 사회구성원이 되는 것은 후에 통일이 되면 이념적 사상을 줄이고 평화롭게 공존하는 사회를 형성하는 데 중요한 역할을 할 것이다.

③ 국제결혼가정 자녀: 한국인과 외국인이 결혼한 가정에서 자란 자녀를 의미한다(아버지가 한국인이고 어머니가 외국인인 경우, 어머니가 한국인이고 아버지가 외국인인 경우). 이러한 경우 「국제법」 제2조 제1항에 따라 국내 출생과 동시에 한국 국민이 된다. 한국의 경우 한국인 아버지와 외국인 어머니로 구성된 국제결혼가정이 전체의 90%를 차지하고 있다(오윤선 외, 2020). 국제결혼가정의 자녀들은 '아메라시안', '라이따이한', '코시안' 등의 경우가 있었다. 여기서 아메라시안(Amerasia)은 1950년 한국전쟁 이후 미군 아버지와 한국인 어머니 사이에서 태어난 자녀이고, 라이따이한(Lai daihan)은 1960~1970년대 베트남 전쟁 때 한국군인 아버지와 베트남 어머니 사이에 태어난 자녀이고, 코시안(Kosian)은 한국인 아버지와 아시아인(Asian) 어머니 사이에서 태어난 자녀를 의미한다.

코피노(Kopino)는 국제결혼가정 자녀는 아니지만 한국인을 뜻하는 코리안(korean)과 필리핀인을 뜻하는 필리피노(Filipino)의 합성어로, 한국 남성과 필리핀 여성 사이에서 태어난 자녀를 필리핀 현지에서 일컫는 말이다. 어학연수나 해외 출장, 여행 등으로 필리핀 현지에 체류하는 한국 남성과 필리핀 여성의 동거나 성매매 등을 통하여 태어나는 경우가 많으며, 대부분의 코피노가 편모 가정에서 극심한 가난과 사회적 냉대 속에 자라고 있어 필리핀의 사회문제로 대두되기도 하였다. 코피노가 급증한 데에는 필리핀에서 영어를 공용어로 사용하고 물가가 저렴해서 어학 연수생이나 여행객이 크게 늘어난 점, 필리핀 국민의 80% 이상이 피임과 낙태를 허용하지 않는 가톨릭 신자라는 점 등이 원인으로 꼽힌다.

그러나 이러한 용어는 오히려 인종차별적 이미지가 있어 다문화자녀에 대한 부정적 인식이 부각되어 2004년 건강가정시민연대에서 '다문화가정'이라는 용어의 사용을 제안 · 사용하게 되었다(오윤선 외, 2020). 국제결혼가정의 자녀는 아버지와 어머니의 문화권 영향을 모두 받으며 언어적 · 문화적으로 풍요롭게 성장할 수 있는 가능성이 있으나 한편으로는 또래 · 친구관계가 원만하지 못하거나 자아정체감의 혼란을 겪을 수도 있다. 또한 동질적인 집단으로 이루어진 지역사회에 통합되지 못하고 소외감을 느낄 수도 있다.

④ 외국근로자가정 자녀: 근로 목적으로 한국에 거주하고 있는 외국인 근로자의 가정에서 성장하는 자녀를 의미한다(남성외국인 근로자와 여성외국인 근로자의 결혼으로 이루어진 경우, 외국인근로자 부모가 한국에서 결혼한 경우). 이러한 경우는 자국에서 태어나 부모의 초정으로 한국에 온 자녀와 한국에서 태어난 자녀가 있는데, 한국청소년과 동일하게 교육권을 갖는다. 외국인근로자 가정 자녀는 4가지의 경우가 있는데, 첫째, 외국인 부모와 함께 입국한 자녀, 둘째, 여성 이주근로자가 단독 입국 후에 추가로 입국한 자녀, 셋째, 한부모 이주근로자가 한국의 배우자와 재혼한 가정의 자녀, 넷째, 부모와 함께 입국하였으나 부모가 불법체류자로 검거되어 추방당하거나 개인적 사정으로 귀국하고 혼자 남게 된 자녀 등이다.

이러한 자녀들의 경우 가족의 분리와 재결합, 해체와 재구성의 과정을 겪게 되면서 가족으로서의 일상적 경험을 공유하기 어려우며 서로 이해할 수 있는 기회도 제한되는 문제가 있다. 불법체류 근로자 자녀의 경우 학업이나 의료보장 등 기본적인 사회복지 혜택이 제한되기 때문에 기본적인 권리를 보장받기 어려울 경우도 있다.

⑤ 재외동포가정 자녀: 북한이탈가족의 자녀를 제외한 재외동포가정의 자녀나 유학 등의 이유로 장기간 해외에서 체류하는 자녀를 의미한다. 과거 우리나라 국적을 갖고 있었으나 외국으로 이주했던 가정의 자녀가 다시 국내에 거주하며 두 가지 문화를 경험하는 자녀이다.

⑥ 기지촌 외국여성가정 자녀: 기지촌 여성이 외국여성으로 대체되면서 이들과 한국인, 외국인근로자, 미군 사이에서 혼혈 자녀로 태어난 자녀를 의미한다. 이러한 자녀들은 정확한 통계를 추정할 수 없으나 의정부, 동두천, 평택 지역 등에 2004~2005년의 경우 약 190개 업소에 약 800~900명이 종사(시 · 군 보건소 취합)한 것으로 추정되며 대부분 필리핀 여성이고 내국인 여성은 13% 내외로 추정하고 있다.

5) 다문화가정 자녀의 문제점

다문화가정 자녀들은 아버지와 어머니의 문화권에 영향을 모두 받으며 성장하게 된다. 이러한 경우 다문화가정 자녀는 언어와 문화적인 면에서 다방면적으로 성장할 수 있으나 아직은 긍정적인 특성보다는 상대적으로 일반가정의 자녀보다 부정적인 특성이 더 많다. 즉, 외모적 특징의 부적응, 학업 부진, 언어발달 지체, 의사소통의 어려움 등으로 인한 또래 · 친구관계의 어려움이나 정서 · 심리적 문제를 초래할 수 있다. 이러한 이유는 다문화가정 어머니 또는 아버지의 미숙한 언어와 낮은 사회 · 경제적 위치로 인해 자녀의 지적 · 정서적 · 행동적 측면에 부정적 영향을 미치기 때문이다. 다문화가정 자녀에게 나타날 수 있는 문제에 대해서 살펴보면 다음과 같다(천정웅 외, 2017; 오윤선 외, 2020).

(1) 학업의 부적응

다문화가정 자녀의 학업 중단 이유는 또래 · 친구나 선생님과의 관계가 좋지 못하여 중단하는 경우가 있다. 다문화가정 자녀의 유형에 따라 학업 부적응 현상을 살펴보면 다음과 같다.

① 국제결혼가정 자녀: 한국에서 출생한 경우 정부의 보조를 받아 보육기관인 어린이집을 다니는 경우가 많다. 이러한 경우 한국어를 배우는 데 크게 어려움을 느끼지 못하지만 외국인 어머니가 한국교육 시스템과 문화를 잘 모르는 경우가 많아 가정에서 적절한 지원을 받지 못하는 경우가 많다. 이렇게 성장한 국제결혼가정 자

녀들이 중·고등학교에 진학할 경우에는 일반 가정의 중·고등학생들과 마찬가지로 가정의 사회·경제적 요인이나 부모의 학교교육지원 양상에 따라 학습능력에 차이가 있을 수 있다.

국제결혼가정 자녀들은 부모가 결혼해 국내에서 출생한 자녀와 모국에서 출생하여 중도입국 자녀가 있다. 중도입국 자녀들은 한국에서 출생한 국제결혼가정 자녀와 달라 「다문화가족지원법」에 따라 대상에서 제외된다(오윤선 외, 2020). 따라서 이들은 교육 기회를 갖지 못하고 언어적 소통의 문제로 학업에 어려움을 겪는다. 또한 학업에 어려움을 겪으면서 과제에 대한 이해도가 부족하여 숙제를 하지 못하는 경우도 많다.

② 외국근로자가정 자녀: 빈곤한 경제적 이유나 불법체류자 신분 때문에 적절한 학교교육을 받지 못하는 경우도 있다. 또한 입국 전에는 부모의 방치로 학교교육의 공백이 있을 수 있고, 입국 후에는 부모의 한국어 미숙으로 인해 자녀 입학 관련 정보가 부족하거나 어린 동생을 돌보아야 하는 이유 등으로 지역사회 시민단체의 도움을 받기 전까지는 취학을 하지 못하는 경우가 많다(오윤선 외, 2020). 그렇지만 외국근로자가정 자녀들이 학교에 입학해도 학업성취도는 전반적으로 낮은 편이며 특히 사회, 국어, 수학 순으로 어려워하는 것으로 나타났다. 이들이 밀집되어 있는 지역 학교의 경우 특별학급을 두어 운영하고 있으나 학습능력 결손이 누적되어 학교생활 적응에 있어 더욱 어려움을 느끼는 것으로 나타났다(천정웅 외, 2015). 그러나 소수이지만 경제적으로 여유가 있는 외국근로자가정 자녀는 학교성적도 높고 적극적인 학교생활을 하는 것으로 나타났다(오윤선 외, 2020).

③ 북한이탈가정 자녀: 탈북인 수가 증가하면서 많아지고 있다. 북한이탈 수는 2015년 33,247명으로 집계되며 여성이 전체의 72%(23,938명)이고, 이 중 10~19세 청소년은 12.1%(4,023명)이다(통일부, 2015). 이러한 북한이탈가정 자녀들이 학교에 적응하기 위해서는 바로 남한사회에 온 경우에는 그냥 빨리 북한에서 왔다고 하는 것이 학교적응에 도움이 된다. 북한에서 왔다고 하면 학생들은 먼저 접근하여 이야기도 하고 여러 가지 궁금한 사항을 물어보지만 어느 정도 지나고 나면 관심이 없어진다. 북한이탈가정 자녀는 언어(말투)가 다르기 때문에 바로 알게 됨으로 먼

저 이야기하는 것이 오히려 학교생활에 도움이 된다. 그러나 초등학교부터 남한에서 다니다 중·고등학교로 진학하는 경우에는 특별히 밝힐 필요가 없다는 북한이탈가정 자녀도 있었다. 오히려 이야기해서 북한 관련 사건이나 언론 보도가 있게 되면 학생들은 북한에 대해서 물어보면 어떻게 대답할지 입장이 난처한 경우가 많다는 것이다(천정웅 외, 2017).

탈북 직후 하나원의 북한이탈가정 자녀들은 국어 읽기와 쓰기, 사회, 과학 등의 교과목이 한국의 같은 학년 학생에 비해 많이 부족하다. 이러한 이유는 탈북과정에서 교육의 공백이나 학습 결손, 교육과정 차이로 인한 내용의 이해 부족, 생활문화 경험의 차이, 교과목에서 사용하는 용어의 차이, 시험 경험 유무의 차이 등 때문으로 나타났다. 또한 고등학교로 갈수록 국어, 수학 등의 교과 수행에 어려움을 나타낸다. 북한이탈가정 자녀의 부모들은 대부분 무직이거나 부모 중 상대적으로 취업이 수월한 어머니만 경제활동을 하고 아버지는 실직이나 무직인 경우가 많다. 즉, 경제적으로 궁핍한 북한이탈가정 자녀는 학업 보충을 위한 교육활동을 하지 못하기 때문이다(오윤선 외, 2020).

(2) 또래·친구관계의 부적응

다문화가정 자녀의 학교부적응은 특히 또래·친구관계가 좋지 않기 때문에 나타난다. 그러나 다문화가정 자녀들의 또래·친구관계에 따른 따돌림이나 괴롭힘의 시기에 대해서는 차이가 있을 수 있다. 오성배 연구(2009)에 따르면, 다문화가정 자녀의 또래·친구관계는 초등학교 단계를 제외하고 유아기나 중학교, 고등학교 단계에서는 원만한 것으로 나타난다고 보았다. 이러한 이유로 유아기의 경우는 사람의 차이를 받아들이는 개념이 형성되지 않아 잘 어울리고 놀이를 같이 하고 있으며, 초등학교 단계에서는 인종과 국가적 편견이 형성되기 시작하여 놀림을 받는 경우가 발생한 것으로 판단된다. 그리고 중학교나 고등학교 단계가 되면 정신적 성숙이 이루어져 외국인근로자가정 자녀는 스스로 거리를 두며 상황에 맞게 또래·친구관계를 조절하는 능력이 생겨 놀림이나 집단따돌림을 당하지 않는 것으로 판단된다.

북한이탈가정 자녀의 또래·친구관계는 학교적응, 여가활동 등 일상생활에 많은 도움이 된다. 그러나 또래 · 친구관계에 많은 어려움이 많이 나타나고 있다. 이들은 자신들이 북한에서 왔다는 사실을 숨기고 싶어 하는데, 이는 남한사회 또래 · 친구들의 선입견에서 기인하는 경우가 많다. 즉, 남한사회 또래 · 친구는 북한이탈가정 자녀의 언행에 호기심을 갖고 접근하여 북한 말을 따라 하거나 놀리게 된다. 북한이탈가정 자녀는 탈북과정에서 교육 공백기가 있어 자신의 취학 연령보다 1~2살 낮추어 편입하는 경우가 많은데, 이러한 사실을 감안할 때 자신보다 어린 동생이 말을 따라 하거나 놀리는 경우는 그들에게 자존심이 상하는 일이 된다. 이러한 과정에서 또래 · 친구관계에 적응하지 못하고 정체감 혼란을 겪는 등 많은 탈선의 위험과 부작용에 노출되기도 한다. 그러나 또래 · 친구관계에서 기죽지 않고 자신감을 갖기를 권장한다. 원래 북한사회에서 활발한 성격을 가지고 있던 아이도 남한에 와서 말투도 다르고 알아듣지 못하는 말이 많아 어떻게 반응을 해야 할지 모르기 때문에 점점 위축되어 내성적으로 성격으로 바뀌게 된다. 그렇지만 무슨 일이든 자신감을 갖고 부딪쳐 보는 것이 또래 · 친구관계나 남한생활을 하는 데 더 잘해 나갈 수 있다는 것이다(천정웅 외, 2017).

(3) 정체성 혼란

청소년기는 발달과업이 정체감 혼란을 극복하여 정체감을 형성하는 시기이다. 이러한 과정에서 국제결혼가정 자녀들이나 외국인근로자가정 자녀는 일반가정 자녀보다 자신의 정체성에 혼란을 더 크게 경험한다. 특히 청소년기의 정체성 혼란은 외국인근로자가정 자녀보다 국제결혼가정 자녀가 더 혼란을 경험한다. 왜냐하면 외국인근로자가정 자녀는 자신을 외국인으로 인식하고 자신의 본국에 대한 정체성을 갖지만 국제결혼가정 자녀는 자신이 한국에서 태어나 한국인임에도 불구하고 피부색이 다르다는 이유로 다르게 바라보는 또래 · 친구들의 시선 때문이다. 그렇기 때문에 국제결혼가정 자녀는 또래 · 친구들과 원만한 관계를 형성하지 못하여 정체성에 혼란을 초래한다(오윤선 외, 2020).

다문화가정 자녀는 부모의 가치관, 문화, 관습, 또래 · 친구들의 문화, 생활방식 등의 요인에 대해서 스스로 어떻게 할지 고민하는 경우가 많다. 이들은 두 나라의 문화가 혼재된 가정교육과 한국의 학교교육을 동시에 경험하면서 정체성 형성에 혼란을 겪게 되는데, 정체성 혼란으로 인해 낮은 자아존중감, 불안장애, 우울증 등과 같은 심리적 문제가 나타날 수도 있다. 그렇지만 다문화가정 자녀는 한국 사람과 외모가 비슷한 경우 정체성 혼란을 경험하더라도 가능하면 자신이 다문화가정이라는 것을 밝히지 않고 학교생활에 비교적 잘 적응하는 경우가 많다. 일반적으로 다문화가정 자녀는 자신의 아버지 또는 어머니가 외국인이라는 사실을 숨기거나 문화, 말투, 국적 등을 잘 드러내지 않으려고 한다.

(4) 심리적 부적응

일반적으로 다문화가정 자녀는 부모의 양육태도, 외모에 따른 정체성 혼란, 언어 미숙으로 인한 의사소통의 문제, 사회성 발달의 문제, 주변 사람들의 편견에 따른 정신적 문제, 또래 · 친구관계의 문제, 학교적응의 문제, 가정 내 부모의 불화, 청소년기의 발달 과업 등과 관련하여 많은 심리 · 정서적 어려움을 겪는다. 다문화가정 자녀는 이러한 내 · 외적 요인으로 인해 열등감, 소외감, 자신감 결여 등으로 나타나 대인관계에서도 소극적이며 우울, 공격성, 충동성, 분노 폭발 등 정서적 문제 및 행동에 문제가 나타날 수 있다. 또한 이러한 문제가 지속될 경우 비행, 약물 남용, 음주, 흡연, 성적문제 등과 같은 2차적 문제가 나타날 수 있고 더 심하면 자살을 초래하기도 한다(조원탁 외, 2019). 따라서 다문화가정 자녀를 위해 가정, 학교, 사회 등의 세심한 관심과 지원을 하는 것이 필요하다.

Chapter

11

아동학대 및 시설보호

학대아동보호는 2000년에 「아동복지법」을 개정하면서 아동학대 관련 사항과 보호체계를 포함하여 아동보호전문기관을 설치하면서 시작되었다. 즉, 학대로부터 고통받는 아동을 보호하고 아동학대 예방에 대한 사회적 분위기를 고취시키기 위해 수행된 것이다. 또한 시설아동보호는 부모의 이혼 · 학대 · 빈곤 등의 이유로 가정보호가 어려운 만 18세 미만의 아동으로, 즉 보호자가 없거나 보호자로부터 이탈된 아동 또는 보호자가 아동을 학대하는 경우 등 그 보호자가 아동을 양육하기에 적당하지 아니하거나 양육할 능력이 없는 경우의 보호대상아동을 보호하면서 성장 · 발달하도록 지원하는 것이다. 이 장에서는 학대아동보호와 시설아동보호에 대해서 살펴본다.

11.1 학대아동보호

학대아동보호는 학대아동의 발견, 보호, 치료 및 아동학대의 예방 등을 전문적으로 실시하는 것이다(「아동복지법」 제52조, 2020). 아동은 성인에 비해 미성숙하지만 인종, 성별, 종교, 언어 등에 차별 없이 모든 권리와 자유를 누리며 사회구성원으로서 건강하고 행복한 삶을 누려야 할 권리가 있다. 그러나 보호자나 성인에 의해 그 권리를 박탈당하거나 침해를 당하는 학대아동의 경우가 있다. 학대받은 아동은 신체적 · 정신적 장애가 될 수 있으며 반사회적 행동이나 비행을 저지를 가능성이 높으며, 성장해서 부모가 되어도 자녀를 학대하는 경우가 있어 세대 간 악순환을 겪을 수 있다. 따라서 아동학대의 세대 간 전이를 방지하고 아동학대로 인한 사회문제를 줄이기 위해 아동학대의 예방, 발견, 보호, 치료가 필수적이라 국가 및 지역사회가 적극적으로 아동학대에 개입하기 위해 학대아동보호를 수행하고 있다. 여기서는 아동학대의 개념, 유형, 원인, 징후 등에 대해서 살펴보고, 학대아동보호의 추진체계와 관련기관, 아동학대 예방 대책에 대해서 살펴본다.

1) 아동학대의 개념

아동학대(child abuse)의 정의는 시대와 문화에 따라 다르게 정의되어 왔으며, 이에 따라 학대 가해자에 대한 법적인 처벌, 치료적 접근 등도 달라졌다. 아동학대와 방임은 1960년까지 심각한 사회문제로 관심을 받지 못하였으나 켐페 등(Kempe et al.)이 발표한 '매 맞는 아동의 증후군' 보고서를 통해 세상에 알려지기 시작하면서 표면화되었다(Kempe et al., 1962; 임경옥 외, 2018). 켐페 등은 보호자에 의해 가해지는 아동의 손상에 관하여 기술하면서 학대란 부모나 부모에 준하는 보호자의 행위 또는 방임으로 초래되는 비우발적인 신체적 상처라고 하였다. 이 개념은 아동학대를 신체적인 학대에만 한정하여 설명하는 것으로 협의의 개념이라고 할 수 있다. 그렇지만 현대 아동학대의 개념에는 신체적 학대뿐만 아니라 아동발달을 저해하는 환경까지 고려하여 아동방임이나 정서적 · 성적 학대까지도 포함하는 광의의 개념으로 확대되었다(임경옥 외, 2018).

「아동복지법」에 정의된 아동학대는 보호자를 포함한 성인이 아동의 건강 또는 복지를 해치거나 정상적 발달을 저해할 수 있는 신체적 · 정신적 · 성적 폭력이나 가혹행위를 하는 것과 아동의 보호자가 아동을 유기하거나 방임하는 것을 의미한다(「아동복지법」 제3조 제7호, 2022). 즉, 적극적인 가해행위뿐만(신체적 학대인 협의의 개념) 아니라 정서적 · 성적 학대와 소극적 의미의 방임 및 유기행위(아동의 발달을 저해하는 환경적 요인을 포함한 광의의 개념)까지를 포함하고 있다. 여기서 학대행위란 아동에게 가해진 행위(우연한 행위는 제외)로 인하여 아동의 건강 또는 복지를 해치거나 정상적인 발달을 저해할 수 있는 모든 신체적 · 정신적 상해, 성적 행위 및 방임 · 유기를 포함한다. 또한 「아동복지법」에 의한 아동은 18세 미만의 사람을 의미하고, 아동복지는 아동이 행복한 삶을 누릴 수 있는 기본적인 여건을 조성하고 조화롭게 성장 · 발달할 수 있도록 하기 위한 경제적 · 사회적 · 정서적 지원을 의미한다. 그리고 보호자는 친권자, 후견인, 아동을 보호 · 양육 · 교육하거나 그러한 의무가 있는 자 또는 업무 · 고용 등의 관계로 사실상 아동을 보호 · 감독하는 자를 의미한다(「아동복지법」 제3조, 2024).

2) 아동학대의 유형

아동학대의 유형은 신체적 학대, 정서적 학대, 성적 학대, 방임, 그리고 유기로 분류한다(아동권리보장원, 2024).

신체적 학대(physical abuse)는 보호자를 포함한 성인이 아동에게 의도적으로 신체적 손상을 입히는 것이다. 구체적인 신체적 학대 행위는 물건을 던지는 행위, 떠밀고 움켜잡는 행위, 뺨을 때리는 행위, 물건을 사용하여 때리는 행위, 발로 차거나 물어뜯고 주먹으로 치는 행위, 반복적으로 꼬집는 행위, 전기충격을 가하는 행위, 물에 빠뜨리는 행위, 뾰족한 도구(바늘, 포크, 이쑤시개 등)를 이용하여 찌르는 행위, 그리고 멍 자국이나 화상 자국, 베이거나 벗겨진 자국, 골절 등의 원인이 되는 행위 등이 있다.

정서적 학대(emotional abuse)는 보호자를 포함한 성인이 아동에게 협박, 경멸, 수치심 등을 주는 언어적 모욕, 감금이나 억제 등으로 아동의 심리적 자아에 상처를 입히는 것이다. 이러한 정서적 학대는 겉으로 나타나는 것도 아니고 그 결과가 바로 나타나지 않기 때문에 그냥 지나칠 수 있다. 구체적인 정서적 학대 행위는 잠을 재우지 않는 행위, 벌거벗겨 내쫓는 행위, 삭발을 시키거나 강제적으로 머리를 자르는 행위, 형제나 친구 등과 비교하여 차별이나 편애하는 행위, 가족 내에서 왕따 시키는 행위, 짐을 싸서 내보내는 행위, 돈을 벌어 오라고 위협하거나 나이에 적절하지 않는 과도한 일을 시키는 행위, 다른 아동을 때리라고 강요하는 행위, 원망적 · 적대적 · 경멸적 언어를 사용하는 행위 등이 있다.

성적 학대(sexual abuse)는 보호자를 포함한 성인이 아동에게 성적 접촉이나 성적 폭력 등을 가하거나 신체를 노출하게 하여 성적 자극에 이용하는 행위이다. 여기서 성적 접촉은 성인이 아동에게 자신의 성기나 신체를 만지도록 하거나 아동의 성기를 만지는 행위, 아동의 옷을 강제로 벗기거나 키스나 애무를 하는 행위 등이다. 구체적인 성적 학대 행위는 성적 유희, 성기 및 자위행위 장면의 노출, 음란비디오를 아동에게 보여주거나 판매하는 행위, 관음증(다른 사람의 알몸이나 성행위를 훔쳐 봄으로써 성적 쾌감을 느끼는 증세) 행위, 성기 삽입이나 성적 접촉, 강간 등의 행위, 아동매춘이나 매매 행위, 성매매 업소에 아동을 데리고 가는 행위 등이 있다. 여기서 강간은 두려움이나 강압적인 힘으로 성적 행위를 하는 것을 의미한다.

방임(neglect)은 양육자가 아동의 발달에 기본적 요소인 음식, 위생, 의복, 의료보호 등 아동의 건강과 안전에 필요한 환경을 제공해 주지 않는 것이다. 방임의 유형에는 물리적, 교육적, 의료적, 정서적, 성적 방임이 있는데, 물리적 방임의 행위는 기본적인 의식주를 제공하지 않는 행위, 상해와 위협으로부터 아동을 보호하지 않는 행위, 불결한 환경이나 위험한 상태에 아동을 방치하는 행위, 아동의 출생신고를 하지 않는 행위, 보호자가 아동을 집에 두고 가출하는 행위 등이 있다. 교육적 방임의 행위는 보호자가 아동을 특별한 사유 없이 학교에 입학시키지 않거나 학교를 보내지 않고 무단결석을 허용하는 행위, 학교 준비물을 챙겨 주지 않는 행위, 특별한 교육적 욕구를 소홀히 하는 행위 등이 있다. 여기서 무단결석은 정당한 사유 없이 계속하여 7일 이상 결석하는 경우이다(「초·중등교육법 시행령」 제25조 제1항). 의료적 방임의 행위는 아동에게 필요한 의료적 처치를 하지 않는 행위, 예방 접종이 필요한 아동에게 예방 접종을 실시하지 않는 행위, 장애 아동에 대한 치료적 개입을 거부하는 행위 등이 있다. 정서적 방임의 행위는 아동과 대화를 하지 않는 행위, 신체적 접촉을 피하는 행위, 아동과의 약속에 무관심하는 등 정서적 결핍을 주는 행위, 아동이 필요로 하는 애정표현과 적절한 정서적 지지를 제공하지 않는 행위 등이 있다. 그리고 성적 방임의 행위는 아동에게 성인의 성관계나 성 관련 시청각 자료가 노출된 상태가 해당한다(노명희 외, 2014).

유기(desertion)는 보호자가 아동을 보호하지 않고 버리는 행위로 아동을 병원에 입원시키고 사라지는 경우, 아동을 시설 근처에 버리고 사라지는 경우 등이 있다.

3) 아동학대의 원인

아동학대의 원인은 사회경제적 요인 등 여러 가지 원인이 있을 수 있으나 크게 부모 및 가정의 원인과 아동의 원인으로 나누어 살펴본다.

(1) 부모 및 가정의 원인

아동을 학대하는 부모의 원인은 다양하고 복잡하다. 부모의 심리적·성격적 결함이나 연령, 양육에 대한 지식 부족, 어릴 적 학대받은 경험, 사회적 고립, 정서적 불안 및 욕구불만, 알코올 및 약물 중독, 우울 및 정신질환, 그리고 잦은 가정의 위기 등은 아동학대와 연관성이 높다. 또한 부모의 낮은 자아존중감, 공격적 분노나 감정조절이 미흡할수록 아동학대의 위험이 높다. 나이가 어리고 양육에 대한 지식이 부족한 부모는 미성숙으로 인해 아동의 행동이나 욕구를 이해하지 못하여 쉽게 학대를 하게 되고 가족관계 형성에도 어려움을 겪게 된다. 부모는 종종 자신의 자녀가 가진 능력이상으로 부모의 기대수준에 맞게 행동해 주기를 원하는데, 이처럼 부모의 지나치게 높은 기대심은 아동학대의 원인이 될 수도 있다.

어릴 적 학대받은 경험이 있는 부모는 아동을 학대하는 부모들 중 30~60% 정도로 자신이 어릴 때 부모로부터 학대받은 경험이 있었다(아동권리보장원, 2024). 부모의 사회적 고립도 아동학대의 원인이 될 수 있는데, 아동양육의 부담을 도와줄 수 있는 친척이나 친구, 이웃이 주위에 없는 경우 아동을 학대하기도 한다. 또한 부모가 알코올 중독이나 우울증을 앓고 있으면 자신을 잘 통제하지 못하기 때문에 자해를 하거나 아동학대를 하는 경우가 있다.

가정의 위기를 겪는 부모는 아동을 학대하는 경우가 많은데, 가정의 위기로는 실직이나 잦은 병치레로 인한 경제적 어려움을 겪는 고통, 가정의 불화(본인 또는 양육의 스트레스로 인한 부부 싸움) 등 가정 내 위기요인으로 인해 부모가 자녀를 학대하는 경우가 많다. 특히, 가족의 소득이 낮을수록 아동학대가 나타날 가능성이 높다. 또한 가족구조의 문제로 인한 미성년가정의 부모는 양육에 대한 지식이 부족하고, 이혼가정의 부모는 경제적인 스트레스가 증가되고, 재혼가정의 부모는 가족 간의 긴밀한 상호작용의 결여로 인해 아동학대의 경우가 있다. 사별이나 이혼으로 인한 한부모가정의 부모는 양쪽 부모로 구성된 가정보다 양육과 경제적 활동을 동시에 해야 되기 때문에 경제적인 스트레스가 가중되어 아동의 양육에 일관성이 없고 아동학대의 유발 가능성이 높다. 그리고 가정의 분위기도 아동학대에 영향을 미칠 수 있는데, 가족구성원 간에 폐쇄적이고 갈등적인 역기능적 가정 분위기에서 아동을 학대할 경우가 순기능적인 가정보다 높다.

(2) 아동의 원인

최근에는 아동학대의 원인이 부모나 가정의 원인도 있지만 아동 자신의 성격이나 기질적인 특성, 장애로 인하여 부모나 양육자가 방임을 하거나 유기하는 경우도 있다. 예를 들어, 아동 자신의 미숙아, 기형아, 만성 또는 급성질환아, 신체적·정신적·기질적으로 장애를 가진 아동, 심하게 보채거나 밤에 잘 자지 않는 아동, 음식을 먹거나 잠을 자는 데 어려움을 나타내는 아동 등은 일반적인 아동보다 부모나 양육자로부터 학대받을 가능성이 높다는 것이다. 이러한 이유는 부모나 양육자의 신체적·심리적 부담감을 가중시키고 부모들이 쉽게 지치게 되어 스트레스로 인해 아동을 학대할 가능성이 높다(아동권리보장원, 2024).

4) 아동학대의 징후

학대받은 아동은 신체적·인지적·정서적·사회적 모든 측면에서 전인적 발달상의 나쁜 영향이 나타날 수 있다. 이러한 부정적 영향은 심각하고 오래 지속되기 때문에 학대를 당한 아동은 정서적인 문제, 성취 부족, 학교 부적응, 비행 등과 같은 문제가 있을 수 있다. 학대받은 아동의 징후를 신체적 학대, 정서적 학대, 성적 학대, 방임 등에 따른 각각의 신체적 징후와 행동적 징후는 〈표 11-1〉과 같다(임경옥 외, 2018; 아동권리보장원, 2024).

〈표 11-1〉 학대유형에 따른 신체적 징후와 행동적 징후

유형	범위	학대의 징후
신체적 학대	신체적 징후	• 설명하기 어려운 신체적 상흔 • 발생 및 회복에 시간차가 있는 상처 • 비슷한 크기의 반복적으로 긁힌 상처 • 사용된 도구의 모양이 그대로 나타나는 상처 • 담뱃불 자국이나 뜨거운 물에 잠겨 생긴 화상자국, 알고 있는 물체모양(다리미 등)의 화상자국, 회복속도가 다양한 화상자국 • 입, 입술, 눈, 외음부 상처 • 긁히거나 물린 자국에 의한 상처 • 손목이나 발목에 긁힌 상처 등 신체 외부에 나타나는 상처들
	행동적 징후	• 어른과의 접촉회피 • 다른 아동이 올 때 공포를 나타냄 • 공격적이거나 위축된 극단적 행동 • 부모에 대한 두려움 • 집에 가는 것을 두려워 함 • 위험에 대한 지속적인 경계

<table>
<tr><td rowspan="2">정서적 학대</td><td>신체적 징후</td><td>• 발달지연 및 성장장애 • 신체적 발달 저하</td></tr>
<tr><td>행동적 징후</td><td>• 특정 물건을 계속 빨고 있거나 물어뜯음 • 행동장애(반사회적 · 파괴적 행동장애) • 신경성 기질장애(놀이장애) • 정신신경성 반응(히스테리, 강박, 공포) • 언어장애 • 극단행동 · 과잉행동 · 자살시도 • 실수에 대한 과잉반응 • 부모와의 접촉에 대한 두려움</td></tr>
<tr><td rowspan="2">성적 학대</td><td>신체적 징후</td><td>• 신체적 지표: 학령전 아동의 성병 감염, 임신
• 생식기의 증거: 찢기거나 손상된 처녀막, 요도염, 질에 생긴 상처나 긁힌 자국, 배뇨곤란, 생식기의 대상포진
• 구강증후: 입천장의 손상, 인두임질</td></tr>
<tr><td>행동적 징후</td><td>• 성적 행동지표: 나이에 맞지 않는 성적 행동, 해박하고 조숙한 성지식, 타인과의 성적인 상호관계, 동물이나 장난감을 대상으로 하는 성적인 상호관계
• 비성적인 행동지표: 위축, 환상, 유아적 행동(퇴행행동), 충동성, 산만함 및 주의집중장애, 방화, 동물에게 잔혹함, 비행, 가출, 약물 및 알코올 남용, 우울 · 불안 · 사회적 관계의 단절, 범죄행위, 수면장애, 섭식장애, 저조한 학업수행</td></tr>
<tr><td rowspan="2">방임</td><td>신체적 징후</td><td>• 발달장애 및 성장장애 • 비위생적인 신체상태 • 예방접종과 의학적 치료 불이행으로 인한 건강상태 불량 • 아동에게 악취가 지속적으로 나는 경우</td></tr>
<tr><td>행동적 징후</td><td>• 계절에 맞지 않는 부적절한 옷차림 • 음식물을 구걸하거나 훔침 • 비행 또는 도벽 • 학교에 일찍 등교하고 집에 늦게 귀가함 • 지속적인 피로 또는 불안정감 호소 • 수업 중 조는 태도 • 잦은 결석</td></tr>
</table>

5) 학대아동보호의 추진체계

아동이 학대를 받으면 누구든지 아동보호전문기관이나 수사기관(112 범죄신고, 경찰서)에 신고해야 한다. 신고된 학대아동은 [그림 11-1]과 같은 흐름도에 따라 필요한 도움을 받게 된다. 아동학대 업무처리 흐름도는 [그림 11-1]과 같다(아동권리보장원, 2024).

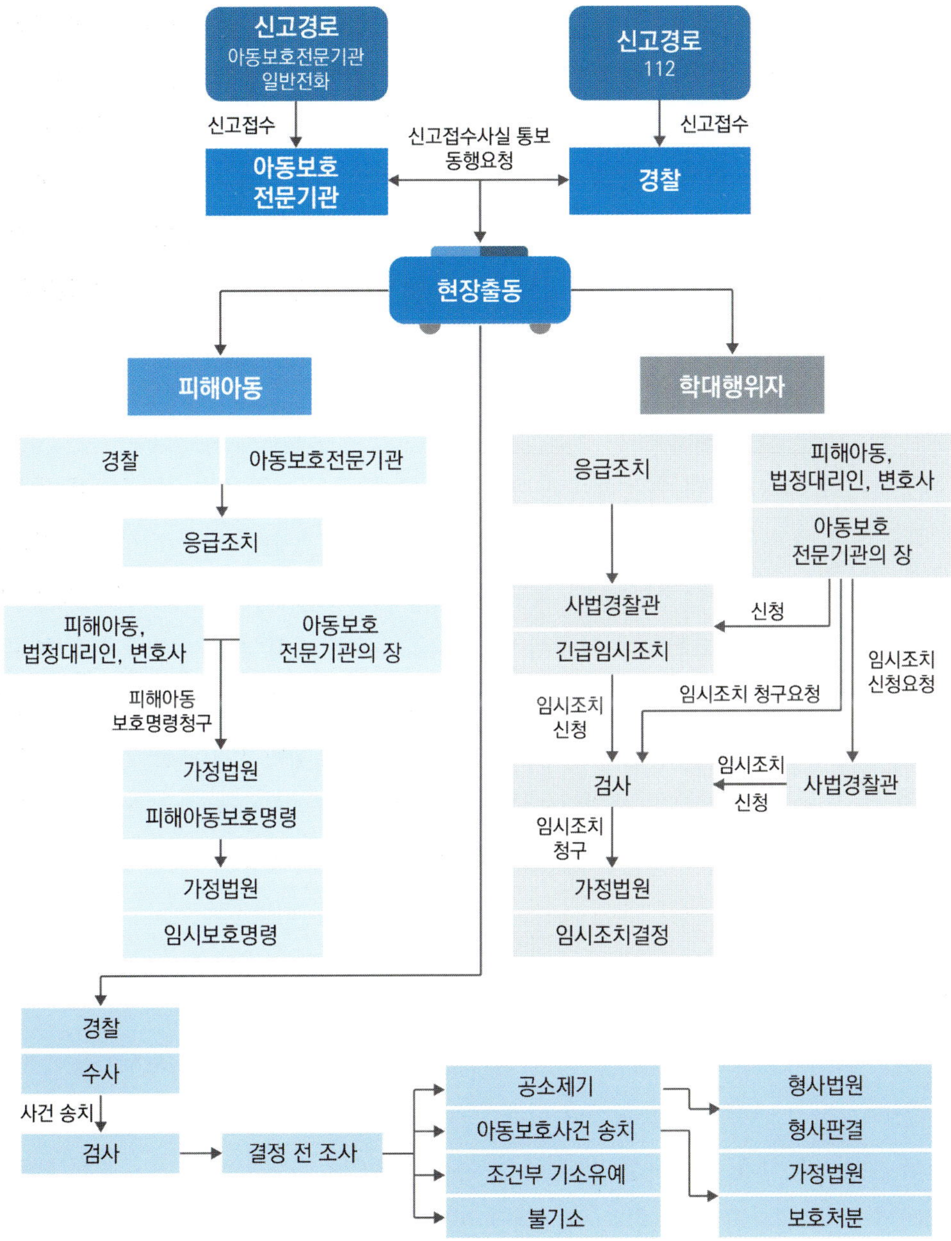

[그림 11-1] 아동학대 업무처리 흐름도

[그림 11-1]에서처럼 범죄신고 112나 아동보호전문기관으로 아동학대 의심 신고가 접수되면 아동보호전문기관과 경찰이 함께 현장에 출동하여 현장조사를 진행한다. 아동학대라고 판별되면 사례개입 계획을 수립하고 이에 따라 필요한 아동보호서비스를 제공하며, 사례에 대한 평가를 통해 사례를 종결한 다음 지속적인 사후관리를 진행한다. 이러한 단계는 신고접수 및 상담 → 현장조사 및 위기사정 → 사례판단 및 조치결정 → 서비스 제공 → 종결 및 사후관리, 사례관리 등을 진행한다. 각각에 대해서 살펴보면 다음과 같다(주수길 외, 2020; 정옥분 외, 2021).

(1) 신고접수 및 상담

아동학대로 의심되거나 아동학대로 여겨질 경우 누구나 아동보호전문기관이나 경찰서, 파출소에 신고해야 한다. 신고전화는 범죄신고 112로 통합되었고, 24시간 운영되고 있다. 피해아동은 가능한 신속하게 발견되어야 하고 필요한 경우 학대 행위자로부터 분리되어야 하는데, 신고전화에 의해서 발견되는 경우가 가장 많으며 다음으로 학교나 병원, 경찰서, 아동복지관, 부 또는 모, 친척, 이웃으로부터 전화신고, 직접 방문 상담 등을 통해서 발견되고 있다. 신고 시에는 피해아동과 학대행위자에 대한 일반적인 사항(부 또는 모, 시설보호자, 기타)과 학대의 내용(학대의 정도와 심각성, 방법, 학대유형 등), 피해아동의 현재 상황(위기상황, 현재 보호되고 있는 곳, 가정의 상황 등) 등을 파악하고 있으면 현장조사에 도움이 된다.

(2) 현장조사 및 위기사정

현장조사는 아동보호전문기관의 상담원과 경찰이 현장에 출동하여 피해아동에 대한 신변을 보장하고 안전조치를 취하며 학대 여부를 확인하기 위한 과정이다. 현장조사는 정보의 수집 · 분석과 학대사실 및 위급성 여부의 확인, 사례개입 및 프로그램 제공을 계획하기 위해 필요한 과정이다. 즉, '해당 사례는 「아동복지법」에 정의 · 규정하는 아동학대에 대한 내용적 근거를 가지고 있는가? 아동학대의 증거 유무, 아동의 학대 위험 및 안전에 대한 여부, 아동 이외의 다른 피해자는 없는가? 아동을 보호하기 위하여 시설보호 또는 위탁가정에 격리해도 될 것인가?' 등의 주요 사항을 현장조사서 양식에 의해 조사하여야 한다. 또한 조사결과 응급조치가 필요하다고 판단될 경우에는 안전을 위한 응급조치(긴급격리보호)가 72시간을 넘을 수 없으며, 공휴일이나 토요일이 포함되는 경우 48시간의 범위에서 그 기간을 연장할 수 있다(「아동학대범죄의 처벌 등에 등에 관한 특별법」 제12조(피해아동 등에 대한 응급조치), 2024).

(3) 사례판정 및 조치결정

사례판정은 사례의 성격에 따라 적절한 개입을 결정하는 단계로 상담원의 전문성에 준거하되 의료인, 법조인, 전문가, 경찰 등으로 구성된 '아동학대 사례전문위원회'를 활용할 수 있다. 아동학대 사례는 무혐의 사례(학대보다는 단순히 아동양육에 대한 이해 부족에 기인한 것인지)인지 아동학대 사례인지를 사례전문위원회에서 판단한다. 이러한 사례판정 결과를 근거로 피해아동 및 학대행위자에게 가장 적절한 조치를 취함으로써 피해아동의 안전 및 회복과 학대행위자의 재학대 방지를 도모하는 조치결정을 취한다. 즉, 아동의 학대 상황에 따라 원가정보호, 일시격리보호, 장기보호(시설보호), 입원치료 등의 조치를 취하고 성적 학대, 심각한 신체적 학대나 방임 등이 의심될 경우에는 경찰에 수사를 의뢰할 수 있다.

(4) 서비스 제공

현장조사 및 위기사정 단계와 사례판정 및 조치결정 단계에서 밝혀진 위험요소에 대한 특성, 정도, 원인 및 학대로 인한 영향 등을 포괄적으로 조사하여 가족에 대한 구체적인 개입 및 치료계획을 수립하여 서비스를 제공한다. 피해아동에게 정서적 안정 및 심리치료와 같은 적절한 서비스를 제공함으로써 학대로 인한 후유증을 극복하도록 돕고, 학대행위자에게 학대행위의 부당성 및 부모교육과 같은 적절한 서비스를 제공함으로써 학대유발요인을 감소시켜 재학대 발생을 예방하도록 하여 가족기능을 강화하도록 하는 것이 중요하다.

학대아동보호사업의 프로그램은 응급조치 프로그램, 가족보존 프로그램(개별 · 집단상담, 재가복지서비스, 부모교육, 지역사회자원과의 연계 등), 가정복귀 프로그램, 장기보호조치 프로그램(입양, 가정위탁보호 및 시설보호) 등을 제공한다. 피해아동을 위해서는 개별상담,

집단상담, 미술치료, 놀이치료와 같은 학대후유증 경감을 위한 서비스를 제공한다. 또한 피해아동의 부모 및 가정을 대상으로 부부상담, 가족상담, 집단상담, 부모교육, 병원연계, 알코올 · 약물남용 문제에 대한 상담, 기타 포괄적 사회복지서비스를 제공할 수 있다.

(5) 종결 및 사후관리, 사례관리

종결은 피해아동이 적절한 서비스를 제공받아 후유증이 극복되고 안전이 보장되어 장기적인 보호(그룹홈 및 시설보호, 입양, 가정위탁보호 등)가 이루어지고, 문제행동이 현저히 감소하여 긍정적인 행동변화가 있거나, 아동 스스로 자기보호능력이 있거나, 위기해결능력이 있어 학대의 위험이 없다고 평가되거나 개입이 필요하지 않다고 판단될 때 마무리한다. 이렇게 종결하더라도 피해아동이 안전하게 생활하고 있는지 종결된 이후에도 가정방문, 전화상담 등을 통하여 아동학대의 재발 여부를 확인하며 필요한 경우 피해아동 및 가족에게 지원을 제공하는 사후관리가 필요하다. 또한 신고 접수된 사례는 학대가능성 유무에 따라 지속적으로 사례관리를 실시하여 아동의 안정성, 사례개입의 목표달성 여부, 학대 위험성의 감소, 아동과 그 가족의 욕구충족 여부 등을 평가하여 사례를 관리하여 DB(database)화하는 것이 필요하다.

6) 학대아동보호 관련기관

아동학대와 관련된 보호 관련기관은 아동보호전문기관, 학대피해아동쉼터가 있으며, 기타 협력기관은 경찰, 의료기관, 교육기관, 법률기관, 사회복지기관 등이 있을 수 있다. 각각의 기관에서 수행하는 역할에 대해서 살펴보면 다음과 같다(주수길 외, 2021).

(1) 아동보호전문기관

아동보호전문기관은 아동학대의 신고접수 및 현장조사를 수행하는 기관이다. 아동학대 상담원은 아동학대가 행해지고 있는 곳으로 신고된 현장에 경찰과 같이 출동하여 피해아동 및 아동학대 행위자 등 관계인에 대한 조사를 하거나 질문을 한다. 또한 피해

아동 격리나 보호 등의 응급조치와 행위자를 아동으로부터 격리하는 등의 임시조치를 취할 수 있다. 이러한 과정에서 폭행 또는 협박하거나 위계 또는 위력으로써 업무수행을 방해한 사람은 5년 이하의 징역 또는 5천 만원 이하의 벌금에 처한다(「아동학대범죄의 처벌 등에 등에 관한 특별법」 제61조(업무수행 등의 방해죄), 2024).

아동보호전문기관은 「아동복지법」 제45조(아동보호전문기관의 설치 등)에 따라 설치할 수 있으며, 업무는 피해아동, 피해아동의 가족 및 아동학대행위자를 위한 상담 · 치료 및 교육, 아동학대예방 교육 및 홍보, 피해아동 가정의 사후관리, 아동학대예방사업과 관련된 업무 등을 수행한다. 아동보호전문기관의 주요 사업내용은 〈표 11-2〉와 같다(김미영, 2020).

〈표 11-2〉 아동보호전문기관의 주요사업

주요 사업	사업내용
상담사업	• 아동학대 신고접수, 현장조사(긴급 사례: 12시간 이내, 경미한 단순아동학대 사례: 48시간 이내 조사) 실시 및 내용 작성 • 보호조치 및 아동 · 부모 · 가족상담 등 진행
치료보호사업	• 학대피해아동 및 학대행위자 상담 치료 • 보호사업(가정위탁보호 의뢰, 사회복지시설 및 공동생활가정에 입소 등으로 이동분리 보호 담당)
예방 및 교육사업	• 학대예방을 위한 학생들 대상의 권리교육 실시 • 신고의무자 및 일반인 대상의 교육 세미나와 홍보활동 • 학부모를 위한 부모교육프로그램 실시
홍보사업	• 홈페이지 운영을 통한 예방캠페인 실시 • 리플렛 제작, 지역사회의 자원개발 및 연계활동 추진 등

(2) 학대피해아동쉼터

학대피해아동쉼터는 2015년부터 운영되고 있는데, 아동보호기관 설치 · 운영에 따라 기존 공동생활가정의 전환 또는 신규 공동생활가정 설치를 통하여 아동학대 피해아동을 응급 · 즉각분리 조치하여 아동이 안전하게 보호될 수 있도록 하는 특수 공동생활가정 형태의 아동일시보호시설이다(주수길 외, 2020). 여기서 아동일시보호시설은 보호대상아동을 일시보호하고 아동에 대한 향후의 양육대책수립 및 보호조치를 행하는 것을 목적으로 하는 시설을 의미한다(「아동복지법」 제52조, 2020).

주요 사업내용은 피해아동 보호 및 숙식제공, 피해아동 생활 지원(의복 등 생필품 지원, 일상생활 훈련 및 생활 지원), 상담 및 치료(심리검사, 개별심리치료, 집단 심리치료), 교육 및 정서 지원(학업지도, 안전교육, 문화체험, 체육활동), 그 밖에 시설운영과 관련된 업무 등을 지원한다. 피해아동은 이러한 지원을 통하여 3개월~9개월간 집중 심리치료 또는 몇 년간의 생활지도를 받고 원가정복귀, 가정위탁, 일반 공동생활가정, 시설보호 등으로 전원하게 된다.

(3) 기타 협력기관

아동보호전문기관과 학대피해아동쉼터 외 기타 협력기관은 경찰, 의료기관, 교육기관, 법률기관, 사회복지기관 등이 있는데, 각각의 기관에서 수행하는 역할은 〈표 11-3〉과 같다(김미영, 2020).

〈표 11-3〉 각각의 기관에서 수행하는 역할

협력 기관	역할
경찰	• 112에 접수된 아동학대 신고사례에 대한 현장조사 • 아동보호전문기관에 아동학대 사례에 대한 개입을 의뢰 • 아동학대사례는 일시보호시설이나 의료기관에 조치하도록 의뢰 • 학대행위자의 처벌을 요하는 사례에 대한 수사
의료기관	• 아동학대 증상에 대한 전문분야의 소견 피력 및 학대여부 판정 • 학대판정을 위한 의학적 진단 및 소견 제출 • 피해아동에 대한 의료적 처치 등 종합적인 치료를 제공
교육기관	• 모든 교직원은 아동학대 신고 의무자임 • 학대의심 사례 신고, 피해아동과 부모에 대한 치료적 개입 및 협조업무 담당 • 학대예방 교육과 홍보활동 및 부모교육프로그램 실시 • 2일 이상 무단결석 시 보호자에게 출석 독촉 및 해당 학생의 안전 여부를 확인, 경찰의 협조를 받아 가정방문 실시
법률기관	• 아동 최선의 이익 우선 원칙에 따라 사법적 소송 진행 • 피해아동의 법률적 보호 및 학대행위자에 대한 보호처분 등의 협조
사회복지기관	• 피해아동과 학대행위자를 위한 전문적 치료프로그램 제공 • 아동학대가 발생한 가정에 필요한 서비스 제공 및 재발방지 노력 • 지역사회에서 아동학대예방 캠페인 실시

7) 아동학대의 예방 대책

「아동복지법」이 개정되면서 아동학대 예방을 위한 법과 정책 등 제도적 기반이 구축되어 학대피해아동과 그 가족을 위한 다양한 서비스가 제공되고 있다. 그렇지만 끊임없이 발생하고 있는 아동학대 문제를 어떻게 효과적으로 예방할 수 있을지에 대한 고민은 계속될 수밖에 없는 실정이다. 아동학대는 친부모 가정뿐만 아니라 한부모가정, 재혼가정, 입양가정, 다문화가정, 시설보호 등 어느 곳에서든 발생할 수 있는데, 아동학대 예방을 위한 대책을 살펴보면 다음과 같다(김미영, 2020; 김성경 외, 2023).

(1) 아동권리에 대한 인식 제고와 아동학대 신고의 활성화

아동학대는 주로 가정에서 부모에 의해 발생하는 경우가 가장 많이 일어난다(2021년 기준: 신고 현황 53,932건, 학대행위자 부모 84%, 아동권리보장원, 2024). 부모가 자녀를 자신의 소유물로 인식하고 강압적으로 훈육을 할 때 학대로 이어질 수 있다. 자녀의 양육방식은 자신의 부모로부터 학습하여 그대로 답습하는 경향이 있기 때문에 되물림되는 경우가 많다. 특히 아동학대는 되물림되는 경우가 많이 발생함으로 세대 간 전수의 고리를 끊어 주는 것이 중요하다. 따라서 자녀의 양육행동을 자녀에게 애정적이며 온정을 다하고 후원적이며 상황에 따라 자녀의 관점을 이해하고 자녀를 적절히 합리적이고 민주적인 방식으로 양육하는 권위적인 부모가 될 수 있도록 인식을 바꿔 주는 것이 중요하다. 이렇듯이 아동을 동등한 인격체로 인정하고 아동권리에 대한 인식 제고를 위해 다양한 매체를 통한 홍보와 교육프로그램을 운영할 필요가 있다.

「아동복지법」 개정으로 아동학대 신고 의무자가 많이 확대되었지만 무엇보다도 누구나 아동학대 장면을 목격하면 112에 신고하는 것이 중요하다. 대중매체나 각종 홍보물을 활용하여 전 국민을 대상으로 아동학대 문제에 대한 인식을 고취하고 신고할 수 있도록 홍보를 강화해야 할 것이다.

(2) 학대아동보호 인력의 확충과 학대피해아동쉼터 증설

「아동복지법」에 따라 설치된 아동보호전문기관은 2000년 출범 당시 중앙 1개소와 전국 광역시 · 도에 16개소가 운영되었으나 2020년에는 68개소가 설치 · 운영되고 있다. 이러한 현황은 2000년 당시 아동학대 신고 현황은 연간 1만 건에 미치지 못했지만 2021년 기준 53,932건으로 증가하였다. 이러한 증가는 전 연도부터 서비스가 진행되고 있는 사례까지 누적 수를 고려한다면 실질적으로 확충되었다고 보기 어렵다. 아동보호전문기관은 5~8명의 상담원이 8시간 3교대로 24시간 근무하면서 아동학대 신고접수, 현장조사 실시 및 내용 작성, 보호조치 및 아동 · 부모 · 가족상담 진행, 학대피해아동 및 학대행위자 상담 치료, 보호사업, 예방 및 교육사업, 홍보사업 등의 업무를 수행하고 있다(〈표 11-2〉 아동보호전문기관의 주요사업 참조).

특히 상담원 1인이 연간 담당하는 학대 사례 건수는 지역에 따라 적으면 11건에서 많으면 85건으로 지역 간에 편차가 심한데 평균 사례 수가 많이 배정되고 있는 현실이다. 즉, 사례 수를 제한하여 서비스의 질을 높이고 적절한 업무 할당을 할 수 있는 인력 확충이 필요하다. 미국 뉴욕주의 경우는 상담원 1인이 연간 12사례를 초과하지 못하도록 하고 있으며 지역 간의 편차를 고려하여 상담원 수를 조정함으로써 적절한 업무 할당을 하고 있다(김성경 외, 2023).

학대피해아동쉼터는 아동학대 피해아동을 응급 · 즉각분리 조치하여 아동이 안전하게 보호될 수 있도록 하는 특수 공동생활가정 형태의 아동일시보호시설이다. 이러한 쉼터는 정부와 지방정부가 5 : 5로 지원해서 설치 · 운영 하는 곳으로 학대피해아동이 3~9개월간 거주하면서 심리치료 또는 몇 년간의 생활지도를 받고 원가정복귀, 가정위탁, 일반 공동생활가정, 시설보호 등으로 전환하는 곳이다. 2015년 40곳, 2017년 57곳, 2019년 73곳, 2023년 136곳으로 늘어나고 있지만 아동학대로 판정되는 건수가 2015년에는 11,715건에서 2019년에는 30,045건으로 증가함으로 센터를 더 증설해야 한다.

(3) 아동학대 관련 인력들의 협력체계 강화

아동학대 관련 기관은 아동보호전문기관과 학대피해아동쉼터가 있지만 그 외 협력기관은 경찰, 의료기관, 교육기관, 법률기관, 사회복지기관 등 다양한 관련 인력의 협력이 필수적이다(〈표 11-3〉 각각의 기관에서 수행하는 역할 참조). 특히 예방접종, 건강검진, 출생신고 등을 실시하지 않는 영유아 가정에 대한 상시적 양육환경을 점검하고 아동의 안전을 확보하며, 양육방법 및 아동학대 예방교육 등을 제공할 수 있는 체계를 강화해야 한다. 또한 미취학·장기결석 등 아동학대 우려가 있는 학생을 발굴하고 신속히 대응할 수 있는 체계가 마련되어야 할 것이다. 협력기관들이 효과적으로 참여하는 협의체를 구성하여 정보를 공유하고 각 인력에 대한 고유의 역할과 전문성을 인정하면서도 협력이 필요한 지점에 합의하여 역할을 원활하게 수행할 수 있도록 해야 한다.

11.2 시설아동보호

모든 아동은 기본적으로 자신이 태어난 가정에서 부모의 양육을 받으며 성장·발달해야 한다. 그러나 가족의 여러 가지 문제로 인해 아동이 원가정이나 대리가정(입양 및 가정위탁)에서 적절한 보호 및 양육을 받지 못하는 경우가 있다. 이러한 경우 아동은 시설이라는 공간에서 종사자들의 돌봄과 도움의 보호를 제공받으며 생활하게 된다. 이러한 시설아동보호는 한국전쟁(1950.06.25.)이라는 역사를 통해 요보호아동을 긴급구호 하기 위한 방안으로 발전하였다. 시설아동보호는 부모의 이혼·학대·빈곤 등의 이유로 가정보호가 어려운 아동을 시설에서 보호하면서 성장·발달하도록 지원하는 것이다. 여기서는 시설아동보호의 개념, 목적 및 원칙, 시설아동의 복지 및 자립지원, 아동복지시설의 종류 및 입소와 퇴소 절차 등에 대해서 살펴본다.

1) 시설아동보호의 개념

시설아동보호는 부모의 이혼·학대·빈곤 등의 이유로 가정보호가 어려운 만 18세 미만의 아동으로 즉, 보호자가 없거나 보호자로부터 이탈된 아동 또는 보호자가 아동을 학대하는 경우 등 그 보호자가 아동을 양육하기에 적당하지 아니하거나 양육할 능력이 없는 경우의 보호대상아동을 보호하면서 성장·발달하도록 지원하는 것을 의미한다. 즉, 부모가 아동을 양육·보호할 능력을 상실하였거나 그 역할을 회피할 때 제공하는 대리보호사업의 하나로 혈연관계가 없는 타인이 부모역할을 대리하여 일정한 시설에서 일시적 또는 장기적 집단생활을 통해 24시간 보호와 양육을 하는 것이다.

현재 시설보호 입소 대상 아동은 만 18세 미만으로 보호자가 없거나 보호자로부터 이탈된 아동, 보호자의 학대로 아동보호전문기관이나 경찰에 신고되어 동 기관이 시·도지사 또는 시·군·구청장에게 보호조치를 의뢰한 아동 등이다. 이러한 입소 대상 아동은 아동 및 보호자와 상담·지도, 보호자 가정에 복귀, 연고자 가정 대리양육, 가정위탁 등에 의해 가정보호가 어렵거나 적합하지 않다고 판단되는 경우에 한해서 마지막으로 아동복지시설에 입소시키고 있다(「아동복지법」 제15조(보호조치), 2022). 특히 만 2세 미만의 보호대상아동은 가정위탁을 우선 배치하도록 노력해야 한다. 프리데릭슨(Fredericksen)이 제시한 시설보호가 필요한 아동은 다음과 같다(성영혜 외, 2012).

① 부모의 질병이나 가족의 파탄 또는 이혼 등의 이유로 부모로부터 격리되어야 하는 상황이지만 부모 외의 타인과 유대를 이루지 못할 여러 이유로 가정위탁보호를 할 수 없는 아동

② 신체가 심하게 부자유스러워 부모가 양육하기 어려운 아동

③ 문화실조나 정서장애 등의 치료과정에서 집단적인 생활경험이 필요한 아동

④ 성장과정에서 장애를 일으킨 아동으로서 특수학교 교육도 불가능하여 시설에서의 보호와 수용이 필요한 아동

⑤ 사회 전체에 나쁜 영향을 끼칠 비행아동이나 범죄아동

⑥ 전에 생활하던 위탁가정으로부터 크게 실망하였거나 매우 깊은 상처를 입어 가족생활이 적합하지 않은 아동

⑦ 원래의 가족이나 위탁가정으로보터 이탈한 아동 등

2) 시설아동보호의 목적 및 원칙

(1) 시설아동보호의 목적

과거 시설아동보호의 목적은 단순히 부모 없는 아동을 대상으로 자선적이고 시혜적인 수용과 보호를 위한 것이었다. 그러나 현대에는 불충분한 가정의 양육환경을 대리하여 보호 및 양육해 주고, 가정의 붕괴로 인한 시설아동의 심리적·정서적 역기능을 회

복해 주며 이들의 제반 문제행동을 교정하여 원가정으로 복귀하도록 돕거나 건전한 사회구성원으로 성장 · 발달하도록 돕는 데 그 목적이 있다. 이러한 목적을 세부적으로 살펴보면, ① 아동이나 부모의 사정 및 여러 가지 요인으로 인해 아동이 안정된 가정생활을 할 수 없음으로 안정된 주거공간에서 의식주를 해결하며 생리적 욕구를 충족시켜 줌으로써 아동의 건강한 성장 · 발달을 지원하는 목적을 둔다. ② 부모의 사별, 이혼 및 별거 등의 가족해체와 붕괴 등으로 인해 나타나는 가족의 역기능적인 문제를 최소화하기 위하여 과거 부정적이고 부적절한 생활 경험으로 인해 받은 심리적 · 정서적 상처를 치유하며, 학교 교육과 사회화 등의 생활 전반에 대한 서비스 제공의 목적이 있다. ③ 시설보호 아동이 만 18세 이후에 시설퇴소를 대비하여 사회에 적응할 수 있도록 자립할 수 있는 직업훈련을 위한 과정을 제공하여 자립기능을 강화하는 목적이 있다고 할 수 있다(김미영, 2020).

(2) 시설아동보호의 원칙

모든 아동은 태어나면서 자유로우면 그 존엄과 권리에 있어 동등하고 인종, 피부색, 성, 언어, 종교, 정치적 또는 기타의 견해, 민족적 또는 사회적 출신, 재산, 출생 또는 기타의 신분 등과 같은 어떤 종류의 차별이 없이 권리와 자유를 향유할 자격이 있다(UN 세계인권선언, 1948). 이렇듯이 아동의 인권을 존중하며 권리의 주체자로서 인정하고 누릴 수 있는 이익이나 권한을 주는 아동권리를 인정하면서 시설보호를 제공하는 것이 중요하다. 이러한 사항을 고려하여 시설아동보호의 원칙을 살펴보면 다음과 같다(김미영, 2020).

① 인권 · 권리보장의 원칙

인권 · 권리보장의 원칙은 미성숙한 아동을 보호의 대상이 아닌 권리의 주체로 인식하고 필요한 시설보호를 제공하는 것을 의미한다. 미성숙한 아동은 성인의 소유물이 아닌 독특한 개인 및 독립적인 인격체로서 무한한 잠재력을 가진 한 인간이다. 현대사회에 들어오면서 사회적으로 아동에 대한 새로운 인식(아동학대 금지)이 정립되면서 우리나라의 「아동복지법」이나 「교육기본법」 등을 비롯하여 'UN 아동권리협약(1989)' 등에는 아동의 인권과 권리, 인간의 존엄성이 명문화되어 중요성이 강조되고 있다.

아동복지시설에서 집단생활을 하게 되면 아동들의 행동이나 생활을 통제하기 위하여 지나친 규정과 규율을 적용할 수도 있다. 이러한 과정에서 아동에 대한 인권과 권리가 침해될 수 있으며 그로 인하여 시설보호아동에게 심리적 · 정신적으로 부작용이 초래되어 집단생활 및 일상생활의 어려움을 겪을 수 있다. 따라서 아동복지시설의 종사자는 시설보호아동이 가정, 학교, 사회로부터 인권이나 권리의 침해를 받은 경험이 있다면 치료해 주고 보호해 주어야 하며 인권교육을 통해 시설보호아동의 인권의식을 강화해야 한다. 여기서 인권교육은 인권이 무엇인지 알고 아동 스스로 하나의 인격체로 존중받으며 성장할 수 있도록 아동 본인에게 그들의 권리를 알게 하는 교육을 의미한다. 이러한 차원에서 시설보호아동과 종사자를 대상으로 성폭력 및 아동학대 예방교육을 의무적으로 받고 있다.

② 개별중심 보호의 원칙

개별중심 보호의 원칙은 모든 인간을 누구나 각각의 개별적인 특성을 가지고 있는 독특한 개인으로 인정해서 필요한 시설보호를 제공하는 것을 의미한다. 즉, 각각의 시설보호아동에 대한 감정, 사고, 행동, 경험, 독특한 생활양식 등을 있는 그대로 인정하고 이해하여 개별적으로 대우해서 시설보호를 제공하는 것이다.

집단으로 주거생활을 하는 시설보호는 시설보호아동의 개인별 특성을 고려하지 못하고 획일적 처우에 의하여 그들의 권리나 개성이 존중받지 못하는 문제, 사생활 보장의 어려움, 정서적 불안정 등으로 인하여 정상적인 발달에 저해하는 경우가 있을 수 있다. 따라서 아동복지시설의 종사자는 시설보호아동을 대할 때 개별화의 원칙에 입각하여 그들에 대한 편견이나 선입견이 없어야 하고, 인간행동과 발달에 개인차가 있다는 전문지식에 근거하여 개별아동 중심의 시설보호를 제공해야 한다.

③ 가정환경 보호의 원칙

가정환경 보호의 원칙은 시설보호아동의 원가정이 순기능적 역할을 수행하지 못하여 시설보호가 필요한 경우임으로 원가정을 대신해 다른 보호장소가 필요한 경우, 가능한 가정과 유사한 환경(공동생활가정)에서 시설보호를 제공하는 것을 의미한다. 즉, 아동 보호 · 양육의 장소는 원가정으로 가정보다 더 좋은 곳은 없지만 시설보호가 필요한 경우 가정과 같은 생활환경으로 정비하여 시설보호아동에게 필요한 교육, 상담, 자립훈련 등의 서비스를 제공하는 것이다.

그동안 시설아동보호사업은 한국전쟁(1950.06.25.) 이후 부모의 대리적 기능을 완수하기 위하여 많은 노력을 기울여 왔으며 물리적 환경 및 서비스 차원에도 많은 변화를 가져왔다. 그렇지만 시설에서 생활하는 아동들 대부분은 통제된 집단생활 속에서 자신의 욕구보다는 집단생활의 기준이나 규정에 맞추어 상호작용을 하게 되므로 정서적 · 심리적 관계에서 친밀하고 따뜻한 관계를 맺기가 어렵고, 원가정에서 성장 · 발달하는 아동과는 다르게 이질적인 생활을 경험하면서 여러 제약이 따를 수 있다(김미영, 2020).

따라서 아동복지시설의 종사자는 시설보호의 단점을 보완하면서 강점을 강화하여 시설보호아동이 가정과 같은 분위기에서 가족과 같은 따뜻한 인간관계를 느낄 수 있도록 보호하고, 그들이 정서적 · 심리적으로 안정되고 잠재능력을 최대한 개발할 수 있도록 보호 · 양육해야 한다. 여기서 시설보호의 단점은, ① 집단생활의 지나친 규칙과 규율화가 시설보호아동에게 심리적 부담을 주고 개방적이고 따뜻한 인간관계의 형성을 저해할 수 있고, ② 사회와의 접촉이 결여되기 쉬우며 교우나 대인관계의 폭이 좁아질 수 있으며, ③ 고정되고 규칙적인 일과로 인해 개인의 자유와 창의적인 사고가 발휘되기 어려우며, ④ 정서적인 욕구를 충분히 발산하고 표현할 기회가 부족하여 공격적이고 부정적인 성격을 형성할 수 있으며 대인관계 기술이 부족할 수 있고, ⑤ 경제적 경험, 문화적 경험, 사회와의 접촉 기회가 매우 제한적일 수 있다는 것 등이다.

반면 시설보호의 장점은 ① 부모로부터 심리적 · 정서적으로 결핍되거나 손상된 점을 집단생활에서 다른 양육자나 아동들과의 상호작용을 통해 보완할 수 있으며, ② 시설보호의 집단통제와 감독은 시설보호아동을 보다 안전하게 보호해 주고 자기 통제력이 떨어지는 아동에게 충동을 조절하는 자아통제력을 길러 줄 수 있으며, ③ 지역사회에서 수용하기 어렵고 수용하지 못하는 아동의 행동특성을 보다 넓게 수용해 줄 수 있고, ④ 시설보호아동의 생활경험을 면밀히 관찰하고 아동 개인에게 적합한 양육의 계획을 개별적으로 제공함으로써 치료의 기능을 담당할 수 있으며, ⑤ 시설보호의 적응과정에서 다른 아동들과의 상호작용을 통해 사회성과 이타심을 기르고 사회에 적응하고 자립할 수 있는 능력을 키울 수 있으며, ⑥ 특별히 개인적인 치료가 필요한 아동의 욕구를 충족시켜 주고 문제를 해결해 줄 수 있다는 것 등이다(정옥분 외, 2021).

④ 전문적 보호의 원칙

전문적 보호의 원칙은 시설보호를 제공할 경우, 시설보호아동의 발달적 특성 및 주변의 환경적 요인의 이해를 바탕으로 전문적 지식과 기술을 적용할 수 있는 전문가(사회복지사, 생활복지사)가 시설보호를 제공하는 것을 의미한다. 즉, 아동의 발달단계에 따른 욕구와 사고, 행동상의 차이에 대한 지도나 가정환경의 변화 등으로 인하여 나타날 수 있는 문제 등에 대처할 수 있는 전문가에 의한 서비스를 제공하는 것이다.

따라서 아동복지시설의 종사자는 일상생활의 기본적인 보호 및 지도와 치료적 · 교육적 차원에서 전문성이 확보되어야 하고, 더 나아가 지역사회 내 관련 기관과의 협력체계를 구축하는 방안까지 포함하여 전문적 능력을 갖추어야 한다. 또한 학업적 측면에서도 적절한 교육에 대한 지원이 이루어져야 하며, 특별한 경우 심리상담이나 응급치료 및 재활훈련 등의 서비스도 제공해야 한다.

⑤ 적극적 사회참여의 원칙

적극적 사회참여의 원칙은 원가정을 벗어나 집단생활을 하는 시설보호아동이 사회화 과정을 학습 · 교육하여 건전한 사회구성원으로 성장 · 발달할 수 있도록 시설보호를 제공하는 것을 의미한다. 즉, 시설호보아동이 사회에 적응하기 위해 필요한 지식이나 기능, 태도, 가치관, 신념, 생활양식 등을 배우고 익히며 성장 · 발달할 수 있도록 서비스를 제공하는 것이다. 특히 집단적 보호 · 양육을 받는 시설보호아동은 일반 가정의 아동과 비교할 때 여러 가지 다양한 것을 체험하고 학습하는 기회가 제한될 수 있어 소극적인 태도와 인간관계에 대한 불신감이나 고립감 등을 안고 있을 수 있다.

따라서 아동복지시설의 종사자는 시설호보아동이 사회생활에서 폐쇄적이고 제한적인 생활이 되지 않도록 지역사회와 폭넓은 교류활동을 통하여 사회의 한 구성원으로 건강하게 성장 · 발달할 수 있는 다양한 지원을 제공해야 한다(김미영, 2020).

3) 시설아동의 복지 및 자립지원

(1) 시설아동의 복지

시설아동보호의 목적과 원칙에 따라 시설아동보호는 아동의 발달적 · 치료적 · 신체적 · 사회적 · 정서적 욕구를 해결하기 위하여 구조화된 환경에서 전문적인 치료적 복지서비스를 제공하고 있다. 복지서비스의 내용을 살펴보면 다음과 같다(한국아동복지연합회, 2005; 정옥분 외, 2021).

① 시설보호아동에게 교육적 · 사회적 · 행동적 · 발달적 · 의료적 · 정서적 욕구를 충족시키는 동시에 문화적 · 인종적 정체성을 증진하며, 안전하고 양육적이며 보호적인 환경을 제공하고 있다.

② 가정생활에 장애가 되어 온 부모와 자녀의 상황이나 행동을 수용하고 잘못된 행동은 제거하며 시설보호아동과 가족의 강점을 찾아내도록 원조하고 있다.

③ 시설보호아동과 가족이 가족관계를 향상시키고 유대관계를 강화하며 가능한 시점에서는 원가정 복귀를 하도록 지원하고 있다.

④ 시설보호아동과 가족구성원들 중 누군가가 정신보건이나 약물남용, 폭력행위 등의 문제가 있을 때 이로 인한 부정적인 면을 효과적으로 다루는 기술을 배우도록 원조하고 있다.

⑤ 시설보호아동이 원가정 복귀가 불가능하거나 원가정 복귀가 아동에게 최상의 이익이 되지 못할 경우에 원가정 복귀에 대한 대안을 준비시키고 있다.

⑥ 퇴소연령이 된 아동은 성인기로의 성공적인 전환을 할 수 있도록 사회화 기술과 가족과의 강화된 유대관계, 경제적 · 정서적 · 사회적 지지를 가지고 퇴소할 수 있도록 지원하고 있다.

⑦ 시설보호 이후에 성공적인 사회생활을 하기 위해 필요한 지역사회의 지지망을 수립하도록 지원하고 있다.

⑧ 시설보호아동과 가족들이 서비스를 쉽게 많이 받을 수 있도록 전체체계의 변화를 위한 옹호자의 역할을 수행하고 있다.

현재 「아동복지법」에 의한 시설아동보호를 위한 복지는 아동양육시설, 아동일시보호시설, 아동보호치료시설, 공동생활가정, 자립지원시설에 보호 중인 보호대상아동이 대상이 된다. 복지지원의 내용은 다음과 같다(김미영, 2020).

① 시설보호아동의 지원은 국민기초생활수급자의 지원액을 고려하여 생계 및 교육급여를 지원하고 있다. 시설보호아동 개인 명의로 국가 및 지방자치단체 또는 원가정 등으로부터 지원금은 시설보호아동 스스로 자율적인 관리가 어려운 상황이므로 시설에서 위임하여 관리하고 시설보호아동이 필요할 때 사용하고 있다. 시설별 시설보호아동에 지급하는 보조금은 2019년 기준 아동양육시설 131,639원, 아동일시보호시설 208,210원, 아동보호치료시설 208,210원, 공동생활가정 131,639원, 아동자립지원시설 85,560원 등을 월마다 지급(일시보호시설은 보호치료시설 기준으로 지원하고 일시보호시설에 대한 운영비 지원은 1년 중 가장 많은 아동을 보호하는 월의 아동 수를 기준으로 지원 가능함)하고 있다(김미영, 2020).

② 아동발달지원 계좌(디딤씨앗통장사업, CDA: Child Development Account)는 만 18세 미만의 아동복지시설(아동양육시설, 공동생활가정) 보호아동, 가정위탁 보호아동, 장애인생활시설 보호아동, 소년소녀가정 아동, 일부 기초생활수급가구(만 12세 이상 만 18세 미만의 중위소득 40% 이하의 수급 가구) 아동에게 퇴소 이후나 성인이 되어서 빈곤의 대물림을 방지하기 위해 2007년 4월부터 지원하고 있다. 보호대상아동이 후원자나 보호자의 도움으로 월 5만원 범위에서 매월 정립하면 정부에서 1 : 2 매칭(2022년 정부에서 최대 10만원 지원, 디딤씨앗지원사업단 아동권리보장원으로 이관)으로 지원하고 있다. 이러한 디딤씨앗통장사업은 18세 이후 사회진출 시 학자금, 기술자격 및 취업훈련 비용, 창업지원금, 주거마련지원, 의료비지원, 결혼지원 등 자립자금으로 사용할 수 있도록 하는 것이다. 2021년 말 아동 유형별 디딤씨앗통장 가입현황은 총계 68,481명(100%)으로 시설보호아동 11,610명(17%), 일시보호아동 336명(1%), 가정위탁보호아동 6,571명(10%), 소년소녀가정아동 12명(0%), 공동생활가정아동 2,897명(4%), 장애인시설아동 994명(1%), 가정복귀아동 2,249명(3%), 기초생활수급가정아동 43,812명(64%)이다(아동권리보장원, 2024).

③ 시설보호 아동의 계좌를 개설하여 후원자와 매칭하여 결연을 맺고 후원을 제공

받는다. 이때 시설보호 아동이 현금 과다지출을 할 수 없도록 시설장과 협의하여 통장을 관리하고 남은 금액은 퇴소 후 자립자금으로 활용할 수 있다.

④ 시설보호아동의 건강한 심신 보존 및 치료를 위한 지원이 있다. 심리 · 정서 · 인지 · 행동상의 어려움이 있는 시설보호아동의 전인적 성장을 도모하기 위하여 맞춤형 아동 치료 · 재활 프로그램, 통합 사례관리 지원, 아동 · 가족 역량강화 프로그램 비용 등을 지원한다.

⑤ 만 18세 이상의 시설보호 종료 아동(연장보호 종료 아동 포함)을 대상으로 아동 1인당 500만원 이상 자립정착금을 지원하고 있다. 이때 아동보호시설의 자립업무 담당자는 시설보호아동이 계획에 맞게 사용하도록 사전 교육을 하고 정착금 지급 후 사후관리를 실시해야 한다.

(2) 시설아동의 자립지원

보호대상아동이 아동복지시설에 입소하면 제일 먼저 제공해야 하는 서비스는 원가정 복귀이다. 이를 위해 시설에서는 보호아동에 대한 원가족 복귀계획을 수립해야 하고 원가족 복귀가 이루어지지 않을 경우, 자립지원프로그램 서비스를 제공하고 있다. 보호대상아동이 시설입소 후 퇴소 전까지 자립지원의 단계별 서비스 내용은 〈표 11-4〉와 같다(김미영, 2020; 정옥분 외, 2021).

〈표 11-4〉 시설입소 후 퇴소 전까지 자립지원의 단계별 서비스 내용

단계별 과정		서비스 내용
1단계	입소(위탁) 상담	• 원가족 복귀계획 수립
2단계	입소(위탁) 결정 후	• 건강, 정신(지능), 심리, 학습, 사회성 등 관련 통합사정 실시
3단계	시설(위탁가정) 적응 기간	• 아동복지시설(가정위탁) 적응을 위한 프로그램 운영
4단계	적응기간 경과 후	• 아동복지시설(위탁가정센터) 내 사례관리 회의 - 자립 · 건강 · 심리 · 학습 등 관계자 참석
5단계	사례관리 회의 후	• 아동별 자립지원서비스 계획 수립 - 1~4단계의 내용 반영 - 원가족 유대강화 서비스 포함 - 경계선지능 등 자립취약아동에 대한 별도의 서비스개입계획 수립

6단계	자립지원통합관리 시스템 입력	• 5단계의 아동자립지원서비스 계획을 사회복지시설정보시스템(자립지원) 메뉴에 입력
7단계	자립지원프로그램 운영	• 연령 · 수요에 맞추어 자립지원을 위한 프로그램 운영
8단계	자립준비계획 수립 및 운영	• 만 15세부터 퇴소 이후를 대비하여 매년 개인별 자립준비계획을 수립하여 운영(진로 · 학습 · 취업 계획을 포함)
9단계	퇴소 전 점검	• 퇴소예정아동에 대한 자립준비 점검 – 대학진학, 취업(예정) 유무, 등록금 조달, 주거 마련, 원가족 관계 등 • 경계선지능 등 자립취약아동의 자립준비기간이 필요할 시 「아동복지법 시행령」 제22조(보호기간의 연장)에 따라 1년 이내의 범위에서 보호기간 연장 가능
10단계	퇴소	퇴소
11단계	사후관리 및 상담	• 만 18세 이상 퇴소 후 5년까지 안정적 자립정착을 위한 사후관리 및 자립수준평가 실시 • 사후관리 및 자립수준평가 실시를 위한 기관 내 업무지원체계 구축 필요

시설보호아동의 자립지원은 시설입소 단계에 따른(미취학 · 초 · 중 · 고 · 대학) 자립준비 프로그램을 운영하고 있다. 이러한 프로그램은 「아동복지법」 제39조(자립지원계획의 수립 등)에 따라 '보장원의 장, 가정위탁지원센터의 장 및 아동복지시설의 장은 보호하고 있는 15세 이상의 아동을 대상으로 매년 개별 아동에 대한 자립지원계획을 수립하고, 그 계획을 수행하는 종사자를 대상으로 자립지원에 관한 교육을 실시하여야 한다.'로 규정하고 있으며, 이에 따라 보건복지부는 2011년부터 시설아동에 대한 자립준비 프로그램의 8대 영역에 따른 자립기술을 통해 레디? 액션?(Ready? Action?) 자립지원표준화 프로그램을 운영하고 있다. 레디?(Ready?) 프로그램은 미취학부터 퇴소 전까지 퇴소 후를 대비하는 자립준비 프로그램이다. 또한 액션?(Action?) 프로그램은 퇴소 후 자립생활에 정착할 때까지 사례관리와 필요한 서비스를 지원하는 프로그램이다. 자립준비 프로그램의 8대 영역에 따른 자립기술, 레디? 액션?(Ready? Action?) 프로그램은 〈표 11-5〉와 〈표 11-6〉과 같다(임경옥 외 2018; 정옥분 외, 2021).

〈표 11-5〉 자립준비 프로그램의 8대 영역에 따른 자립기술

영역	자립기술
1. 일상생활기술	일상생활에 필요한 세탁, 청소, 예의범절, 요리하기 등 기술습득
2. 자기보호기술	개인위생관리, 응급처치방법, 성교육, 스트레스 다스리기 등
3. 지역사회 자원 활용 기술	지역사회 내 활용 가능한 서비스(대중교통 이용하기), 사회자원 방문조사 및 활용(응급상황 대비)
4. 돈 관리기술	교육을 통한 올바른 경제관념 형성, 효율적인 용돈관리 기술 습득
5. 사회적 기술	긍정적인 대인관계 기술습득, 효과적인 의사소통 기술 등
6. 진로탐색 및 취업 기술	적성검사를 통한 상급학교 진학 및 작업탐색 이력서 작성법, 면접방법, 대처방법 등 직장생활기술 습득
7. 직장생활기술	사내규칙, 직장에서의 태도, 직장 내 갈등 다루기
8. 다시 집 떠나기	살 곳 결정하기, 집 구하기, 계약서 쓰기, 이사 등의 거주지 마련방법 습득

출처: 보건복지부(2019). 2019년 아동분야 사업안내.

〈표 11-6〉 레디? 액션?(Ready? Action?) 프로그램

레디?(Ready?) 프로그램				
	레벨 1	레벨 2	레벨 3	레벨 4
대상자	미취학~초3	초3~6년	중1~3	고1~퇴소 전
영역에 따른 자립기술	1, 2, 3, 5	1, 2, 4, 5, 6	1, 2, 3, 4, 5, 6	8개 전 영역
중점 프로그램	기초학습지도, 독서지도, 원가족 유대강화 집단 프로그램	심리 · 정서지지체계, 학습지도, 경제교육	진로적성검사, 자립예비사정 및 계획, 체크리스트	자립사정, 취업 및 진학 상담, 체크리스트
액션?(Action?) 프로그램				
대상자	퇴소 후~자립생활 정착까지			
서비스 지원	취업형과 진학형으로 구분, 상담 및 사후관리, 사회기초적응 및 자립기반 구축, 진로지도 및 인턴십 프로그램, 긴급생활자금 지원 및 의료지원, 심리 · 정서 지원			

출처: 보건복지부(2019). 2019년 아동분야 사업안내.

4) 아동복지시설의 종류 및 입소와 퇴소 절차

아동복지시설은 단순한 보호차원의 개념이 아닌 아동의 전인적 성장 · 발달을 위하여 부모의 양육 · 보호를 대신하는 대리적 서비스를 제공하는 공간이다. 이러한 시설은 과거에 부모가 없는 고아나 미아 등을 대상으로 집단수용을 하는 형태였으나 현재는 단순히 수용하는 차원을 넘어 아동의 전인적 성장 · 발달을 지원하고 모색하는 것을 목적으로 소규모집단 보호를 중점으로 사업이 전개되고 있다. 아동복지시설의 종류는 〈표 11-7〉과 같다(「아동복지법」 제52조(아동복지시설의 종류), 2024). 이러한 아동복지시설의 입소와 퇴소 절차는 〈표 11-8〉과 같다.

〈표 11-7〉 아동복지시설의 종류

구분	종류	내용
생활시설	아동양육시설	보호대상아동을 입소시켜 보호, 양육 및 취업훈련, 자립지원 서비스 등을 제공하는 것을 목적으로 하는 시설
	아동일시보호시설	보호대상아동을 일시보호하고 아동에 대한 향후의 양육대책수립 및 보호조치를 행하는 것을 목적으로 하는 시설(최대 6개월, 연장 3회 가능)
	아동보호치료시설	아동에게 보호 및 치료 서비스를 제공하는 다음 각 목의 시설 가. 불량행위를 하거나 불량행위를 할 우려가 있는 아동으로서 보호자가 없거나 친권자나 후견인이 입소를 신청한 아동 또는 가정법원, 지방법원소년부지원에서 보호위탁된 19세 미만인 사람을 입소시켜 치료와 선도를 통하여 건전한 사회인으로 육성하는 것을 목적으로 하는 시설 나. 정서적 · 행동적 장애로 인하여 어려움을 겪고 있는 아동 또는 학대로 인하여 부모로부터 일시 격리되어 치료받을 필요가 있는 아동을 보호 · 치료하는 시설
	공동생활가정	보호대상아동에게 가정과 같은 주거여건과 보호, 양육, 자립지원 서비스를 제공하는 것을 목적으로 하는 시설
	자립지원시설	아동복지시설에서 퇴소한 사람에게 취업준비 기간 또는 취업 후 일정 기간 동안 보호함으로써 자립을 지원하는 것을 목적으로 하는 시설(시설 퇴소 아동 중 취업 중인 아동이나 취업준비생인 18세 이상 24세 이하인 사람은 자립지원시설에 입소할 수 있음)
이용시설	아동상담소	아동과 그 가족의 문제에 관한 상담, 치료, 예방 및 연구 등을 목적으로 하는 시설
	아동전용시설	어린이공원, 어린이놀이터, 아동회관, 체육 · 연극 · 영화 · 과학실험전시 시설, 아동휴게숙박시설, 야영장 등 아동에게 건전한 놀이 · 오락, 그 밖의 각종 편의를 제공하여 심신의 건강유지와 복지증진에 필요한 서비스를 제공하는 것을 목적으로 하는 시설

	지역아동센터	지역사회 아동의 보호 · 교육, 건전한 놀이와 오락의 제공, 보호자와 지역사회의 연계 등 아동의 건전육성을 위하여 종합적인 아동복지서비스를 제공하는 시설
	아동보호전문기관	학대받은 피해아동, 피해아동의 가족 및 아동학대행위자를 위한 상담 · 치료 및 교육, 아동학대예방 교육 및 홍보, 피해아동 가정의 사후관리 업무수행(「아동복지법」 제46조)
	가정위탁지원센터	가정위탁사업의 홍보 및 가정위탁을 하고자 하는 가정의 발굴, 가정위탁을 하고자 하는 가정에 대한 조사 및 가정위탁 대상 아동에 대한 상담, 가정위탁을 하고자 하는 사람과 위탁가정 부모에 대한 교육, 위탁가정의 사례관리, 친부모 가정으로의 복귀 지원, 가정위탁 아동의 자립계획 및 사례 관리, 관할 구역 내 가정위탁 관련 정보 제공(「아동복지법」 제49조)
	아동권리보장원	아동정책에 대한 종합적인 수행과 아동복지 관련 사업의 효과적인 추진을 위하여 필요한 정책의 수립을 지원하고 사업평가 등의 업무수행(「아동복지법」 제10조의2)
	자립지원전담기관	보호대상아동의 위탁보호 종료 또는 아동복지시설 퇴소 이후의 자립을 지원하기 위한 업무수행(「아동복지법」 제39조의2)
	다함께돌봄센터	초등학교의 정규교육 이외의 시간 동안 아동의 안전한 보호, 안전하고 균형 있는 급식 및 간식의 제공, 등 · 하교 전후, 야간 또는 긴급상황 발생 시 돌봄서비스 제공, 체험활동 등 교육 · 문화 · 예술 · 체육 프로그램의 연계 · 제공, 돌봄 상담, 관련 정보의 제공 및 서비스의 연계 등의 돌봄서비스(이하 "방과 후 돌봄서비스"라 한다)를 실시하기 위한 업무수행(「아동복지법」 제44조의2)

〈표 11-8〉 아동복지시설의 입소와 퇴소 절차

시설 종류	입소 및 퇴소 절차
아동양육시설	• 입소절차 보호대상아동 발생 → 지방자치단체(시 · 군 · 구)에 입소신청 → 지방자치단체(시 · 군 · 구)의 입소승인 → 시설입소 • 퇴소절차 보호자 신청 또는 보호목적 달성이나 보호기간 만료 시 지방자치단체(시 · 군 · 구) 승인으로 결정
아동일시보호시설	• 입소절차 기아 또는 미아 발생 → 경찰서 신고 → 지방자치단체(시 · 군 · 구)에 입소의뢰 → 시설입소 • 퇴소절차 보호자 확인 시 인도, 보호기관 만료 시 타 시설로 전출을 결정 • 보호기간은 3개월 이내이며 필요시 1회 연장이 가능함
공동생활가정	• 공동생활가정은 단기보호, 치료보호, 장기보호 형태로 운영되며 아동양육시설과 아동일시보호시설의 입소 및 퇴소 절차가 같음 • 입주기간은 단기보호와 치료보호는 1년을 원칙으로 하고 1년 단위로 연장가능하며, 장기보호 형태는 18세 미만까지 가능함

〈표 11-7〉과 같은 아동복지시설은 각 시설 고유의 목적 사업을 해치지 아니하고 각 시설별 설치기준 및 운영기준을 충족하는 경우 다음과 같은 각 호의 사업을 추가로 실시할 수 있다.

① 아동가정지원사업: 지역사회아동의 건전한 발달을 위하여 아동, 가정, 지역주민에게 상담, 조언 및 정보를 제공하여 주는 사업

② 아동주간보호사업: 부득이한 사유로 가정에서 낮 동안 보호를 받을 수 없는 아동을 대상으로 개별적인 보호와 교육을 통하여 아동의 건전한 성장을 도모하는 사업

③ 아동전문상담사업: 학교부적응아동 등을 대상으로 올바른 인격형성을 위한 상담, 치료 및 학교폭력예방을 실시하는 사업

④ 학대아동보호사업: 학대아동의 발견, 보호, 치료 및 아동학대의 예방 등을 전문적으로 실시하는 사업

⑤ 공동생활가정사업: 보호대상아동에게 가정과 같은 주거여건과 보호를 제공하는 것을 목적으로 하는 사업

⑥ 방과 후 아동지도사업: 저소득층 아동을 대상으로 방과 후 개별적인 보호와 교육을 통하여 건전한 인격형성을 목적으로 하는 사업

Chapter

12

가정위탁과 가정입양 및 소년사법

아동은 천부적으로 행복한 가정에서 부모의 보호를 받으며 성장·발달해야 할 권리가 있다. 그러나 사회가 급변하면서 핵가족이 증가하고 이혼, 미혼모, 아동학대, 경제적 위기, 여성의 사회진출, 성윤리 및 가치관의 변화 등으로 인해 가정의 적절한 보호를 받지 못하는 아동을 위해 대리가정(가정위탁보호, 가정입양보호)에서 보호하여 성장·발달하는 경우가 있다. 여기서 가정위탁보호는 아동이 가정 내·외의 여러 가지 요인(부모의 사망이나 실직, 질병, 학대, 방임, 알코올중독, 약물중독, 수감 등)으로 원가정에서 정상적으로 양육할 수 없을 때 일정 기간 동안 대리가정에서 아동을 보호·양육하며 원가정이 정상화 과정을 통하여 가족기능이 회복되었을 때 복귀하도록 지원하는 것이다. 또한 가정입양보호는 혈연적으로 친자관계가 없는 사람 사이에 법률적으로 친자관계를 맺는 신분행위로, 부모가 없는 아동에게 건전한 가정을 영구적으로 제공하여 가정이라는 틀에서 신체적·정신적·사회적으로 건강하게 성장·발달할 수 있도록 지원하는 것이다. 이 장에서는 가정위탁보호, 가정입양보호, 비행소년보호 등에 대해서 살펴본다.

12.1 가정위탁보호

가정위탁보호(foster family care)는 여러 가지 요인으로 원가정에서 돌볼 수 없는 아동을 일정 기간 동안 대리가정에서 일시 보호하는 형태의 서비스이다. 가정위탁보호가 시행되기 전까지는 보호가 필요한 아동을 보호할 때 주로 아동복지시설로 보내거나 소년소녀가정으로 분류하여 보호하였다. 우리나라에서 가정위탁보호가 강조되고 있는 것은 국제협약인 'UN 아동권리협약(1989)'에 서명하고 1991년 비준서를 UN에 기탁하고 당사국이 되면서이다. 'UN 아동권리협약' 이해에 관한 2차 국가보고서에 대한 권리위원회의 권고 의견(862차 회의, 2003)에 따라 가정위탁보호가 중요시되었다. 즉, 권리위원회는 위탁양육이 여전히 제한적으로 시행됨을 우려하여 위탁가정에 대한 재정지원과 상담지원제도를 증대함으로써 위탁양육을 확장할 것과 대안양육이 되고 있거나 취약가정에 있는 아동을 지원하는 사회복지사의 역량강화를 권고하였다.

이러한 과정에서 소년소녀가장의 경우는 미성년자가 세대주가 되어 보호자의 역할을 하기 때문에 이는 아동학대로 볼 수 있어 권리위원회에서 폐지를 권고하였다. 따라서 소년소녀가장은 대리양육가정, 친 · 인척가정, 일반가정 등 위탁가정을 발굴하여 가정위탁보호로 전환하는 계기가 되면서, 2003년에 전국 16개 시 · 도에 가정위탁지원센터(총 17개소)를 설치하여 가정위탁사업을 운영하고 있다(김미영, 2020). 현재는 전국 17개 시 · 도에 18개소(경기남부, 경기북부 2개소, 전남, 전남동부 2개소, 세종 미설치) 가정위탁지원센터를 설치 운영하고 있다(아동권리보장원, 2024). 여기서는 가정위탁보호의 개념, 유형, 구성요소, 절차, 복지 등에 대해서 살펴본다.

1) 가정위탁보호의 개념

가정위탁보호는 친부모가 친권을 포기해야 하는 입양제도와 달리 일차적으로 아동이 원가정으로 복귀하도록 하며, 아동복지시설에서 성장 · 발달하거나 소년소녀가장으로 방치되는 것을 방지하고자 보호자가 없거나 보호자로부터 이탈된 아동, 아동을 학대하는 경우 등 그 보호자가 아동을 양육하기에 적당하지 아니하거나 능력이 없는 경우의 18세 미만의 아동을 보호하는 서비스이다(임경옥 외, 2018; 보건복지부 아동분야 사업안내, 2024). 가정위탁은 「아동복지법」 제3조(정의)에 의하면, '보호대상아동의 보호를 위하여 성범죄, 가정폭력, 아동학대, 정신질환 등의 전력이 없는 보건복지부령으로 정하는 기준에 적합한 가정에 보호대상아동을 일정 기간 위탁하는 것을 말한다.'로 정의하고 있다. 이러한 의미에서 가정위탁보호는 아동이 가정 내외의 여러 가지 요인(부모의 사망이나 실직, 질병, 학대, 방임, 알코올중독, 약물중독, 수감 등)으로 원가정에서 정상적으로 보호 · 양육할 수 없을 때 일정 기간 동안 대리가정에서 아동을 보호 · 양육하며 원가정이 정상화 과정을 통하여 가족기능이 회복되었을 때 복귀하도록 지원하는 아동 · 가정복지서비스이다(중앙가정위탁지원센터, 2024). 또한 미국의 아동복지연맹(Child Welfare League of America)에 의하면, 가정위탁보호란 아동이 자기 가정에서 양육될 수 없을 때 또한 입양이 바람직하지 않고 불가능할 경우 계획된 일정기간 동안 다른 가정에서 보호와 양육을 받는 대리보호라고 정의하고 있다. 우리나라의 경우 만 2세 미만(36개월 미만)의 보호대상아동은 가정에 우선적으로 위탁될 수 있도록 하여 영아기부터 안정적으로 성장·발달할 수 있도록 하고 있다. 가정위탁보호는 현대사회에서 발생하는 다양한 사회문제로 인한 아동의 시설입소, 국·외입양과 가족해체를 예방하고 친부모 상담 및 지원을 통해 원가정에 복귀하도록 하거나 대리가정에서 바르게 성장·발달할 수 있도록 돕는 것을 목적으로 한다.

이러한 가정위탁보호를 진행할 때 다음과 같은 원칙을 고려해야 한다(주수길 외, 2020; 정옥분 외, 2021).

① **아동 중심의 원칙**: 아동의 건전한 인격형성을 위해 최우선적으로 고려해야 한다. 아동이 신체적·정서적·사회적으로 건강하게 성장·발달할 수 있도록 부모와 아동의 긍정적 관계형성을 지원하고, 적절한 부모역할을 수행할 수 있도록 여러 보호사업과 사회보장서비스를 통해 우선적으로 가정을 보존할 수 있도록 지원해야 한다.

② **가족 보존의 원칙**: 원가정의 기능을 회복시켜 아동이 원가정으로 복귀할 수 있도록 지원하며, 원가정 유지가 어려운 경우에는 원가정의 기능을 할 수 있는 대리가정을 발굴하여 건강한 위탁가정을 유지할 수 있도록 지원해야 한다.

③ **친인척 우선 배치의 원칙**: 아동의 개별적 욕구와 특성을 고려하여 정서적·문화적 충격을 최소화하고자 아동의 의사를 고려하여 특별한 결격사유가 없는 한 친인척 가정에 우선으로 배치해야 한다.

④ **연계성의 원칙**: 아동의 건강한 성장·발달과 원가정의 가족기능 회복을 위해 지역사회 내 연관된 협력기관과 네트워크를 구축하여 적절한 서비스를 제공해야 한다.

⑤ **적절성의 원칙**: 아동과 위탁가정의 특성을 고려하여 아동을 적합한 위탁가정에 배치하고 아동에게 요구되는 적절한 서비스를 제공해야 한다.

⑥ **전문성의 원칙**: 가정위탁보호 과정에서 발생할 수 있는 다양한 원인과 문제에 효과적으로 대처하며 위탁보호를 실시함에 있어서 돌보는 사람의 능력이나 인품, 가정환경 등 복합적 요소를 고려한 전문성을 강화해야 한다.

2) 가정위탁보호의 유형

위탁보호의 유형은 무보수로 아동을 양육하는 무료위탁(free foster homes), 양육의 대가를 지불하는 유로위탁(boarding foster homes), 노동에 대한 대가로 숙식이나 임금이 제공되는 고용위탁(wage foster homes), 심신장애를 가진 아동이 주요 대상이 되는 특수위탁(specialized foster homes), 돌발적 위급사태가 발생했을 때 관계기관의 의뢰에 의해 실시되는 의뢰위탁(receiving foster homes) 등으로 나눌 수 있다(주수길 외, 2020).

우리나라의 경우 가정위탁의 유형은 위탁가정에 따라 일반가정위탁보호, 전문가정위탁보호, 일시가정위탁보호 등이 있다. 여기서 일반가정위탁은 전문가정위탁보호에 해당하지 않는 보호대상아동을 보호·양육하는 것을 목적으로 하는 가정위탁보호이다(2021.6.30. 이전에 시·도지사 또는 시장·군수·구청장에 의하여 대리양육, 친인척 위탁으로 결정된 자는 일반가정위탁으로 간주). 전문가정위탁보호는 피해아동이 2세 이하(36개월 미만) 아동 등으로 특별한 보호가 필요한 보호대상아동(학대피해아동, 장애아동, 종합심리검사 결과 경계선 지능으로 진단받은 경계선 지능아동 등)을 전문적으로 보호·양육하는 것을 목적으로 하는 가정위탁보호이다. 일시가정위탁보호는 위탁기간이 3개월에서 최대 6개월간 보호대상아동을 일시 위탁하여 보호·양육하는 위기아동 가정보호사업(즉각분리·응급조치된 학대피해아동, 2세 이하 아동 등으로 특별한 보호가 필요한 보호대상아동을 일시적으로 보호·양육하는 것을 목적으로 함)으로 보호대상아동에 대한 긴급보호조치의 일환으로 실시하는 경우이다(주수길 외, 2020; 보건복지부 아동분야 사업안내, 2024).

3) 가정위탁보호의 구성요소

가정위탁보호사업에서 가장 중요한 것은 보호대상아동에게 행복의 기회를 갖고 건전하게 성장·발달할 수 있도록 좋은 위탁부모가 있는 위탁가정을 발굴하는 것이다. 위탁부모는 위탁아동은 물론 그의 친부모와도 긍정적인 관계를 형성해야 한다. 이렇게 가정위탁 대상 아동은 친부모와 위탁부모와 관계를 맺게 되고 이들 세 요소는 가정위탁보호의 실시에 있어 각기 독자적인 영역을 보유하게 된다. 또한 가정위탁지원센터는 가정위탁의 전 과정에 참여하여 가정위탁 대상 아동, 친생부모, 가정위탁 부모에게 계속적인 서비스를 제공하고 있다. 각각에 대해서 살펴보면 다음과 같다(황해익 외, 2017; 정옥분 외, 2021; 보건복지부 아동분야 사업안내, 2024).

(1) 가정위탁 대상 아동

위탁보호가 요구되는 상황은 특별한 욕구나 도움이 필요한 아동이 대상이 될 수 있으며 18세 미만으로 부모의 문제나 가족 붕괴로 인해 보호가 필요해 위탁보호로 의뢰된 아동이다. 즉, 가족 붕괴나 결손가정(이혼, 사망, 별거, 가출, 빈곤, 질병, 실직, 수감 등)으로 아동양육이 어려울 때, 부모의 문제(알코올중독, 약물중독, 정신질환, 학대와 방임, 유기 등)나 아동의 문제(정서상 문제, 행동상 문제)가 있을 때 등이다. 특히 아동학대 및 방임으로 인하여 친부모가 아동의 건전한 성장 · 발달에 치명적인 해를 준다고 판단될 경우는 신속하게 아동을 친부모로부터 격리하고 아동에게 적절한 전문가의 치료를 제공해야 한다. 이를 통해 아동과 친부모는 학대와 방임의 후유증을 줄이며 심리적 안정을 되찾고 원가정의 기능을 회복시켜 아동을 원가정으로 복귀시켜야 한다. 또한 독립적인 가구를 구성하면서 생활하고 있는 소년소녀가장의 경우는 아직 미성숙하여 경제적 능력이 없고 보호자의 보호가 필요하므로 일반가정위탁을 통해서 보살펴 주어야 한다.

위탁 대상 아동은 18세 미만에 위탁보호가 종료되나 18세 이상이더라도 「아동복지법」 제16조의3(보호기간의 연장)에서 언급한 다음과 같은 사항에 따라 연장이 가능하다. ① 연령이 18세에 달한 보호대상아동이 보호조치를 연장할 의사가 있는 경우에는 제16조 제1항(보호조치를 종료하거나 해당 시설에서 퇴소해야 되는 사항)에도 불구하고 그 보호기간을 해당 아동이 25세에 달할 때까지로 연장하여야 한다. ② 제1항(25세)에 따라 보호기간이 연장된 사람이 보호조치의 종료를 요청하는 경우 그 보호조치를 종료하여야 한다. 다만, 자립 능력이 부족하여 보호기간의 연장이 필요한 경우로서 대통령령(장애, 질병, 지적 능력 부족 등)으로 정하는 경우에는 심의위원회의 심의를 거쳐 종료하지 아니할 수 있다. ③ 제1항(25세)에도 불구하고 같은 항에 따라 보호기간이 연장된 사람이 다음 각 호의 어느 하나에 해당하면 그 보호기간을 추가로 연장할 수 있다. ㉠ 대학 이하의 학교(대학원은 제외한다)에 재학 중인 경우, ㉡ 아동양육시설 또는 직업능력개발훈련시설에서 직업 관련 교육 · 훈련을 받고 있는 경우, ㉢ 그 밖에 위탁가정 및 각종 아동복지시설에서 그 사람을 계속하여 보호 · 양육할 필요가 있다고 대통령령(장애, 질병, 지적 능력 부족, 취업 준비 등을 이유로 보호기간이 연장된 사람이 보호기간의 추가 연장을 요청하여 1년 이내의 범위에서 보호기간을 추가 연장하는 경우)으로 정하는 경우[본조신설 2021.12.21.] 등이다.

2024년 7월 9일「아동복지법 시행령」제22조(보호기간의 연장)의 개정으로 보호기간이 연장된 사람의 장애 · 질병 등의 이유로 보호기간의 추가 연장이 필요하다고 시 · 도지사 또는 시장 · 군수 · 구청장이 인정하는 경우와 지능지수가 71 이상 84 이하인 경우는 26세까지 연장할 수 있다. 또한 취업이나 취업 준비 등 그 밖의 사유를 이유로 보호기간이 연장된 사람이 보호기간을 추가 연장을 요청하여 1년 이내의 범위에서 보호기간을 연장하는 경우 26세까지 연장할 수 있다(보건복지부 아동분야 사업안내, 2024).

(2) 친생부모(원가정)

친생부모는 위탁 대상 아동의 친권을 가지고 있으면서 여러 가지 사유로 아동을 직접 보호하거나 양육할 수 없어 가정위탁보호를 요청한 부모이다. 가정위탁보호의 목적은 원가정이 기능적으로 회복되어 위탁 대상 아동이 원가정으로 복귀하는 것이므로 친부모는 스트레스 대처기술, 심리검사 등을 통하여 상실감 해소 및 심리적 안정을 찾고 부모역할과 지침에 대한 교육을 받으면서 양육기술 습득, 자립을 위한 준비 등의 가족기능을 강화해야 한다(정옥분 외, 2021).

(3) 위탁가정(위탁부모)

위탁가정은 일정기간 동안 친부모의 역할을 대신해 위탁보호아동을 보호 · 양육하는 가정을 의미하며, 위탁부모는 친부모의 역할을 대신해 위탁보호아동을 건강하게 보호 · 양육하여 원가정으로 복귀할 수 있도록 도와주는 역할을 한다. 일반가정위탁(공통기준)의 선정 기준은 위탁부모 중 1인 이상이 일반가정위탁 부모양성교육(기본 5시간 이상, 매년 5시간 이상 보수교육 이수)을 이수해야 하고 다음과 같은 요건을 모두 충족해야 한다. 위탁아동을 양육하기에 적합한 수준의 소득이 있어야 하고(재산 및 소득 증빙 서류 제출), 위탁아동에 대하여 종교(종교시설을 주거지로 삼아 생활하는 종교인은 위탁부모가 될 수 없음)의 자유를 인정하고 건전한 사회구성원으로 자랄 수 있도록 양육과 교육을 할 수 있어야 하고, 위탁부모의 연령이 25세 이상으로서 위탁아동과의 나이 차이가 60세 미만(다만, 시 · 도지사, 시장 · 군수 · 구청장이 위탁아동을 건전하게 양육하기에 위탁가정의 환경이 적합하다고 인정하는 경우에는 가능)이어야 한다. 위탁가정의 아동 수는 자녀가 없거나 자신의 자녀(18세 이상은 제외)를 포함하여 4명을 초과하지 않아야 하고, 가족구성원은 성범죄, 가정폭력, 아동학대, 마약, 알코올, 약물중독, 정신질환 등의 전력이 없어야 한다(「아동복지법」 시행규칙 제2조(위탁가정의 기준), 2024).

전문가정위탁의 선정 기준은 일반가정위탁(공통기분) 기준을 충족해야 하고 다음 요건 중 어느 하나의 기준을 충족하여야 한다. 가정위탁보호자 경험이 3년 이상이거나 사회복지사, 보육교사, 유치원이나 초 · 중 · 고 교사, 「의료법」 제2조제1항에 따른 의료인, 청소년상담사 등으로 위탁부모 중 1인 이상이 전문가정위탁 부모양성교육(20시간 이상, 매년 5시간 이상 전무가정위탁 보수교육 이수)을 이수하여야 한다. 일시가정위탁의 선정 기준은 일반가정위탁(공통기분) 기준을 충족하고 시장 · 군수 · 구청장의 일시위탁부모 선정 결과 통보일이 일시가정위탁 의뢰일로부터 1년 이내이어야 한다.

(4) 가정위탁지원센터

가정위탁지원센터는 시 · 도(시 · 군 · 구)의 가정위탁보호 업무를 지원하고 협력하여 위탁아동이 건전하게 성장 · 발달하여 자립할 수 있도록 도와주는 기관이다. 즉, 위탁아동뿐만 아니라 원가정과 위탁가정이 필요로 하는 복지서비스를 종합적으로 제공하고 있다. 이러한 가정위탁지원센터는 전국 17개 시 · 도에 18개소(경기남부, 경기북부 2개소, 전남, 전남동부 2개소, 세종 미설치)를 설치 운영하고 있다(아동권리보장원, 2024). 2004년 7월에 설치된 중앙가정위탁지원센터는 「아동복지법」이 개정되면서 「아동복지법」 제48조(가정위탁지원센터의 설치 등)에 따라 2020년 1월에 아동권리보장원으로 업무와 기능을 이관하였으며, 아동권리보장원은 가정위탁사업의 활성화 등을 위하여 다음 각 호의 업무를 수행하고 있다. 〈신설 2019.1.15.〉 ① 가정위탁지원센터에 대한 지원, ② 효과적인 가정위탁사업을 위한 지역 간 연계체계 구축, ③ 가정위탁사업과 관련된 연구 및 자료 발간, ④ 가정위탁사업을 위한 프로그램의 개발 및 평가, ⑤ 상담원에 대한 교육 등 가정위탁에 관한 교육 및 홍보, ⑥ 가정위탁사업을 위한 정보기반 구축 및 정보 제공, ⑦

그 밖에 대통령령으로 정하는 가정위탁사업과 관련된 업무 등을 수행한다.

또한 각 지역에 있는 가정위탁지원센터는 동법 제49조(가정위탁지원센터의 업무)에 따라 다음 각 호의 업무를 수행한다. ① 가정위탁사업의 홍보 및 가정위탁을 하고자 하는 가정의 발굴, ② 가정위탁을 하고자 하는 가정에 대한 조사 및 가정위탁 대상 아동에 대한 상담, ③ 가정위탁을 하고자 하는 사람과 위탁가정 부모에 대한 교육, ④ 위탁가정의 사례관리, ⑤ 친부모 가정으로의 복귀 지원, ⑥ 가정위탁 아동의 자립계획 및 사례관리, ⑦ 관할 구역 내 가정위탁 관련 정보 제공, ⑧ 그 밖에 대통령령으로 정하는 가정위탁과 관련된 업무(관할 구역의 가정위탁 아동에 대한 지역사회의 후원 장려 및 연계) 등을 수행한다. 그리고 가정위탁지원센터는 위탁가정을 모집하기 위하여 신문이나 방송매체를 통하여 위탁부모를 모집하게 되며, 위탁부모에게 가정위탁보호에 필요한 아동발달, 유아교육 등의 이론과 건강과 안전, 응급조치 등에 관한 기본교육 등을 가르친다.

4) 가정위탁보호의 절차

우리나라 가정위탁보호의 절차는 가장 먼저 친권자, 후견인, 아동을 보호 · 양육 · 교육하거나 그러한 의무가 있는 자 또는 업무 · 고용 등의 관계로 사실상 아동을 보호 · 감독하는 자가 관할 이동 거주지 시 · 군 · 구 또는 읍 · 면 · 동에 신청서를 작성하여 제출하면 된다. 시 · 도에서는 가정위탁센터 설치 및 운영, 가정위탁지원센터 직원 신분증 발급, 가정위탁아동 지원 예산 확보 · 지원, 가정위탁보호사업 지도 관리, 가정위탁 관련 통계 관리, 가정위탁아동 상해보험에 대한 지원, 가정위탁지원센터 안내와 가정위탁 제도 홍보 및 위탁가정 발굴에 대한 지원 등의 업무를 하고, 시 · 군 · 구에서는 조사결과 및 위탁부모 양성교육 이수 여부를 확인하여 사례결정위원회 심의를 통해 위탁보호 조치를 결정하고 7일 이내에 관련 서류(접수상담지, 욕구조사서, 아동의 건강검진 및 심리검사 결과, 친부모 상황 점검표, 아동복지심의위원회의 보호대상아동 보호조치 결정사항 및 이를 바탕으로 작성한 개별보호 · 관리계획서 등)를 관할 가정위탁센터와 위탁가정(신청인)에 통보하며 위탁아동, 위탁가정의 변동사항(주소지 이전, 해지 등)을 관리하며 위탁아동의 위탁기간 및 친부모 연락두절 또는 행방불명 시 위탁보호관련 사항을 승인한다. 또한 보호를 필요로 하는 아동 발생 시 상담 · 지도 후 가정위탁센터에 의뢰하는 등 필요한 조치를 하고 적합하지 않은 아동에 대해서 아동복지시설 입소 등의 보호조치를 하는 업무를 한다. 이렇게 아동보호조치가 승인되면 위탁아동이 발생한 소재지에서 「국민기초생활보장법」에 따른 수급자 책정을 하고 위탁가정의 소재지가 다른 경우에는 전입절차를 진행하여 위탁가정 소재지에서 급여를 받을 수 있도록 한다. 그리고 위탁아동 사례관리를 위하여 아동카드를 작성 · 비치하고 위탁가정을 방문하여 아동 양육상황 점검(책정 후 1개월 이내, 분기별 1회 이상) 등을 파악하여 별도의 조치상항이 필요한 때에는 관할 가정위탁지원센터와 협조한다.

가정위탁지원센터는 위탁보호 희망자에 대해 위탁부모 양성교육을 시행하고 교육이수 여부를 시 · 군 · 구에 통보한다. 또한 가정위탁보호에 의뢰된 아동에 적합한 위탁가정을 선정하고 가정위탁보호 신청인 가정조사서, 위탁부모 추천서, 가정위탁 가족 동의서, 아동통합정보시스템 정보 조회 동의서, 범죄경력조회 동의서 등의 서류를 시 · 군 · 구에 제출한다.

일반가정위탁보호(친인척)의 절차는 다음과 같다. 친권자, 후견인, 아동을 보호 · 양육 · 교육하거나 그러한 의무가 있는 자 또는 업무 · 고용 등의 관계로 사실상 아동을 보호 · 감독하는 자가 관할 이동 거주지 시 · 군 · 구 또는 읍 · 면 · 동에 비치되어 있는 신청서를 작성하여 아동의 거주지 관할 읍 · 면 · 동 또는 가정위탁지원센터에 제출 · 접수 · 상담을 통해 진행한다. 읍 · 면 · 동 담당자는 보호대상아동이 발생하면 아동과 그 가정을 조사하여 보호대상아동 조사서, 아동카드 작성, 가정위탁보호 동의서, 범죄경력조회 동의서, 국가 아동학대정보시스템 정보조회 동의서 등의 서류를 준비하여 시 · 군 · 구에 일반가정위탁을 의뢰한다. 시 · 군 · 구는 범죄경력조회를 실시하고 조사결과를 바탕으로 아동복지위원회(사례결정위원회)를 통해 가정위탁보호를 결정하게 되고 가정위탁지원센터에 통보한다. 또한 가정위탁지원센터는 가정위탁보호에 의뢰된 아동에 적합한 위탁가정을 선정하여 신청인 가정조사서, 위탁부모추천서 등을 작성하여 시 · 군 · 구에 제출한다.

이렇게 일반가정위탁이 결정된 후에는 위탁아동에 대한 사례관리가 이어지게 되며 가정방문을 통해 아동의 적응상태나 양육실태를 파악하여 필요한 자원(생계, 교육, 의료보호 등)을 지원하거나 위탁가정을 변경하는 등의 조치를 할 수도 있다. 또한 설정한 위탁보호 기간이 끝나면 위탁보호를 종결하고 위탁보호 아동은 원가정으로 복귀하거나 입양가정으로 입양될 수도 있는데, 경우에 따라 위탁기간이 축소되거나 연장될 수 있다. 위탁아동과 위탁가정 부모의 가정위탁보호 절차는 〈표 12-1〉과 같다(정옥분 외, 2021).

〈표 12-1〉 위탁아동과 위탁가정 부모의 가정위탁보호의 절차

단계	위탁아동	위탁가정 부모
1	가정위탁 신청	위탁부모 신청
2	가정위탁 선별	부모교육/면접
3	친해지기 및 관계형성	서류 수신/가정방문
4	가정위탁	적격심사
5	사례관리	위탁가정 선정 및 등록
6	가정위탁 종결 및 원가정 복귀	위탁가정 관계개선 프로그램
7		아동배치/전입
8		위탁가정 사례관리
9		위탁 종결/원가정 복귀

5) 가정위탁보호의 복지

보호 중인 위탁아동과 위탁가정을 위한 복지는 양육보조금, 전문아동보호비, 일시위탁보호비, 아동용품구입비(지방비), 아동용품구입비(국비), 「국민기초생활보장법」에 의한 생계비, 가정위탁아동 상해보험 가입, 심리검사 · 치료비, 위탁가정 전세주택(국토교통부), 자립정착금, 자립수당, 대학진학자금, 보호연장 자립지원 등을 지원하고 있다. 요약한 것은 〈표 12-2〉와 같다(김미영, 2020; 보건복지부 아동분야 사업안내, 2024).

〈표 12-2〉 위탁아동과 위탁가정을 위한 복지

<table>
<tr><th>지원항목</th><th>지원대상</th><th>지원금액</th><th>비고</th></tr>
<tr><td rowspan="3">양육보조금</td><td rowspan="3">가정위탁보호아동</td><td>만 7세 미만(83개월까지): 월 34만원</td><td rowspan="3">지방이양 권고</td></tr>
<tr><td>만 7세부터 만 13세 미만(84개월~155개월): 월 45만원</td></tr>
<tr><td>만 13세 이상(156개월부터): 월 56만원
*연장보호아동 포함</td></tr>
<tr><td>전문아동보호비</td><td>전문위탁부모(영아, 경계선지능, 학대피해 아동)</td><td>월 100만원 이상</td><td>위탁가정 소재지</td></tr>
<tr><td>일시위탁보호비</td><td>일시위탁부모</td><td>월 3만원(지방이양 권고)</td><td></td></tr>
<tr><td rowspan="2">아동용품 구입비</td><td>신규 책정 위탁가정(지방비)</td><td>위탁가정 당 1회 100만원</td><td>권고</td></tr>
<tr><td>위기아동 가정보호 및 전문가정위탁 참여가정(국비)</td><td>최초 1회 100만원</td><td></td></tr>
<tr><td>생계 · 의료 · 교육비</td><td>가정위탁아동</td><td>「국민기초생활보장법」에 따라 지급</td><td></td></tr>
<tr><td>상해보험 가입</td><td>가정위탁아동 및 부양자 1인</td><td>1인당 연 68,500원(입원 · 통원 등 의료비)</td><td></td></tr>
<tr><td>심리검사 · 치료비</td><td>위탁아동(일시보호아동, 연장보호아동 포함)의 심리정서치료비, 검사비, 교통비</td><td>심리정서치료비 월 20만원 이내, 심리검사비 20만원(1회), 교통비 월 2만원 이내</td><td></td></tr>
<tr><td>위탁가정 전세주택</td><td>양육자가 무주택 세대구성원</td><td>임차전용면적 85㎡ 이하인 주택, 일반주택 전세자금 및 공공임대주택 임대보증금 지원</td><td>국토교통부</td></tr>
<tr><td>자립정착금</td><td>만 18세 이후 보호종료된 자립준비 청년(보호종료 아동)</td><td>아동 1인 당 1,000만원 이상(권고)</td><td>지방이양</td></tr>
<tr><td>자립수당</td><td>가정위탁 보호종료 아동 중 보호종료일을 기준으로 과거 2년 이상 연속하여 보호를 받은 자(2021.12.21. 공포, 6.22. 시행)</td><td>매월 50만원 현금 지급(본인 계좌)</td><td></td></tr>
<tr><td>대학 진학자금</td><td>가정위탁아동</td><td>1인당 500만원 이상 지급(권고)</td><td></td></tr>
<tr><td>보호연장 자립지원</td><td>보호연장한 가정위탁아동의 취업 · 진학 희망자</td><td>고용센터 취업지원프로그램 활용, 관할 자립지원전담기관의 맞춤형 사례관리 적용</td><td></td></tr>
</table>

12.2 가정입양보호

가정의 구조적인 문제(부모의 이혼, 가출, 질환 등)로 인해 보호가 필요한 요보호아동은 「아동복지법」에 의해 보호받게 되는데, 보호방법은 원가정복귀, 가정위탁, 가정입양, 시설보호(그룹홈) 등이 있다. 이러한 방법 중 가정입양보호는 부모 없이 아동에게 부모의 역할을 대신하고, 생물학적 과정이 아닌 법적 · 사회적 과정을 통해 부모-자녀관계를 형성하여 건전한 가정을 영구적으로 제공하고 가정이라는 틀에서 아동이 신체적 · 정신적 · 사회적으로 건강하게 성장 · 발달할 수 있도록 지원하는 것이다. 여기서는 가정입양보호의 개념, 종류, 구성요소, 절차, 복지 등에 대해서 살펴본다.

1) 가정입양보호의 개념

요보호아동을 대리보호 차원에서 보호 방법은 원가정복귀, 가정위탁, 가정입양, 시설보호(그룹홈) 등이 있을 수 있는데, 가장 좋은 방법은 원가정복귀이나 그렇지 못한 환경에서는 차선책으로 가정위탁보호나 가정입양보호가 바람직하다. 우리나라의 가정입양제도는 한국전쟁(1950.06.25.)으로 인해 급격히 증가한 고아와 혼혈아동을 보호하기 위해 미국을 중심으로 국외입양 정책을 통해서 시작되었다. 1961년 「고아입양특례법」이 제정되면서 국외입양을 위한 법적 근거를 마련하여 전쟁고아 문제를 국외입양을 통해 해결하려 하였다. 이후 1976년에는 「입양특례법」으로 개정하여 국내입양보호에 대한 부양책을 마련하였다. 그렇지만 급속한 산업화와 더불어 미혼모, 기아, 결손가정 등이 증가함에 따라 요보호아동이 증가하였으나 대부분 요보호아동의 국내입양은 없었고 주로 국외입양이 주를 이뤘다. 이후 1988년 서울올림픽을 계기로 '고아 수출국'이란 오명을 벗기 위해 국외입양을 금지시키고 국내입양으로 방향을 전환하여 가정위탁제도의 도입을 포함하여 국내입양의 활성화를 추진하였다. 이러한 과정에서 2000년 「입양촉진 및 절차에 관한 특례법」으로 개정하여 국외입양관련 절차를 보완하고 국내입양제도를 확립하였다.

또한 2011년에는 「입양촉진 및 절차에 관한 특례법」을 전면 개정하면서 「입양특례법」

으로 명칭이 변경되었으며, 2013년 5월에는 국외입양 아동의 안전과 권리를 보호하기 위해 국외입양 절차와 요건을 규정한 국제조약인 헤이그 국제아동입양 협약(1993.05.29.)에 서명(현재 비준을 위한 입법 마련과 관련제도를 보완하는 중, 아직 비준은 못했음)하면서 「입양특례법」이 개정되었다. 즉, 친부모가 출생신고를 하고 1주일(7일)간 숙려기간을 거쳐야만 입양을 보낼 수 있으며(김미영, 2020), 입양의 원칙은 아동의 이익이 최우선이 되도록 하여야 한다고 규정하였다(「입양특례법」 제4조(입양의 원칙), 2024).

입양보호는 요보호아동을 대상으로 혈연적인 친자관계가 아닌 일반성인이 법적 절차를 거쳐 친자관계를 맺어 가정에서 보호 · 양육하는 것을 의미한다. 즉, 양부모가 되려는 사람과 양자가 될 요보호아동(친부모) 사이에 합의가 있거나, 가정법원의 허가를 득한 후에 입양신고를 함으로써 그 효력이 발생하며, 입양신고를 통해 양부모와 양자 사이에 법적인 친자관계가 형성되며 부양이나 상속 등에서 혈족의 경우와 동일한 법적 권리가 인정된다. 이렇게 형성된 입양가족은 일반가족과 같이 정서적인 유대관계 속에서 하나의 가족기능을 하게 되어 아동은 한 인간으로서 사랑과 존중, 보호 · 양육을 받는 존재로 인식하며 부모와의 일체감을 이루는 환경적인 경험을 통해 진정한 부모-자녀 관계를 형성하게 된다. 이러한 가정입양보호는 친부모로부터 분리될 수밖에 없는 아동에 대해 친부모가정과 유사한 환경에서 개별적이고 지속적인 보호 · 양육을 받을 수 있게 됨으로써 아동의 복지를 장기적으로 보장해 줄 수 있다는 장점이 있다(정옥분 외, 2021).

이러한 가정입양보호는 「입양특례법」을 근거로 추진하고 있지만 기본방향은 다음과 같다(김미영, 2020; 보건복지부 아동분야 사업안내, 2024).

① 태어난 가정에서 양육하기 어려운 경우 아동 최상의 이익을 위해 입양 · 가정위탁 등 가정보호를 지원한다.
② 보호가 필요한 아동에 대해 시설보호보다는 가정보호(입양 등) 조치가 우선될 수 있도록 지방자치단체의 협조가 필요하다.
③ 국내입양을 우선으로 하며 해외입양을 차선책으로 추진한다.
④ 입양가정 및 아동에 대한 사후관리를 강화한다.
⑤ 입양가정에 대한 경제적 · 제도적 지원을 통한 국내입양을 활성화한다.

⑥ 혈연중심의 가족문화, 비밀입양위주 등 입양문화 개선을 위한 대국민 홍보를 강화한다.

또한 카두신은 가정입양보호의 목적과 기능을 다음과 같이 설명하고 있다(김순옥 외, 2014; 황해익 외, 2017).

① 아동에게 영구적인 가정과 가족관계를 갖게 한다.
② 불임부모에게 부모가 될 수 있는 기회를 제공한다.
③ 가문 계승과 유산을 물려주는 수단이 된다.
④ 자녀를 원하지 않거나 보호·양육할 능력이 없는 부모를 위한 대체수단이다.
⑤ 자녀가 있는 사람이 아동을 더 양육하려는 욕구와 능력이 있을 때 이를 만족시킬 수 있다.

2) 가정입양보호의 종류

가정입양은 고대사회부터 자녀가 없는 가정에 제사나 재산을 물려주는 가계 계승 목적으로 오래전부터 이어져 왔다. 입양의 의미는 시대적·사회적 배경에 따라 차이가 있을 수 있으며, 입양의 목적이나 방법, 장소(국내, 국외)에 따라 국내입양과 국외입양, 친족입양과 비친족입양, 독립입양과 기관입양, 비밀입양과 공개입양, 영아입양과 연장아입양 등으로 구분할 수 있다. 각각에 대해서 살펴보면 다음과 같다(노명희 외, 2014; 김미영, 2020).

(1) 국내입양과 국외입양

국내입양은 「입양특례법」과 「민법」에 의해 국내에서 생물학적 부모가 아닌 양부모가 입양하는 친양자입양, 양자입양(일반입양) 등을 의미한다. 「입양특례법」 제7조(국내입양 우선 추진), 제8조(국외입양의 감축) 등을 규정하고 있어 2021년 보건복지부 입양아동 수 통계에 따르면 전체 입양아동 수 415명 중 국내입양은 54.5%(226명)로 나타났다. 국외입양은 아동이 태어난 나라가 아닌 다른 나라로 입양되는 것으로, 우리나라의 「입양특례법」이나 「국제사법」, 양친이 될 나라의 자국법에 따른다. 이러한 국외입양은 2021년 전체 입양아동 수 415명 중 189명으로 45.5%에 해당한다. 입양아동 수는 해마다 감소하는 것으로 나타났는데 2018년 681명(국내 378명, 국외 303명), 2019년 704명(국내 387명, 국외 317명), 2020년 492명(국내 260, 국외 232)으로 나타났다(보건복지부, 2024).

(2) 친족입양과 비친족입양

친족입양은 아동이 혈연관계가 있는 친척이나 친지 또는 친어머니의 재혼으로 인해 가족관계를 형성하는 사람에 의해 친양자로 입양되는 것이다. 비친족입양은 아동이 친족관계가 성립되지 않는 입양부모가 입양하는 양자입양(일반입양)을 의미한다.

(3) 독립입양과 기관입양

독립입양은 공식적인 입양기관을 거치지 않고 친부모와 양부모가 될 사람 간에 협의하거나 제삼자(브로커)를 통해 개별적으로 입양하는 경우이다. 이러한 경우는 비용이 많이 들 수 있고, 친부모와 양부모의 대면 횟수가 많아 비밀보장이 어려워질 수 있고, 나중에 친부모가 자녀를 보호·양육을 희망한다면 파양이나 법적인 보호가 불가능할 수도 있다.

기관입양은 입양기관을 통해 입양하는 것으로 입양기관에서 법적 대리인이 되어 친부모나 양부모 등의 가정조사 절차를 거쳐 입양을 추진하기 때문에 입양 후의 문제가 적다. 입양관련 기관은 2009년 23개소(국내 19개소, 국외 4개소)가 운영되었으나 점점 감소하여 2021년 7개소(국내 4개소, 국외 3개소)가 운영되었고, 2024년에는 보건복지부 허가기관(홀트아동복지회, 대한사회복지회, 동방사회복지회 등은 국내입양 및 국외입양 업무를 모두 수행)과 시도 허가기관(성가정입양원, 광주영아일시보호소, 꽃동네 천사의 집, 제주국내입양센터 등은 국내입양 전담) 총 7개소가 운영되고 있다(보건복지부 아동분야 사업안내, 2024).

(4) 비밀입양과 공개입양

비밀입양은 아동을 입양하는 양부모가 입양아동은 물론 타인에게 입양사실을 숨기며 마치 입양모가 입양아동을 출산한 것처럼 비밀을 유지하는 것이다. 우리나라의 입양방식은 주로 혈연의식에 근거한 가족주의 문화에 기반을 두고 있고 임신을 하지 못하는 불임부부에 의해 비밀입양이 이루어졌다. 이러한 비밀입양은 비밀을 유지해야 하기 때문에 가족구성원들이 겪는 정서적 어려움을 가족 내에서 해결하려 하고 외부에 드러내기가 힘들다.

공개입양은 입양아동뿐만 아니라 가족 외부의 사람들에게도 입양사실을 공개하는 것이다. 즉, 친가족과 입양가족 간의 출산 전 정보의 교환에서부터 지속적인 의사소통을 하거나 정기적인 방문을 포함한 넓은 범위를 포함하는 개념이다(정옥분 외, 2021). 공개의 범위는 각 가정마다 친 · 인척에게만 알리는 경우, 이웃과 교육기관에 모두 알리는 경우 등 각각의 사례마다 다양하게 나타나고 있으며, 우리나라의 경우도 공식적인 입양기관을 통해서 입양이 이루어지도록 법과 제도를 정비하였다.

(5) 신생아입양과 연장자입양

신생아입양은 신생아나 만 1세 미만의 영아를 입양하는 것이다. 이러한 입양은 양부모가 언어 · 인지가 발달하지 않은 신생아 때부터 입양하여 양부모와 정서적 유대감을 안정시키려는 경향이 있다. 연장자입양은 만 1세 이상의 영아를 입양하는 것으로 신생아입양보다 언어 · 인지 · 사회 · 정서 발달에 늦고 입양부모와 애착형성에 어려움이 있고 심리 · 사회적 부적응을 더 많이 경험하는 것으로 나타났다(Smith & Brodzinsky, 2002; 정옥분 외, 2021).

우리나라의 경우 입양 종류는 「입양특례법」에 의한 입양, 「민법」에 의한 친양자입양, 「민법」에 의한 양자입양 등이 있는데, 요약한 것은 〈표 12-3〉과 같다[아동권리보장원(https://www.kadoption.or.kr), 2024].

〈표 12-3〉 우리나라 입양의 종류

구분	「입양특례법」에 의한 입양	「민법」에 의한 친양자입양	「민법」에 의한 양자입양
근거	「입양특례법」	「민법」 제908조의 2부터 8까지	「민법」 제866조부터 제908조까지
성립요건	친생부모의 동의를 받아 가정법원의 허가	친생부모의 동의를 받아 가정법원의 허가	친생부모의 동의를 받아 협의

양자의 성(姓) · 본(本)	양친의 성(姓)과 본(本)으로 변경	양친의 성(姓)과 본(本)으로 변경	친생부의 성(姓)과 본(本)을 유지
친생부와의 관계	종료	종료	유지
입양의 효력	재판이 확정된 때부터 혼인 중의 자로서의 신분을 취득하며, 친생부모와의 관계는 종료됨	재판이 확정된 때부터 혼인 중의 자로서의 신분을 취득하며, 친생부모와의 관계는 종료됨	입양한 때부터 혼인 중의 자로서의 신분을 취득하나, 친생부모와의 관계는 친권 이외는 유지됨

3) 가정입양보호의 구성요소

가정입양보호사업은 입양되는 입양아동(양자)과 이 아동을 입양하려는 입양부모(양부모), 입양아동의 친권 및 보호 · 양육을 포기하는 친생부모 등 3자 중심으로 이루어진다. 그리고 3자 중심 사이에 매개역할을 하면서 입양을 추진하는 입양기관 등이 있다. 각각에 대해서 살펴보면 다음과 같다(김미영, 2020; 정옥분 외, 2021).

(1) 입양아동(양자)

양자가 될 입양아동의 자격은 18세 미만의 요보호아동으로 보호자로부터 적정수준의 보호 · 양육이 어려운 아동이다. 즉, 「입양특례법」 제9조(양자가 될 자격)에 의하면, ① 보호자로부터 이탈된 사람으로서 특별시장 · 광역시장 · 특별자치시장 · 도지사 및 특별자치도지사 또는 시장 · 군수 · 구청장이 부양의무자를 확인할 수 없어 「국민기초생활 보장법」에 따른 보장시설에 보호의뢰한 사람, ② 부모(부모가 사망이나 그 밖의 사유로 동의할 수 없는 경우에는 다른 직계존속을 말한다) 또는 후견인이 입양에 동의하여 보장시설 또는 입양기관에 보호의뢰한 사람, ③ 법원에 의하여 친권상실의 선고를 받은 사람의 자녀로서 시 · 도지사 또는 시장 · 군수 · 구청장이 보장시설에 보호의뢰한 사람, ④ 그 밖에 부양의무자를 알 수 없는 경우로서 시 · 도지사 또는 시장 · 군수 · 구청장이 보장시설에 보호의뢰한 사람 등이 해당한다(국회법률정보시스템, 2024).

이러한 요건에 따라 입양아동은 입양을 통하여 자신이 태어난 친생부모의 체계를 떠나 자신의 신체적 · 정신적 · 사회적 성장 · 발달을 도와줄 수 있는 다른 영구가정을 보장받기를 원하면서, 동시에 자신의 타고난 생물학적 혈통 및 뿌리에 대해 알고 싶은 욕구를 갖는다(주수길 외, 2020).

(2) 입양부모(양부모)

입양부모는 혈통에 의하지 않고 법적 절차에 따라 부모가 되는 사람이다. 즉, 생물학적 과정이 아닌 법적 · 사회적 과정을 통하여 부모가 되는 경우이다. 입양부모는 자녀가 없는 경우 자녀를 갖고 싶은 욕구를 만족시킬 수 있으며, 새로운 가족구성원을 얻게 되고 새로운 가족관계가 형성되면서 입양아동에 대해 법적으로 혈연관계와 같은 의무와 권리를 갖는다. 이렇게 우리나라에서 입양부모가 될 요건으로 「입양특례법」 제10조(양친이 될 자격)에 의한 자격은 다음과 같다. ① 양자를 부양하기에 충분한 재산이 있을 것, ② 양자에 대하여 종교의 자유를 인정하고 사회의 구성원으로서 그에 상응하는 양육과 교육을 할 수 있을 것, ③ 양친이 될 사람이 아동학대 · 가정폭력 · 성폭력 · 마약 등의 범죄나 알코올 등 약물중독의 경력이 없을 것, ④ 양친이 될 사람이 대한민국 국민이 아닌 경우 해당 국가의 법에 따라 양친이 될 수 있는 자격이 있을 것, ⑤ 그 밖에 양자가 될 사람의 복지를 위하여 보건복지부령으로 정하는 필요한 요건(대한민국 국민의 경우 25세 이상으로서 양자가 될 사람과의 나이 차이가 60세 이내일 것, 대한민국 국민이 아닌 경우 25세 이상 45세 미만일 것, 다만 보건복지부 장관이 양친이 될 사람의 가정환경이 양자를 건전하게 양육하기에 적합하다고 인정하는 경우 그러하지 아니함)을 갖출 것, ⑥ 양친이 될 사람은 양자가 될 아동이 복리에 반하는 직업이나 그 밖에 인권침해의 우려가 있는 직업에 종사하지 않아야 함, ⑦ 양친이 되려는 사람은 입양의 성립 전에 입양기관 등으로부터 보건복지부령으로 정하는 소정의 교육(내용: 입양과 파양의 요건절차 및 효과, 입양가정 지원에 관한 정보, 자녀의 양육방법, 입양아동의 심리 및 정서에 관한 정보, 입양 사후관리에 관한 정보, 그 밖에 보건복지부장관이 필요하다고 인정한 사항)을 마쳐야 한다(국회법률정보시스템, 2024).

(3) 친생부모

친생부모는 혈연적 관계로 입양아동을 낳은 부모이다. 친생부모는 출생한 아동에 대한 친권을 가지게 되기 때문에 아동을 양자로 보내려면 친생부모의 입양동의가 필요하고(13세 이상의 아동을 양자로 할 경우는 양자될 사람의 동의도 필요함), 입양동의는 입양숙려제를 지켜야 한다. 여기서 입양숙려제는 친생부모가 입양의 결정에 대해 고민해 볼 수 있는 기간(아동 출생일로부터 7일)을 제공하는 것이다. 숙려기간 동안은 친생부모가 아동을 보호해야 하고 이 기간이 지나야 입양에 동의할 수 있도록 하는 것이다. 숙려기간 동안 친생부모는 입양을 결정하기 전에 입양기관으로부터 입양에 관한 충분한 상담을 받고 입양 외 다른 보호 · 양육 대안이 있는지를 검토하여 자발적인 입양결정이 이루어지도록 하고 있다.

과거에는 이러한 친생부모가 법적인 혼인상태에서 자녀를 보호 · 양육하다 가정의 빈곤, 불화, 이혼 등으로 인해 더 이상 자녀를 보호 · 양육하는 것이 어려워 입양을 의뢰하는 경우가 많았지만, 최근에는 친생부모의 상당수가 미혼모이다. 이들은 아동을 보호 · 양육할 의사가 없거나 능력이 없기 때문에 입양을 의뢰하게 된다.

(4) 입양기관

입양기관은 입양 절차를 도와주기 위해 허가된 법적인 기관이다. 입양을 진행하기 위해서는 입양아동과 입양부모, 친생부모 등이 서로 공존해야 한다. 이러한 과정에서 입양기관의 역할은 다음과 같다. ① 친생부모는 혈연으로 맺어진 친권을 포기하는 것이 쉽지 않다. 이런 경우 입양기관은 친생부모의 정서 · 사회적 상황을 이해하며 입양에 대한 장 · 단점이나 입양아동의 심리 및 정서를 고려하여 자발적인 입양을 결정할 수 있도록 도와야 한다. ② 입양부모는 입양을 결정할 때 최선의 선택과 결정을 내릴 수 있도록 도와주는 것이 중요하다. 입양기관은 입양에 대한 정확한 정보를 제공하고 사전교육을 통하여 입양에 대한 올바른 가치관을 확립하여 왜곡된 입양이 되지 않도록 지속적인 관리를 해야 한다. ③ 입양기관은 홍보를 통하여 입양을 원하는 일반가정에게 입양에 대한 올바른 인식을 고취시켜 사회분위기를 조성하는 역할을 담당해야 한다(주수길 외, 2020).

입양기관의 역할은 입양부모의 가정을 방문해서 입양부모의 입양동기와 욕구를 파악하여 입양하기에 적합한 자격을 갖추었는지 파악하고, 가정조사서를 발급하고, 입양부모에게 입양과 파양의 요건절차 및 효과, 입양가정 지원에 관한 정보, 자녀의 양육방법, 입양아동의 심리 및 정서에 관한 정보, 입양 사후관리에 관한 정보 등을 총 8시간 동안 교육하고 교육이수증명서를 발급한다. 또한 입양보호의 절차가 마무리되어 아동이 입양가정에 배치되면 잘 적응하고 있는지를 1년 동안 입양가정을 방문하여 조사하고 아동이 입양가정의 법적인 자녀가 되어 있는지 확인하는 사후관리를 진행한다. 사후관리의 목적은 입양아동이 성공적으로 새 가정에 잘 적응할 수 있도록 입양부모와 입양아동 간에 이해를 증진시키고 입양에 따른 문제를 해결하는 데 도움을 주기 위해서 시행한다(정옥분 외, 2021).

4) 가정입양보호의 절차

우리나라의 가정입양보호의 절차는 2011년에 개정된 「입양특례법」에 따라 진행되는데, 2012년 8월 5일 이후부터는 가정법원의 허가를 받아야 하고 2013년부터는 입양숙려기간(7일)을 도입하여 입양보호가 이루어지고 있다(주수길 외, 2020). 입양보호의 절차를 일반가정의 경우를 살펴보면 다음과 같다. ① 보호가 필요한 아동을 발견하고 관련기관에서 아동에 대한 초기 접촉을 시작한다. ② 그 후 친생부모의 친권포기에 대한 친생부모의 상담, ③ 아동의 일시적 위탁보호가 이루어짐, ④ 입양을 희망하는 입양부모의 초기 접촉, ⑤ 입양부모의 입양신청서 제출, ⑥ 입양기관에서 입양부모의 가정방문을 통한 가정조사 실시, ⑦ 입양할 아동을 선정, ⑧ 가정법원 허가, ⑨ 입양아동과 입양부모와의 면접 후 입양가정에 배치되며, ⑩ 가정법원 허가서를 첨부하여 시·군·구에 친양자 신고를 하면 입양보호 절차 마무리되어 친권의 법적 효력 발생, ⑪ 배치 후 입양기관에서 1년간 사후관리를 진행한다.

입양부모는 입양신청서를 입양기관에 제출할 때 필요한 서류는 가족관계증명서, 혼인관계증명서, 주민등록등본, 부부건강진단서(알코올 등 약물중독 진단 포함) 등이며, 그 외 가정법원 허가를 위해 재산(건물·토지 등기부등본, 과세증명서 등)과 수입(재직증명서 등)을 증명하는 서류, 범죄경력조회서, 입양 전 교육 이수증명서(총 8시간) 등이 필요하다. 입양기관은 입양부모의 가정을 방문해서 입양부모의 입양동기와 욕구를 파악하여 입양하기에 적합한 자격을 갖추었는지 파악하고, 가정조사서를 발급한다. 또한 입양기관은 입양부모에게 입양과 파양의 요건절차 및 효과, 입양가정 지원에 관한 정보, 자녀의 양육방법, 입양아동의 심리 및 정서에 관한 정보, 입양 사후관리에 관한 정보 등을 총 8시간 동안 교육하고 교육이수증명서를 발급한다. 이러한 국내 가정입양보호 절차는 [그림 12-1]과 같다(보건복지부 아동분야 사업안내, 2024).

요보호아동 발생

- 친생부모: 입양숙려기간(일주일) 준수
  - 양육에 관한 정보, 사회적응서비스, 정부지원정보 제공
  - 기아: 기아발견신고 및 조서 작성, 부양의무자공고, 후견인지정, 가족관계등록 창설(가정법원 성 · 본 창설허가재판)

▼

입양동의 전 상담

- (지자체/입양기관 친생부모 및 양자될 사람(요보호아동)에게 입양의 동의, 입양의 효과 및 파양, 입양정보공개청구 등 충분한 상담 제공
  - 입양기관은 상담내용을 관할 시군구에 보고
  - 보고받은 관할 시군구 아동보호전담요원은 친생부모 추가상담 제공(선택)

▼

입양동의

- (친생부모) 입양결정 후 입양동의서 작성

*친생부모가 미성년인 경우, 친생부모의 법정대리인의 동의를 모두 받아야 함 (법정대리인인 친권자가 이혼했을 경우, 법원지정 친권자 1인의 동의를 받아야 함)

*아동이 13세 이상인 경우 아동의 입양동의를 받아야 함

▼

아동 인수 및 보호

- (지자체) 입양기관 소재 시·군·구 아동보호전담요원 개별보호·관리계획 작성 → 아동복지심의위원회를 통해 개별보호·관리계획 확정 및 입양결정 → 입양대상아동 확인서 발급
- (입양기관) 아동배경보고서 및 아동카드 작성, 아동 인수일로부터 2주 이내 입양정보통합관리시스템에 아동정보 등록

예비양부모 입양신청

- 전화, 내방 등 개별 및 부부상담 진행(입양기관)
- 법 제10조(양친이 될 자격 등) 충족

▼

양친 가정조사

- 양친가정조사신청서 제출
  - 구비서류: 양친가정조사신청서(별지 제6호 서식), 가족관계증명서, 혼인관계증명서, 주민등록등본
- 가정조사 실시 (「입양특례법」 제10조, 동법 시행규칙 제8조제2항)
- 범죄경력 및 아동학대사례 판단이력 조회
- 예비양부모 교육: 보건복지부령으로 정하는 소정의 교육 이수 (별지 제1호 양친교육이수증명서 발급)

▼

양친가정조사서 발급

- 「입양특례법 시행규칙」 제8조제2항에 따른 양친가정조사서(별지 7호) 발급

▼

결연

- 국내입양 우선추진(5개월/ACMS활용)
- 양친될 자와 입양대상아동 결연

※ 법 제11조제1항에 따른 서류 구비

〈법원의 추가보정 요청이 있을 시〉

- 구비서류 재정비 및 예비양부모 소환(가사조사관) 등

▼

법원허가제

- 양자가 될 사람의 등록기준지 또는 주소지 관할 가정법원에 신청
  - 구비서류: 입양허가신청서, 입양동의서, 사건본인서류(기본증명서, 가족관계증명서, 주민등록등본), 입양대상아동 확인서, 청구인서류(기본증명서, 혼인관계증명서, 가족관계증명서, 주민등록등본), 양친교육이수증명서, 범죄경력조회 회신서, 양친가정조사서
- 가정법원의 인용심판 확정으로 입양효력 발생
- ACMS 정보 입력: (입양조치일자) 심판확정문 확정일, 그 외 조치구분에 따른 일자

▼

국내입양

- 친양자입양신고(가정법원의 허가서 첨부)
- ACMS 정보 입력: (입양신고일) 친양자입양신고서상 신고일
- 시군구아동복지심의위원회 보호조치 종결심의

▼

사후서비스 제공

- (입양기관) 입양성립 후, 1년 동안 사후관리 제공
  - 가정방문, 아동발달상태 등 관찰, 아동 부모 관계 관찰, 가정환경 확인 등
  - 입양기관 관할 아동보호전담요원은 입양기관의 사후관리 이행상황 모니터링 진행
- 입양정보공개청구 등

[그림 12-1] 국내 가정입양보호 절차

5) 가정입양보호의 복지

우리나라의 입양아동 및 가족에게 지원하는 복지는 「입양특례법」상 허가를 받은 입양기관에 의해 아동을 국내입양한 가정 중에서 가정법원 입양확정일이 2022년 1월 1일 이후인 가정은 1회에 한아여 200만원의 입양축하금이 지급된다(보건복지부, 2024). 또한 입양알선에 소요되는 인건비, 아동양육비(위탁모비용 포함), 입양알선 절차에 소요되는 비용, 사후관리비 등 입양알선에 실제로 드는 입양알선 비용을 지급하고 있다. 입양아동 양육수당은 국내입양 가정의 모든 아동에게 2024년 기준 만 18세가 되는 날이 속한 달까지 1인당 매월 20만원씩 지급하고 있는데 특별자치시장 · 특별자치도지사 · 시장 · 군수 · 구청장에게 신청하면 된다. 또한 의료급여는 1종 의료급여를 제공하고 있다. 장애입양아동은 양육보조금 및 의료비를 지원받을 수 있는데, 양육보조금은 장애의 정도가 심한 경우는 627천원을 심하지 않은 경우는 551천을 지원받는다. 또한 의료비는 연간 260만원 한도 내에서 본인이 부담한 진료 · 상담 · 재활 및 치료에 소요되는 비용을 지원되고 있다. 장애인보조기구에 대한 의료비 청구도 포함하여 연간 의료비 지원 한도액의 50% 이내로 지원하고 있다(보건복지부 아동분야 사업안내, 2024).

아동권리보장원에서는 국내입양 가족의 성공적인 적응을 돕기 위하여 입양아동의 건강한 성장 · 발달 및 건전한 양육환경 조성, 입양아동과 가족의 안정적 정착지원, 입양인 정체성 확립을 지원하기 위해 친가족찾기 지원, 입양인의 건강한 성장과 건전한 입양문화 확산 지원, 입양체계 개편을 위한 조사연구 · 정책지원, 입양인식 전환점 제공을 통해 입양에 대한 올바른 시선 확립, 입양가정 심리 · 정서 지원, 입양가정 자조모임 지원 등을 실시하고 있다. 또한 국내외 입양정책 및 서비스에 관한 조사 · 연구, 입양 국제협력 업무, 입양아동 · 가족정보 및 친가족 찾기에 필요한 통합데이터베이스 운영, 입양아동의 데이터베이스 구축 및 연계, 입양기록물을 영구보존할 수 있는 입양정보통합관리시스템(ACMS: Adoption Centralized Management System) 운영 · 관리 등을 하고 있다(아동권리보장원, 2024). 더불어 해외입양인의 성공적인 적응과 긍정적 자아정체감 형성을 돕기 위해 다양한 사후 서비스를 제공하고 있다. 즉, 모국방문사업, 모국어 연수사업, 모국에 관한 자료제공, 친생부모 찾기 사업과 입양정보공개제도에 관한 홍보, 국적회복지원,

국외로 입양된 아동을 위한 상담사업 등을 진행하고 있다(정옥분 외, 2021).

12.3 비행소년보호

현대사회는 산업화 및 가족구조 변화에 따른 가정의 교육적 기능 약화나 황금만능주의, 사회적 환경변화 등으로 인해 비행소년이 증가하고 있으며 비행의 수위나 강도도 높아지고 있는 현실이다. 또한 비행 이외에도 가출과 같은 가정 안의 문제들도 증가하고 있는데 비행의 저연령화 추세가 심각하고 이탈 내용도 갈수록 포악해지고 있다. 여기서는 비행소년의 개념, 비행 관련 요인 및 소년범죄 유형과 현황, 보호처분과 보호관찰, 교정시설, 소년비행의 예방 대책 등에 대해서 살펴본다.

1) 비행소년의 개념

일반적으로 비행소년 또는 소년비행은 비행아동 · 아동비행, 비행청소년 · 청소년비행이라는 용어가 혼용되어 사용하고 있다. 여기서 소년과 아동, 청소년의 개념은 같은 맥락으로 적용하고 있는데, 소년의 개념은 법에 따라 연령의 차이점이 있다. 「아동복지법」에서 18세 미만은 아동, 「소년법」에서 19세 미만은 소년, 「청소년보호법」에서 19세 미만은 청소년, 「청소년기본법」에서 9세 이상 24세 미만은 청소년, 「아동 · 청소년의 성보호에 관한 법률」에서 19세 미만은 아동 · 청소년, 「형법」에서 14세 미만은 형사미성년자로 규정하고 있다.

비행소년은 소년이 행하는 그릇된 행위를 의미하는데, 「형법」과「소년법」에 따르면 범죄행위 · 촉법행위 · 우범행위를 한 10세 이상 19세 미만의 소년을 의미한다. 여기서 범죄소년은 죄를 범한 범죄행위를 한 14세 이상 19세 미만으로 형사책임이 있는 소년이다. 즉, 「형법」 제9조(형미성년자) '14세 되지 아니한 자의 행위는 벌하지 아니한다.'로 명시되어 범죄소년은 14세 이상 19세 미만의 소년으로 한정한 것이다. 촉법소년은 형별 법령에 저촉되는 행위를 한 10세 이상 14세 미만으로 형사책임이 없는 소년이다.

그렇지만 범죄소년과 같은 죄를 범했기 때문에 가정법원 등에서 감호위탁, 사회봉사, 소년원송치 등의 보호처분을 원칙으로 한다. 우범소년은 ① 집단적으로 몰려다니며 주의 사람들에게 불안감을 조성하는 성벽(性癖, 굳어진 성질이나 버릇, 몸에 밴 습관)이 있는 것, ② 정당한 이유 없이 가출하는 것, ③ 술을 마시고 소란을 피우거나 유해환경에 접하는 성벽이 있는 것 등에 해당하는 사유가 있고 그의 성격이나 환경에 비추어 앞으로 「형법」 법령에 저촉되는 행위를 할 우려가 있는 10세 이상 19세 미만의 소년이다(「소년법」 제4조, 경찰청 소년업무규칙, 국가법령정보센터, 2024).

또한 비행(非行)은 잘못되거나 그릇된 행위로 유형을 6개의 범주로 구분한 것은 〈표 12-4〉와 같다(노명희 외, 2014).

〈표 12-4〉 비행의 유형

범주	유형
대인비행	강간, 강도, 폭행, 금품 탈취, 흉기소지, 패싸움, 폭력써클 가입, 흉기로 타인에게 상처 입히기, 공갈이나 협박
재산비행	절도, 사기, 남의 집에 들어가 물건 훔치기, 등록금을 다른 곳에 쓰기, 공공기물 파괴
공공질서 비행	도박, 가출, 음주, 흡연, 컨닝, 부모나 선생님에 대한 반항, 무단결석
피해자 없는 비행	이성과의 성관계, 이성과의 혼숙, 음화 및 음란서적 소지, 음란비디오 관람, 사창가 출입
지위비행	술집 출입, 디스코장 출입, 관람불가 극장 출입, 다방이나 당구장 출입
약물남용 비행	환각제나 본드 사용, 대마초 흡연

2) 비행 관련 요인 및 소년범죄 유형별 현황

오늘날 비행소년의 특징은 날이 갈수록 집단화, 저연령화, 흉폭화 등으로 변형되고 있는데, 이유는 핵가정 · 결손가정 · 맞벌이부부의 증가 등으로 지적되고 미성숙하고 정서적 불안정한 상태에서 비행을 유발시키는 사회적 환경의 영향이 크다고 할 수 있다. 이러한 사회적 영향은 세대 간의 갈등, 입시위주의 교육, 주변인으로서 겪는 심리적 갈등에서 나타나는 현상이라고 할 수 있다. 이러한 현상은 생태학적 체계이론 관점에서 보면 개인과 그를 둘러싼 환경체계에서 비행을 촉진시키는 위험요인과 비행을 억제하는 보호요인으로 구분할 수 있는데 각각에 대해서 살펴본다(노명희 외, 2014; 김성경 외, 2013).

(1) 비행의 위험요인

위험요인은 비행을 예측할 수 있는 요인으로 다양한 변인들은 크게 다음과 같다.

① **개인적 위험요인**: 유전적 요인이나 취약적인 기질(공격성, 자아통제력 결핍, 반항성, 불안, 우울, 사이코패스 등), 성격적 요인, 내적 갈등, 불만 등이 있다. 특히 자아통제력은 부도덕하거나 불법적인 행동을 하려는 충동을 억제하는 능력인데, 자아통제력이 높은 소년들은 범죄환경에 있더라도 자신의 양심이나 도덕성을 기반으로 이를 극복하므로 범죄를 저지를 가능성이 낮지만 자아통제력이 낮은 소년들은 어떠한 문제가 발생했을 때 이를 해결하려고 노력하기보다는 회피하거나 좌절하기 때문에 범죄를 저지를 경우가 많다.

② **가정적 위험요인**: 부모의 특성, 부정적 양육태도, 부부갈등, 부모의 알코올 오남용, 아동학대, 가족 간의 역기능적 의사소통, 부정적인 가족의 규칙, 결손가정이나 빈곤가정 등이 있다. 자녀를 수용하는 긍정적인 가족관계나 긍정적인 양육태도, 기능적 의사소통을 하는 가정일수록 자녀가 비행에 가담하는 경우가 낮아 보호요인으로 작용할 수 있다.

③ **학교 환경적 위험요인**: 학업성취의 실패, 따돌림 경험, 입시위주의 주입식 교육, 불건전한 교우관계, 교사의 지도력 역량 약화, 학교교육제도와 현실의 괴리, 학교교육의 생활지도상의 미흡 등이 있다. 특히 학교생활에 잘 적응하지 못해 조퇴나 무단결석 등을 반복하면서 자퇴를 하거나 퇴학을 당하는 소년의 경우는 좌절감, 상실감, 소외감 등을 경험하면서 각종 범죄환경을 스스로 접하면서 존재가치를 확인받고 싶은 욕구를 가지려고 해 범죄로 이어지는 경우가 많다.

④ **사회 환경적 위험요인**: 사회구조, 제도, 가치관, 풍속, 규범, 대중매체, 지역 이기주의, 지역 격차 등이 있다. 특히 산업화로 인한 상업주의, 향락주의, 개인주의 등은 비인간화 현상을 유발하고, 여관, 호텔, 안마시술소 등의 유해환경은 집이나 학교 근처에서 멀지 않은 곳에 자리 잡고 있어 소년들의 건전한 육성을 저해하고 있다.

(2) 비행의 보호요인

보호요인은 위험요인에 노출되었을 때 나타날 수 있는 부정적인 영향을 중재하거나 감소시켜 문제행동의 확률을 줄이는 변인인데 다음과 같다.

① **개인적 보호요인**: 자아존중감, 자아통제력, 계획성, 책임성, 사회 소속감, 사회적 대인관계기술, 종교적 신앙심 등이 있다. 이러한 요인을 증대 및 향상시켜 비행을 줄여야 한다.

② **가족적 보호요인**: 부모의 적절한 감독과 통제, 부모 자녀 간의 애착형성, 부모 자녀 간의 친밀도, 부모교육, 부모와 자녀 간의 긍정적 의사소통 등의 요인을 강화해서 비행을 줄여야 한다.

③ **학교관련 보호요인**: 학우 간의 긍정적 관계, 높은 학업 성취도, 교사의 긍정적 지지, 긍정적인 적응수준 등이 있다.

④ **친구관련 보호요인**: 친구의 적극적 지지, 사회적 지지망 구축 등이 있다.

(3) 소년범죄 유형별 현황

소년범죄의 특성은 더욱 흉악해지고 연령이 낮아지면서 한번 범죄를 저지르면 다시 발생할 수 있는 재범률이 증가하고 있는데 소년범죄 유형별 발생 현황은 〈표 12-5〉와 같다(김성경 외, 2023). 〈표 12-5〉에서 보는 것처럼 흉악한 강력범죄는 해를 거듭할수록 증가되고 있는 현상이다. 폭력이나 재산, 교통 등의 범죄는 줄어들고 있다.

〈표 12-5〉 소년범죄 유형별 발생 현황[소년인구 10만 명당 발생비율(%)]

연도	재산범죄		강력범죄(흉악)		강력범죄(폭력)		교통범죄	
	발생비	증감률	발생비	증감률	발생비	증감률	발생비	증감률
2010	400.7	-	33.7	-	250.5	-	150.9	-
2011	403.0	0.6	38.1	13.1	265.2	5.8	136.3	-9.7
2012	442.4	10.4	34.7	3.0	310.0	23.7	115.1	-23.7
1013	430.9	7.6	34.4	2.1	215.4	-14.0	96.2	-36.3
2014	367.4	-8.3	32.0	-5.0	196.0	-21.8	93.7	-37.9

2015	332.9	-16.9	28.2	-16.4	181.4	-27.6	89.4	-40.8
2016	352.9	-11.9	35.7	5.9	207.7	-17.1	99.4	-34.1
2017	319.3	-20.3	38.1	13.0	231.2	-7.7	105.8	-29.9
2018	300.6	-25.0	39.8	18.2	224.0	-10.6	86.7	-42.6
2019	327.6	-18.2	43.2	28.2	219.4	-12.4	88.0	-41.7

출처: 대검찰청 「2020 범죄분석」

3) 보호처분과 보호관찰

「소년법」 제1조(목적) 이 법은 '반사회성(反社會性)이 있는 소년의 환경 조정과 품행 교정(矯正)을 위한 보호처분 등의 필요한 조치를 하고, 형사처분에 관한 특별조치를 함으로써 소년이 건전하게 성장하도록 돕는 것을 목적으로 한다.'라고 규정하고 있다. 여기서 보호처분은 법원 소년부 판사가 소년보호사건을 심리한 결과를 토대로 보호처분(10가지 유형)을 할 필요가 있다고 인정하면 내리는 처분이다[「소년법」 제32조(보호처분의 결정)]. 이러한 보호처분은 소년의 성행(性行) 및 환경개선을 위하여 국가가 적극적으로 보호할 필요가 있다고 인정될 때 내린다.

촉법소년이나 우범소년의 처리절차를 살펴보면 경찰은 촉법소년이나 우범소년을 선도하거나 직접 관할법원 소년부에 송치해야 하고, 촉법소년이나 우범소년을 발견한 보호자 또는 학교, 사회복지시설, 보호관찰소 등의 장은 이들을 관할 가정법원 또는 지방법원 소년부에 통고할 수 있다. 검찰은 벌금 이하의 형에 해당하는 촉법소년이나 우범소년의 범죄는 법원 소년부에 송치하고 또한 검찰의 기소에 의해 형사법원에서 벌금 이하에 행당하는 형을 받은 소년은 법원 소년부로 송치한다. 법원 소년부는 촉법소년이나 우범소년의 죄를 조사 · 심리한 결과에 대해서 보호처분으로 결정되면 그들을 소년분류심사원에 위탁한다. 또한 보호처분을 할 수 없거나 보호처분이 필요 없다고 인정한 것은 보호불처분 결정을 하고 이를 본인과 보호자에게 알려야 한다. 보호처분의 종류는 〈표 12-6〉과 같다(「소년법」 제32조(보호처분의 결정), 제33조(보호처분의 기간); 정명희 외, 2024).

〈표 12-6〉 보호처분의 종류

구분	보호처분의 종류	기간 또는 시간 제한	대상연령
1호	보호자 또는 보호자를 대신하여 소년을 보호할 수 있는 사람에게 감호 위탁	6개월(6개월 연장 가능)	10세 이상
2호	수강명령	100시간 이내	12세 이상
3호	사회봉사명령	200시간 이내	14세 이상
4호	보호관찰관의 단기 보호관찰	1년	10세 이상
5호	보호관찰관의 장기 보호관찰	2년(1년 연장 가능)	10세 이상
6호	「아동복지법」에 따른 복지시설이나 그 밖의 소년보호시설에 감호 위탁	6개월(6개월 연장 가능)	10세 이상
7호	병원, 요양소 또는 「보호소년 등의 처우에 관한 법률」에 따른 의료재활소년원에 위탁	6개월(6개월 연장 가능)	10세 이상
8호	1개월 이내의 소년원 송치	1개월 이내	10세 이상
9호	단기 소년원 송치	6개월 이내	10세 이상
10호	장기 소년원 송치	2년 이내	12세 이상

〈표 12-6〉에서 1호 처분은 보호자 또는 보호자를 대신하여 소년을 보호할 수 있는 사람에게 감호(監護, 감독하여 보호함)를 위탁하는 처분이다. 소년부 판사는 보호자에 대한 특별교육을 명령하여 보호환경을 조정할 수도 있고 소년에 관한 보고서나 의견서, 소년 감호에 대한 지시 등을 할 수 있다. 또한 보호자가 감호를 제대로 할 수 없을 때는 위탁보호위원에게 감호를 맡기게 할 수도 있다. 2호 처분의 수강명령은 소년부 판사가 소년에게 일정한 내용의 수강, 교육, 상담 등을 하도록 하는 것으로, 수강할 강의의 종류나 방법, 기관(위탁계약을 체결한 관내 청소년상담센터, 성폭력상담센터, 수강기관, 보호관찰소 등) 등도 지정할 수 있다. 3호 처분의 사회봉사명령은 소년에게 일정 시간의 사회봉사를 하도록 하는 처분으로 소년부 판사는 사회봉사의 종류나 방법, 그 대상이 될 시설 등도 지정할 수 있다.

4호와 5호 처분은 보호관찰관의 단기(장기) 보호관찰로 소년의 주거지를 관할하는 법무부 보호관찰소 소속 보호관찰관이 담당한다. 여기서 보호관찰은 소년이 일상생활을 하면서 보호관찰관의 지도 · 감독 및 원호(援護, 돕고 보살펴 줌) 등을 받도록 하는 처분이다. 즉, 범죄소년을 구금(拘禁, 피고인 또는 피의자를 교도소, 구치소, 소년원 등에 가두는 일)하는 대신 일정한 의무를 조건으로 자유로운 일상생활을 허용하면서 보호관찰관이 직접 또는 봉사자인 범죄예방위원의 협조를 받아 지도 · 감독 및 원호를 하거나 수강명령, 사회봉사명령 등을 통해 교정하여 건전한 사회복귀를 촉진하고 재범을 방지하고자 하는 제도이다(정명희 외, 2024).

4) 교정시설

교정시설은 수용자의 권익보호와 교정교육, 직업훈련 등을 통하여 사회적응 능력을 키워 건전한 사회복귀를 도모하고자 설치 · 운영하는 시설이다. 여기서 수용자는 수형자 · 미결수용자 · 사형확정자 등 볍률과 적법한 절차에 따라 교도소 · 구치소 및 그 지소 등 교정시설에 수용된 사람을 의미하고, 수형자는 징역형 · 금고형 또는 구류형의 선고를 받아 그 형이 확정되어 교정시설에 수용된 사람과 벌금 또는 과료를 완납하지 아니하여 노역장 유치명령을 받아 교정시설에 수용된 사람을 의미하고, 미결수용자는 형사피의자 또는 형사피고인으로서 체포되거나 구속영장의 집행을 받아 교정시설에 수용된 사람을 의미하고, 사형확정자는 사형의 선고를 받아 그 형이 확정되어 교정시설에 수용된 사람을 의미한다(「형의 집행 및 수용자의 처우에 관한 법률」 제2조(정의), 2024).

이러한 시설은 「형의 집행 및 수용자의 처우에 관한 법률」, 「법무부와 그 소속기관 직제」, 「건축법」, 「국토의 계획 및 이용에 관한 법률」 등 다양한 법률에서 법령제정 취지를 고려하여 교정시설의 범위를 달리 정하고 있다. 따라서 인 · 허가 등의 특정 목적으로 이용할 경우 개별 법령에서 정하고 있는 정의, 입지 · 결정기준, 행위제한, 허가기준 등의 내용을 확인하고 따라야 한다(네이버 지식백과, 2024). 일반적으로 「형법」이나 「소년법」, 기타 법(률)에 의한 위법행위를 한 범법자를 수감하는 교정시설의 유형은 〈표 12-7〉과 같다(정명희 외, 2024).

〈표 12-7〉 교정시설의 유형

구분	내용
보호감호소	죄를 지은 사람으로서 동종 또는 유사한 죄를 재범할 위험성이 있다고 인정되는 자를 수용하여 감화·교화, 사회복귀에 필요한 직업훈련과 근로 등을 행하는 시설이다.
교도소	징역형·금고형 또는 구류형의 선고를 받아 그 형이 확정된 사람과 벌금 또는 과료를 완납하지 아니하여 노역장 유치명령을 받은 사람(수형자)을 격리하여 교정·교화하고 건전한 국민사상과 근로정신을 함양하며, 기술교육·직업훈련 등을 실시하여 건전한 사회복귀를 도모하고자 법무부 지방교정청장 소속하에 설치 운영되는 시설이다.
구치소	형사피의자 또는 형사피고인으로서 체포되거나 구속영장의 집행을 받은 사람(미결수용자)을 수용하기 위하여 법무부 지방교정청장 소속하에 설치 운영되는 시설이다.
소년원	보호처분에 의하여 송치된 소년을 수용·보호하고 이들의 교정교육을 위하여 법무부 장관 소속하에 설치 운영하는 시설이다. 기능별로 다음과 같이 분류한다. • 초·중등교육 소년원: 초·중등교육이 필요한 소년을 수용·교육하는 곳 • 직업능력개발훈련 소년원: 직업능력개발훈련이 필요한 소년을 수용·교육하는 곳 • 의료·재활교육 소년원: 약물 오남용, 정신·지적발달 장애, 신체질환 등으로 집중 치료나 특수교육이 필요한 소년을 수용·교육하는 곳 • 인성교육 소년원: 정서순화, 품행교정 등 인성교육이 집중적으로 필요한 소년을 수용·교육하는 곳
소년분류심사원	• 법원 소년부로부터 위탁한 소년을 수용·보호하고 이들의 분류심사, 인성교육, 일반 중·고등학교 부적응 학생 등에 대한 특별교육, 청소년 적성검사 등을 하며 법무부 장관 소속하에 설치 운영하는 시설이다. • 신상 및 환경조사, 심리검사, 행동관찰, 신체검사, 정신의학진단, 상담, 보호자 상담, 자료분석 등을 진행한다.
보호관찰소	「보호관찰 등에 관한 법률」에 의하여 보호관찰 대상자에 대하여 보호관찰, 사회봉사명령 및 수강명령의 집행, 갱생보호, 선도 등을 행하여 건전한 사회복귀를 돕는 시설이다.
갱생보호소	「보호관찰 등에 관한 법률」에 의하여 갱생보호 대상자에 대하여 숙식 제공, 여비 제공, 생업도구와 생업조성 금품의 지급 또는 대여, 직업훈련 및 취업 알선 등을 행하여 자립을 돕는 시설이다.

* 이러한 시설은 「건축법」에 의한 용도별 건축물의 종류상 교정 및 군사시설에 해당함.

5) 소년비행의 예방 대책

사람들이 성장·발달하는 과정에서 청소년기는 학업, 친구와의 우정, 자아존중감 형성 등의 발달과업이 중요시된다. 이러한 시기에 비행이나 소년범죄로 이어지면 발달의 부정적 요인이 될 수 있는데, 소년비행의 예방 대책을 살펴보면 다음과 같다(노명희 외, 2014; 김성경 외, 2023).

(1) 소년사법제도의 개선

소년분류심사원은 소년범죄로 인하여 보호처분이나 특별조치를 받은 소년들의 자료분석(신상 및 환경조사, 심리검사, 신체검사, 정신의학진단, 상담 등)을 통하여 보호하게 된다. 소년분류심사원은 서울소년분류심사원이 1개소뿐이고 그 외는 「보호소년 등의 처우에 관한 법률」에 따라 소년원(서울, 부산, 대구, 광주, 대전, 전주, 청주, 안양, 춘천, 제주 총 10개소)이 임무를 수행하고 있다. 이러한 심사원은 보호소년의 수가 점차 증가하고 있어 부족한 현실이다. 또한 보호처분 관련 기관의 운영 예산은 재정의 안정성 확보를 위해 지방자치단체 예산에서 국가 예산으로 전환할 필요가 있으며 관련 종사자 선발에 전문가 자격 기준을 명확하게 명시할 필요가 있다. 특히 소년보호관찰관은 소년의 특성을 이해하고 그의 환경까지 관여할 수 있는 소년보호관찰관의 선발과 순환보직에서의 제외가 요구되는 현실이다(정명희 외, 2024).

(2) 소년비행 및 재발 방지를 위한 인성교육 · 부모교육 · 가족상담 강화

소년비행의 범죄율과 재범률이 증가하고 있으므로 보호처분과 소년원 교육과정의 중점을 교정교육의 효과성에 두어 보호처분 종료나 퇴소 이후에도 안정적으로 일상생활에 복귀할 수 있도록 하고 재범을 예방해야 한다. 또한 가족구성원 간의 관계를 회복할 수 있도록 가족상담이나 부모교육을 실시하여 기능적 가정이 될 수 있도록 지원해야 한다. 소년범죄의 원인은 개인이나 부모, 그를 둘러싼 환경 간의 밀접한 관계가 있으므로 서로 상호작용하는 것이 중요하다. 특히 맞벌이부부가 많아지면서 자녀를 방임, 학대하는 경우에 가정에서 받지 못하는 지지를 다른 방식으로 얻고자 하는 욕구가 강해지므로 범죄환경에 더 쉽게 노출될 수 있다. 따라서 가정에 문제가 있다고 판단되면 보호처분을 행할 때나 퇴소 이후에도 가정방문 조사와 부모의 양육방식에 대한 조사도 철저히 하여 올바른 양육행동과 양육환경의 제공에 대한 교육 · 상담을 해야 한다.

(3) 지역사회 청소년통합지원체계와의 연계 강화

지역사회 청소년통합지원체계(CYS-Net, Community Youth Safety-Net)는 여성가족부 산하 청소년상담복지개발원에서 지역사회, 청소년 기관 및 단체 등 지역 내 활동가능한 자원

연계를 통해 위기상황에 처한 청소년들을 발견하고 통합적인 상담복지서비스를 제공하는 것이다. 즉, 청소년 가출, 폭력 등과 같은 위기문제나 심리정서적 문제로 도움이 필요한 만 9세~24세 이하 청소년들을 대상으로 위기개입, 긴급구조, 일시보호 등 다양한 청소년안정망 서비스를 제공한다. 이러한 체계와 연계해 소년비행이나 소년범죄의 재발을 방지하고 특히 지역사회와 유관기관의 연계 강화를 통하여 예방책을 강구해야 한다.

Chapter

13

아동복지의 과제와 발전방향

아동의 복지정책은 아동이 보호·양육되고 있는 그 사회의 시대적 상황이나 인식, 경제수준, 욕구 등을 전반적으로 반영하여 결정하는 주요한 사회적 지표이다. 최근 심각한 사회문제로 대두하고 있는 낮은 출산율과 가족해체의 증가, 아동권리의 강화 등은 아동복지에 대한 기존의 접근방법에 대한 한계가 있을 수 있음으로 기존의 아동복지에 대한 변화가 필요하다. 우리나라의 복지정책은 예방보다는 치료 지향적이고, 가정보호보다는 시설보호 중심이며, 제도적 접근보다는 보완적 접근이 우선되었다고 할 수 있다. 그러나 현대사회는 아동의 권리가 강화되었으며 국민의 복지의식이 향상되고 복지욕구가 증가함에 따라 기존의 구호중심적이고 선별주의적 접근원칙은 점차 포괄적이며 보편주의 원칙으로 변화하면서 예방 지향적 복지와 가족보호 복지, 제도적 복지를 추진하고 있다. 이 장에서는 아동복지의 과제와 발전방향에 대해서 살펴본다.

13.1 아동복지의 과제

모든 아동은 건강하고 행복을 추구할 권리가 있다. 즉, 아동이 건강하고 행복한 삶을 위한 신체적·정서적·사회적·경제적 기본 여건을 마련하여 조화로운 성장·발달을 도모하는 것이 아동복지라고 할 때 가장 기본이 되는 것은 아동의 권리를 인정하고 아동을 하나의 독립된 인격체로 존중하며 대하는 사회적 인식과 지원체계를 마련하는 것이 중요하다(황해익 외, 2017). 이러한 사항에 따라 아동복지의 과제는 여러 실천 영역이나 정책에서 전개될 수 있으나 일부 내용을 살펴보면 다음과 같다.

1) 부모교육 및 가족기능의 서비스 강화

오늘날 사회가 급속히 변화하면서 부모 역할이나 가족의 기능을 제대로 수행하지 못하는 경우가 많다. 우리나라의 경우 요보호아동은 부모의 빈곤, 실직, 학대 등으로 인해 대부분 발생한다. 이렇게 발생된 요보호아동은 보편적으로 시설보호기관에서 생활하게 된다. 요보호아동의 발생을 예방하는 가장 좋은 방법 중 하나는 원가족 보존을 우선하는 것이다. 지역사회에 있는 각종 사회단체나 교육단체를 통하여 아동의 기본적인 욕구에 관한 교육과 부모-자녀 간의 상호작용 등에 대한 부모교육을 강화하고 가정의 기본적인 욕구를 해결하는 데 도움이 되도록 가족기능서비스를 강화할 필요가 있다. 현대사회는 가족의 기능 및 역할이 다양화되면서 부모역할이나 양육환경 적응에 어려움이 있으므로 부모교육이나 가족기능 강화를 통하여 사전에 가족해체를 예방해야 한다.

2) 보육서비스의 다양화와 질적 향상

현대사회는 가족구조의 변화 및 여성의 사회진출 증가로 인하여 보육서비스 욕구가 증가하면서 다변화되고 있다. 이러한 상황에 따라 현재 어린이집들은 주간 · 야간 · 휴일 · 24시간 보육서비스를 확대하고 있다. 그렇지만 영아전담어린이집이나 장애전담, 통합어린이집 등은 확충되어야 한다. 지금까지는 보육시설의 양적인 확대에 초점이 맞춰졌다면 지금부터는 보육서비스의 질적 향상을 위한 노력이 필요하다. 이를 위해서는 보육전문직의 역량강화, 우수 보육 프로그램의 개발과 보급, 보육 기준과 내용의 내실화, 보육전문직의 인성교육 강화 등 질적 향상과 같은 과제들을 해결해야 할 것이다. 2000년에는 「아동복지법」이 전면 개정되면서 아동권리의 보호, 아동학대 예방, 안전관리 등에 대한 사회적 요구에 부응하면서 어린이집의 질적 향상이 중요시되고 있다. 또한 「영유아보육법」이 2018년 12월에 개정되면서 '보육 · 양육에 대한 사회적 책임 강화' 실현과 영유아의 건강한 성장 · 발달을 위해 모든 어린이집을 대상으로 하는 의무평가제의 법적 근거가 마련되어 2019년 6월부터 실시하게 되었다. 즉, 이러한 평가제도를 통해 어린이집 관리를 철저히 하여 질적인 향상을 도모하고 부모와 아동으로부터 신뢰받는 기관이 될 수 있도록 해야 한다.

3) 가정위탁과 입양의 활성화와 사후관리

모든 아동은 가능한 자신의 안정된 가정에서 부모의 보호를 받으며 성장 · 발달해야 하지만 부모가 없거나 있더라도 안전하게 보호받지 못하는 경우는 그 아동의 성장 · 발달에 저해 요인이 된다. 이러한 경우는 가정과 유사한 환경을 제공할 수 있는 가정위탁이나 영구적으로 법적인 친자관계를 형성할 수 있는 가정을 마련해 주는 입양을 고려해야 한다. 가정위탁과 입양이 활성화되기 위해서는 사회구성원들의 인식제고가 필요하다. 따라서 가정위탁사업에 대한 적극적인 홍보가 필요하며 위탁가정에 지원하는 양육수당에 대한 지원을 현실적 수준으로 상향해야 한다. 또한 위탁부모가 중도에 탈락하여 위탁아동이 위탁가정을 자주 옮기는 사태가 발생하거나 위탁부모로부터 학대나 방임을 겪는 등 부적절한 보호를 받지 않도록 관리를 해야 하며, 위탁부모가 부모로서 역할을 잘 수행할 수 있도록 도와주는 양육이나 교육 등 전문 프로그램을 제공해야 한다.

입양의 경우는 입양아동의 빠른 안정과 정체감 형성을 위한 다양한 프로그램의 개발 및 제공(심각한 분리를 경험하는 입양아동과 연장아동에 대한 입양 후 지속적인 상담과 심리치료, 입양아동의 발달단계에 따른 입양사실의 이해와 자아정체감 형성을 위한 상담서비스 등), 입양가족 생애주기에 따른 입양부모의 역량강화 프로그램 개발 및 제공(입양 전·후에 입양가정의 적응을 돕는 상담서비스, 입양가족의 생애주기에 따른 입양자녀와 애착형성, 입양공개, 입양자녀의 뿌리찾기 등 다양한 문제에 대처할 수 있는 입양부모 가이드북 개발), 진로개발 프로그램 개발 및 제공(친부모에게 필요한 사회복지서비스에 대한 정보제공과 입양 후 겪게 될 심리적 문제에 대한 상담과 치료서비스, 입양을 선택한 미혼모의 애로사항과 진로문제에 대한 대처 등), 친부모를 위한 상담 등을 제공해야 한다(정명희 외, 2024).

4) 북한이탈가정 아동과 국제결혼가정 및 외국인근로자가정 아동에 대한 지원

북한 지역을 이탈하여 남한으로 오는 가정의 아동이 증가하고 있는데 이들은 남한의 학교에서 수업이나 교우관계에 어려움을 겪고 있다. 또한 남한사회에 적응하는 속도가 부모보다 빠르기 때문에 부모의 권위가 제대로 서지 않고 부모 자신도 적응해야 하는 과정에서 있기에 부모로서 해야 할 역할을 제대로 수행하기 어렵다. 따라서 북한이탈가정 아동이 학교나 가정생활에서 남한사회에 잘 정착하고 적응할 수 있는 과정에서 그들과 가족 단위에서 야기될 수 있는 문제에 대하여 관심을 갖고 적절한 지원서비스를 제공해야 한다.

또한 최근에는 국제결혼이 증가하고 외국인근로자 유입이 증가하면서 이들에 대한 가족과 자녀에 대한 지원을 강화해야 한다. 국제결혼가정이나 외국인근로자가정은 상당수가 경제적으로 취약한 위치에 있거나 가족관계에서 어려움을 경험할 수 있다. 따라서 국제결혼가족이나 외국인근로자가족에 대해 사회적 인식개선과 더불어 이들에 대한 포괄적인 지원체계를 구축하고 아동에 대해서는 학교, 가정, 지역사회를 중심으로 언어발달과 학습, 심리사회적 서비스 등의 지원을 제공해야 한다(김석준 외, 2018).

5) 아동발달 환경변화를 반영한 아동복지정책 강구

현대사회는 복잡해지고 다양화되면서 아동을 둘러싼 양육 및 발달환경에도 많은 변화가 있다. 우리나라는 특히 심각한 저출산의 영향으로 아동의 인구가 줄고 있는데 이는 장기적으로 미래 생산가능 인구 부족에 따른 노인부양 부담 증가와 경제활동 인구의 부족 등 한국 사회의 지속가능 발전을 심각하게 저해하는 요인이 된다. 아동을 둘러싼 양육환경은 여성의 경제활동 인구 증가, 장시간의 근로시간 등으로 인해 부모가 직접 양육 참여와 기회가 축소되고 있는데 이것으로 인해 아동 돌봄 및 양육과 같은 전통적인 가족기능의 상당 부분이 사회로 이전되고 있다. 또한 아동을 둘러싼 발달환경은 학교폭력, 아동 성폭력, 스마트폰 중독, 게임중독, 약물 오남용, 소년범죄 등과 같은 위험이 난폭화, 저연령화되고 있다. 따라서 양육 및 복지 지원방안 마련 정책을 구현할 때 가족구조의 다양성에 대한 세심한 정책적 고려와 근로시간 단축 및 탄력제도를 도입하여 일·가정 양립문화를 정착시켜야 한다. 또한 최선의 아동복지를 위해 최선의 가족복지가 필요하다는 인식을 공유하고 가족에 대한 지원이 강화되어야 할 것이다.

13.2 아동복지의 발전방향

현대사회는 급격한 산업화 · 도시화 · 서구화 · 정보화 등의 사회적 환경 변화로 인해 핵가족이 보편화되고 가족해체가 증가하면서, 사회 · 경제적인 여러 가지 이유로 인해 다양한 형태의 가족(한부모가족, 미혼모가족, 무자녀가족, 노인가족, 재혼가족, 입양가족, 위탁가족, 국제결혼가족, 맞벌이가족, 주말가족, 기러기가족, 미혼독신가족, 공동체가족, 동성애가족 등)이 있다. 특히 국제결혼가정과 외국인근로자가정의 급격한 증가와 핵가족화에 따른 맞벌이 가정의 증가로 자녀양육 문제나 출산율 저하는 더욱 심각한 사회문제로 이슈화되고 있다. 이러한 관점에서 아동복지의 발전방향은 다방면적으로 전개될 수 있으나 일부 내용에 대해서 살펴보면 다음과 같다(노명희 외, 2014; 김석준 외, 2018; 임경옥 외, 2018).

1) 다양한 가족 변화에 따른 아동복지정책의 수립

최근 여성취업으로 인한 저출산과 양육자 부재와 관련된 사회문제가 지속되어 부모를 지원해 주는 부모 양육 상담, 보육서비스, 교육활동, 유급 육아휴직제의 확대, 부모휴가제 등의 정책 도입이 확대되어야 할 것이다. 특히 저출산에 대한 대처방안과 제도가 강화되어야 한다. 현대사회는 아이를 제대로 키우려면 많은 돈이 필요하고 각종 육아 정보, 적절한 육아 관련 지식과 교양이 필요하다는 사회적 인식이 형성되어 있다. 출산을 하지 않는 요인이나 아이를 키우기 어려운 요인들은 복합적으로 작용할 수 있는데, 청년들의 고용과 소득이 불안정하거나 비정규직 저임금 일자리, 긴 노동시간, 일과 가정의 양립이 어려워서 결혼과 출산을 미루거나 포기하는 경우가 많다. 이러한 경우는 국가의 다양한 정책을 통해 출산율 증가와 육아부담을 덜어 주어야 한다. 또한 한부모가정, 맞벌이가정, 조손가정, 국제결혼가정, 외국인근로자가정 등 다양한 가족의 형태에 따른 아동에 대해서 가족부양 및 가족역량 강화를 위한 보편적 아동복지정책과 가족복지정책이 수립되거나 확대되어야 한다.

2) 아동복지에 대한 새로운 인식의 변화

현대사회는 경제발전과 사회발전의 균형적인 발전이 필요한 시대로 접어들었고 더 나아가 경제 우선에서 복지 또는 인간존중의 시대로 나아갈 것이다. 따라서 아동복지는 경제성이나 생산성은 없지만 아동이 그들의 잠재능력을 실현하며 건전한 성장과 발전을 도모할 수 있도록 사회적 보장과 아동의 기본권 보장을 통해 우리 사회를 이끌어 갈 미래의 인적 자원을 개발하려는 투자라는 것을 인식해야 한다. 이러한 인식에 따라 아동발달 과업에 따른 이해와 전문적인 개입방법에 대한 지식의 습득과 훈련을 받은 아동복지 전문가가 아동복지사업을 수행해야 한다(노명희 외, 2014).

3) 아동권리에 대한 인식 제고와 보장의 강화

아동복지는 아동이 독립된 인간으로서 인간다운 생활을 영위할 권리가 있는데 이를 위해 국가와 지역사회, 가정 등 모든 구성원들이 아동의 권리를 존중하고 인정하는 것에서 시작된다. 그렇지만 우리 사회는 아동을 독립된 인격체로서 권리의 주체로 인정하기보다는 성인과 비교해서 상대적으로 열등하여 보호받아야 할 존재이거나 부모가 원하면 어떻게든 할 수 있는 존재로 인식하는 경향이 있다. 아동의 건강한 성장·발달을 위해서 보장되어야 하는 권리는 가정을 포함하여 아동이 일상적으로 생활하는 환경뿐만 아니라 아동에게 영향을 미치는 사회의 여러 체계에서 실현되어야 한다. 따라서 국가와 지역사회는 모든 사회구성원들이 아동의 권리에 대한 소중함을 인식하고 아동권리침해 실태와 문제점을 인식하며 아동의 권리를 옹호할 수 있도록 교육하고 계몽하는 것이 필요하다. 또한 아동의 권리를 보장해 주는 법적 장치를 마련하여 아동권리 중심의 아동복지서비스 제공과 서비스 제공조직의 활용에 대하여 실질적인 국가책임을 명시하여 아동권리 증진의 책무를 다해야 한다.

4) 충족되지 못한 욕구의 확인과 새로운 욕구의 대응

아동복지를 향상하기 위해서는 현재 충족되지 못한 욕구를 확인하고 미래의 새로운 욕구에 대응해야 한다. 현재 추진되고 있는 아동복지정책이나 서비스에 대해 정확하게 조사하고 평가하여 어떤 프로그램과 서비스가 어떤 아동과 가족에게 문제를 개선하는 데 얼마나 효과적인가를 알 수 있어야 하며 평가의 결과를 새로운 정책이나 서비스개발에 반영해야 한다. 또한 급속하게 변화하는 사회 속에서 달라질 아동의 욕구나 문제를 정확하게 예측하여 이에 대한 대응을 사전에 준비할 수 있도록 해야 한다. 다변화하는 사회 속에서 가족해체의 가속화와 함께 가족의 유형은 이전보다 다양해지고 아동도 가족구조의 변화에 따라 새로운 욕구를 갖게 될 것이며 주 양육자인 여성의 사회진출이 증가함에 따라 아동의 보육 및 양육서비스에 대한 욕구도 증가할 것이고 아동의 이탈 문제도 증가할 것이다. 따라서 다양하게 전개되어 야기되는 아동의 욕구 및 문제에 대한 제도적 보완을 해서 대응해야 한다.

5) 지역사회 통합 강화와 아동복지시설의 기능 변화

사회적 변화로 인한 저출산 및 아동인구 감소에 따라 보호아동의 감소, 특수보호를 필요로 하는 아동의 증가, 보호아동의 특성 변화, 지역사회복지 및 재가복지의 확대 등 아동복지시설이 갖는 기능에 대해 새로운 변화를 시도해야 한다. 이러한 변화에 부응하기 위하여 기존 시설의 기능을 조정하고 통합 및 전환을 통해 지역사회의 아동복지 욕구에 유연하게 대응해야 한다. 또한 보호를 필요로 하는 아동시설의 전문성을 강화하여 질 높은 서비스가 가능하도록 전문인력 확충과 지역적 욕구 파악 및 자원 연계를 쉽게 하기 위한 서비스의 네트워크를 통해 질 높은 서비스를 제공해야 한다(임경옥 외, 2018).

참고문헌

강유미, 신혜종(2010). 결혼 이주 여성의 성공적 적응 과정에 관한 연구. **상담학연구, 11**(4), 1393-1410.

구자헌(1972). **사회복지.** 서울: 한국사회복지연구소.

김갑성(2006). 한국 내 다문화가정의 자녀교육 실태조사 연구. 서울교육대학교 석사학위논문.

김미영(2013). **영아발달.** 경기: 정민사.

김미영(2017). **아동복지론.** 경기: 양성원.

김미영(2020). **아동권리와 복지.** 경기: 양성원.

김석준, 김현호, 박주현, 시옥진, 오선영, 이범석, 이화명, 정미현(2018). **아동권리와 복지.** 경기: 양성원.

김성경, 김혜영(2023). **아동복지론.** 경기: 양서원.

김성철, 김성숙, 모아라, 박란이, 박정하, 박종란, 송희경, 염영옥, 이만복(2020). **가족복지론.** 경기: 양성원.

김순옥, 박은주, 배은영, 원명순, 주현경, 최종구(2014). **아동복지론.** 서울: 동문사.

김이선, 김민정, 한건수(2006). **여성 결혼이민자의 문화적 갈등 경험과 소통 증진을 위한 정책 과제.** 서울: 한국여성개발원.

김정섭 외(2004). **교사를 위한 교육심리학.** 경기: 서현사.

김정희, 김현주, 손은경, 송연숙, 정인숙(2003). **아동발달심리.** 서울: 동문사.

김충식, 나용선, 서상범, 신상수, 최명주(2009). **사회복지실천기술론.** 경기: 공동체.

김혜영, 석말숙, 최정숙, 김성경(2012). **사회복지실천론.** 경기: 공동체.

김향선, 황희숙, 김봉순, 김현호, 박영국, 오정옥, 이금순, 이연복(2015). **사회복지실천론.** 서울: 창지사.

김현수, 최연실(2012). 결혼 이주 여성의 가족상담 필요성 인식 관련 요인의 탐색. **한국심리학회지: 여성, 17**(3), 435-456.

김현호, 김기철, 오선영, 정윤희, 최용득(2019). **영유아발달.** 경기: 정민사.

김현호, 어홍선, 이용환, 전대성, 현영렬(2017). **사회복지실천기술론.** 경기: 정민사.

김현호, 양승현, 김영일, 박길남, 이규태, 이영희, 전대성, 최병태(2020). **사회복지실천론.** 경기: 양성원.

김호년, 김성재, 김현정, 박윤, 우수경, 이시진, 장정애, 이인원(2016). **아동권리와 복지.** 경기: 양성원.

노명희, 윤은종, 이재경, 김광석, 최금희, 이상미(2014). **아동복지론.** 경기: 정민사.

노미향(2009). 결혼 이민자 가정의 자녀양육에 관한 연구. 계명대학교 대학원 석사학위논문.

노하나(2007). 중국 국제결혼 이주여성의 문화적응스트레스에 관한 연구: 문화적응유형과 이주 여성이 인지한 사회적 지지를 중심으로. 이화여자대학교 석사학위논문.

박정란, 서홍란(2001). **아동복지론**. 경기: 양서원.

보건복지부(2019). 2019년 아동분야 사업안내.

보건복지부(2024). 보육사업안내.

브리태니커사전(2015). 브리캐니커 온라인 백과사전.

서보준, 김우호, 박선태, 이정미(2015). **아동복지론**. 경기: 양서원.

서영숙, 서혜진, 정영희, 양영아, 안소영, 이종현, 남미선(2013). **보육과정**. 경기: 공동체.

설동훈, 김윤태, 김현미, 윤홍식, 이혜경, 임경택, 정기선, 주영수, 한건수(2005). 국제결혼 이주 여성 실태조사 및 보건복지 지원정책방안. 보건복지부 연구보고서.

성열준, 오진석, 강병연, 이채식, 강세현, 황수주, 김종찬, 김재원(2016). **청소년문화론**. 경기: 양성원.

성영혜, 김연진(2012). **아동복지의 이론과 실제**. 서울: 동문사.

송미경, 지승희, 조은경, 임영선(2008). 다문화 가정 외국인 모의 부모경험에 관한 연구. **한국심리학회지: 상담 및 심리치료, 20**(2), 497-517.

엄명용, 김성천, 오혜경, 윤혜미(2020). **사회복지실천의 이해**. 서울: 학지사.

오윤선, 황인숙(2020). **청소년문화론**. 경기: 양서원.

염숙경(2002). **아동의 특성과 문제별 아동상담과 놀이치료**. 서울: 상조사.

이경은, 장덕희, 김휘연, 문도원, 이마리아(2016). **지역사회복지론**. 서울: 학지사.

이명희, 배경란(2012). **보육과정**. 경기: 공동체.

이한우, 정정란(2013). **아동복지론**. 경기: 양서원.

이현주(2013). 한부모 이주여성의 자녀양육과 삶에 대한 연구. **여성학연구, 23**(1), 171-214.

이혜경(1993). 경제성장과 아동복지정책의 변용. **한국아동복지학**, 1, 199-223.

이혜경(2005). 혼인이주와 혼인이주 가정의 문제와 대응. **한국인구학, 28**(1), 73-106.

임경옥, 홍나미, 손경숙(2018). **아동권리와 복지**. 경기: 공동체.

장인협(1971). **아동복지론**. 서울: 서울대학교 출판부.

장휘숙(2001). **아동발달**. 서울: 중앙사.

정명희, 김상옥, 김현경, 나선후, 문혜린, 백종욱, 이영희, 이장희(2024). **아동복지론**. 경기: 양성원.

정옥분(2007). **아동발달의 이해**. 서울: 학지사.

정옥분, 정순화, 손화희, 김경은(2021). **아동권리와 복지**. 서울: 학지사.

정익중, 오정수(2021). **아동복지론**. 서울: 학지사.

정일교, 김만호(2022). **장애인복지론**. 경기: 양성원.

조성연, 이정희, 천희영, 심미경, 황혜정, 나종혜(2006). **아동발달의 이해**. 서울: 신정.

조미영(2010). 다문화가정 어머니들의 영유아기 자녀양육 지원을 위한 멘토링 과정 탐색. 성신여자대학교 대학원 박사학위논문.

조원탁, 박순희, 서신희 외(2019). **다문화사회의 이해와 실천.** 경기: 양서원.

주수길, 홍연숙, 황윤경, 주명국(2020). **아동복지론.** 경기: 양성원.

천정웅, 남부현, 지영임 외(2015). **문화와 오디세이.** 경기: 양서원.

천정웅, 장근영, 이채식, 김윤나(2017). **청소년문화론.** 경기: 양성원.

표갑수(2000). **아동청소년복지론.** 경기: 나남.

한국아동복지연합회(2005). 아동복지시설 발전방안 개발연구.

한상영(2011). 다문화가정 여성의 자녀 양육경험. 중앙대학교 대학원 박사학위논문.

황해익, 남미경, 서보순, 김병만(2017). **아동권리와 복지.** 경기: 정민사.

황희숙, 이희영, 이경화, 이정화, 신경숙, 윤경미, 강승희, 윤소정, 황순영(2008). **아동발달과 교육.** 서울: 학지사.

Ausubel, D. P. (1958). *Theory and problems of child development.* New York: Grune & Stratton.

Bandura, A. (1997). *Social learning theory.* Englewood Cliffs, NJ: Prentice-Hall.

Bandura, A., Grusec, J. E., & Menlove, F. L. (1967). Some determinants of self-monitoring reinforcement systems. *Journal of Personality and Social Psychology, 5*(4), 449-455.

Becker, G. S. (1981). *A treatise on the family.* Cambridge: Harvard Univ. Press.

Bem, S. L. (1987). Masculinity and femininity exist only in the mind of the perceiver. In J. M. Reinisch, L. A. Rosenblum, & S. A. Sanders(Eds.), *Masculinity/femininity: Basic perspectives.* NY: Oxford.

Berk, L. E. (2000). *Child development* (5th ed.). Boston, MA: Allyn and Bacon.

Bertalanffy, L. (1968). *General system theory and human relations.* New York: Braziller.

Biestek, E. P. (1957). *The Casework Relationship.* Illinois: Loyola Univ. Inc.

Bogo, M. (2006). *Social work Practice: Cases and Principles.* Belmont, CA: Brooks/Cole.

Brenner, E. M., & Salovey, P. (1997). Emotion regulation durong childhood: Developmental, interpersonal, and individual considerations. In P. Salovey, & D. J. Sluyter, *Emotional development and emotional intelligence.* NY: Basic Book.

Bullock, M. (1985). Animism in childhood thinking: A new look at an old question. *Developmental Psychology, 21*(2), 217-225.

Crain, W. C. (1980). *Theories of development: Concepts and applications.* Englewood Cliffs, NY: Prentice Hall.

DiNitto, D. M. (2005). *Social Welfare: Politics and public policy* (6th ed.). Boston: Pearson Ed.

Duncan, G. J., Brooks-Gunn, J., & Klebanov, P. (1994). Economic deprivation and early-childhood development. *Child Development, 65*(2), 296-318.

Duvall, E. & Miller, B. (1985). *Marriage and Family Development.* New York: Harper & Row.

Ellis, A. (1962). *Reason and Emotion in Psychotherapy.* New York: Lyle Stuart and Citadel Press.

Fagot, B. I., Leinbach, M. D., & Hagan, R. I. (1986). Gender labeling and the adoption of sex-typed behaviors. *Developmental Psychology,* 22, 440-443.

Gallagher, J. J. (1977). The role of policy in special education reform. In J. L. Paul, M. Churton, W. C. Morse, A. J. Duchnowski, B. Epanchin, P. G. Osner, & R. Lee Smith(Eds.), *Special education practice: Applying the knowledge, affirming the values, and creating the future.* Pacific Grove: Brooks/Cole Publishing Company.

Gilbert, N., & Terrell, P. (2005). *Dimensions of social welfare policy* (6th ed.). Boston: Allyn & Bacon.

Ginsburg, H., & Opper, S. (1988). *Piaget's theory of intellectual development: An introduction* (3rd ed.) Englewood Cliffs. NJ: Prentice-Hall.

Goldstein, E. & Noonan, M. (1990). *Short-term Treatment and Social Work Practice.* N.Y.: Columbia University Press.

Goleman, D. (1995). *Emotional intelligence.* NY: Bantam Books.

Gordon, T. (1975). *PET: Parent Effectiveness Training.* New York: Plume Books.

Hartman, A. & Laird, J. (1983). *Family-centered Social Work Practice.* New York: Free.

Hepworth, D. H. & Larsen, J. A. (1993). *Direct Social Work Practice: Theory and Skills* (3rd ed.). Belmont: Wadworth Publishing Company.

Hepworth, D. H., Rooney, R. H, Rooney, G. D., Strom-Gorrfried, K., & Larsen, H. A. (2006). *Direct Social Work Practice: Theory and Skills* (7th ed.). Belmont, CA: Thomson Brooks/Cole.

Hoffman, M. L. (1988). Moral development. In M. H. Bornstien & M. E. Lamb(Eds.), *Developmental psychology: An advanced textbook* (2nd ed.). Hillsdale, New Jersey: Erlbaum.

Hurlock, E. B. (1981). *Child Development.* New Jersey: Mcgraw-Hill.

Kadushin, A. (1974). *Child welfare service.* New York: MacMillan.

Kadushin, A. & Martin, J. A. (1998). *Child welfare services* (4th ed.). New York: Macmillan Publishing Co. Inc.

Kauffman, J. M., & Hallahan, D. P. (Eds.).(1981). *Handbook of special education.* Englewood Cliffs, NJ: Prentice-Hall.

Kempe, C. H., Silverman, F., Steele, B., Drogemueleer, W., & Silver, H. (1962). The battered-child syndrome. *Journal of the American Medical Association, 181*(1), 17-24.

Kirst-Ashman, K. K., & Hull, G. H. (1993). *Understanding Generalist Practice.* Chicago: Nelson-Hull Publishers.

Kohlberg, L. A. (1969). *Stage and sequence: The cognitive-developmental approach to of socialization theory and research.* Chicago: Rand McNally.

Kohlberg, L. A. (1976). Moral stages and moralization: The cognitive development approach. In T. Likona(Ed.), *Moral development and behavior: Theory, research, and social issues.* New York: Holt, Rinehart & Winston.

Kuebli, J. (1994). Young children's understanding of everyday emotions. *Young Children, 49*(3), 36-47.

Loewenberg, M. & Dolgoff, R. (1996). *Ethical Decisions for Social Work Practice* (5th ed.). Itasca, IL: F. E. Peacock.

Lum, D. (2003). *Social Work Practice and People of Color: A process-stage approach.* Elmont, CA: Brooks/Cole.

Martin, C. L. & Halverson, C. F. Jr. (1987). The roles of cognition in sex-roles and sex-typing. In D. B. Carter(Ed.), *Conceptions of sex-roles and sex-typing: Theory and research.* NY: Praeger.

Montemayor, R., & Eisen, M. (1977). The development of self-conceptions from childhood to adolescence. *Developmental Psychology,* 13, 314-319.

Muuss, R. E. (1996). *Theorise of adolescence* (6th ed.). Mcgraw-Hill.

Miller, P. H. (1993). *Theories of developmental psychology* (3rd ed.). NY: W. H. Freeman and Company.

NASW(1995). *Encyclopedia of Social Work.* Silver Spring: NASW.

Notron, D. (1978). *The dual perspective.* New York: Council of Social Work Education.

Osher, D., & Quinn, M. M. (2003). Policy matters: For Students, for teachers, and for better outcomes. *Preventing School Failure, 47*(2), 52-58.

Piget, J. (1932). *The moral judgment of the child.* New York: Harcourt Brace Jovanovich.

Piaget, J., & Inhelder, B. (1956). *The child's conception of space.* London: Routledge & Kegan Paul.

Papalia, P. E., & Olds, S. W. (1995). *A child's world: Infancy through adolescence* (3rd ed.). NY: McGraw-Hill.

Saarni, C. (1997). Emotional Competence and self-regulation in childhood, In P. Salovey, & D. J. Sluyter, *Emotional development and emotional intelligence.* NY: Basic Book.

Salovey, P., & Mayer, J. D. (1990). Emotional Intelligence. *Imagination, Cognition, and Personality,* 9, 185-211.

Santrock, J. W. (2001). *Child Development.* (9th ed.). NY:McGraw-Hill.

Shaffer, D. R. (1979). *Social and personality development.* Pacific Grove, CA: Brooks/Cole.

Smith, D. W. & Brodzinsky, D. M. (2002). Coping with birth parent loss in adopted children.

Journal of child Psychology and Psychology, 23, 91–99.

Sue, D. W. (2010). **다문화 사회복지실천.** [Multicultural Social Work Practice] (이은주 역). 서울: 학지사(원저출간: 2006).

Tanner, J. M. (1978). *Growth at adolescence.* London: Blackwell Science Ltd.

Thomas, J. R. (2000). Children's Control, Learning and Performance of Motor Skills. *Research Quarterly for Exercise and Sport, 71*, 1-9.

Wertsch, J. V., & Tulviste, P. (1992). L. S. Vygotsky and contemporary developmental psychology. *Developmental Psychology, 28*(4), 548-557.

Zastrow, C. H. (1999). *The Practice of Social Work* (6th ed.). Pacific Grove, CA: Books/Cole Publishing Company.

Zuckerman, E. (1983). *Child welfare.* New York: Free Press.

찾아보기

인명

내용

저 / 자 / 소 / 개

■ **김현호**

대전대학교 대학원 사회복지학석사
현, 충북도립대학교 사회복지학과 교수
〈저서〉 사회복지실천론, 지역사회복지론, 청소년문화론 외

■ **김지현**

서울기독대학교 일반대학원 문학박사
현, 명지대학교 미래융합대학 특임교수
〈저서〉 사회복지조사론, 가족복지론 외

■ **김희진**

건국대학교 대학원 박사 수료
세한대학교 복지경영박사 졸업
현, 세한대학교 글로벌복지한국어학과 교수
〈저서〉 인간발달, 노인복지론 외

■ **송운용**

동방문화대학원대학교 교육학박사(사회복지상담 전공)
현, 전북과학대학교 사회복지과 교수
〈저서〉 사회복지학개론, 사회복지실천론 외

■ **안경애**

순복음대학원대학교 박사 과정
현, 칼빈대학교 사회복지과 주임교수
〈저서〉 사회복지조사론, 노인교육론 외

■ **유승창**

일본 나고야대학교 대학원 문학박사
현, 나주대학교 사회복지실천과 교수
〈저서〉 사회복지조사론, 사회복지정책론, 문학으로 보는 일본의 온천문화 외

■ **이학곤**

세한대학교 대학원 경영학박사 과정
현, 세한대학교 객원교수, 숭실대학교 글로벌미래교육원 외래교수
〈저서〉 사회복지학개론, 성인학습 및 상담 외

■ **조미경**

한세대학교 대학원 사회복지행정학박사
현, 김포대학교 자유전공사회복지학과 교수
〈저서〉 사회복지실천론 외

■ **한신애**

온석대학원대학교 사회복지학박사
현, 온석대학원 사회복지학과 교수
세한대학교 사회복지상담학과 겸임교수
〈저서〉 정신건강론, 인간행동과사회환경, 건강가정론 외

아동복지론

1판 1쇄 인쇄 — 2025년 1월 15일
1판 1쇄 발행 — 2025년 1월 20일

저 자 - 김현호 김지현 김희진 송운용 안경애
유승창 이학곤 조미경 한신애

발 행 인 - 강철원
발 행 처 - 양성원
주 소 - 경기도 파주시 검산로 173번길 29-12
전 화 - 031-946-3861(代)
팩 스 - 031-946-3864
이 메 일 - tnwpub@naver.com
홈페이지 - tnwpub.co.kr
출판등록 - 2015년 8월 31일 제 2015-000211 호

ISBN 979-11-6126-599-5

정가 23,000원